HARTE KOST

무엇을 먹고
어떻게 분배할 것인가

Harte Kost: Wie unser Essen produziert wird.
Auf der Suche nach Lösungen für die Emährung der Welt
by Stefan Kreutzberger, Valentin Thurn
© 2014 by Ludwig Verlag,
a division of Verlagsgruppe Random House GmbH, München, Germany

무엇을 먹고 어떻게 분배할 것인가
전 세계 식량 문제 해결을 위한 노력

초판 1쇄 인쇄일 2017년 5월 23일   초판 1쇄 발행일 2017년 5월 26일

지은이 발렌틴 투른 · 슈테판 크로이츠베르거 | 옮긴이 이미옥
펴낸이 박재환 | 편집 유은재 | 관리 조영란
펴낸곳 에코리브르 | 주소 서울시 마포구 동교로 15길 34 3층(04003) | 전화 702-2530 | 팩스 702-2532
이메일 ecolivres@hanmail.net | 블로그 http://blog.naver.com/ecolivres
출판등록 2001년 5월 7일 제10-2147호
종이 세종페이퍼 | 인쇄 · 제본 상지사 P&B

ISBN 978-89-6263-159-3 03330

책값은 뒤표지에 있습니다.   잘못된 책은 구입한 곳에서 바꿔드립니다.

＊한국출판문화산업진흥원의 출판콘텐츠 창작자금을 지원받아 제작되었습니다.

무엇을 먹고 어떻게 분배할 것인가

전 세계 식량 문제 해결을 위한 노력

발렌틴 투른 · 슈테판 크로이츠베르거 지음 | 이미옥 옮김

에코리브르

어떻게 우리의 음식은 저주가 되었으며 어떻게 해야 음식을 다시 삶의 원천으로 만들 수 있을까

식품은 우리에게 영양분을 제공하기 위해 존재한다. 하지만 산업적으로 생산하는 식품은 그사이 지구를 파괴하는 주요 원인이자 우리 건강을 심각하게 흔드는 위협이 되고 있다. 양질의 땅, 생물 다양성, 풍부한 물과 안정적 기후는 식량을 재배하는 전제 조건이다. 하지만 사람들이 농업의 생태학적 기본을 파괴하면, 우리의 식량 공급도 위태로워질 수밖에 없다.

유엔에 따르면 산업화한 단작은 농업 다양성을 75퍼센트 파괴하는 원인이라고 한다. 과거 우리는 8500가지의 다양한 식물을 먹었다. 그런데 오늘날에는 대략 여덟 가지 유용한 식물만 재배하고 소비하며 전 세계 시장에서 거래하고 있다. 유전자 기술은 옥수수·유채·목화 같은 단품을 광범위하게 재배하고 있는데, 이런 식으로 특허권과 특허권 사용에 대한 비용을 지불한 뒤 상당한 수익을 올릴 수 있기 때문이다. 아르헨티나에서는 대대적인 제초제에도 견뎌내는 콩을 단작함으로써 신생아들에게서 선천적 결함이 눈에 띄게 증가했다. 프랑스와 러시아에서 수행한 연구에 따르면 유전자 변형 식물이 암을 유발하고 신체 조직을 훼손한다는 사실이 입증되었다.

다양한 재배를 단작으로 대체한 곳에서는 땅에서 살던 생명체, 이를테면 부식토, 균근(菌根), 지렁이가 죽어간다. 이런 현상은 유전자 조작에 의한 식물들로 인해 강력하게 늘어났는데, 왜냐하면 이런 유전자 조작 식물을 다룰 때 사용하는 화학 물질과 식물 자체에서 독성 물질을 방출하는 까닭이다. 연구 결과에 따르면 유전자 기술로 변형된 목화를 재배하고 있는 인도 비다르바(Vidarbha)의 땅에는 유용한 미생물이 확연히 줄어들었다고 한다. 유전자 식물에 대한 특허는 겨우 5개 대기업이 갖고 있으며, 이로써 그들은 전 세계 종자 및 농업의 근간을 통제하고 있다. 종자 독점으로 인해 인도에서는 가격이 올라갔고, 그리하여 대중에게 부채를 안겨주었다. 1995년부터 지금까지 이렇게 비싼 종자와 비료를 구입하느라 빚을 진 인도 농부 30만여 명이 자살했다.

- 지구상에 있는 대부분의 땅은 피폐하고 황폐화되었다—이에 대한 책임은 쉬지 않고 경작하는 농업에 있다. 이는 땅도 사람들이 자연과 조화롭게 이용해야 하는 살아 있는 시스템이라는 사실을 깨닫지 못한 데 있다.
- 물의 75퍼센트가 산업화한 농업에 의해 소비되고 있다. 이렇듯 거대 산업에서 방출하는 유해 물질은 바다로 흘러 들어가고, 이곳에서 이른바 '죽음의 지대'를 만들어낸다.
- 기후 변화의 원인인 온실가스의 40퍼센트는 전 세계의 산업화한 농업에서 비롯된 것이다.
- 질병과 건강상 문제 가운데 70퍼센트는 지구나 우리의 행복감에 전혀 신경 쓰지 않는 농업에 그 원인이 있다.

하지만 죽은 행성에는 먹을 게 없다.

전염병처럼 번지고 있는 비만과 다이어트, 암, 간 및 신장 질환, 식품 알레르기, 소화 장애와 영양소 부족으로 인해 나타나는 현상은 우리가 식품생산을 마치 전쟁처럼 치르고 있으며, 그리하여 생화학 전쟁에서 사용하는 방법을 그대로 차용하고 있기 때문이다. 땅을 상대로 하는 전쟁은 결국 우리 자신을 상대로 하는 전쟁이나 마찬가지다. 만일 우리의 식품이 우리를 병들게 만들고 죽음에 이르게 한다면, 식량 공급이 상당히 위험한 상태에 있다는 의미로 해석할 수 있다. 우리는 토지와 식물 그리고 동물과 건강한 관계를 유지할지, 병든 관계를 이어갈지 결정해야만 한다. 병든 식물은 병든 동물을 낳고, 결국 병든 인간을 만들어낸다.

농업이 단순히 화학적 과정만은 아닌 것이다. 우리의 식량은 우리가 땅과 맺고 있는 관계를 반영하며, 태양과 다양한 생물 그리고 우리에게 영양을 공급하는 생명체들과 맺고 있는 관계를 반영한다. 아울러 우리의 조상 및 후손과 맺고 있는 관계를 반영하기도 한다.

산업은 식량이 아니라 영양가는 없지만 수익을 얻게 해주는 원료를 생산해낸다. 그 때문에 소비되는 모든 식량 가운데 오로지 30퍼센트만이 산업화한 거대한 농장에서 나오고, 70퍼센트는 소규모 농가에서 재배한다.

식량은 원료가 아니며 투기를 벌이는 대상이어서도 안 된다. 이와 같은 이유로 나브다냐(Navdanya: 인도 18개 주에 있는 종자 보유자와 유기농 생산자 네트워크―옮긴이)는 1헥타르당 건강에 얼마나 유익한지에 따라 우리의 땅을 평가한다. 다시 말해 수확량이 아니라 영양가에 따라 평가하는 것이다. 종자를 보관하고, 다양성을 보호하고, 생태학과 공정 무역이라는 관점에서 농업을 운영해온 수십 년 동안, 우리는 연구와 실습을 통해 다음과 같은 사실을 입증할 수 있었다. 즉 다양성을 추구하고 단작을 포기해야만 식량 공급을 확실하게 보장할 수 있다는 것이다. 산업화한 농업이 아니라 농업 생태학이야말로 환경이 감당할 수 있으며, 건강에도 좋고 정당하게 식량을 공급할 수 있는 열쇠다.

그렇게 하려면 식량 재배에서 극단적 패러다임 전환이 신속하게 일어나야만 한다. 나는 슈테판 크로이츠베르거(Stefan Kreutzberger)와 발렌틴 투른(Valentin Thurn)이 이 책을 통해 그와 같은 변화를 위해 의미 있는 역할을 반드시 할 수 있으리라 확신한다. 다시 말해, 기계적이고 학문에 기초한 세계상에서 생태학적 세계상으로의 변화, 쓰레기를 생산하는 게 아니라 지속적 농업으로의 변화, 폭력에서 비폭력으로의 변화, 질병에서 건강과 행복으로의 변화, 독점에서 공유 재산으로의 변화, 그리고 단작에서 다양한 작물을 재배하는 변화로 나아갈 수 있는 패러다임의 전환에 기여할 것이라고 말이다.

반다나 시바(Vandana Shiva) 박사는 로마클럽과 세계미래위원회의 회원이다. 생태학을 위한 사회 참여로 1993년 '대안 노벨상'〔바른생활상(The Right Livelihood Award)이라고도 한다. 우리 시대에 가장 시급한 문제를 발견해 성공적으로 실천에 옮기는 사람 또는 계획에 수여하는 상—옮긴이〕을 수상한 그녀는 1991년 종자의 식물학적·문화적 다양성을 보호하기 위한 목적으로 인도에 나브다냐라는 조직을 결성했다.

차례

이 책은 10억 명이 굶주리고 20억 명이 영양실조 상태인 데 반해, 생산되는 식량의 절반을 쓰레기통에 버리는 전대미문의 사건을 수용하지 못하는 모든 사람을 위한 것이다. 그리고 부유한 우리 사회에서 왜 그와 같은 일이 여전히 발생하고 있는지 알고 싶어 하는 사람들을 위해 썼다. 왜냐하면 다음과 같은 사실은 거의 확실하기 때문이다. 요컨대 유엔은 2000년대를 위해 내걸었던 중요한 목표를 달성하지 못했다. 즉 세계 공동체는 1990~2015년 전체 인구에서 지극히 가난하고 굶주린 인구가 차지하는 비율을 절반까지 줄이지 못했다. 여기서는 굶주리는 절대 인구가 문제가 아니라, 점점 늘어나는 세계 인구 가운데 그들이 차지하는 비율이 중요하다. 21세기 후반이면 세계 인구는 42퍼센트 늘어난 100억 명에 달할 것이다. 그렇게 되면 식량을 어디에서 조달해야 할까? 오늘날에도 벌써 6명 중 1명이 너무 적게 먹고 있는 상황에서 말이다. 배불리 먹는 자들이 자기 것을 내어놓고 식량 폐기를 그만둘까? 극단적이고 갑작스러운 태도의 변화도 때를 놓친 것 같은데, 소비 사회의 기초가 무너지고 있기 때문이다. 즉 비옥한 토지는 사라지고, 물도 부족하게 되었으며, 세상을 먹여 살리던 종들의 수도 확연히 줄었다. 산업화한 농업을 위해 투입하던 연료,

곧 원유와 비료도 거의 다 떨어져가고 있다. 식량과 농지는 과열된 투기의 대상이 되었고, 사람들은 농지를 떠나 대도시의 슬럼가로 밀려날 수밖에 없는 상황에 처했다.

우리는 2011년 《왜 음식물의 절반이 버려지는데 누군가는 굶어 죽는가》와 영화 〈쓰레기를 맛봐(Taste the Waste)〉에서 우리의 경제 체계가 성장과 과잉이라는 표준에 따라 만들어졌기 때문에 식량의 절반이 쓰레기통으로 들어간다는 사실을 보여주었다. 그리하여 소비자는 식량의 가치를 존중하는 능력을 상실했고, 많은 사람은 식량을 어떻게 생산하는지 더 이상 알지 못한다. 이 책과 발렌틴이 2015년 초 소개한 영화 〈100억〉으로 우리는 한 걸음 더 나아가 21세기 농업이 어떻게 작동하는지 보여줄 것이며, 어떻게 해야 농업을 최적화하고 변화시켜 100억 인구가 배불리 먹을 수 있는지 질문을 던질 것이다.

아울러 우리는 전 세계 식량 생산에서 가장 중요한 기초, 즉 종자, 제초제, 비료, 사료, 가축의 사육과 농산품 거래 등에 대해 탐구할 것이다. 한쪽에는 단작과 대량 사육을 하는 산업화한 농업이 있는데, 이로 인해 발생하는 폐해가 점점 더 눈에 띄고 있다. 그들은 물, 토지, 작물의 다양성을 낭비하며 남작(濫作)하는 것을 서슴지 않는다. 산업화한 농업이 부족한 자원을 거리낌 없이 철저하게 이용하는 가운데 이들은 자신이 앉아 있는 나뭇가지도 톱으로 잘라내는 실정이다. 하지만 농업 산업은 예나 지금이나 늘어나는 인구에 필요한 양을 생산할 수 있다고 주장하기만 한다.

그에 반해 자원을 아낄 줄 알고, 새로운 아이디어를 많이 내놓고, 의식적으로 적게 소비하고자 하는 사람들은 농부의 입장과 생물학적 측면을 고려하는 농업의 편에 선다. 하지만 이와 같은 방식으로 100억 명을 충분히 먹여 살릴 식량을 공급할 수 있을까? 우리는 농업에 왕도가 있는지 알아내고 싶다. 다시 말해, 오늘날 필요한 식량의 양과 질을 충족시킬 뿐 아니라, 미래에도 한정된 자원으로 그런 질과 양을 지닌 식량을 생산해낼 방법이 있는지 밝혀내고 싶다. 우리는 머지않아 채식주의자가 되어야 할까? 앞으로는 곤충이나 실험실에서 만든 고기를 먹어야 하는 것 아닐까? 그것도 아니면 각자가 스스로 식량을 구해야만 할까?

이와 같은 의문을 다루면서, 우리는 산업화한 식량 공급의 미래상과 농부들이 식량을 공급하는 방식의 미래상에 어떤 차이가 있는지 설명할 것이다. 요컨대 통일된 종자와 유전자 조작부터 그것을 위해 필요한 인공비료와 제초제, 사료 생산, 일반 사육과 대량 사육, 무역의 막강한 힘은 물론이거니와 주식 시장에서 식량의 원료를 놓고 벌이는 투기에 이르기까지 모두를 설명하고자 한다.

우리가 조사를 수행하는 가운데 한 가지는 분명해졌다. 즉 식량은 지극히 정치적인 사안이라는 사실이다. 여기서는 식량의 양과 칼로리만 중요한 게 아니라, 우리가 무엇을 먹고 음식을 어떻게 분배하는가라는 문제도 결정적으로 중요하다. 즉 만일 전 세계에서 굶주리는 사람이 늘어나면, 그것은 식량 부족 때문이 아니라 전 세계의 식량을 사회적으로 공평하게 분배하지 않는 까닭이다. 기아는 가난과 부족한 교육 기회로 인해 생겨나는 직접적 결과다. 또한 우리가 아시아의 캄보디아와 아프리카에 위치한 말라위를 조사한 결과, 흔히 사소한 문제를 해결하더라도 대단한 결과를 낼 수 있다는 사실이 입증되었다. 성공의 비결은 이러하다. 즉 식량의 기초가 되는 것을 가능하면 직접 생산하고 자신만의 고유한 종자를 늘리는 것이다.

개발도상국에 유효한 것은 우리에게도 의미심장하다. 요컨대 우리가 지역 제품을 구입하면, 농부가 직접 짓는 농사는 살아남을 수 있고, 위기가 오더라도 안전한 식량을 공급할 수 있다. 만일 우리가 영양을 섭취하는 방식에 대해 고민하고 이를 바꾼다면, 전 세계가 안고 있는 현안을 해결하는 데 기여할 수 있다. "적은 것이 많은 것이다"라는 자세와 포기할 준비를 하는 것은 완전히 다른 환경에서조차도 널리 퍼져 있다. 점점 더 많은 사람이 자신은 거대한 전체의 일부라는 점을 깨닫고 있다. 우리 각자는 바로 지금 여기에서 뭔가를 통해 기여할 수 있다. 우리는 이렇듯 긍정적 견해에 확신을 가질 수 있었다.

우리는 이 책을 특이하게 구성했는데, 이는 점점 더 심각해지는 세계 식량 문제에 대한 해결책을 찾아 나선 영화의 구조를 따른 까닭이다. 여기서 우리의 책은 다양한 기능을 떠맡는다. 즉 발렌틴 투른은 각본에 대해 사적이고 감정적으로 채색된 보고서를 쓰는 반면, 슈테판 크로이츠베르거는 각 장을 시작하기 전과 중간에 객관적 사실과 설명을 통해 정리 및 분석을 담당한다. 감정은 독자들로 하여금 사실에 접근할 수 있는 마음의 준비를 하게끔 해주고, 객관적 사실은 감정에서 지속 가능한 의견을 형성하게끔 해준다. 이 책은 우리의 식량 공급 시스템을 쭉 따라가는 탐험 여행이다. 우리는 다양한 농업 생산 방식이 어떻게 작동하는지 질문을 던질 뿐 아니라, 그런 생산 방식이 우리의 삶에 어떤 영향을 주는지에 대해서도 의문을 던질 것이다. 올바른 해결책을 찾기 위한 우리의 몸부림은 이런 문제에 있어서는 추상적 현안이 중요한 게 아니라, 우리 각자가 내려야만 하는 결정이 중요하다는 사실을 분명하게 보여준다.

하지만 우리는 결론에서 아무런 해결책도 제시하지 않은 채 독자를 내버려두지 않을 것이다. 요컨대 우리 각자가 실천할 수 있는 행동 및 연계 가능성을 제안할 것이다. 물론 이것이 간단한 해결책은 아니겠지만 말이다.

2014년 7월

발렌틴 투른과 슈테판 크로이츠베르거

우리는 충분한 먹을거리를 갖게 될 것인가

미래에 인류는 충분한 식량을 공급할 수 있을까? 이 책의 핵심 질문은 바로 이것이다. 잠정적인 대답을 한다면, 이는 경우에 따라 다르다.

좋은 소식은 있다. 즉 충분한 식량이 있고, 변화할 여지도 있고, 창의적 아이디어도 있고, 새로운 식량으로 공급할 자원도 있고, 세계는 100억 명을 위해서도 충분한 공간이 있다는 점이다. 물론 그러기 위해 우리는 합심해서 약탈적 자본주의를 제어해야 하고, 농업과 식품 산업에 한계를 정해줘야 하며, 공평한 세계 무역과 정당한 분배를 확고히 자리 잡게 해야 하며, 동일한 교육 기회를 정착시키고 여성에 대한 억압을 줄여나가야 한다.

이런 말은 오로지 세계 정부라야 밀어붙일 수 있는 불가능한 과제처럼 들린다. 하지만 정반대일 수도 있다. 즉 강력한 지역과 지방의 구조가 필요하다는 의미일 수도 있다. 다시 말해, 위에서부터가 아니라 아래에서부터 실천해야 한다. 최고로 좋은 방법은 정치적·문화적 차원에서 시작하는 것이다. 요컨대 육류에 대한 소비를 건강한 수준에서 제한하고, 음식물을 덜 버리고, 지역에서 생산하는 재료로 요리하는 즐거움을 갖는 것이다. 이런 일은 이미 개인적 차원에서 시작되고 있다. 이와 같은 의미에서 각자가 보여주는 작은 행동이 막강한 변화의 파도를 만들고, 이런 파도에 권력 구조, 억압과 탐욕은 더 이상 지탱할 수 없을 것이다.

이제 나쁜 소식도 전해야 한다. 요컨대 우리는 전 세계가 붕괴하는 방향으로 나아가고 있다! 이미 남작의 수준은 지구가 감당할 수 있는 한계를 넘어버렸다. 비옥한 토지는 부식에 의해 사라지고 피폐화하고 독성에 완전히 노출되었다. 많은 지역에서 지하수가 극단적으로 줄어들고, 바다는 곧 고기를 잡을 수 없을 정도가 될 것이다. 인간에 의해 발생한 기후 변화로 말미암아 농업은 끔찍한 도전에 직면할 것이다. 즉 가뭄과 홍수로 수확해야 할 곡식을 망치고 가축이 굶어 죽을 것이다.

전 세계를 장악한 식량 산업의 주장에 따르면, 그럼에도 불구하고 모두가 배불리 먹기 위해서는 앞으로 수십 년 동안 식량 생산을 2배로 늘려야 한다. 따라서 그들은 유전자 기술이라는 미명 아래 제2의 녹색혁명을 요구한다. 그런가 하면 비관주의자들은 분배 전쟁을 경고하고 심지어는 문명사회가 붕괴할 것이라 예언한다. 유럽은 이런 사건을 경험하지 못했으나 2007/2008년 발생한 엄청난 식량 위기는 40개국 이상에서 무시무시한 폭동을 불러일으켰다. 전 세계에서 몇 년 동안 식량 가격이 하락한 후, 몇 달 만에 3배나 폭등했기 때문이다.

지난 수년 동안 세계는 때때로 생산한 양보다 더 많이 소비했다. 전 세계의 식량 비축량은 1980년대부터 감소해 위기가 발생할 경우 겨우 2개월간 공급할 수 있을 뿐이다. 오늘날 세계 인구는 70억을 넘어섰고, 이는 1960년 이래 2배 넘게 늘어난 수치다. 1초에 5명의 아이가 태어나고, 1년에 8000만 명이 늘어난다. 모든 사람은 먹을 수 있어야 하며, 자신과 아이들에게 영양을 공급하고 동일한 기회와 삶을 영위할 권리도 당연히 주어져야만 한다.

식량에 대한 권리

유엔은 모든 사람은 건강하고 적극적인 삶을 영위하기 위해 언제 어디에서든 안전해야 하며 식량을 공급받을 기본 권리를 갖고 있다고 천명했다. 요컨대 우리가 기아 상황을 보고도 그냥 내버려두는 것은 국제법을 위반하는 일이며 인권을 침해하는 범죄인 셈이다. 1966년 통과된 경제적, 사회적, 문화적 권리에 대한 국제 조약 11조는 다음과 같다. "조약에 참여한 국가는 각 개인에게 자신은 물론 가족을 위해 적절한 수준의 삶을 영위할 권리를 인정해줄뿐더러 충분한 음식·의복·숙소에 대한 권리, 그리고 삶의 조건을 지속적으로 향상시킬 권리도 인정한다. 조약에 참여한 국가는 기아에 허덕이지 않을 개인의 기본 권리를 인정하므로 개별적으로 그리고 국제적 협력을 통해 필요한 조치와 특별한 프로그램을 실행에 옮길 것이다."

식량에 대한 권리는 오늘날 다른 권리에서는 찾아볼 수 없을 만큼 짓밟히고 있다. 전 세계 농업이 과거에 비해 훨씬 많은 양의 식량을 생산하고 있음에도 불구하고, 사람들은 그 어느 때보다 굶주리고 있는 형편이다. 참으로 터무니없는 일이다. 요컨대 통계상으로만 볼 때 세계는 1인당 충분하고도 남을 정도의 음식을 제공할 수 있음에도 사람들은 가난과 기아 상태에서 살아야 한다. 식량 생산은 전 세계적으로 인구수보다 빨리 성장하고 있다. 전 세계에서 수확하는 식량은—칼로리로 표현하면—모든 사람이 에너지로 소비할 수 있는 양보다 3분의 1배 더 많다. 하지만 이런 사실은 실제로 사람들이 음식을 섭취하는 현실과 너무나 동떨어져 있다. 다시 말해, 지구상에 살고 있는 사람 가운데 적어도 3명 중 1명은 지속적으로 혹은 오랜 기간 굶주려야 하며 영양실조 상태에 있다. 이런 사람은 공식 통계에서 볼 수 있는 수치보다 훨씬 많다. 아울러 이들은 대부분 아시아와 태평양, 사하라 남부의 아프리카, 라틴아메리카와 근동 그리고 동유럽 지역에 살고 있다. 독일에서 활동하는 비정부 기구 세계기아원조(Welthungerhilfe: 독일의 구호 단체—옮긴이)는 2005년부터 '세계기아지수(Global Hunger Index, GHI)'를 발표하고 있다. 워싱턴에 있는 국제식량정책연구소에서 개발한 이 지수는 전 세계 122개국의 기아와 영양 공급 상태를 산출해낸다. 세계기아지수는 동일한 비중을 차지하는 세 가지 지표, 즉 인구 가운데 영양실조에 걸린 비율, 체중 저하에 속하는 5세 이하 아이들의 비율, 그리고 이들의 사망률에 바탕을 두고 있다. 2013년의 기아지수를 살펴보면 무기를 동원한 갈등 상황, 자연재해와 높은 식량 가격이 특히 전 세계 식량 상황에 부정적 영향을 미치는 요소임을 알 수 있다. 오늘날에도 위기가 발생하면 대부분 굶주리고 있는 나라들이 가장 많은 영향을 받을 것이다. 하지만 이와 다른 의견도 있다. 이를테면 전 세계에서 굶주리는 사람의 비율은 줄어들 것이고, 라틴아메리카와 태국이나 베트남 같은 아시아 국가는 1990년과 비교해 눈에 띄게 발전했다는 것이다. 그럼에도 불구하고 남아시아는 기아가 가장 극심한 지역 중 하나다. 아울러 사헬 지대(Sahel zone: 사하라 남쪽의 북위 14~20도에 걸친 초원 지대—옮긴이), 즉 부룬디(아프리카 중부에 있는 나라—옮긴이), 에리트레아(아프리카 북동부에 있는 나라—옮긴이)와 코모로(인도양에 있는 섬나라—옮긴이)의 기아지수는 다른 나라

와 비교할 때 엄청나게 심각한 수준이다.[1]

세계는 가난 및 기아를 해결하려는 활동에서 점점 멀어지고 있다. 개발도상국의 모든 어린이 가운데 거의 3분의 1이 예나 지금이나 여전히 저체중 상태로 태어난다. 5초마다 10세 이하의 어린이 1명이 기아와 영양실조로 죽어가고 있다. 보통 신체 쇠약과 질병, 가령 설사·폐렴·말라리아 및 결핵으로 죽는데, 이런 아이들의 신체는 그 같은 질병에 대항해 싸울 수 없는 까닭이다. 조금만 더 식사를 잘 했더라면 그중 절반 정도는 살아남았을지도 모른다. 하지만 영양실조는 지속적으로 신체는 물론 정신적 손상을 입히며, 이런 손상이 기아와 가난을 계속해서 촉진한다. 개발도상국에 사는 많은 사람은 쌀, 고구마와 비슷한 덩이뿌리인 카사바, 기장이나 옥수수처럼 배를 부르게 하고 전분이 풍부한 식량을 주로 섭취한다. 요컨대 비타민이 풍부한 식품과 철이나 요오드처럼 미네랄이 풍부한 음식을 충분히 섭취하지 못한다. 이는 심각한 영양 부족 현상을 가져온다. 이런 성분이 부족한 경우를 '잠재적 기아'라고 부른다. 세계보건기구(WHO)는 이런 상태에 있는 사람이 20억 명가량이라고 추정한다. 오늘날 개발도상국에 사는 아이 2명 중 1명은 잠재적 기아로 인해 쇠약해진 상태다. 전 세계 사망 건수 가운데 절반 이상이 바로 기아와 잠재적 기아의 직접적 결과다. 그런데 지구상에서 일어나고 있는 이와 같은 사망의 주된 원인은 결코 자연에 있지 않고, 사람의 손에 의해 생겨났다. 이와 동시에 '발전한' 국가에 살고 있는 인류의 나머지 절반은 지나치게 배불리 먹고 엄청난 양의 멀쩡한 식품을 아무 생각 없이 쓰레기통에 버린다.

어처구니없게 계산한 기아자 수

유엔 식량농업기구(FAO)의 계산에 따르면, 2011~2013년 8억 4200만 명이 만성적 기아로 힘들어했는데, 이는 전 세계 인구의 12퍼센트 혹은 8명 가운데 1명에 해당한다.[2] 2010~2012년의 보고와 비교하면 2600만 명이나 적은 수치다. FAO에 따르면, 이는 밀레니엄을 맞이해 유엔이 설정한 첫 번째 목표를 실행하는 가운데 전 세계적 경제 성장과 책임 있는 정치의 결과 생겨난 성과라고 한다. 유엔이 내건 첫 번째 목표란 2015년까지 가난한 자와 굶주린 자의 비율을 절반으로 줄이는 것이었다. 하지만 어떻게 이렇듯 딱 떨어지는 수치가 나왔을까? 이는 모든 국가와 많은 비정부기구가 넘겨준 통계를 확인 절차도 거치지 않고 그냥 받아들인 수치다. 그렇다면 여기서 FAO는 '기아'를 어떻게 이해했던 것일까?

FAO의 냉철한 정의에 따르면, 기아란 만성적 칼로리 부족을 의미한다. 그러니까 적어도 1년 동안 영양 부족이 지속되어야 하며, 이로 인한 결과가 바로 영양실조다. 기아에 허덕이는 모든 사람 가운데 10퍼센트 정도가 매년 영양실조로 인해 사망하고 있다.

굶주린 사람을 정의할 때, 어느 정도의 칼로리를 기준으로 삼는지는 매우 중요하다. 기후, 지역, 키, 노동에 따라 갓난아이는 하루에 적어도 300칼로리, 1~2세 아이는 1000칼로리가 필요하다. 5세부터는 1600칼로리, 성인의 경우에는 2000~2700칼로리가 필요하다. 유엔 세계식량계획(WFP)은 지금까지 성인에게 필요한 1일 영양을 평균 2100칼로리로 계산했다. 계속해서 이 이하로 섭취할 경우 영양실조가 된다. FAO 역시 2011년까지 이와 같은 평균치로 계산을 했다. 이들은 매년 각국의 자료를 가능한 한 충분히 조사해 수치를 결정한다. 가령 해당 국가 국민의 나이 분포와 성별 같은 자료도 참고하고 공급 가능한 식량과의 비율도 계산한다. 아울러 그 결과를 매년 보고서와 부록에 상세히 공개한다.

FAO는 2012년 연례보고서를 만들 때 (대중에게는 전혀 관심을 못 받았지만) 기아를 측정하기 위한 새로운 방법을 도입했다. 이를 위해 FAO는 2년 전부터 작업을 했다. 이런 새로운 방법을 사용하면, 가령 1990년의 경우 예전의 방법을 사용했을 때보다 훨씬 많은 사람이 굶주렸고 오늘날에는 기아에 허덕이는 사람이 더욱 줄어든다. "이런 방식으로 하면 1990년 이래로 기아는 마치 보이지 않는 힘 덕분에 줄어든 것처럼 보인다." 개발 단체 FIAN(Food First Information and Action Network)과 '세상을 위한 빵(Brot für die Welt)'은 2013년 세계 식량의 날을 기념해 상세한 설명을 덧붙이며 굶주리고 있는 사람들을 계산하는 새로운 방식을 이렇게 해석했다.[3] FAO에 따르면 새로운 방식으로 계산해야 할 이유가 몇 가지 있다고 한다. 요컨대 그동안 인구수에 대한 새로운 자료가 나왔고, 전반적으로 식량이 예상보다 훨씬 많은 데다 식량 손실에 관한 탁월한 자료도 발표됐기 때문이라는 것이다. 아울러 사람들은 평균적으로 지금까지 생각했던 것보다 키가 더 작으며, 그리하여 훨씬 적은 칼로리가 필요하다는 것이다. 그래서 FAO는 성인 한 명이 필요로 하는 칼로리를 평균 1880칼로리로 계산하는데, 이는 '움직이지 않는 생활 방식'이 그 원인이라고 한다. 개발 단체의 견해에 따르면 이는 그야말로 의문스러운 측정 기준이다. "만일 잘 움직이지 않는 사람이 아니라 '보통 수준으로 움직이는 생활 방식'을 영위하는 사람(예를 들어 서비스업에 종사하는 사람)이라면, FAO의 계산은 굶주리는 사람을 50퍼센트 더 많이 포함시켜야 할 것이다." 이 말은 전 세계에서 영양을 충분히 섭취하지 못하는 사람이 8억 4200만 명에서 12억 9700만 명으로 늘어난다는 의미이고, 전 세계에 관한 통계가 얼

영양실조에 걸린 사람들의 수를 100만 명 단위로 표시

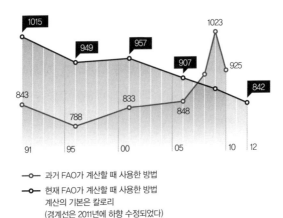

과거 FAO가 계산할 때 사용한 방법
현재 FAO가 계산할 때 사용한 방법
계산의 기본은 칼로리
(경계선은 2011년에 하향 수정되었다)

마나 쉽게 조작 가능하며 현실과 동떨어질 수 있는지를 새롭게 증명해준다. 굶주린 사람들은 먹을 것이 없는 식탁에 가만히 앉아 종말을 기다리는 게 아니라, 끊임없이 먹을 것을 찾아다닌다.

그 밖에 공식적으로 굶주린 사람에 속하려면, 1년 내내 통째로 굶주려야만 한다. 가뭄이나 홍수로 인해 수개월 동안 기초 식량을 공급받지 못하고, 자신들의 땅을 빼앗기거나 식량 가격이 폭발적으로 상승해 기초 식량을 더 이상 구입할 수 없는 수백만 명의 사람은 통계라는 필터를 통과해버리는 것이다. 이와 관련해 FIAN의 농업조사관 로만 헤레(Roman Herre)는 "식량 가격이 상승하는 효과에 대해서는 전혀 고려조차 하지 않았다"고 비판한다. 그는 이처럼 새롭게 도입했지만 정치적 동기가 다분한 긍정적 경향을 믿지 않는다. 반대로 그는 새로운 방식으로 계산했을 때 감소한, 굶주린 사람의 80퍼센트는 오로지 중국과 베트남 때문이라는

점을 지적한다. "이와 반대로 세계에서 가장 가난한 45개 국가의 경우, 굶주리는 사람이 25퍼센트 혹은 5000만 명 증가했다." 경제 성장이 기아와의 전쟁에서 핵심 해결책이라는 FAO의 결론에 대해 로만 헤레는 분명하게 이의를 제기한다. 경제 성장을 가장 많이 이뤄낸 아프리카 7개국의 경우, 굶주리는 사람의 수가 오히려 2000년부터 지금까지 거의 500만 명 늘어났다. 다만 가나에서만큼은 기아 퇴치를 위해 벌이는 전쟁에서 본질적인 발전을 이룩했다. 따라서 그는 다음과 같이 냉정한 결론을 내린다. "우리의 관점에서 보면 기아를 만들어내는 현실적 요소는 결코 향상되지 않았다."[4]

하지만 정치와 행정 조직은 성공을 거둬야 한다는 압박을 받기 때문에 효과적 조치 대신 요술 같은 속임수를 기꺼이 선택하곤 한다. 그들은 2000년에 약속하길 2015년까지 전 세계에서 굶주리는 사람의 비율을 50퍼센트까지 줄이는 데 총력을 기울이겠다고 했다. 이보다 4년 전인 1996년에도 각국 대표들 사이에서는 이미 굶주리는 사람을 절반으로 줄이자는 얘기가 나왔다. 사람들은 퍼센트 수치와 새로운 계산법을 통해 긍정적인 발표를 하려 한다. 즉 1990년에 굶주리는 사람이 19퍼센트였던 것과 비교하면 지금은 12퍼센트 이하를 달성했다는 좋은 소식을 전한다. 모두가 안도의 숨을 내쉬지만 정작 굶주리는 사람들은 그렇지 않다.

인구가 점점 많아진다: 하지만 그것이 핵심은 아니다

전 세계 인구는 매일 21만 9000명이 늘어나고 있다. 오늘날의 인구는 72억 명이며, 2024년에는 80억 명, 2045년에는 90억 명에 도달할 것이다. 이처럼 가파르게 증가하는 인구는 그 이후 잠잠하다가 (극단적이지 않은 예측에 의하면) 2060년 100억 명에 달할 수 있다. 만일 지금의 출생률이 지속된다면, 2070년에는 150억 명이 될 것이다.[5] 인구 증가는 지역마다 상당히 차이가 난다. 인구 밀도가 높은 유럽에서는 줄어드는 데 반해, 인구 밀도가 낮으면서 가난한 지역, 특히 아프리카 사하라 남부 지역에서는 증가하고 있다. 이곳의 인구는 오늘날 9억 명에 달하지만 2050년에는 20억 명으로 2배 넘게 늘어날 수 있다. 1960년대만 하더라도 여자 1명이 출산하는 아이는 5명이었으나, 오늘날에는 2.5명으로 눈에 띄게 줄었다. 임신을 할 수 있는 비율이 2.1이면 인구는 안정적으로 유지될 것이다. 아프리카 남부에서도 출산율이 6.6명에서 5.1명으로 줄어들기는 했다. 그럼에도 출산율이 높은 주된 원인은 부족한 피임약과 피임에 대해 잘 모르는 어린 나이의 여성이 원치 않는 아기를 낳는 까닭이다. 2012년 남부 아프리카에서 피임을 원하는 성인 여자와 소녀들 가운데 60퍼센트가 그 방법을 찾지 못했다.[6] 개발이 가장 더딘 국가에서는 5명 가운데 2명이 15세이하다. 가임 연령의 비율이 높아져 인구가 가파르게 증가하고 있는 셈이다. 게다가 모든 개발도상국에서는 충분한 노후 대비책이 없기 때문에 2명 이상의 자녀를 원한다.

만일 지구상에서 태어나는 모든 시민이 충분한 영양 공급을 받아야 한다면, 전 세계의 식량 생산은 앞으로 40~50년 동안 거의 2배 늘어나야 할 것이라고 세계 농업 조직은 말한다. 이런 차원의 견해가 '인구 과잉'이라는 유령이 떠돌게 만들고 자원의 고갈, 부족한 땅과 물 그리고 환경 파괴에 대한 두려움을 부채질한다. 하지만 과연 경악을 불러일으키는 이런 예상은 맞는 말일까? 만일 모든 게 지금처럼 진행된다면, 아마도 그럴 것이다. 그렇지만 우리는 여기서 오로지 우리가 만든 성장 모델을 바탕으로

인구 변화

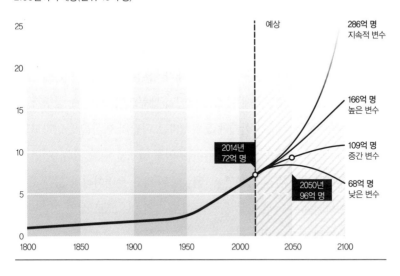

2100년까지 예상(단위: 10억 명)

생각하고 판단하는 오류를 범하고 있다. 가축을 대량 사육함으로써 점점 더 많은 고기를 소비하고, 과잉 생산에 식품을 버리는 정신 상태를 벗어나지 못하고, 대안적인 재배 모델과 소비 모델은 고려하지 않은 채 말이다. 사실 전 세계에서 굶주리고 있는 사람들은 북아메리카와 유럽에서 버리는 식품의 절반만으로도 3배는 배불리 먹을 수 있다. 그리고 지금보다 절반만 고기를 적게 소비한다면, 2050년에는 '기아'라는 말이 외계어가 될 수도 있다.

인구 과잉이라는 이데올로기

오늘날과 미래의 문제를 검증도 되지 않은 인구 과잉 탓으로 떠넘기는 사람이 있다면, 그는 지금 당장 뭔가 변해야 한다는 책임을 회피할 뿐이다. 왜냐하면 이는 사람이 너무 많은 게 문제가 아니라, 오히려 자원에 접근할 수 있는 기회를 부당하게 분배한 탓이기 때문이다. 나아가 인구가 너무 많고 이 때문에 지구가 한계에 도달했다는 비판의 핵심을 들여다보면, 인종 차별적이고 인간을 싫어하는 염세주의적 성격을 띠고 있다. 이런 비판의 배후에는 이른바 문명화한 우리는 너무 적고 문명화하지 않은 사람들(가령 아프리카인)은 너무 많은데, 그들이 우리의 비용으로 실컷 먹는다고 생각하는 견해가 숨어 있다.

산업 국가는 한편으로 자국 중산층의 가족계획을 지원하지만 다른 국가에는 출생률을 제한하라고 요구한다. '인구 과잉'은 항상 다른 쪽, 즉 빈자(貧者), 외국인, 다른 종교를 믿는 공동체 사람들에게 해당한다. 그렇듯 양의 문제는 항상 질의 문제와 연결되어 있다. 이스라엘 사람들은 팔레스타인 사람들이 너무 많이 늘어날까봐 두려워하고, 몇 년 전 독일의 보수적인 기민당이 내건 슬로건은 "인도 사람 대신 아이를(Kinder statt Inder)"이었다. 그리고 미국에서 너무 많은 아이를 낳는 사람은 가난한 흑인 여성들이다. 제네바 대학 국제문제연구소에서 인류학 및 개발사회학 교수를 맡고 있는 인도 여성 샬리니 란데리아(Shalini Randeria)는 이렇게 말한다. "인구수만 중요한 때는 결코 없었습니다. 항상 누구는 늘어나도 되고 누구는 안 된다는 문제와 상관이 있었죠."[7] 샬리니는 자유롭게 직접 가족계획을 세울 수 있는 권리에 대해 언급하며 서구의 일방적 정책을 비판한다. "서구의 이중 도덕이 나를 혼돈에 빠뜨립니다. 만일 카메룬 출신 여성이 많은 아이를 낳으면, 이것이 전 세계 인구 과잉에 한몫을 했다고 하죠. 하지만 만일 스위스 남자가 자동차 두 대를 구입한다면, 그가 경제 성장을 촉진시켰다고 합니다. 이는 전혀 검증되지 않은 사실이죠. 이렇듯 우리는 인구 과잉이라는 문제를 자원의 소비와 분리할 수 없습니다. 뉴욕 시민들이 하루 소비하는 에너지가 아프리카 전역에서 하루 소비하는 에너지보다 많아요. 진정 환경 보호가 필요하다고 생각하는 사람이라면, 타국에 사는 외국 여성이 가족계획을 생각하게끔 만드는 대신 선진국들의 자원 사용을 줄여야만 합니다."[8]

붕괴에 직면한 것인가

미국 항공우주국(NASA)도 인류의 미래에 대해 생각한다. 2014년 3월 영국 신문 〈가디언〉은 미국 항공우주국이 메릴랜드 대학에 위임한 연구의 결과를 공개했다. 수학자 사파 모테스하라이(Safa Motesharrei) 교수를 필두로 하는 과학자들의 견해에 따르면, 지금처럼 자원을 착취하고 부를 불평등하게 분배한다면 인류는 결국 붕괴하고 말 것이라고 한다. 여기에서 결정적으로 중요한 위험 요소는 다섯 가지, 즉 기후 변화, 에너지 소비, 인구 증가, 물 공급, 농업의 발전이다. 지금도 이미 '끔찍한 역학(dynamic)'이 나타나고 있다고 한다. 즉 서구 사람들만 계산한다 해도 앞으로 살아갈 후손들에 비해 1.5배나 많은 자원을 소비하고 있다. 이처럼 생태계에 대한 과도한 착취는 부유한 엘리트층과 다수의 가난한 층을 분리시키는 원인이 되고 있으며, 이는 매우 심각한 문제다. 새로이 개발하는 모든 기술로도 이러한 붕괴를 막을 수 없고, 다만 붕괴하는 시간을 뒤로 미룰 따름이다. "개인이 지속적으로 이용할 수 있는 수준에서 자연을 개발하고 어느 정도 정당한 방식으로 자원을 분배한다면"[9] 그러한 붕괴를 막을 수는 있다. 하지만 분열된 사회가 이를 반대하고 있다며 과학자들은 비관적인 결과를 내놓았다.

인류세의 삶과 죽음

오늘날에는 사람들이 자연을 주무르지 자연이 사람을 좌무지우지하지 않는다. 이와 같은 이해하기 쉬운 명제는 이른바 '인류세(人類世)'라는 새로운 지질 시대를 확정하는 자연과학 논쟁의 핵심이다. 이 시대는 산업화 초기라 할 수 있는 1800년에 시작되었고, 인간이 지구상에 있는 모든 요소 가운데 생물학적·지질학적·기후적 과정에 가장 큰 영향을 주는 시대를 말한다. 우리는 이런 시대 한가운데 살고 있으며, 이 시대의 결과 또한 잘 생각해봐야 한다. 인류세라는 개념은 2000년대 초입에 특히 네덜란드 화학자이자 기후 연구가 파울 크뤼첸(Paul Crutzen)이 도입한 것이지만, 그보다 훨씬 이전인 1972년 로마클럽에서 비판적으로 이를 수용했다. 로마클럽의 보고서 《성장의 한계》에서 미래학자들은 늘어나는 환경오염, 세계 인구의 급속한 증가, 자연 자원의 착취와 자원의 한계 등에 대해 강력하게 지적했다. 21세기가 되면 지구는 절대적인 성장 한계에 도달할 것이라면서 말이다. 기후 변화와 신속하게 줄어드는 다양한 생물을 고려해 로마클럽은 40년 후 이와 같은 예상의 기본적인 내용을 반복했다. 2009년 전 세계 27개 대학과 연구소 소속 교수들로 이루어진 팀은 지구의 한계가 거의 드러났고—이보다 더 심각하게—몇몇 한계는 이미 초과 상태임을 인정했다. 지구라는 행성에 미치는 인간의 영향은 그사이 장기간 인류가 위협받을 만큼 증가했다. 스톡홀름 대학의 리사일런스 센터(Resilience Centre)를 이끄는 요한 록스트룀(Johan Rockström)을 중심으로 《행성의 한계 : 인류를 위해 안전하게 작동하는 공간》[10]이라는 연구서를 낸 공동 저자들은 인류가 몇 세대에 걸쳐 살아남으려면 지켜야 할 새로운 한계를 확인해주었다. 그들은 그중 일곱 가지를 구체적으로 산정해낼 수 있었다. 만일 이 가운데 하나만이라도 상호 영향을 미치는 한계를 넘어버리면, 계산 불가능하고 더 이상 되돌릴 수 없는 기후 변화, 요컨대 우리 생태계의 티핑 포인트(tipping point)가 위협을 받는다. 세 가지 영역, 즉 기후 변화, 다양한 생물의 손실, 하층에 있는 질소의 생활권 진입에서 우리는 이미 한계를 분명하게 넘어버렸다. 곧이어 바다의 산성화 문제, 생활권에 인(Phosphorus, 燐)이 쌓이는 문제(록스트룀은 이런 현상을 질소의 증가와 함께 행성의 한계로 이해한다) 그리고 토지 이용의 변화라는 문제도 한계를 넘을 것이다. 전 세계의 담수 이용과 성층권의 오존층 감소도 머지않아 한계를 넘어설 것이다. 대기권의 연무질 부하(負荷)와 화학 물질로 인한 오염 문제는 아직 그 양을 계산할 수도 없다.

이러한 한계를 넘어설 때 어떤 결과가 나올지는 분명하지 않다. 이런 문제와 관련해 과학은 역사적인 경험을 신뢰해야 하기 때문이다. 하지만 분명한 것은 관망할 수 있는 영역 밖에서 일차적이 아닌 변화가 일어날 위험이 '상당히 높다'는 것은 그 위험을 계산할 수 없다는 얘기다.

논쟁이 분분한 것은—보고서를 넘어서—다음과 같은 의문이다. 우리로 하여금 성장의 한계를 넘게 하는 원인은 무엇이며, 그 원인은 인류 위기에 어느 정도 책임이 있는가? 즉 단기적인 이윤을 좇는 자본주의적 경제 방식에 책임이 있는가, 아니면 인간의 타고난 탐욕과 무분별이 문제

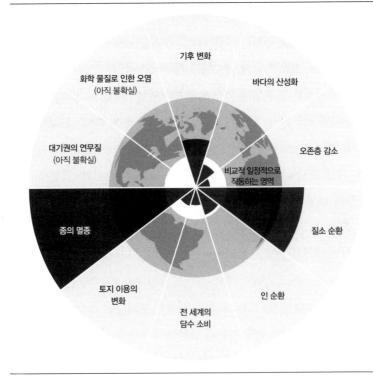

인가? 그렇지 않으면 고삐 풀린 듯 늘어나기만 하는 세계 인구가 문제인

가? 인구수는 책임을 미루기에 가장 힘든 요소다. 지구상에는 지리적으

로 아직 충분한 여유가 있고, 수확량으로 따져볼 때 식량은 100억 명의

사람이 배불리 먹을 수 있을 정도다. 이렇듯 풍족한 세상에서 3명 가운데

1명이 굶주리거나 영양실조에 걸린다는 것은 우리 행성의 한계와 관련이

있다기보다 오히려 특권층에 속하는 소수 사람들의 소비 욕구와 전 세계

적으로 지극히 불평등하기만 한 분배와 관련이 있다. 이는 사실 지배적인

신식민지적 경제 체계에 뿌리를 두고 있다.

완전히 따뜻한 시대

이제 확실하게 드러난 사실이 있다. 에너지를 지나치게 많이 소모하는 생활 방식과 점점 늘어나는 선진국 국민의 육류 소비가 전 세계의 온도를 상승시킨다는 '압도적 증거'가 있다고 세계 기후 조사 기관인 '정부간기후변화위원회(International Panel on Climate Change, IPCC)'가 2014년 3월 말부터 4월 초에 열린 제5차 세계 기후 보고의 2부와 3부에서 발표한 것이다. 다시 말해, 전 세계에 걸쳐 기후 보호를 위해 노력하고 있으나 온실가스 방출은 경제 성장과 인구 증가로 인해 줄어들지 않고 있으며, 오히려 점점 더 늘어나는 추세다. 지난 100년 동안 평균 기온이 섭씨 0.8도 상승했는데, 인간이 바로 그 원인이었다.

지구 대기층은 무엇보다 온실가스와 이산화탄소, 메탄과 이산화질소로 이루어져 있으며, 이들은 마치 방어막처럼 동그란 지구를 에워싸고 있다. 단파이자 눈으로 볼 수 있는 태양 광선이 반사되어 장파인 열선(熱線)으로 다시 우주로 사라지지 않도록 해주는 것이 바로 이와 같은 가스들이다. 이런 방어막이 없다면 우주와 마찬가지로 지구는 끔찍하게 추울 것이다. 하지만 우리가 살고 있는 지구는 안정적으로 평균 기온 15도를 유지하고 있다. 오늘날의 문제는 산업화 이후—지구 역사로 보면 믿을 수 없을 정도로 짧은 기간이지만—가스의 농도가 무서울 정도로 올라가고 있다는 것이다. 무엇보다 76퍼센트를 차지하는 이산화탄소, 16퍼센트를 차지하는 메탄, 6퍼센트를 차지하는 이산화질소, 그리고 2퍼센트를 차지하

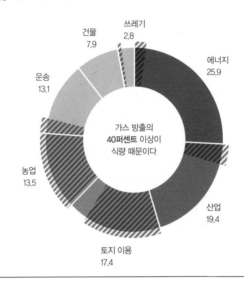

전 세계의 온실가스 배출 원인(%)

식량으로 인한 배출

쓰레기
2.8

건물
7.9

에너지
25.9

운송
13.1

가스 방출의
40퍼센트 이상이
식량 때문이다

농업
13.5

산업
19.4

토지 이용
17.4

는 불소가 빠르게 증가하고 있다. 이들 가스는 온실 효과에 차등적으로 영향을 미치므로 이산화탄소 등가물로 환산을 해서 파악한다. 원유, 석탄, 가스 같은 화석 연료를 연소하면 그 속에 수백만 년 동안 포함되어 있던 이산화탄소가 급격하게 방출된다. 산업, 가정, 교통을 통해 이산화탄소 함량은 지속적으로 늘어나며, 그 결과 우리의 대기권은 과도하게 데워진다. 무엇보다 선진국들은 이처럼 부차적이며 자연스럽지 못한 온실 효과에 책임이 있다. 지구상에서 자연스럽게 이산화탄소를 흡수할 수 있는 장소, 예를 들어 숲, 늪, 바다는 부수적으로 늘어난 이산화탄소 양으로 인해 이를 더 이상 받아들이지 못한다. 이와 같은 문제는 우리 지구의 '녹색

폐'라고 일컫는 아시아, 남아메리카, 중부아메리카의 거대한 숲을 벌채함으로써 더욱 심각해지고 있다. 인간에 의해 만들어진 온실 효과는 지금까지 예상했던 것 이상으로 빠르게 진행되고 있다. 1970년부터 2000년까지 온실가스 방출은 매년 평균 1.3퍼센트 상승했으나, 2000~2010년에는 매년 2.2퍼센트 상승했다. 계속 이런 식으로 진행된다면, 2040년에는 산업화 이전 시기에 비해 지구 표면의 평균 온도가 2도 더 상승할 것이다. 기후 정책에는 산업화 이전보다 2도가량 상승할 경우 인간에 의한 기후 체계의 위험한 훼손을 막을 수 있다는 견해가 지배적이다. 하지만 그 이상 온난화가 진행되면, 기후 변화는 완전히 통제할 수 없는 상태가 되고 만다. 멈추지 않고 온실가스를 방출할 경우, 21세기 말에는 전 세계의 평균 기온이 심지어 5도나 상승하고, 해수면은 90센티미터 올라갈 것으로 예상된다. 그 결과 해안 지역과 섬이 물에 잠기고, 큰 폭풍이 증가하고, 사막 지역이 늘어나고, 빙하가 녹는다. 이른바 기후상의 티핑 포인트를 넘김으로써 급속한 기후 변화를 전혀 계산할 수도, 더 이상 멈출 수도 없다. 그러면 세계의 기후는 되돌릴 수 없게 된다. 전 세계의 해류와 식물계도 가늠할 수 없을 정도로 변할 것이다. 이미 오늘날에도 기후 변화는 자연재해의 주된 원인 가운데 하나다. 즉 아프리카와 아시아에서 발생하는 가뭄은 수확할 농작물을 바짝 마르게 하고, 노아의 홍수 같은 재해와 범람이 농작물을 완전히 쓸어버린다.

수확 감소와 추방

IPCC는 전 세계적 해수면 상승으로 인한 토지의 상실로 매 10년마다 수확량이 평균 2퍼센트 감소한다고 계산한다. 이런 해수면 상승은 수천만 명의 사람을 해안가에서 살지 못하게 한다. 2100년까지 수위(水位)는 26~98센티미터까지 올라갈 것으로 예상하는데, 이는 2007년 예측한 것보다 2배는 더 높은 수치다. 이집트의 곡식 창고라 할 수 있는 나일 강 삼각주 지대는 200킬로미터에 걸쳐 펼쳐져 있는데, 이곳은 이미 오래전에 사라졌을 수도 있다. 왜냐하면 바닷물이 약간만 더 넘쳐나도 이 나라를 황폐하게 만들기에 충분하기 때문이다.[11] 미얀마와 방글라데시의 경우 해안 부근에 있는 농지는 이미 몇 년 전부터 폭풍과 올라가는 해수면으로 인해 소금물로 범람했다. 반구 북쪽의 높은 곳에 위치한 지역은 온도 상승으로 인해 오히려 이득이 되었고 더 많은 식량을 생산할 수 있었음에도 불구하고 대부분 지역에서 수확량이 25퍼센트까지 줄었다. 특히 지구상의 거대한 곡식 창고, 즉 미국 중서부 지역, 브라질, 태국, 베트남, 인도, 중국, 오스트레일리아가 피해를 입고 있다. 2050년 이후에는 이와 같은 경향이 더욱 심각해질 것이다. 지금도 벌써 기후 변화로 인한 효과가 나타나고 있다. 동부 아프리카에서 차를 생산하는 사람들은 혹독한 추위와 싸움을 벌이고 있다. 이곳에서는 건기가 더 오랫동안 지속되고 있는 반면, 미국의 중부 지역에는 예전에 없던 강한 폭우가 내리고 있다. 이는 곡물을 부패하게 할 뿐만 아니라 사상균병(곰팡이로 인해 발생하는 모든 종류의 질병—옮긴이)과 곤충으로 인한 피해를 증가시킨다. 2013년에는 '커피깜부기병'으로 인해 전체 커피 생산량이 바닥으로 내려갔고, 바나나 농사를 짓는 농부들은 삽주벌레와 바나나의 즙을 빨아먹는 작은 해충이 덮치는 바람에 곤욕을 치르고 있다.

　세계기후위원회는 환경 단체의 가정을 전반적으로 시인한다. 요컨대 "기후 변화의 효과는 전 세계에 걸쳐 식량 공급을 과거보다 더 힘들게 만들 것"[12]이라는 가정을 시인하고, 심각한 기후 변화가 식량 가격을 극단적으로 올릴 것이라는 점을 인정한다. "신속하게 이에 적응해 폐기 가스 방출을 줄이지 않는다면, 모두가 충분히 먹을 수 있게 한다는 목표는 영원히 실패하고 말 것이다"라고 원조 단체 옥스팜(Oxfam)의 팀 고어(Tim Gore)는 경고한다. 이런 말이 맞기는 하지만, 수확 감소와 기아는 물론 기후 변화 외에 다른 원인 때문이기도 하다. 세계기후위원회 소속 과학자들이 그렇게 생각하고 있으며, 이들은 기후 변화, 갈등과 이민의 상호 작용을 모두 고려한다. 이렇게 해서 그들은 특히 가난하고, 주변부에 위치하고, 차별받는 그룹이 기후의 효과에 영향을 받는다고 결론짓는다. IPCC 간행물의 저자이자 카를스루에 기술연구소(Karlsruher Institut für Technologie, KIT)의 기후 연구원 한스 페터 슈미트(Hans Peter Schmidt)는 의미심장한 결론을 내린다. "만일 우리가 개발도상국의 가난을 극복하지 못한다면, 기후 문제를 해결하지 못할 것이다."[13]

목표로 세운 2도

기후를 보호하고자 하는 모든 사람이 내걸고 있는 목표는 이제 2도 이상 상승하지 않도록 하는 것이다. IPCC는 이와 같은 상한선을 아직 지킬 수 있다고 가정한다. 하지만 그렇게 하려면 폐기 가스 방출을 신속하고도 철저하게 억제하고, 기술적으로나 경제적으로 깊이 있는 변화가 있어야 한다. IPCC는 보고서를 위해 900가지 시나리오를 분석했다. 최소한 2도라는 목표를 66퍼센트 정도의 개연성을 갖고 유지하기 위해서는 다가올 새 천년까지 대기 중에 있는 테트라하이드로게스트리논(THG)의 농도가 450ppm CO_2 eq를 넘어서는 안 된다. 이는 대략 이산화탄소 1조 톤에 해당한다. 물론 인류는 2012년까지 이미 5450억 톤을 방출했다. 지구 온난화를 2도에서 안정시키기 위해서는 온실가스 배출을 2050년까지 전 세계적으로 2010년 수준보다 40~70퍼센트 줄여야 한다. 그리고 새 천년 말까지 가스 배출을 거의 제로로 내려야만 한다. 우리가 기르는 소와 경제 성장 등이 이로 인해 분명 고통을 겪겠지만, 이는 사람들이 생각하는 것보다는 견딜 만한 수준이다. "기후 정책 없는 발전에 직면해서 2도를 유지하기 위해 21세기에는 매년 소비 성장을 0.04~0.14퍼센트 줄여야 한다"며 IPCC는 이렇게 덧붙인다. "이와 같은 계산에는 부가 사용도 고려하지 않았고, 적응을 위한 조치와 기후 변화에 의한 훼손으로 생기는 비용도 고려하지 않았다."[14] 장기적으로는 이와 같은 제한이 없더라도 어차피 경제 발전은 더 이상 불가능할 것이다.

2도라는 목표치는 환경 보호에 앞장서는 학자들로부터 나온 지극히 낯선 시나리오가 아니라, 전 세계 대부분 국가들의 의지다. 이런 목표는 1996년 유럽연합이 제안함으로써 정치적 목표로 정해졌으며, 훗날 국제 조직이 이를 받아들였다. 이 목표는 2009년 코펜하겐에서 열린 유엔 기후협의회의 합의 문서에 올랐고, 2010년 12월 멕시코 칸쿤(Cancún)에서 열린 유엔 기후협의회에서 처음으로 공식 수용되었다. 또한 G-8 국가들은 2009년 7월 이탈리아 라퀼라(L'Aquila)에서 이와 같은 환경 정책적 목표를 인정했다.[15] 이제 이 목표를 실행에 옮겨야 한다.

톤으로, 아니면 접시로?

사람들이 먹기에 적합한 식량의 절반이 이미 경작지에 파묻히고, 운반 및 저장하는 가운데 상해버리거나 대부분 먹을 수 있음에도 불구하고 쓰레기통으로 들어간다. 사람들은 이런 음식물 쓰레기를 동물의 먹이로 주거나 전기로 사용하기 위해 태우고, 가스를 만들기 위해 부패시킨다. 전 세계적으로 연간 13억 톤의 낭비—거의 사하라 남부 아프리카에서 생산하는 양에 해당한다—가 발생하는데, 이는 막대한 환경 피해를 일으킨다. 유엔 식량농업기구, 즉 FAO의 보고에 따르면 전 세계에 있는 경작지 가운데 14억 헥타르(족히 28퍼센트)는 먹지 않는 식량을 생산하기 위해 경작된다고 한다. 이 정도의 식량을 생산하려면 대략 250세제곱킬로미터의 물을 투입해야 하는데, 이는 볼가 강에서 매년 흘러가는 물의 양이다. 아울러 이와 같은 경작으로 말미암아 33억 톤의 이산화탄소가 발생한다. 재정적 손해는 전설에나 나올 법한 액수로 매년 5650억 유로나 된다. FAO는 모든 종류의 식량 가운데 무려 3분의 1이 손실되고 있다고 말한다. 과일, 채소, 뿌리와 덩이줄기의 경우 전 세계적 손실은 40~55퍼센트이며, 생선은 이 수치가 80퍼센트에 달한다.

식량의 낭비가 기아를 만들어낸다

FAO는 전 세계적으로 일어나는 식량의 낭비와 손실이야말로 많은 지역에서 식량의 위기를 맞는 본질적 원인이라는 사실을 밝혀냈다. 개발도상국과 중진국의 식량 가운데 40퍼센트가 소비자들에게 가기 전, 요컨대 들판에서 2차 수확할 때 그리고 운반할 때 이미 썩어버린다. 원인은 주로 수확은 물론 보관과 냉장할 때 재정적으로나 기술적으로 한계가 있기 때문이다. 아울러 사회 간접 시설이 잘 갖추어지지 않고 포장도 잘하지 않기 때문이다. 중간 수준과 높은 수준의 소득을 올리는 나라에서는 전혀 그렇지 않다. 즉 이런 나라에서는 식량의 손실이 특히 생산자, 도매상, 소매상 그리고 식량 순환의 마지막 단계에 속하는 소비자층에서 발생한다. 자원 낭비에는 윤리적 문제가 보태진다. 다시 말해, 유럽과 북아메리카에 사는 시민들은 매년 평균 자기 체중보다 많은 식량을 쓰레기통에 버리며, 이는 1인당 수백 유로의 가치에 해당한다. 하루에 2달러 이하로 살아가야 하는 세계 인구 절반에게 이것은 상상할 수 없는, 경멸적인 낭비로 보일 게 분명하다. 아울러 식량 소비는 다음과 같은 결과도 초래한다. 즉 산업 국가에 사는 사람들의 소비 방식이 원래 수요보다 많은 양을 필요로 하고, 이것이 세계 시장에 나온 기본 식량의 가격을 끌어올린다. 이렇게 가격이 폭발적으로 오르면 가난한 사람들은 자신이 먹을 적절한 양의 식량을 구입할 수 없다.

에너지 낭비와 물 낭비

스톡홀름 국제물연구소(SIWI)는 이미 2008년 5월 전 세계에서 낭비하고 있는 칼로리와 물의 양을 조사했다. 스웨덴 연구팀은 "물 절약: 들판에서 포크까지"라는 연구 주제를 정한 다음 농작물을 생산하기 위해 세계 인구 1인당 매일 필요한 에너지의 양을 개별 가구들이 실제로 사용하는 칼로리와 비교해보았다. 이를 통해 연구팀은 생산과 소비 과정에서 56퍼센

식품의 생산과 소비 과정에서 56퍼센트 손실

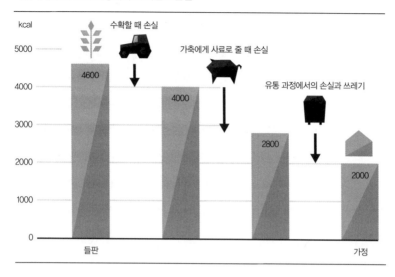

트, 그러니까 사용할 수 있는 식량 에너지의 절반 이상이 손실된다는 결과를 얻어냈다. 즉 2차 수확을 할 때, 가축에게 사료로 줄 때, 그리고 생산자와 상거래자 및 소비자에게서 이와 같은 손실이 발생한다.

우리가 버리는 식량은 물의 양과도 연관이 있다. 우리가 씻고 마시는 데 소비하는 것보다 2배나 많은 물이 버려지고 있다. 이는 전체적으로 전 세계 물 소비의 4분의 1에 해당한다. '과잉' 식량을 생산하고 운반하는 데 투입하는 에너지와 나중에 버려지는 식량 쓰레기를 처리하기 위해 들어가는 에너지는 엄청난 온실가스를 방출하는데, 이는 전체 교통 부문에서 방출하는 양보다 훨씬 많다. 쓰레기를 절반만 줄여도 자동차 두 대 중한 대를 세워두는 효과가 있다.

독일이 깨어나다

2010년 가을 텔레비전에서 방영한 발렌틴 투른의 〈먹을 수 있는 재료를 쓰레기통으로〉라는 다큐멘터리, 발렌틴과 슈테판 크로이츠베르거가 공동 집필한 베스트셀러 《왜 음식물의 절반이 버려지는데 누군가는 굶어 죽는가》 그리고 2011년 11월 영화관에서 절찬리에 상영한 〈쓰레기를 맛봐〉는 독일에서 이미 오래전에 공개적으로 찬반양론이 펼쳐진 식량 낭비라는 주제에 불을 붙였다.[16] 실제로 버려지는 양은 어느 정도이며, 누가 이런 소동을 일으킨 장본인인가? 지금까지 정확한 조사와 수치가 드러나지는 않았다. 당시 농림부 장관이던 일제 아이그너(Ilse Aigner)가 의뢰한 조사 결과가 2012년 3월에 나왔는데, 이에 따르면 독일은 매년 1100만 톤의 식량을 쓰레기통에 버린다. 이 가운데 대략 61퍼센트는 개인 가정, 17퍼센트는 대형 소비자, 17퍼센트는 식량 산업, 그리고 5퍼센트는 상거래 과정에서 나왔다. 하지만 이런 수치는 우리를 기만한 것이다. 왜냐하면 약 15~20퍼센트에 달하는 농업 부문을 이 조사에서 배제했기 때문이다. 이후의 조사에서는 포함시키겠다면서 말이다. 다시 말해 경작지에 파묻히거나, 상품의 가치가 없어 따로 분류하거나, 가축 사료로 혹은 바이오 가스 생산을 위해 투입한 곡물·채소·과일은 지금까지 전혀 고려하지 않았다. 이렇듯 전체를 고려하지 않은 조사는 실제 쓰레기의 양을 줄이고 식량을 낭비한 주체들의 실제 비율을 바꾸어 소비자만 불리하게 만든다. 더구나 식량 산업과 상거래에 의한 손실 비율—이것 역시 임의적으로 추출한 대상을 기준으로 산정—은 산업 및 상업 자체에서 실시한 설문 조사와 내부의 통계에 근거한 것이다. 다시 말해, 산업과 상업 부문은 학자들이 자기의 쓰레기통을 들여다보는 것을 거부했다. 그렇게 해서 수행한

연구 조사는 상업 부문에서 매년 46만~479만 톤, 산업 부문에서 21만~
458만 톤의 음식물 쓰레기를 배출한다고 밝혔다. 수치의 폭이 얼마나 넓
은지 알 수 있다.[17]

유럽연합 의회에서도 2012년 1월 역내에서의 식량 낭비를 2025년까
지 절반으로 줄이고, 소득이 낮은 가구의 식량 구입을 좀더 용이하게 하
도록 구체적인 조치를 요구했다. 그러기 위해 유럽연합 차원에서는 물론
국가 차원에서 공동으로 협력하는 전략이 필요하며, 이런 전략을 통해 모
든 부문을 고려하고 그에 상응하는 캠페인을 벌일 수 있을 터였다. 이에
따라 2014년을 '식량 낭비에 반대하는 유럽의 해'로 정하려 했으나 취소
되고 말았다. 여성 장관 일제 아이그너는 식량의 낭비를 절반으로 줄이겠
다는 야심찬 목표를 독일에 도입했고, 그 목표 시기를 2020년으로 잡았
다. 물론 그녀는 앞으로 얼마 남지 않은 기간 동안 어떻게 이 목표를 달성
할지 언급하지 않았고, 그에 상응하는 효과적인 국가적 구상도 아직까지
내놓지 않고 있다. 농림부는 '쓰레기통에 넣기에는 너무 아까운 것'이라
는 캠페인을 벌여 우선적으로 소비자에게 음식물 쓰레기를 줄이자고 설
득하기로 결정했다.

만일 우리가 오로지 소비자와 그들의 행동만을 비판의 중심에 놓는다
면(물론 정당하기는 하지만), 식량 문제를 과소평가하고 식량 과잉을 불러온
원인에서 점점 멀어질 수밖에 없다. 즉 생산자와 상거래는 수십 년 전부
터 식량 가격의 가치를 바닥 수준으로 떨어뜨려놓았으며, 공격적이고 혼
란스러운 광고를 하는 한편 식품을 포장할 때도 지나치게 대량으로 하고
있다. 또한 과도하게 가공한 패스트푸드와 간편식이 넘쳐나고, 그러한 제
품이 어떻게 생산되는지 거의 불투명하다. 따라서 사람들은 자연스럽게
생산한 식품과 이런 식품의 가공에 대해 낯설어한다. 식량 낭비와 관련해

많은 책임이 있는 것—불충분한 소비자 계몽 외에도—은 이미 시스템 속에 내재한 수요와 공급의 큰 격차다. 식량도 다른 제품과 마찬가지로 이윤을 창출해야만 한다. 그러므로 사회에서 버리는 쓰레기는 우리의 산업 위주 생활 양식과 분리할 수 없다. 왜냐하면 한 제품이 다 떨어지면 이를 다시 생산해야 하고, 이렇게 생산한 제품으로 선반을 가득 채워야 하기 때문이다. 계획에 따른 과잉 생산은 비용을 떨어뜨리는 공급 계약에서 분명하게 나타난다. 또한 농업 보조금을 제공해 가격을 왜곡하고 제품의 품질 및 취향의 기준을 미리 정해둠으로써 다양한 식량의 종류가 줄어드는 것도 바로 과잉 생산에서 비롯된 것이다.

육류에 대한 엄청난 욕구

실제로 지구상에 있는 대부분의 지역은 우리의 영양 섭취 및 식습관과 매우 밀접한 관련이 있다. 즉 식량의 생산과 소비로 인해 발생하는 탄소 발자국(carbon footprint)은 기후 변화에 상당히 기여한다. 산업화한 단작은 토지 사용을 변경하고, 원시림을 개간함으로써 자연 생태계를 파괴하며, 다양한 종이 사라지게 한다. 인공 비료는 생활권에 질소와 인의 함량을 증대시키고, 살충제는 독성과 중금속으로 땅을 오염시키며, 경작을 하면 엄청난 담수가 필요하므로 모든 곳에 있는 지하수 수면이 내려간다. 이를테면 밀 1킬로그램은 1100리터의 물을 삼키고, 쌀 1킬로그램은 2700리터의 물을 필요로 한다.

하지만 이런 양은 쇠고기 1킬로그램을 생산하기 위해 필요한 1만 6000리터의 물과 비교되지 않는다. 따라서 원료 소비가 늘어나는 근본적 원인은 바로 육류에 대한 열정적인 탐닉이다. 지난 20년 동안 세계의 모든 지역에서—아프리카를 제외하고—육류 소비가 눈에 띄게 늘어났다. 개발도상국과 중진국에서 육류에 대한 수요가 급격하게 증가했다면, 선진국에서는 높은 수준에서 계속 늘고 있는 추세다. 독일에서는 과거 100년 전과 비교해 2배나 많은 육류를 먹고 있다. 이렇듯 수요가 늘어나자 전 세계적으로 육류 생산도 증가하고 있다. 요컨대 1961~2009년 육류 생산은 4배가 늘었으며, 이로 말미암아 가축 사료도 더 많이 필요해졌다.

통으로 아니면 접시?

집중적으로 산업화한 가축 사료에는 옥수수와 밀 같은 곡식과 풍부한 단백질이 매우 많이 필요하다. 특히 남아메리카에서 생산하는 대두가 여기에 속한다. 유럽에서는 이미 수확한 곡식의 57퍼센트를 가축 사료로 사용한다. 심지어 독일 농업은 모든 곡식의 60퍼센트와 유채 및 해바라기처럼 기름을 만드는 데 사용하는 모든 씨앗의 70퍼센트를 동물에게 먹이고 있다. 가장 극단적인 경우는 바로 대두다. 전 세계에서 오직 2퍼센트만 직접 사람들이 소비하고, 나머지 98퍼센트는 사료로 이용하고 있는 실정이다. 인간에게 유용한 동물은 결코 사료를 적당히 먹지 않는다. 이런 동물은 그들이 인간에게 제공하는 고기보다 더 많은 에너지를 필요로 한다. 가축 사료업자나 도축업자들이 아무리 고상하게 표현한다 할지라도 이는 사실상 식량을 끔찍할 정도로 낭비하는 일에 불과하다. 우리가 구워 먹는 닭은 살아 있을 때 무게 1킬로그램 불리기 위해 2킬로그램

독일에 공급할 대두를 재배하는 데 필요한 농지

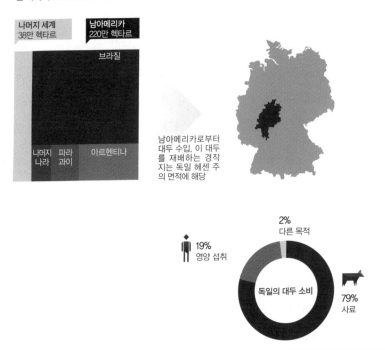

전 세계적으로 358만 헥타르

나머지 세계
38만 헥타르

남아메리카
220만 헥타르

브라질

나머지 나라 　 파라과이 　 아르헨티나

남아메리카로부터 대두 수입. 이 대두를 재배하는 경작지는 독일 헤센 주의 면적에 해당

2%
다른 목적

19%
영양 섭취

독일의 대두 소비

79%
사료

의 곡식을 먹어치운다. 고기 1킬로그램당 돼지의 경우에는 3~4킬로그램, 소의 경우에는 7~9킬로그램의 곡식을 해치운다. 고작 200그램의 쇠고기 스테이크를 위해 약 1.6킬로그램의 곡식을 사료로 먹여야만 하는 것이다. 이와 같은 불균형은 면적에서도 반영된다. 동물성 식량을 생산하려면 식물성 식량을 생산할 때에 비해 훨씬 넓은 풀밭과 토지가 필요하다. 가축을 키우는 일은 전 세계적으로 토지를 훨씬 많이 차지한다. 지구상에 있는 땅의 3분의 1 정도를 이미 그와 같은 목적으로 이용하고 있다. 국가

사이의 경계 따위는 이미 오래전에 사라졌다. 독일에서는 가축에게 필요한 대두를 주로 브라질과 아르헨티나에서 수입하고 있다. 대두를 생산하기 위해서는 땅이 필요하다. "독일은 이른바 경작지를 '얻는다.' 이와 반대로 브라질은 경작지라는 이 자원을 자신이 원하는 목적에 더 이상 사용할 수 없다는 의미에서 자신의 경작지를 '잃어버린다.' 그리하여 경작지가 브라질에서 독일로 잠재적으로 수출되는 일이 발생한다."[18] 이처럼 '잠재적인 경작지 무역'을 합산해보면—모든 농산품의 수입과 수출을 비교해보면—688만 헥타르에 달하는데, 이는 독일 바이에른 주의 면적에 해당한다. 독일은 자체적으로 1690만 헥타르를 농업에 이용하고 있다. 그러므로 우리는 자체의 육류 수요를 확보하기 위해 우리 토지 자원의 40퍼센트 이상에 해당하는 땅을 유럽 외부에서 점거하고 있는 것이다.

육류 소비에 관한 발자국

순전히 통계상으로 봤을 때, 독일 시민 한 사람당 1년 동안 소비하는 육류는 대략 89킬로그램으로, 이는 유럽연합에서 소비하는 평균 육류에 비해 6킬로그램이나 더 많은 양이다. 이 가운데 56킬로그램은 돼지고기, 19킬로그램은 가금류, 13킬로그램은 쇠고기, 그리고 1킬로그램은 양고기다. 이런 육류를 소비하기 위해 필요한 땅은 1인당 1000제곱미터이며, 인구를 8200만 명으로 계산하면 800만 헥타르가 필요하다. 즉 독일에서 농지로 사용 가능한 면적의 거의 절반가량을 오로지 육류 생산에 이용한다는 의미다. 이와 같은 면적에는 당연히 가축의 가죽, 뼈와 내장의 소비는 물론 가축으로부터 나오는 전체 폐기물의 처리에 필요한 땅도 포함된다. 실제로 독일인은 1년에 60킬로그램의 육류 및 육류 제품을 먹어치운다. (남자는 여자에 비해 2배를 더 먹는다.) 이와 같은 영양 섭취를 보면 육류가 많아도 지나치게 많다. 독일영양권장협회(DGE)에 따르면, 육류 소비는 대략 절반이면 족하고 매주 300~600그램을 초과하지 말라고 한다. 지나치게 육류에 치중한 영양 섭취는 토지 이용 방법을 근본적으로 결정해버린다. 이와 반대로 소비 방식을 약간만 바꾸더라도 토지 이용의 발자국을 감소시킬 수 있다. 예를 들어 일주일에 하루라도 고기를 먹지 않으면 거의 60만 헥타르의 땅을 다른 목적에 사용할 수 있다. 나아가 영양학자들의 충고에 따라 채소를 75퍼센트 더 많이 섭취하고 육류는 44퍼센트 더 적게 섭취하면 180만 헥타르의 땅이 생겨난다.[19] 그 밖에 식품 쓰레기를 절반으로 줄이면, 이로 인해 120만 헥타르의 땅을 얻을 수 있다. "만일 독일 사람들에게 이 두 가지 일을 하도록 설득하는 데 성공한다면—식습관을 바꾸고 음식물을 쓰레기통에 덜 버리는 일—농지와 녹지에 대한 수요가 급격하게 줄어들 것이다." 이는 세계자연기금(WWF) 독일협회에서 '지속적인 토지 사용과 기후 보호 그리고 식품' 담당관인 탄야 드레거(Tanja Dräger)가 한 말이다. 탄야는 이어서 다음과 같이 언급했다. "만일 그렇게 된다면, 오늘날 독일인 한 사람에게 농업 자원으로 약 2900제곱미터가 필요한데, 이를 적어도 500제곱미터로 줄일 수 있다."[20]

텅 빈 바다

전 세계의 물고기 사정도 좋지 않다. 마지막으로 남아 있는 거대 육식어들은 체계적으로 포획당해 스시의 재료가 되고 있으며, 작은 물고기들은 가루가 되어 동물의 사료로 쓰이고 있다. 우리는 식탁에서 반찬으로 이름도 모르는 물고기, 열대 지방의 새우와 이국적인 생선을 먹어치운다. 하지만 지금은 바다에서도 이미 물고기를 구경하기 힘들 정도가 되었다. 한때 지중해에 상당히 많았던 다랑어는 이제 20퍼센트가량만 남아 있고, 물고기를 보존하기 위한 것보다 3배나 많은 양을 어획한다. 북해와 발트해에 사는 대구의 사정도 크게 다르지 않다. 대구는 2010년에 거의 사라졌는데, 수년에 걸쳐 엄격하게 포획을 제한한 덕분에 다시 회복세를 보이고 있다. 하지만 예전이나 지금이나 유럽에서 서식하는 물고기의 4분의 3을 과도하게 잡은 것으로 알려져 있다.

특수한 배를 보유하고 대양을 횡단하는 거대 어선들은 북극 지방의 바다와 라틴아메리카 해안 앞에 서식하는 지극히 작은 물고기, 게와 해산물을 점점 더 많이 잡고 있다. 게다가 어분(魚粉)을 만들기 위해 새우와 비슷하게 생긴 '크릴'을 잡아들인다. 바다 생물들의 먹이사슬에서 최하단에 속하는 이런 물고기를 어획하는 것은 더 큰 물고기가 번식하기에 척박한 환경을 만들고 많은 어종을 더욱 빨리 사라지게 할 따름이다.

FAO가 2년마다 발표하는 보고서 중에서 가장 최근의 것에 따르면, 전 세계에서 상업적 목적으로 잡은 어획량 가운데 57.4퍼센트는 이미 재생한계선까지 도달해 있다. 아울러 29.9퍼센트는 과도하게 잡아 멸종 위기에 직면했고, 7~8퍼센트는 고갈되어 거의 멸종 상태다. 오직 12.7퍼센트만이 그나마 적당한 수준에서, 또는 조금밖에 잡히지 않았다고 한다.[21] 참치, 상어, 황새치, 대구 같은 큰 물고기는 돋보기로—초음파로 바다의 깊이를 재는 음향측심기를 사용하는 편이 더 좋을 것이다—찾아봐야 할 지경이다. 남아 있는 물고기의 양이 90퍼센트나 격감했기 때문이다. 예를 들어 정어리와 청어 같은 작은 물고기도 생존이 위태롭다. 이런 작은 물고기는 대량으로 잡아 가루로 빻거나 기름에 튀겨 요리에 사용한다. 혹은 돼지와 닭의 사료로 쓰이거나 양식 연어와 새우의 먹이가 된다. 전 세계적으로 3000만 톤의 물고기가 이런 방식으로 종말을 맞이하고 있다.

육류 생산에서와 비슷하게 여기서도 낭비 비율이 엄청나다. 즉 양식 연어 1킬로그램을 만들려면 약 4~5킬로그램의 생선이 필요하다.[22] 사료가 이보다 훨씬 적은 1~2킬로그램 필요하다고 말하는 양식장 주인들은 속임수로 얼렁뚱땅 넘어가려는 것이다. 요컨대 농축된 사료 알갱이에는 수분이 없기 때문에 무게가 덜 나갈 뿐이다. 아이러니하게도 물고기를 사육하기 위해 정작 바다에 사는 물고기를 과도하게 잡아야 하는 것이다.

물고기 단백질을 이렇듯 파괴하고 낭비하는 행동은 여기서 그치지 않는다. 의도하지 않게 잡히거나 잡은 물고기를 다시 바다에 던져 넣는 형태가 있다. FAO는 1994년에 이미 매년 2700만 톤의 물고기가 아무런 쓰임새도 없이 바다로 던져져 쓰레기가 된다고 발표했는데, 이는 사람들이 먹는 양의 3분의 1에 해당한다. 이보다 더 극적인 결과는 유엔환경계획(UNEP)의 보고에 있다. 이 단체의 추정에 따르면, 사람들은 실제로 어획량의 절반 정도만 먹는다고 한다. 영국 기자 찰스 클로버(Charles Clover)는 가장 극단적인 추측을 내놓았다. 자신의 저서 《물고기를 망가뜨리다》[23]에서 그는 사람들이 실제로 먹는 생선 단백질은 고작 어획량의 10퍼센트에 불과하다고 추정했다. 책에서 클로버는 다시 바다로 버린 물고기, 어분 생산, 상한 제품, 먹지 못하는 부위와 부엌에서 나오는 쓰레기도 계산에 포함시켰다.

바다에서 일어나고 있는 혁명?

재난에 가까운 상태에 있는 전 세계의 어자원과 소중한 물고기 단백질을 이렇듯 낭비하는 행동은 수십 년 전부터 이런 사실을 간과해온 유럽연합 당국을 혼란에 빠뜨렸다. 바다에서 벌어지고 있는 남획이 의심할 바 없이 경고 수준이라는 점을 고려해 유럽연합의 수산청과 의회는 2013년 5월 말 앞으로 어떻게 어획을 해야 하는지에 대해 합의를 이끌어냈다. 2014년 1월 1일 법적 효력을 발휘한 새로운 어획법—환경 단체인 WWF의 추정에 의하면—은 작은 혁명이나 다름없다. 유럽연합이 과도한 어획량을 처음으로 진지하게 받아들였으며, 지속적으로 어획하기 위한 해결책을 찾으려 시도했기 때문이다. 새로운 법은 잡힌 물고기를 쓸모없다는 이유로 다시 바다에 버리는 행위를 금지했다. 아울러 본래 잡으려던 것이 아닌 어종을 잡는 혼획(混獲)의 한계를 정했다. 지속성이라는 목표도 법에 명시했는데, 이에 따르면 2020년부터는 물고기의 종을 유지시킬 정도로 어획을 할 수 있다. 유럽연합 소속 어부들은 유럽 이외의 지역에서 물고기를 잡을 때도 이 새로운 법을 따라야만 한다. 가령 아프리카의 바다에서 어획을 할 때도 마찬가지다. 하지만 법의 준수 여부를 어떻게 관리할지 분명하게 제시하지 않았다. 이를테면 새로운 어획법은 잡은 물고기를 다시 바다로 버리는 것과 관련해 사소한 위반 행위를 허용하고 있다. 당시 독일 농림부 장관 일제 아이그너에 따르면, 이 합의는 독일이 원했던 것보다 그다지 야심적인 결과를 얻지는 못했다.[24]

새해를 염두에 두고 하는 좋은 결심은 금세 잊히는 경향이 있다. 유럽연합 의회는 모로코와 2013년 12월 중순 서부 아프리카 바다에서의 과도한 어획을 계속해서 보장하는 무역 협정을 맺었다. 이와 반대로 단계적으로 심해에 사는 물고기의 어획을 금지하자는 제안은 거절당했다. 의회의 결정을 통해 유럽연합 소속 어선 126척은 또다시 4년 동안 모로코와 서부 사하라의 바다에서 고기를 잡아도 좋다는 허락을 받았다. 어획할 자원이 없거나 이미 과도하게 어획했다고 여겨지는 바다에서 말이다.

그럼에도 불구하고 새로운 어획법은 숨을 날리기 직전에 뭔가 중요한 한 걸음을 내디딘 것이라고 할 수 있다. 왜냐하면 많은 해양 연구가와 어획 관련 전문가들은 일찍이 국가로부터 많은 보조금을 받고도 늘 이윤을 내지 못하는 바다 어획이 2048년이면 붕괴할 것이라 예상했기 때문이다. 그렇게 되면 우리는 생선을 먹고 싶을 때 오직 거대한 양식장에만 의존해야 할 것이다. 좁은 공간에서 인공 배양된 대량의 물고기, 농축 사료와 성장 촉진제를 비롯한 약을 먹고 빨리 숙성한 물고기로 말이다. 여기서도 또다시 돼지, 소, 닭을 대량 사육하는 형태와 비슷한 끔찍한 게임이 벌어지는 것은 아닐까?

기아로부터 벗어나는 방법: 세계농업보고

미래 세대가 어떻게 살지는 현재 우리의 농업 상품과 식습관 형태에 달려 있다. 핵심적 요구 사항은 이러하다. "우리는 어떻게 해야 농업에 관한 지식과 연구와 기술을 만들어내고, 전파하고, 이용함으로써 굶주림과 기아를 줄일 수 있으며, 시골에서의 삶을 향상시키고, 정당하고, 생태를 위하고, 경제적이면서 사회적으로 지속 가능한 발전을 촉진시킬 수 있을까?" 2003년 세계은행과 유엔이 주도해 열린 국제 학술 프로젝트는 바로 이와 같은 질문을 초반에 내걸었다. 이름 하여 "발전을 위한 농업에 관한 지식, 과학과 기술의 국제 평가(International Assessment of Agricultural Knowledge, Science and Technology for Development, IAASTD)", 줄여서 '세계농업보고'라고 한다.[25] 전 세계에서 400명 넘는 전문가들이 모여 4년 동안 집중적으로 이 질문을 해결하기 위해 연구한 결과 2008년에는 《전 세계 농업, 그것의 역사와 미래에 관한 지식의 상태》[26]라는 보고서를 내놓았다. 여기에 참여한 사람들은 다양한 문화권에 속한 농학자, 경제학자, 생물학자, 화학자, 생태학자, 기후학자, 인류학자, 의학자, 지리학자, 역사학자, 철학자 그리고 전통적이고 지역에 국한된 학문을 대표하는 인물들이었다. 감독위원회는 정부와 시민 단체를 대표해 30명으로 구성했고, 그중에는 신젠타(Syngenta)와 유니레버(Unilever) 같은 기업과 농부 단체, 학문 단체, 그린피스, 농약 행동 네트워크(Pesticide Action Network International, PAN) 같은 소비자 보호 단체도 포함되었다. 이런 '세계농업보고'와 관련해 독일 정보 담당관은 "이러한 다양성으로 인해 농업에 관해 중요한 생태적, 경제적, 사회적 그리고 문화적 측면 전체를 관찰할 수 있었다"라고 썼다.[27]

하지만 사람들이 바란 대로 모든 것이 조화롭게 진행되지는 않았다. 신젠타와 국제 농업 협회인 크롭라이프(CropLife)가 보고서 출간 뒤 프로젝트에서 탈퇴했고, 미국과 캐나다 그리고 오스트레일리아 정부는 보고서에 서명하지 않았다. 협정을 수용하고 그로 인한 결과를 받아들이는 것이 이들 정부에게는 너무 힘들고 극단적이었기 때문이다. 이를테면 보고서를 작성한 저자들은 생태적인 농업을 강력히 지원해야 한다고 분명하게 언급하며 농업 연구 및 개발과 실천에 체계적인 변화가 있어야 한다고 요구했다. 그들은 농산물을 연료로 사용하기 위한 농지 용도 변경을 비판하고, 유전자 기술은 문제를 해결하기보다 오히려 문제를 더 많이 일으킨다는 점을 확실하게 지적했다. 농업과 세계 무역을 산업화시킨 지금까지의 방법을 분명하게 거부한 것이다. 즉 기아를 퇴치할 수 있는 결정적 요소는 어떤 대가를 치르든 생산량을 올리는 데 있지 않고, 현지에서의 식량 조달과 이를 생산하는 수단에 있다는 얘기였다. 따라서 안전하게 영양을 섭취할 수 있는 가장 좋은 방법은 바로 지역에서 농사를 담당하는 소농 구조를 확보하는 것이다. 어쨌거나 58개국 정부는 2008년 4월 요하네스버그에서 《기로에 선 농업》이라는 보고서를 채택했다. 이에 관해 언론이 최초로 내놓은 슬로건은 이러했다. "지금까지 했던 방법은 결코 선택할 만한 사항이 아니다!"

식량주권

세계농업보고는 유엔이 사용한 '식량 확보'라는 개념도 비판적으로 분석했다. 이는 식량 보급을 단지 확실하게 한다는 게 아니라, 오히려 생산과 거래에 확실하게 참여한다는 의미다. 단순히 농산품의 생산만 늘리는 것은 기아를 퇴치하는 수단이 결코 아니라는 것이다. "한 국가의 평균 식량 생산량이 식량 확보의 척도라는 주장을 수용하면 국내에서의 분배 문제, 정치적 개입의 한계, 사용할 수 있는 식량을 구입하는 것조차 불가능하게 만드는 상황, 사람들의 과소비를 간과하게 만든다. 또한 농부들로 하여금 가족끼리 식량을 생산하는 활동에서 돈벌이 작물을 재배하게끔 만드는 조치, 수확물의 감소, 저장물 손실과 그 밖에 다른 일련의 요소에 대해 알지 못하게 하는 작용을 한다."[28]

그 대신 보고서는—유엔의 논의 과정에서는 처음으로—'식량 주권'이라는 정치적 개념을 사용한다. 이 개념은 일찍이 1996년 국제 소농 및 농장 일꾼들의 운동이던 라 비아 캄페시나(La Via Campesina)에서 비롯한 것이다. 이들은 국제 무역 기구의 무역 규정과 국제통화기금(IMF) 및 세계은행의 신자유주의적 대출 부과금을 강력하게 반대하며 그와 같은 개념을 사용했다. 여기에서 식량 주권이란 식량 생산의 민주화를 폭넓게 받아들이는 발상으로 이해할 수 있다. 이 개념은 정당한 무역 관계와 공정한 가격 책정, 생존을 확보해주는 소득, 단체를 조직할 수 있는 자유, 교육, 국가의 채무 상환, 비옥한 토지, 물과 종자 그리고 천연 자원을 손질하고 보존할 수 있는 기회를 보장하는 것과 같은 수많은 측면을 포함한다. 이와 같은 발상은 예를 들어 브라질의 '토지 없는 농민 운동(MST)', 인권 조직 FIAN과 이 책의 서문을 쓴 인도의 활동가 반다나 시바처럼 수많은 비국가 조직을 지원한다. 베네수엘라·네팔·세네갈 같은 국가는 자국의 헌법에 이와 같은 발상을 명시하고 있으며, 말리와 볼리비아도 그렇게 할 계획이다.

세계농업보고는 식량 주권을 이제 "민주적 방식으로 자신들의 농업 및 식량 정책을 결정할 수 있는 인간과 주권을 가진 국가들의 권리"[29]라고 정의한다. 우리는 이런 권리를 촉진하고 지원해야 한다. 기아는 원래 무엇보다 농촌 문제이기 때문에 농촌에서 지속적으로 시작할 수 있다. 그러므로 전 세계에서 많은 양의 식량을 생산하고 있는 소농은 토지와 물을 사용할 수 있어야 할 뿐 아니라 종자, 비료와 농기구를 손에 넣을 수단이 필요하다. 이를 위해 전제해야 하는 조건은 사회적으로 최소한의 안전장치 마련, 교육과 부수적인 생업의 가능성이다. FAO는 이와 같은 세계농업보고를 존중하며 2014년을 '가족농업을 위한 국제 유엔의 해'로 공표했다. 그럼에도 불구하고 2014년 초 독일 의회는 세계농업보고를 공식적으로 인정하기를 거부했다. 의회는 당분간 정부에 세계농업보고에 대한 서명을 요구하지 않기로 했다. '동맹 90-녹색당'의 서명 허가 신청을 CDU-CSU(기독민주당-기독사회당) 연합과 SPD(독일사회민주당)가 경제협의회를 거친 뒤 거절한 것이다. 이들 정당은 거절한 이유를 굳이 정부가 나서서 서명하지 않더라도 "보고서의 인식과 제안에 따라 행동할" 것이기 때문이라고 했다. 하지만 정부 차원의 지원 없이도 이 개념은 점점 더 많은 지원자들을 얻고 있다. 식량과 소비를 정치적 행동으로 파악하고 스스로 결정하는 모든 사람은 이미 식량 주권이라는 개념을 적극적으로 행동에 옮기고 있다. 다시 말해, 채식주의와 천연 재료로 만든 식품 선호, 공정 무역, 식량의 대량 생산을 막는 행동, 식량 공동 구매, 협력 농업이라는 발상, 학교 및 이웃 정원, 교환 시장과 지역 화폐 등등은 산업화한 농업과 식량 그리고 식량의 무역을 쥐락펴락하는 대기업이 지배하고 있는 세계와는 정반대의 길을 가는 출발점이다. 왜냐하면 우리는 지금과 같은 삶의 형태를 결코 선택할 수 없기 때문이다!

종자 독점

우리는 '종자'라고 하면 우선 몬산토(Monsanto: 미국 미주리 주 세인트루이스에 본사를 둔 다국적 생화학 제조업체로 유전자 변형 작물 종자의 세계 점유율이 90퍼센트에 달한다─옮긴이)를 떠올린다. 이 미국의 대기업은 전 세계에서 가장 규모가 큰 종자 생산자일 뿐 아니라, 유전자 변형으로 생산한 대두와 옥수수를 판매해 공격적으로 돈벌이를 하기 때문에 사악한 회사 순위로도 1등을 차지하고 있다. 화학 제조업체 대기업이라는 과거를 가진 이 회사는 베트남 전쟁 때 미군이 사용한 '에이전트 오렌지'라는 고엽제를 생산하기도 했다. 그런데 이 몬산토가 양심 없는 회사라는 이미지를 걱정하고 나섰고, 우리는 이 대기업의 회장 휴 그랜트(Hugh Grant)와 인터뷰하기 위해 노력을 기울였다.

몬산토 홍보실은 우리를 아주 세세한 부분까지 면밀히 조사하고 관찰했다. 우리는 5개월 동안 이메일을 주고받았으며, 전화로 회의를 세 번이나 했다. 커뮤니케이션을 담당하는 부서장 칼라 로버(Carla Roeber)는 특히 의심스러운 듯 우리에게 이런 질문을 했다. "어떤 배경에서 몬산토를 소개하는 거죠?" 그녀는 우리 영화의 간단한 줄거리뿐 아니라, 우리가 접촉한 사람들과 언제 어떤 대화를 나눴는지에 대해서도 상세하게 알고 싶어 했다. 와, 정말이지 나는 지금까지 어떤 회사에서도 그런 부당한 요구를 들어본 적이 없었다. 지금까지는 촬영을 허락받기 위해 해당 국가의 독재자에게 신청서를 낸 경우에만 그러했다. 우리는 계속 토론을 했지만 현재 이 회사는 인터뷰에 대해 허락도 거절도 하지 않은 채 계속 새로운 질문만 던지고 있다.

이 작업과 나란히 우리는 몬산토의 지사인 '도널드 댄포스 식물과학센터(Donald Danforth Plant Science Center)'와도 인터뷰를 시도했다. 이곳은 빌 & 멜린다 게이츠 재단, 버핏 재단, 맥도널 가문 그리고 미국개발단체(USAID)가 운영하고 있는 비영리 단체다. 몬산토와 달리 댄포스센터는 소농들이 관심을 갖고 있는 품종, 예를 들면 항바이러스성 카사바 같은 품종을 공급하려 애쓴다. 물론 유전자 변형 기술을 통해서 말이다.

아프리카 대륙에 유전자 기술을 심어두려는 계획의 첫걸음일까? 유전자 기술은 거의 모든 곳에서 아직 불법인데? 그렇지 않다면 정말 소농들을 도우려는 프로젝트일까? 종자를 정말 선물로 주고, 그 덕분에 농부들은 자체적으로 종자를 늘려나갈 수 있을까, 아니면 매년 종자를 구입해야만 할까? 이런 내 질문에 연구소장 나이절 테일러(Nigel Taylor) 박사는 선뜻 대답하지 못했다. "아직은 시기가 너무 이릅니다. 사실 보여드릴 만한 결과를 얻으려면 1년은 더 필요합니다." 우리는 전화 통화를 길게 했고, 어느 정도 신뢰감이 생긴 나는 우선 카메라 없이 만나는 게 어떠냐고 제안했다. 그는 승낙했다.

40도에 달하는 여름의 열기를 뚫고 나는 시카고에서 세인트루이스로 가는 비행기에 올랐다. 미 대륙의 중서부 지방에 이르자 내 밑으로 콩밭이 끝도 없이 펼쳐졌다. 댄포스센터를 홍보하는 팸플릿에는 이렇게 적혀 있었다. "6초마다 아이 한 명이 영양실조로 죽고 있습니다. 우리는 과학이 이런 고통을 끝낼 수 있다고 믿습니다." 댄포스센터는 오렌지색의 거대하고 둥근 건물이었다. 바로 맞은편에는 몬산토 본사가 자리 잡고 있었다. 두 건물은 모두 잔디를 넓게 깔아 외부에서는 잘 들여다볼 수 없었다. 연구 과장 폴 앤더슨(Paul Anderson)이 나를 맞이했는데, 그 역시 내 영화가 어떻게 구성되는지 알고 싶어 했다.

나는 원칙을 설명했다. "세계에 어떻게 식량을 공급할 수 있는가?"라는 질문을 가지고 가능한 해결책부터 생각하려 한다고 말이다. 아울러 다양한 해결책은 그걸 고안해낸 사람이 소개해야 하며, 이를 즉각 비판적으로 조명하지는 않는다고 얘기했다. 다른 발상과 대조해야만 비로소 어떤 차이가 있는지 분명하게 알 수 있기 때문이다. 내가 간절히 원하는 것은 마음을 열고 양측의 논쟁을 듣는 것이지, 시작부터 세상을 흑백논리로 그려내는 데 있지 않았다.

폴 앤더슨은 내 의도에 수긍을 했지만, 다른 한편으론 그들이 왜 댄포스센터가 대중에게 공개되는 걸 꺼리는지 설명하려고 노력했다. "우리 프로젝트를 공개하면 신랄한 논쟁의 대상이 될 위험이 있습니다. 황금 쌀(Golden Rice) 때와 비슷하게 말이죠. 그때 독일 연구자들은 새로운 쌀이 정말 다 익기도 전에 인터뷰를 했지 않습니까." 그 결과 그린피스의 캠페인이 있었고, 비판적인 글도 많이 나왔다. 결국 황금 쌀을 개발하는 데 자금을 댔던 사람들이 지원을 철회하기도 했다. 앤더슨이 말했다. "만일 우리가 지금 카사바 프로젝트를 적절한 시기보다 일찍 대중에게 소개한다면, 우리도 그 비슷한 위험을 겪을지 모릅니다." 이렇듯 적대하는 분위기가 팽배한 가운데 댄포스센터는 내 요구를 이렇게 거절했다. "그러니 제발 1년 뒤에 다시 와주시길 바랍니다."

나는 실망한 채 다시 비행기에 올랐다. 그리고 내가 살고 있는 쾰른에서 50킬로미터도 채 떨어지지 않은, 라인 강에 인접한 몬하임(Monheim)이라는 곳에서 드디어 뭔가를 발견했다. 바이엘 크롭사이언스(Bayer CropScience)는 종자를 다루는 업체 중 세계 7위의 대기업이다. 하지만 유전자 변형 작물로는 전 세계에서 1위를 차지한다. 그 어떤 회사도 바이엘처럼 유럽 특허청으로부터 그렇게 많은 특허를 소유하고 있지 않다. 2013년에만 총 206개에 달할 정도다. 언론이 몬산토를 비판하는 동안, 통상적으로 약품을 생산하는 제조업체로 유명한 바이엘은 아무런 방해도 받지 않고 계속해서 자신의 사업을 계속할 수 있었다. 종자를 취급하는 바이엘 크롭사이언스가 올린 총 매출은 몬산토의 절반에 가깝다. 심지어 제초제 부문에서 바이엘은 전 세계 2위이며, 세계 시장 점유율은 20퍼센트다.

나는 이 대기업의 본사가 위치한 몬하임에서 미팅 날짜를 잡았다. 겉으로 보면 이 대기업의 건물은 마치 대학의 캠퍼스 같은데, 건물과 건물 사이에 잔디와 나무가 많아 녹색이 짙었다. 하지만 건물에는 오로지 초대받은 사람들만 들어갈 수 있었다. 건물 안으로 들어가서 기다리는 동안, 이 회사가 내건 강령을 읽어보았다. 거기에는 "지속적인 농업"에 관한 내용이 많았다. 제목 또한 "소농을 강화하자"였다. 대기업이 아니라 마치 원조 단체의 광고 같았다.

홍보 대변인 리하르트 브로임(Richard Breum)이 나를 유리로 된 거대한 돔으로 데려갔다. 돔의 중간에는 원시 식물들을 심어놓았는데, 기계가 물을 뿌려주고 있었다. 직원들이 식탁에 앉아 식사를 하고 있는 것으로 보아 구내식당인 듯했다. 브로임이 나를 어떤 방으로 안내했다. 그의 상사인 슈테펜 쿠르차바(Steffen Kurzawa)가 우리를 기다리고 있었다. 세 가지 코스의 메뉴도 함께. 바이엘 역시 나를 의심스러워했지만, 내 최근 영화 〈쓰레기를 맛봐〉에 대해서는 조심스럽지만 긍정적인 반응을 보였다. 비록 식량 낭비에 대해 공개적으로 비난하기는 했으나, 나는 이 영화에서 대기업에만 유일하게 책임이 있다고 낙인찍지는 않았다.

나는 홍보실의 두 사람에게 내 영화는 유전자 변형 기술을 찬성도 반대도 하지 않으며, 다만 바이엘이 왜 자사의 현대적 종자가 기아를 퇴치할 수 있다고 믿는지 보여주려 할 따름이라고 설명했다. 그런데 바이엘은 국내의 부정적 분위기로 말미암아 독일에 있는 유전자 기술을 포기했고, 그 때문에 우리는 외국에 있는 바이엘 연구소 가운데 한 곳에서 촬영을 해야만 했다.

우리가 특별히 관심을 갖는 작물은 바로 쌀이다. 인류의 절반이 쌀을 주식으로 삼고 있는 까닭이다. 바이엘은 쌀 분야에서 오늘날 세계 시장의 선두 주자이며, 오래전부터 유전자 변형 기술을 사용해(혹은 유전자 변형 기술을 사용하지 않는 방법으로) 수확량이 많은 품종을 개발하는 중이었다. 홍보 대변인 브로임은 이렇게 말했다. "농부들이 우리의 하이브리드 쌀을 재배하면 20퍼센트 더 많이 수확할 수 있습니다. 소농들에게는 정말 이득인 셈이죠."

2개월 후 우리는 벨기에의 겐트(Gent)에 있는 바이엘 연구센터와 약속을 잡았다. 새벽녘이라 공장 지붕에서 오렌지색으로 빛나는 온실이 마치 공장 건물들이 즐비한 겐트 한가운데 착륙한 UFO처럼 보였다. 바로 옆의 사무실 건물 지붕에도 온실이 있었다. 그곳은 바로 바이엘의 경쟁 회사인 신젠타였다. 어쩌면 안전 차원에서 이런 온실을 마련해두었는지 모른다. 그 어떤 그린피스 대원도 이 온실에 쳐들어올 수 없을 테니 말이다.

바이엘 건물 입구에서 안전 검사를 한 뒤, 요한 보테르만(Johan Botterman) 박사가 우리를 맞아주었다. 온실로 들어가기 전에 또 검사를 하는 곳이 있었다. 엄격한 안전 조치를 취하는 곳이었다. 다시 말해, 다양한 온실은 보호복을 착용해야만 출입할 수 있고, 유전자 물질을 예기치 않게 '오염 시키지' 않도록 지정된 순서에 따라 둘러봐야만 했다. 온실 입구에는 다음과 같은 표지판이 붙어 있었다. "종자 생산 실험 중. 이곳을 방문한 뒤에는 다른 실험실을 방문해서는 안 됨." 매끈매끈한 시멘트 바닥은 병원처럼 깨끗했다. 해가 높이 뜨자 엔진 하나가 작동해 자동적으로 온실 위로 그늘이 생겨났다.

벼 작물의 경우에는 개별 씨앗이 비닐로 덮여 있었다. 보테르만 박사는 이렇게 설명했다. "우리는 여기서 새로운 벼 품종을 개발하고 있는데, 2016년에 시장에 선보일 예정입니다. 유전자 풀이 어떻게든 섞이지 않도록 비닐을 사용하고 있죠." 새로운 벼 품종은 무엇보다 세균성 마름병(Pseudomonas syringae)에 견딜 수 있어야 한다. 벼 전문가는 이렇게 말했다. "부족한 경작지에서 수확물을 늘려야 한다는 압박이 점점 더 많아지고 있지요. 게다가 기후 변화라는 조건에서도 지속적이어야 하고 말입니다. 이는 우리 사회와 우리 회사가 해결해야만 하는 커다란 도전이죠."

바로 옆에서는 막 대두를 수확하고 있었다. 이 대두도 뭔가에 견딜 수 있지만, 이번에는 질병이 아니라 잡초를 제거하는 제초제에 잘 견딘다고 했다. 몬산토는 제초제 글리포세이트(Glyphosate)에 저항력 있는 유전자 변형 대두로 세계 시장을 지배하고 있다. 이는 농부가 잡초를 제거하는 일을 덜 해도 된다는 의미다. "오늘날에는 이런 기능이 대두 작물에서 기본적 장치에 속하므로, 바이엘도 동승해야 합니다. 그렇지 않으면 우리가 시장에 진입할 필요도 없지요." 보테르만은 계속 설명했다. "하지만 그

사이 글리포세이트에 저항력이 있는 슈퍼 잡초가 나타났기 때문에 이제 우리는 더욱 강력한 제초제를 개발해야 하죠. 이것에 저항력 있는 품종은 물론이고요."

보테르만은 계속해서 빙 둘러서만 말하지 않았다. "우리는 농부들에게 종자뿐 아니라, 그에 적합한 제초제와 곰팡이 살균제도 팝니다. 그리고 마지막으로 이와 같은 농업 관련 화학제품도 생산하지요. 이렇게 해야만, 그리고 적합한 비료를 줘야만 농부들이 많은 수확을 기대할 수 있거든요." 한 젊은 여자 연구원이 식물의 잎사귀 끝부분을 잘라내 작은 시험관 속에 넣었다. 재배 결과는 반드시 실험실에서 유전적인 시험을 거쳐야 한다고 했다.

"실제로 전 세계에서 6억 톤의 쌀을 생산하고 있어요." 보테르만이 강의조로 설명했다. "2020년까지 7억 8000만 톤이 필요할 것으로 예상하고 있으며, 2050년에는 쌀 수요가 15억 톤에 이를 것입니다. 40년도 채 남지 않은 기간 동안 해결해야 할 과제치고는 정말 어려운 문제죠." 이런 과제를 해결할 수 있는지 물어보자 보테르만은 그렇다고 대답했다. "만일 우리의 지식을 동원해서 농업에 적용한다면 가능합니다." 그러고는 좀더 근본적인 문제로 접근했다. "우리 사회는 다시금 식품의 가치를 높이 사야 합니다. 서구 산업 국가에 사는 사람들은 항상 먹을거리가 충분하다고 생각하지요. 그렇기에 농업이 오랫동안 소홀한 대접을 받았고요. 하지만 세계에 식량을 보급하려면 그런 생각을 바꿔야만 합니다."

미생물학자는 흔히 공개 토론에서 유전자 기술이 나쁜 평판을 받는 것에 분노를 터뜨렸다. 보테르만은 이렇게 주장했다. "제발 저희 제품을 유전자 기술로 재배했는지 전통적 방식으로 재배했는지에 따라 판단하지 마시고, 안전한지 그렇지 않은지로 판단해주시길 바랍니다." 그런데 무엇이 전통적인 방식이라는 말일까? 유전자 기술과 전통적인 방식을 구분하기가 점점 어려워지고 있으니 말이다. 예컨대 오늘날 전통적인 재배 방식으로 거둔 성공은 유전자 실험실의 바이오마커(biomarker, 生體標識子: 생물의 상태를 나타내는 지표로 사용하는 물질. 객관적으로 측정 가능하고 이를 통해 정상인지 질병에 걸렸는지 증명할 수 있는 생물적 특징을 주로 의미함—옮긴이)를 통해 확인한다. 보테르만은 "모두가 유전자 기술의 좋은 점만을 악용하지요"라고 비난했다. 아울러 전통적 재배 방식에서 돌연변이는 폭력적인 방법으로 생산된다는 사실을 아무도 모른다고 말했다. 예를 들어 화학 약품이나 방사선을 쪼여서 만든다는 것이다. "오늘날 시장에서 가장 성공을 거둔 포도(grape) 품종이 바로 그렇게 해서 나온 것입니다. 하지만 이는 그야말로 조야하고 거친 방법이며, 수천 개의 돌연변이 가운데 쓸 만한 것 하나를 산출해내는 것이지요." 미생물학자는 말을 이었다. "그런 방법과 달리 우리는 아주 정교하게 식물이 지닌 단 하나의 유전자만을 교환합니다. 유전자를 약간만 건드리는 것입니다." 모두가 유전자 기술에 대해 이야기하는 반면, 종자를 생산하는 대기업이 시장에서 갖고 있는 힘의 근원, 즉 하이브리드에 대해서는 잘 알려져 있지 않다. 이 발명품으로 말미암아 농부는 예전처럼 수확물의 일부를 이듬해에 종자로 사용하기 위해 보관하는 대신 매년 새로운 종자를 구입할 수밖에 없다. 그 이유는 다음과 같다. "우리는 정확하게 암술과 수술을 교배합니다. 잘 알다시피, 이른바 'F1-하이브리드'라고 일컫는 제1세대는 부모 세대에 비해 확실히 수확량이 많아요." 하지만 두 번째 세대는 수확량이 감소하고, 세 번째 세대는 더 감소해 농부들이 하이브리드 종자를 직접 증식하는 것은 전혀 이득이 안 된다. 따라서 매년 바이엘에서 새로운 종자를 구입해야만 하는 것이다.

이렇게 되면 농부들이 종자를 파는 대기업에 종속되는 것 아닌가? "예, 원칙적으로는 그렇다고 볼 수 있죠. 하지만 사실 바이엘만 이런 방식으로 종자를 판매하는 유일한 대기업은 아니거든요. 만일 이것이 이롭지 않다면, 농부들이 선택하지 않을 수도 있습니다." 보테르만은 설명을 이어갔다. "물론 지적 재산을 보호하는 게 우리 회사에 도움을 줍니다. 그러니까 새로운 종자를 개발하려면 비용이 상당히 많이 드는데, 농부들이 매년 우리 회사에서 새로운 종자를 사줘야 그 비용을 충당할 수 있단 얘깁니다. 하지만 농부들은 과거에 재배하던 종자를 선택할 수도 있어요. 우리 고객 대부분은 동남아시아에 거주하는 소농인데, 그들은 하이브리드가 20퍼센트 이상 수확을 늘려주기 때문에 이득을 얻고 있지요." 보테르만 박사는 다음과 같이 열정적으로 덧붙였다. "시장의 잠재력은 대단해요. 동남아시아에서는 경작 면적의 4퍼센트에 하이브리드를 심었습니다. 하지만 앞으로 10년 동안 2배 혹은 그 이상 될 거라고 우리는 예상하고 있습니다."

그런 다음 박사는 우리에게 특별히 명예로운 기회를 제공했다. 우리가 이 대기업의 가장 핵심이자 안전장치를 갖춘 문을 통해 유전자 실험실로 들어갈 수 있도록 해준 것이다. 원래 이곳은 출입이 금지된 곳이었다. 연구원은 우리에게 일단 화장실에 가서 볼일을 보는 게 좋을 거라고 충고했다. 실험실 안에는 화장실이 없기 때문이다. 우리는 새로운 흰색 가운을 입고 실험실로 들어갔다. 나는 왜 이곳에서 여자들만 일을 하는지 물어보았다. 그러자 연구원은 짤막하게 대답했다. "여자들이 세밀한 작업에 적합하기 때문입니다." 실제로 이곳에서는 가느다란 손가락이 훨씬 유리하다. 그들은 현미경을 보면서 그야말로 작은 식물의 일부를 작은 칼로 잘게 부순 다음 이것들을 페트리 접시 속에 넣곤 했다.

이곳에서는 인공 배양을 하고 있었다. "동물과 달리 식물의 경우에는 각각의 세포에서 조직 전체가 자라날 수 있습니다." 연구원이 설명했다. 단 하나의 식물을 수천 혹은 수백만 배 복사할 수 있다는 얘기다. 식물 세포는 흙도 필요하지 않고, 해초로 이뤄진 투명한 젤리 같은 우뭇가사리에서 훨씬 더 잘 증식한다. 세포를 넣은 페트리 접시들이 밝은 조명을 설치한 선반에 차곡차곡 쌓여 있었다. "이와 같은 조직 배양은 모든 형태의 유전자 기술의 기초라고 보면 됩니다. 만일 우리가 실험실에서 낯선 유전자를 투입하면, 식물은 이와 같은 유전자를 안정적으로 통합시키기 위해 재생 과정을 거쳐야 하죠. 여기서 우리는 식물이 정말 원하는 특성을 갖게 되었는지 여부를 조사합니다."

벼 작물의 경우 바이엘은 소금을 견딜 수 있는지 집중적으로 연구한다. "기후 변화로 인해 소금물이 밀어닥쳐 땅을 망치는 지역이 점점 많아지고 있습니다"라고 보테르만 박사가 설명했다. 특히 어린 벼 작물은 이로 인해 상당한 피해를 입는다고 했다. "우리는 소금의 농도가 아주 높아도 이를 견뎌내는 벼 품종이 있다는 사실을 알고 있습니다. 따라서 이제는 어떤 유전자가 소금을 견딜 수 있게 해주는지 밝혀내고, 이런 특성을 수확을 많이 내는 품종에 이동시키면 됩니다."

유전자 이동은 같은 건물의 한 층 아래 있는 유전자 실험실에서 이루어졌다. 물론 이동 과정을 세세하게 관찰할 수는 없었다. 유전자는 이른바 아데노바이러스(Adenovirus)를 통해 낯선 DNA에 침투하는데, 너무 작아서 맨눈으로는 볼 수가 없다. 과거에는 사람이 직접 손으로 작업했지만 지금은 로봇이 360개나 되는 작은 페트리 접시에 유전자 조각을 분리시키는 데 필요한 화학 물질을 투입한다. 끝으로 커다란 검은색 박스처럼 생긴 중합효소연쇄반응기(Polymerase Chain Reaction)에서 식물을 분석하는

데, 유전자는 여기서 완벽하게 자동 서열화한다. 아울러 그 결과는 컴퓨터 자료로 저장된다.

"유전자 기술은 이미 30년 전부터 있어왔고, 전 세계에서 시험하고 있습니다. 만일 우리가 수확량을 높이기를 바란다면 이런 기술이 필요합니다." 미생물학자는 확신에 찬 목소리로 말했다. "물론 그것만이 유일한 방법은 아니지만, 좀더 빨리 목표에 도달하기 위해 우리가 선호하는 방법이지요. 과거에는 우리가 갖고 있는 우수한 물질로부터 최상의 특성을 힘들게 걸러냈지만, 지금은 좋은 유전자에 대한 탐색을 아주 폭넓게 확장할 수 있죠. 심지어 하나의 식물 게놈을 완전히 새롭게 조합하기 시작했습니다. 미래의 식물을 위해 환상적인 기술을 개발한 것입니다."

나는 현재 널리 퍼져 있는 유전자 기술 혐오에 대해 언급했다.

"사실 우리는 많은 반대에 부딪히고 있습니다. 세계의 어떤 지역에서는 유전자 기법에 의한 농업을 받아들이지 않기도 합니다. 하지만 우리는 이런 견해는 잘못이라고 생각해요. 굶주리는 사람들이 10억 명에 달하는 지금 환경에 안전한지 여부를 모른다는 이유로, 혹은 장기적인 효과를 검증하지 못했다는 이유로 하나의 기술을 배척한다는 것은 있을 수 없는 일입니다."

이렇게 박사는 회사의 대표와 똑같은 입장을 취했다. 회사 대표는 아일랜드 출신의 리엄 콘든(Liam Condon)으로, 2012년부터 이 대기업을 이끌어나가고 있다. 제약 산업에서 경력을 쌓기 시작한 그는 오늘날 120개국에 걸쳐 2만 2000명의 직원을 거느리고 있는 경영자다. 바이엘 크롭사이언스는 바이엘이라는 대기업에서 농업 부문을 담당하고 있다. 바이엘은 아스피린 덕분에 제약 회사로 더 잘 알려져 있지만, 바이엘 크롭사이언스는 높은 이윤을 올리며 다른 경쟁사들에 비해 매년 10~15퍼센트 빨리 성장하고 있다.

홍보실 대변인 리하르트 브로임은 나를 비대칭 날개가 달려 있는 미래관으로 안내했다. "나도 여기에 오면 항상 헤맨답니다"라고 그가 말했다. 나는 대기실에서 귀여운 벌과 테두리가 붙어 있는 스티커를 발견했다. "우리는 벌에 대해 걱정해요." 벌? 유럽연합은 바이엘이 생산한 제초제 이미다클로프리드(Imidacloprid)와 클로시아니딘(Clothianidin)이 벌을 죽인다는 이유로 금지하지 않았던가? "그래요. 저 스티커는 예전에 붙여놓은 것입니다. 제초제가 금지되어 당연히 바이엘은 피해를 입을 수밖에 없었죠. 하지만 치명적이지는 않았습니다. 약 8000만 유로의 피해를 입었거든요." 이어서 홍보실 대변인은 교활한 미소를 지었다. "현재 농부들은 대용품을 구입해야 하죠. 다른 바이엘 제품으로 말입니다. 그래서 결국 큰 피해는 없는 셈이죠."

바이엘 사장 리엄 콘든이 미소를 지으며 악수로 나를 맞이했다. 그러곤 인사치레 따위는 필요없다는 듯 곧장 인터뷰에 응했다. 준비된 듯한 그의 메시지는 아주 분명했다. "혁신만이 힘든 과제를 해결할 수 있습니다. 미래에 100억 명에게 식량을 공급하는 도전이 바로 그것입니다. 밖에는 수확물을 해치는 많은 잡초와 곤충 그리고 박테리아가 있어요. 우리는 모두가 먹기에 충분한 식량을 생산할 수 있는 해결책을 개발하고 있습니다."

"우리는 농부들에게 건강하고 튼튼한 식물로 자라는 종자를 제공하는 한편, 해충과 잡초 그리고 박테리아로부터 농작물을 지켜줄 수 있는 살충제, 제초제, 살균제 등의 화학제품도 제공합니다." 농약은 바이엘이 중점을 두고 있는 제품임이 분명했다. 그런데 화학 물질로 만든 '몽둥이'의 성능이 점점 나빠졌다는 사실을 회사 홍보용 카탈로그도 숨길 수는 없었다.

그사이 제초제에 내성이 생긴 잡초가 217종이나 발생했기 때문이다. 예를 들어, 독일에는 들판에서 제초제 샤워를 하고도 살아남는 쥐꼬리뚝새풀이 있다.

이는 물론 바이엘에 결코 해로운 일이 아니다. 오히려 정반대다. 그럴수록 농업에는 또 다른 새로운 제초제가 필요하기 때문이다. 전 세계 농부들은 프랑크푸르트암마인에 위치한 바이엘 실험실로 잡초를 보내 어떤 다른 수단을 사용할지 테스트할 수 있다. 특히 전 세계에서 가장 많이 뿌려대는 글리포세이트에 내성이 강한 잡초가 그렇다. 그 때문에 바이엘은 미국 앨라배마 주에 이동식 공장을 새로 세웠다. 이곳에서는 대부분의 슈퍼 잡초를 제거하는 데 효과적인 새로운 성분, 곧 글루포시네이트(Glufosinate)를 생산한다. 바이엘이 생산지 가운데 가장 많은 금액을 투자한 공장이다. 물론 이 성분은 처음 유럽연합에서 매우 비관적인 판정을 받았다. 하지만 지금은 제한적이나마 사용 허가를 받았고, 2017년부터는 유럽에서도 상용화될 예정이다.

앞으로 바이엘은 지금보다 강력하게 새로운 종자의 개발에 총력을 기울일 테고, 총 매출에서 차지하는 비중도 늘어날 게 분명하다. 바이엘 경영진이 수십억 유로를 이러한 연구에 투자하는 이유다. 바이엘의 대표 콘든은 확신에 차서 말했다. "전 세계적으로 생산성을 올리려면, 하이브리드 종자를 널리 보급하는 것이 해결책입니다. 쌀의 경우, 우리는 아시아 시장을 선도하고 있습니다. 이 종자를 사용하는 농부들은 완전히 반해버렸죠. 수확이 엄청 늘었거든요."

하지만 왜 이 대기업은 갈수록 유전자 기술에 투자하는 것일까? "프랑켄슈타인의 음식을 재배하고 있다는 사람들의 염려를 우리는 진지하게 받아들이고 있습니다"라고 바이엘 대표는 충분히 이해한다는 듯 설명했

2012년 1억 7000만 헥타르 가운데 전 세계의 분포도(단위: 100만 헥타르)

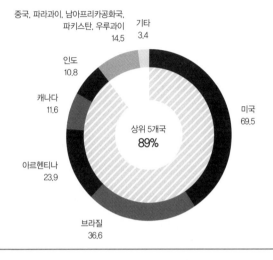

중국, 파라과이, 남아프리카공화국,
파키스탄, 우루과이
14.5

기타
3.4

인도
10.8

캐나다
11.6

아르헨티나
23.9

브라질
36.6

미국
69.5

상위 5개국
89%

다. 그러고는 자신의 윤리의식을 이렇게 털어놓았다. "유감스럽게도 우리는 유전자 기술이라는 옵션을 거절할 만큼 편안한 위치에 있지 않습니다. 거절한다면 몇몇 사람은 이데올로기적으로 훨씬 편하게 느끼겠지만, 그렇게 되면 다른 사람들이 굶거나 심지어 죽기도 합니다. 우리는 전 세계에 식량을 공급하기 위해 사용 가능한 모든 기술을 이용할 것입니다. 물론 그런 기술은 안전해야겠지요. 유전자 기술이 안전한지 여부는 그야말로 계속적인 실험을 거칩니다. 내 말은 그러니까, 유전자 기술을 비판하는 사람들도 이 사실을 알아야 한다는 것입니다."

바이엘 대표 리엄 콘든은 환경보호론자들이 사용하는 논법을 이용했다. "우리 지구는 생태학적으로 한계에 이르렀습니다." 그러면서 물 사용을 줄이기 위해 물을 절약할 수 있는 농사 기술을 개발해야 할 필요가 있다고 했다. 예를 들어 바이엘이 개발한 제초제는 잡초가 물을 흡수하는 것을 막아주고, 그리하여 전반적으로 물의 사용을 4분의 1 수준으로 줄일 수 있다면서 말이다.

기후 변화에 대한 그의 얘기는 마치 그린피스가 말하는 것처럼 들렸다. "전 세계의 수확량은 그야말로 위협적인 수준입니다. 다시 말해, 기온이 1도만 상승해도 쌀 수확은 1헥타르당 322킬로그램이 줄어듭니다. 게다가 홍수·폭풍·가뭄으로 인한 폐해가 덮치기도 하고, 그야말로 끔찍한 일들이 자주 일어나죠." 그는 이런 위협적인 시나리오를 유전자 기술을 위한 논쟁에 이용했다. "식물이 적응할 수 있는 속도보다 빨리 기후 변화가 일어납니다. 하지만 우리는 현대적인 식물 재배를 통해 이와 같은 적응 과정의 속도를 올릴 수 있습니다."

그런 다음 콘든은 조금 더 투쟁적인 태도를 취했다. "우리는 더 이상 기다려서는 안 됩니다! 세계 인구는 너무나 빨리 늘어나고, 사람들을 각성시키기 위해서는 혁명이 필요합니다! 만일 우리가 2030년 혹은 2040년까지 기다린다면, 모두에게 돌아갈 음식은 없습니다. 그러면 아마도 전쟁이 일어나겠지요. 식량을 얻기 위한 전쟁 말입니다."

그는 소농들이 독립적으로 행동하는 기업가가 되도록 도와야 한다고 제안했다. 이런 농부를 콘든은 기업가를 일컫는 단어(Entrepreneur)와 합성해 '아그리프레노이레(Agripreneure)'라고 불렀다. 나는 이런 식의 시장 접근법이 벼농사의 고향인 인도 동부에 있는 오리사(Orissa) 주 소농들에게서 어떻게 작동하는지 보고 싶었다.

표준화한 유전자 식량

전 세계의 종자 사업은 지극히 집중되어 있다. 요컨대 단 3개의 대기업, 즉 미국의 몬산토와 듀폰(개척자) 그리고 스위스의 신젠타가 시장의 53퍼센트를 나눠 갖고 있다. 이 지배적인 소수의 기업들은 시장 참여를 통해 서로 얽혀 있고 가격도 결정한다.[30] 이들 기업은 사탕무의 경우 시장의 90퍼센트를 점유하고 있다. 또한 옥수수는 57퍼센트, 대두는 55퍼센트를 점유한다. 이 세 기업은 농약 사업에서도 주도적인 역할을 하고 있다. 그들은 자사에서 교배하고 유전자 조작으로 만든 하이브리드 종자를 특허권을 통해 보호한다. 즉 이런 종자를 재배 및 교환하는 것을 금지하고 있다. 세 기업은 유럽에서 BASF 및 바이엘과 함께 식물 분야의 모든 특허권 가운데 절반을 소유하고 있다. 표준화와 규격화는 종의 다양성에 큰 영향을 미친다. 즉 1960년대 이른바 녹색혁명이라는 것이 일어나기 전만 하더라도, 예를 들어 필리핀에는 3000종 이상의 벼를 재배했으나 지금은 오직 두 가지 종류의 벼만 재배하고 있는 형편이다. 20세기 들어 인간에게 유용한 모든 식물의 75퍼센트가 사라졌다.

동종 교배와 터보 성능을 가진 종자

"종자를 지배하는 자가 우리의 식량을 지배하고 인류를 지배한다"라고 오스트리아의 농생물학자 클레멘스 아르파이(Clemens G. Arvay)는 추천할 만한 저서 《도와줘, 우리의 음식이 표준화되고 있어!》[31]에서 지극히 적절하게 표현하고 있다. 이와 반대로 종자 사업을 하는 회사는 자신들을 기꺼이 세계 기아를 퇴치하기 위해 노력하는 서비스업자로 여긴다. 그들은 늘어나는 식량 수요는 오직 자신들이 심혈을 기울여 만들어낸 품종과 기술로만 해결할 수 있다고 주장한다. 그들은 최초의 녹색혁명에 이어 이제 두 번째 녹색혁명이 필요하다고 요구한다. 당시 최초의 터보(turbo) 밀 종류와 새로운 재배 방식이 아시아, 특히 터키, 파키스탄, 인도, 필리핀에서 그야말로 기록적인 수확량을 올렸다. 이를 통해 한편으론 단기간 많은 사람의 식량 상황이 향상되었으나, 다른 한편으론 산업화한 단작 방식, 인공 비료와 살충제 및 물의 대량 사용으로 끔찍한 환경 폐해를 가져왔다. 그 결과는 오늘날까지도 지속되고 있으며, 기후 변화를 촉진하고 있다. 소농들은 거주지를 변두리로 옮겼고 적은 생산량 때문에 새로이 땅을 개척해야만 했다. 이는 무엇보다 오늘날 부당하게 분배되어 있는 농지 때문이다. 이와 같은 '혁명'의 아버지는 교배를 통해 새로운 밀 품종을 개발한 미국 출신 농학자 노먼 볼로그(Norman E. Borlaug)인데, 이 품종은 전통적인 품종에 비해 수확량이 6배나 많았다. 그는 1970년 세계 식량 문제에 기여했다는 공로를 인정받아 노벨 평화상을 수상했다. 자신이 개발한 터보 종자에도 불구하고 기아 문제가 지속적으로 해결되지 않자, 그는 출생률 통제와 유전자 기술의 도입에 대해 언급하기도 했다.

오늘날 농업 분야의 대기업은 당시에 비해 환경을 좀더 보호하려 한다고 주장한다. 그들은 다방면으로 걱정할 필요가 없는 한 꾸러미의 제품, 그러니까 수확량을 높이기 위해 종자, 화학 비료와 그것에 적합한 살충제로 이루어진 한 다발의 제품을 제공하고 있다. 예를 들어, 몬산토는 농부를 위해 통합 농업 시스템이라는 것을 개발했다. 이를테면 인공위성을 통해 농지의 특성에 대한 정확한 데이터를 수집하고, 이것을 트랙터에서 컴퓨터로 송신하는 것이다. 그러면 컴퓨터는 개별 종자를 심을 때 어느 정도 간격을 두어야 할지를 비롯해 적합한 비료 및 살충제의 양도 계산해낸다. 이런 방식으로 농부는 미래를 예견하면서 효율적으로 일할 수 있다는 것이다. 실험실에서 만든 터보 종자—이것이 함정이기는 하다—는 전통적인 종자에 비해 가격이 2배나 비싸다. 확실히 수령하겠다는 확인을 받으면 대기업들은 개발도상국과 중진국, 개발 사업을 하는 국제적인 조직에 할인도 해준다. 아프리카에 있는 말라위와 중국 같은 국가들은 예를 들어 수년 전부터 이미 비료 구입을 위해 국가 보조금을 지급하고 있다. 이렇게 하면 농부들은 빠르게 종속되고 만다. 왜냐하면 일단 통합 시스템이 작동하면 이로부터 벗어나기가 무척 힘들기 때문이다. 이는 무엇보다 특허를 받은 종자 때문이다. 이 종자는 의도적으로 증식이 불가능하게끔 만들었고, 그리하여 매년 새로운 종자를 구입해야 한다. "전통적인 작물들에게서 봐온 상상할 수 없을 정도의 다양성—수천 년 동안 인류가 상속받은—은 이미 사라졌거나 머지않아 곧 사라질 것이다. 산업적으로 계획한 종자들을 광범위하게 사용하기 때문이다. 자세히 살펴보면 생물학적으로 퇴행한 것이 분명한데도 말이다."[32] 아르파이는 아울러 하이브리드 교배의 속임수에 대해 이렇게 설명한다. "수년 동안 동종 교배를 통해 등장한 퇴행은 하이브리드 교배가 성공을 거둘 수 있게끔 해준 핵심 수단이다. 동종 교배를 하면 식물이 지니고 있던 유전적 재질은 시간이 지나면서 동형 접합자(Homozygous)가 된다. 다시 말해, 각각의 특성과 관련해 완전히 동일한 2개의 성향이 나타나는데, 이는 식물의 양친으로부터 각기 다른 2개의 성향을 얻는 자연적인 조건과는 엄밀히 다르다." 식물은 유전적으로 동일해지고 다양성이 없어 황폐해진다. 그럼에도 이런 품종이 어떤 장점을 제공한다는 것일까? 실험실에서 이런 품종은 또 다른 황폐해진 동종 교배종과 교배된다. 그렇게 하면 '펑!' 하고 유전자들이 새롭게 조합되어 이른바 '잡종 강세 효과'라는 것이 나타난다. 즉 후손들은 처음 교배했던 식물에 비해 엄청 강력하게 성장하고, 더 많은 열매와 뿌리를 만들어낸다. 요컨대 새 품종은 예전의 품종과 비교했을 때 '폭발적인 성과'를 내 양적으로 엄청나게 많은 수확량을 안겨준다. 하지만 아르파이는 이렇게 말한다. "이것은 큰 대가를 치러야 한다. 왜냐하면 그런 증대는 지속되지 않기 때문이다. 이는 하이브리드로 생긴 첫 세대에서만 나타나는 현상이다." 이렇듯 폭발적인 성장 뒤에 종자는 고갈 및 사용할 수 없게 된다. 다음 수확을 위해 종자를 다시 구입해야만 하는 것이다. 이런 대기업들의 발상을 반대하는 사람들은 품종 다양성과 다모작 가능성에 전 세계의 식량을 확보할 열쇠가 있다고 여긴다. 유용한 식물들이 유전적으로 다양해야만 기후 변화의 결과에 적응할 수 있다.

TRIPS라는 어려움

연구 결과와 개발을 보호하기 위해 기업들은 세계무역기구(WTO)의 지원 아래 정부에 강력한 압력을 행사하고 있다. 1995년부터는 지적 재산에 대한 권리를 TRIPS 협정을 통해 보호하고 있다. 이는 대기업이 WTO 소속 국가들의 시장에 참여하길 원하면 모든 국가가 반드시 승인을 해야만 하는 협정이다. 대기업들은 협정 초안부터 막강한 영향력을 행사했다. 심지어 몇몇 경제학자는 대기업들이 미국의 대표 의석을 차지했을 뿐만 아니라 협정의 텍스트를 작성하고 이를 정부 측에 강요했다고 주장했다.[33]

하지만 생물학적 다양성을 보호하려는 법적인 역풍도 만만치 않다.

'식량과 농업을 위한 식물 유전 자원에 관한 국제 조약(ITPGR)'—줄여서 '종자 조약'이라고 부른다—은 2004년부터 131개 회원국 사이에 35종의 식량과 29종의 사료용 식물을 서로 교환할 수 있도록 규정했다. 종자는 조약국들이 공개적으로 운영하는 유전자은행에서 나온다. 이 조약은 농업에 사용하는 식물들의 유전적 자원을 지키고, 이를 지속적으로 이용하며 자유롭게 교환하는 것을 가능케 해준다. 만일 개발도상국들이 종자를 상업적으로 이용할 경우, 그들은 마땅히 정당한 이윤을 분배받아야 한다. 조약 전문(前文)에는 '농부의 권리'를 명시하고 있다. 자신이 수확한 품종의 종자를 보존하고, 자신이 원하는 목적에 이를 사용하거나 비공식적인 시장에서 교환하는 것도 바로 이러한 권리에 속한다.

유럽의회도 품종의 다양성을 구제하기 위해 적극 뛰어들었다. 그리하여 2014년 3월 종자 규정을 더욱 강화하기 위해 마련했으나 이론(異論)이 분분했던 유럽연합위원회의 제안을 기각했다. 새로운 규정은 유럽 내에 있는 식물 종자 시장을 단일화하고 더 엄격하게 규제해 범대서양무역투자동반자협정(Transatlantic Trade and Investment Partnership, TTIP)으로 이행하는 과정을 더욱 수월하게 할 작정이었다. 비평가들 사이에서 이 자유 협정은 미국 농산품 대기업과 그들이 유전자 조작으로 생산한 제품을 위해 만든 것으로 여겨진다. 무엇보다 이에 관여하는 중재재판소와 특별재판소는 민주적으로 마련한 환경법과 소비자법을 기업들이 오용 또는 말살할지도 모른다고 두려워했다. 하지만 이로부터 채 2개월도 지나지 않은 5월 말 유럽연합의 환경부 장관은 기본적으로 유전자 조작한 옥수수를 유럽 내에서 재배하는 데 찬성했다. 물론 각국은 이런 결정에 동참할지 여부를 스스로 결정할 수 있다. 유전자 기술로 조작한 식물을 자국의 농지에서 재배할지 여부를 말이다. 독일 정부는 일찌감치 재배 금지를 발표했다.

반짝이는 것이 모두 금은 아니다

유전자 기술을 통해 최소한의 영양실조를 줄일 수는 없을까? 몇몇 식량 전문가와 연구소에서 이와 같은 의문을 제기하고 있다. 실제로 올해 필리핀에서는 유전자를 변형한 쌀을 시장에 선보인다고 한다. 비타민 A를 상당히 많이 함유한 이 쌀은 '골든 라이스'라고 부른다. 영양실조에 걸린 아이들이 실명이나 조기 사망하는 일을 막기 위해 개발한 것이다. WHO에 따르면 전 세계에서 2억 명의 아이들이 비타민 A 결핍증을 앓고 있으며, 특히 영양실조로 인해 아프리카와 동남아시아에 이런 경우가 많다고 한다. 따라서 유전자 기술을 반대하는 사람조차도 새로운 이 벼 품종에 대해 좋은 측면을 발견할 수 있다. 하지만 사람들에게 이렇게 조작된 식물의 품종이 정말 필요한 것일까? 국가 통계에 따르면, 필리핀 전체 인구 가운데 15퍼센트가 비타민 A 결핍증을 앓고 있다. 하지만 정부가 작년에 비타민 A가 들어 있는 영양제를 전국의 어린 아이들에게 나눠주자 그 수치가 놀라울 정도로 줄어들었다. 비타민이 풍부한 채소와 과일을 더 많이 재배하라고 농부들에게 홍보하는 프로그램 또한 이런 조치를 지원했다. 따라서 필리핀에서는 '골든 라이스'에 대한 수요가 그렇게 크지 않은 것처럼 보인다. 그럼에도 불구하고 빌 & 멜린다 게이츠 재단은 이 나라에 유전자 조작 작물을 도입하고 그에 대한 비용을 떠맡으려 한다. 이들이 내세우는 근거는 필리핀에서 공동체를 위해 힘쓰며 세계은행이 관리하는 '국제 쌀 연구소(IRRI)' 및 필라이스(Philrice)라고 일컫는 기업과 장기간 맺어온 관계 때문이라고 한다. 이 기업이 바로 쌀을 필리핀 시장에 내놓을 예정이다. 비평가들은 사전에 충분한 동물 검사도 거치지 않고 아이들에게 쌀을 줄 위험이 있다고 비난한다. 아울러 이들은 유전자 변형이 이루어진 조직(GVO)의 안전성을 평가하는 새로운 기준이 필요하다고 요구한다. 왜냐하면 독립적인 위험도 검사는 기업의 재정적인 수단으로는 가능하지 않아 지금까지 유전자 변형 작물의 재배에 대해서는 물론 인간과 동물의 건강에 어떤 해를 미치는지에 대해 충분히 분석을 수행한 적이 없기 때문이다.

농부의 손에 달려 있는 다양성

인도 오리사의 주도(州都) 부바네스와르(Bhubaneswar) 공항으로 우리를 마중 나온 사람은 운전기사 산토시(Santoshi)였다. 모국어가 오리야어(Oriya)인 그는 영어를 거의 못했다. 그래서 유감스럽게도 우리 카메라맨 하요 쇼메루스(Hajo Schomerus)가 푸네(Pune: 인도 서부에 있는 도시—옮긴이)에 있는 영화 학교를 방문한 이후 약간 배운 힌두어도 도움이 되지 않았다. 왜냐하면 오리야어는 자체적인 문자도 있기 때문이다. 오리사 주는 인도에서도 매우 가난한 지역으로, 독일 전체 인구의 약 절반에 해당하는 4200만 명이 살고 있다.

우리의 심정은 복잡했다. 일주일 전에 태풍 파일린(phailin)이 이곳을 초토화시켰기 때문이다. 폭풍우가 대부분 지역을 덮쳐 60만 명이 대피하고 가옥과 농작물이 황폐화되었다. 우리가 무엇을 볼 수 있을까? 과연 촬영을 할 수나 있을까? 산토시는 우리의 질문에 옅은 미소를 지었다.

우리 얘기를 이해했는지 확실하지 않지만 그의 대답은 항상 똑같았다. "가능해요."

오리사는 벼 재배의 요람이다. 심지어 쌀(rice)이라는 단어도 '오리사'라는 말에서 나왔다. 요컨대 오리사의 라틴어 이름은 '오리자 사티바[Oriza sativa(=Asian rice)]'였다. 산토시는 우리를 4차선 도로로 데려갔다. 그 길을 고속도로라고 부를 수는 없었다. 왜냐하면 차를 몰고 가면서 끝없이 방해물을 만났기 때문이다. 도시 외곽에서는 툭툭(Tuktuk)이라 부르는 오토바이가 드물었고, 그 대신 온갖 동물이 거리를 돌아다녔다. 걸핏하면 경적을 울려야 하는 일이 발생했다. 물론 이렇게 하는 게 이곳에서는 예의라고 믿는다. 왜냐하면 거의 모든 화물차는 추월할 때 뒤에 있는 차에 경적을 울려달라고 부탁했기 때문이다. 가장 신경을 곤두서게 하는 것은 반대편 차선에서 달려오는 운전자들이었다. 이들은 계속해서 반대편 차선에서 우리 쪽으로 차를 몰았다. 하지만 산토시는 전혀 당황하지 않았다. 심지어 날이 어두워지고 반대편에서 운전사들이 조명을 켜지 않고 달려왔음에도 불구하고 말이다.

마침내 우리는 발라소레(Balasore)에 도착했다. 거리를 따라 알록달록한 가판대가 쭉 이어져 있었다. 가판대에서는 작은 폭죽을 판매했는데, '등불의 축제'라고 부르는 디왈리(Diwali: 힌두교에서 부와 풍요의 여신 락슈미를 기념해 매년 10~11월에 5일간 열리는 축제—옮긴이)가 다가오고 있었기 때문이다. 우리가 옆길로 들어서자 마침내 경적 콘서트가 잠잠해졌다. 우리가 묵을 작은 호텔 앞에 쿠숨 미슈라(Kusum Mishra)와 아쇼크 파니그라이(Ashok Panigrahi)가 마중을 나와 있었다. 둘은 이 지역에서 나브다냐라는 종자 보존 사업을 지도하는 부부였다. 두 사람 모두 대략 예순 살쯤 되어 보였다. 부인은 우아한 사리를, 남편은 비단 셔츠를 입고 있었다. 이들은 농부가 아니고 대외적으로 농부들을 대표할 따름이었다.

이 사업은 원래 인도 북부에서 반다나 시바가 시작했다. 나는 몇 달 전이 카리스마 넘치는 행동주의자 여성을 지인의 생일 파티에서 만날 수 있었다. 그녀는 나에게 인도에 한 번 와보지 않겠냐고 제안했다. 당시 그녀는 태풍이 올 것이라는 걸 전혀 예상하지 못했다. 어쨌거나 그녀는 여행을 거절하려는 우리의 결정에 반하는 이메일을 보냈다. "우리는 14년 전 마지막 태풍이 불어닥친 다음 그곳에서 나브다냐를 시작했습니다. 농부들의 들판이 완전히 황폐화되었기 때문이지요. 실제로 위기가 발생하면, 우리 시스템이 대기업 시스템보다 훨씬 안정적이라는 사실이 드러날 것입니다."

우리는 아쇼크에게 마을에서 촬영을 할 수 있는지 물었다. 그는 우리를 진정시켰다. "모든 게 황폐화된 것은 아닙니다. 몇몇 마을이 물에 잠겼지만 우리 마을은 다행스럽게 피해가 적거든요." 다음 날 아침, 우리는 햇살을 받으며 출발했다. 그 시각에도 길은 벌써 막혔고, 산토시는 어떻게든 혼잡한 길을 뚫고 지나갔다.

옆길이 나올 때까지 우리는 넓은 논을 지나갔다. 논 한가운데 정글북에 나오는 것처럼 오래된 사원이 한 채 있었다. 사거리로 들어서자 전통 의상을 입은 농부가 기다리고 있었다. 다채로운 색깔의 천을 엉덩이와 무릎에 둘렀는데, 무릎 위로 쉽게 올라가 논밭에서 일하기에 적합해 보였다. 락스미다르 나야크(Laxmidhar Nayak)가 우리를 아주 좁은 길로 인도했다. 우리는 카메라 장비를 챙겨 들고 걷기 시작했다.

논에는 물이 손목 깊이 정도 차 있었다. 고상한 사리를 입은 쿠숨이 논 가장자리에 서서 태풍이 어떤 피해를 주었는지 농부 락스미다르에게 물었다. "엄청난 재난이었지요. 물은 지난주만 하더라도 6피트(약 180센티미터—옮긴이) 정도, 그러니까 제 목덜미까지 찼습니다. 어떤 곳은 내 머리보다 높이 찼고요. 나흘 동안 폭풍이 계속 불더니 일주일 후 사흘 동안 폭우가 내렸죠."

식물은 흙이 잔뜩 묻은 채 논에 넘어져 있었다. "이 벼 품종은 스와르나(Swarna)라고 하는데, 정부가 운영하는 가게에서 구입한 하이브리드 품종이지요. 유감스럽게도 이 식물은 완전히 죽어서 종자 한 톨도 수확할 수 없을 겁니다." 엄격한 여자 선생님이 물었다. "아니, 또 그렇게 욕심을 냈나요?" 농부는 후회하듯 말했다. "그러게요. 종자까지 다 잃었으니, 다시는 이 품종을 심지 않을 겁니다."

옆에 있는 논도 비슷하지 않을까 싶었다. 그런데 그쪽 벼는 똑바로 서 있고, 녹색 창연한 벼가 햇빛을 받아 반짝거렸다. "이건 데시(Desi)라고 하는데, 홍수에도 잘 견디고 곧 꽃을 피울 겁니다. 수확도 좋을 것 같아요." 데시는 이 지역의 토종 종자였다. "이제 좀 배웠어요?" 쿠숨이 물었다. "앞으로는 데시만 심을 작정입니다. 하이브리드는 절대 심지 않을 거예요. 데시는 씨앗이 여물 때까지 시간이 좀 걸리지만, 홍수에도 끄떡하지 않는 장점이 훨씬 중요하니까요." 하이브리드가 더 많은 수확을 가져다준다는 말도 믿을 수 없다고 농부는 말했다. "하이브리드는 습기가 너무 많지 않고 또 너무 건조하지 않아야 해요. 게다가 비료를 충분히 줘야만 10~20퍼센트 더 많이 수확할 수 있습니다." 락스미다르는 주변을 둘러보더니 몸을 굽혀 한 다발의 벼를 움켜쥐었다. "여기 좀 보세요. 쌀알에 벌써 싹이 생겼어요. 이런 것은 동물의 사료로도 줄 수 없어요." 실제로 쌀알이 아직 벼의 줄기에 달린 채 싹이 파랗게 올라와 있었다.

"내 논은 0.5헥타르 정도 됩니다. 수확을 하면 보통 우리 가족 전체가 1년을 먹을 수 있지요. 하지만 올해는 홍수로 수확할 쌀의 80퍼센트를 잃어버렸어요." 농부는 간결한 어조로 자신의 절망과 어쩌면 인도식 운명론에 대해 말했다. "어떻게 해야 할지 모르겠습니다. 이제 우린 쌀을 구입해야 해요. 지금도 빚이 많은데 말입니다." 쿠숨은 돈을 얼마나 손해 봤는지 물었다. "100파운드(50킬로그램—옮긴이)당 종자는 1800루피, 비료는 7500루피를 지불했죠." "그러면 데시는요?" "돈이 전혀 들어가지 않았죠. 작년에 모아둔 종자니까요. 게다가 데시는 인공 비료를 줄 필요가 없거든요."

쿠숨이 우리를 향해 몸을 돌리고 말했다. "이게 바로 인도에서 많은 농부가 자살하는 이유입니다. 그들은 과도한 빚을 지고 있죠. 종자, 비료, 살충제를 구입해야 하기 때문이에요. 그러니 수확할 게 없으면 완전히 파산하는 겁니다."

대안적인 재배가 더 낫다

만일 그런 것들 없이 더 잘된다고 하면, 무엇 때문에 그 비싼 비료와 살충제 그리고 유전자 기술이 필요하겠는가? 대안적인 벼 재배 방법이 기록적인 수확을 올린다면, 산업화한 농업과 수년 전부터 많은 예산을 책정받아 30억 명의 사람들에게 필요한 기본 식량을 공급하기 위해 새로운 다수확 품종을 연구하는 많은 과학자들에겐 매우 불쾌한 일일 것이다.

프랑스 예수회 신부이자 농경제학자인 앙리 드 로랑니에(Henri de Laulanié)는 1980년대 초반 마다가스카르 사람들이 농사짓는 모습을 보고 '쌀 증대 시스템(System of Rice Intensification, SRI)'을 개발했다. 그는 SRI를 위해 다음과 같은 규칙을 만들었다. 즉 한 달 후가 아니라

8~12일 후에 어린모를 옮겨 심는다. 이때 좁은 공간에 한 다발씩 심지 않고 25센티미터씩 간격을 둔다. 어린모는 영양분과 자리와 햇빛을 두고 서로 경쟁을 벌이지 않고 더욱 튼튼하게 뿌리를 내려 더 많이 발아한다. 논에 항상 물을 채놓을 필요가 없다. 벼는 적절한 물만 받아들이며 성장한다. 심지어 가끔씩 논을 건조하게 만들어줘야 한다. 박테리아 합성물을 바꾸고, 이렇게 함으로써 메탄 방출을 줄이기 위해서다. 물론 전반적인 과정은 전통적 재배 방법에 비해 노동력이 더 많이 들어간다. 대부분의 노동은 손으로 해야 한다. 잡초도 규칙적으로 제거해야 한다. 하지만 이렇게 함으로써 땅에 공기가 잘 통하고 벼의 성장도 자극한다. 그리고 퇴비를 비료로 사용한다. 마다가스카르의 농부들은 이와 같은 방식으로 1헥타르당 평균 2~8톤의 수확을 올린다. 그것도 종자의 10분의 1만 갖고 말이다.

뉴욕의 코넬 대학에 근무하는 노먼 업호프(Norman Uphoff) 교수와 동료 학자들은 이와 같은 결과를 그곳에서 직접 테스트했고, 1997년부터 이런 방식의 재배법을 전파하고 문서화하는 데 노력을 기울이고 있다.[34] 이때부터 아시아, 아프리카, 라틴아메리카에 있는 50여 개국 이상의 나라에서 수백만 명의 농부들이 지역의 기후와 조건에 맞게 SRI 농법을 시행한 결과 기록적인 수확을 올리고 있다. 이들은 재배법 교육 프로그램을 운영하는 많은 비정부 단체들로부터 지원을 받는다. 이렇듯 혁신적인 재배 방법으로 바꾸려면 용기가 필요하다. 가족의 생존이 풍성한 수확에 달려 있으니 말이다. 이 재배법을 실제로 적용하려면 농사법과 농지에 물을 대는 법에 대해 충분한 교육을 받아야 한다. '국제 쌀 연구소', 곧 IRRI는 이에 대해 반대 의견을 제기한다. 즉 SRI는 노동 집약적이고 수확량 증가도 충분히 증명되지 않았다는 것이다. 하지만 어느 정도 드라마틱하게 성공을 거둔 사례는 이 재배법이 옳다는 것을 보여준다. 예를 들어, 2013년 5월 소농 수만트 쿠마르(Sumant Kumar)는 인도 비하르(Bihar) 주에 있는 자신의 농지에서 1헥타르당 쌀을 22.4톤 수확했다. 그것도 비료와 살충제를 하나도 사용하지 않고 말이다.[35] 이는 세계 기록이며 화학제품을 생산하는 대기업의 얼굴에 한 방을 먹인 결과다. 이 정도 수확은 IRRI의 결과뿐 아니라, 유전자 조작을 통해 벼 품종을 개발하는 모든 종자 기업의 결과도 뛰어넘는 양이다. 이제 SRI는 더 많이 전파되고 있다. 이 재배법은 옥수수, 기장, 보리, 사탕무와 심지어 감자, 토마토, 겨자 혹은 가지의 재배에도 적용할 수 있다. 농부들은 작물을 좀더 강하게 키우면서 더 많은 수확을 올린다. 이제 SRI는 모든 작물에 적용하는 SOI(System of Crop Intensification)로 바뀔 시점이 되었다.

우리는 좁다란 논둑 위를 계속 걸어갔다. 이웃한 논에서 농사를 짓던 농부들 역시 홍수로 인해 수확량의 절반 이상을 잃었다. "가장 최근의 홍수는 1999년에 일어났어요. 당시에 사람들은 말하길 100년에 한 번 생길 홍수라고 했지요. 하지만 이제는 기후 변화가 그런 홍수를 더 자주 일어나게 만든다는군요." 쿠슘이 우리에게 말했다. 팔뚝만 한 뱀이 벼 작물 사이를 구불거리며 지나가자 락스미다르가 경고했다. "조심해요. 내가 앞장서겠습니다. 이런 독사들은 예전에 없었는데, 홍수가 나자 숲에서 이곳으로 온 것 같습니다."

우리는 강 위에 걸친 나무다리를 지나갔다. 나무다리는 그렇게 튼튼해 보이지 않았다. 실제로 일부는 이미 물속에 가라앉아 있었다. 락스미다르가 다시 경고했다. "정말 위험해요. 홍수가 난 뒤라 무너질 수도 있어요."
그는 균형을 잡고 한 발 한 발 조심스럽게 내딛으며 얇은 나무다리를 건
넜다. 강을 건넌 그가 풀밭으로 사라지더니 10분 후 커다란 포도를 들고
다시 나타나 미소를 지으며 우리에게 건넸다. 포도는 달콤했다. 내가 슈
퍼마켓에서 구입해 먹은 그 어떤 포도보다도 달콤했다. 돌아오는 길에 우
리는 아주 작은 숲을 지났다. 농부가 거머리를 살펴보라고 우리에게 권했
다. 실제로 음향을 담당하는 랄프(Ralf)가 거머리 두 마리를 발견했다. 한
마리는 그의 신발 위로 기어올랐고, 다른 한 마리는 티셔츠에 붙어 있었
다. 다행스럽게도 거머리들은 아직 피를 빨아먹지 않았다.

락스미다르는 우리를 자신이 사는 두르가데비(Durgadebi) 마을로 안내
했다. 그날 마을에서는 전통 축제가 열리고 있었다. 부와 다산을 관장하
는 여신 락슈미(Lakshmi)에게 경의를 표하는 축제였다. 벼농사를 짓는 마
을에서는 중요한 벼 재배의 주기에 맞춰 축제를 연다. 오리사 주의 쌀 축
제에 관해 책을 쓴 적 있는 쿠숨이 우리에게 그 의미를 설명해주었다. "마
르가쉬르샤(Margashirsha: 인도의 음력으로 아홉 번째 달—옮긴이)는 수확의 시기
인데, 이때 매주 목요일마다 락슈미 여신을 경배하죠." 락슈미는 안나푸
르나(Annapurna)라고도 부르는데, 바로 '작물의 여신'이다. "여신이 작물
을 관장하므로, 가족 중 가장 연장자인 여성이 곡물 창고와 종자의 주인
이 되죠." 소녀 2명이 농부의 집 입구에 있는 땅에 장식 그림을 그리고 있
었다.

쿠숨은 이 장면도 설명해주었다. "발자국은 항상 집의 방향을 보여주는
데, 이렇게 사람들은 여신을 집으로 초대하죠. 여신은 복과 부를 가져옵
니다. 그것은 과거에 풍성한 수확과 같은 의미였지요."

여자들은 집에서 가장 큰 방에 제단을 만들어 꾸민다. 쌀알이 알차게

익은 풍성한 화서(花序: 꽃이 줄기나 가지에 붙어 있는 상태―옮긴이)가 락슈미 여신을 에워싸고, 그 옆에는 여신의 남편인 나라얀(Narayan)이 전통에 따라 파란색 얼굴을 하고 있다. 여자들은 이 조각품의 테두리를 초와 띠 그리고 축제 음식을 담은 자그마한 접시로 장식한다. 모든 장식이 끝나면, 여자 3명이 크기가 서로 다른 커다란 조개를 분다. 이 조개에는 구멍이 하나 있는데, 이곳을 통해 마치 플루트 같은 소리가 났다. 그런 다음 노래가 이어지고 또다시 플루트 소리를 낸다.

마법 같은 쌀 축제에는 여자들만 참석한다. 그리고 축제 음식을 먹는데, 이때도 여자들만 음식을 나눈다. 이렇게 축제는 끝난다.

그동안 남자들은 비닐로 만든 천막 아래에서 얘기를 나누었다. 이들은 여자들이 먹은 다음에 음식을 나누어 먹었다. 그들이 이렇게 모인 것은 일종의 비상사태를 논의하기 위해서였다. 그들은 태풍이 지나간 뒤 무엇을 해야 하는지를 놓고 격렬하게 논쟁을 펼쳤다. "농부들은 우리가 나브다냐를 통해 외국으로 수출하는 유기농 쌀을 생산합니다." 아쇼크가 설명했다. 그 덕분에 그들은 수확물에 대해 그 지역 슈퍼마켓에서보다 훨씬 높은 가격을 받을 수 있었다. 그럼에도 불구하고 몇몇 농부들은 하이브리드 벼를 재배했다.

농부들은 학자인 아쇼크 파니그라이의 말을 매우 진지하게 들었다. 왜냐하면 그는 아주 간단하고 유익한 해결책을 내놓곤 했기 때문이다. 가령 토지를 개선하기 위해 벌레 비료를 사용하라고 제안한다거나, 해충을 죽이려면 님나무(Neem)나 이보다 효과가 좋은 코클로스페르뭄과(Cochlospermaceae)의 식물에서 기름을 짜 사용하면 된다고 충고하기도 했다. 몇몇 농부들과는 14년 전부터 알고 지냈는데, 그때부터 아쇼크는 비교 가능한 면적의 수확량을 조사하기 시작했다. 첸구아(Chengua)라는 마을에서는 농부 샤크티다르 만달(Shaktidhar Mandal)이 통계를 냈다. "화학제품으로 비료를 주는 논에서는 1헥타르당 5500파운드(약 275킬로그램—옮긴이) 이상을 수확해보지 못했습니다. 그런데 유기농 방식을 사용했을 때는 7000파운드까지 수확을 했지요." 그의 이웃 바불알 베헤라(Babulal Behera)는 다음과 같이 덧붙였다. "유기농 벼에는 비료를 전혀 주지 않았고, 약도 해충을 죽이기 위해 뿌린 약간의 성분밖에 없어요. 물론 이렇게 하려면 더 많은 일을 해야 하죠. 하지만 나한테는 전혀 문제가 되지 않아요. 유기농으로 짓는 농사가 화학제품을 사용하는 농사보다 훨씬 나으니까요."

밀고 당기기: 독으로 가득한 안개 대신 유기농 덫

동아프리카에 사는 농부들은 그렇지 않아도 척박하기 그지없는 옥수수밭과 기장밭에서 두 가지 적과 싸우고 있다. 식물 줄기에 구멍을 내는 나방의 유충과, 뿌리를 갉아먹고 물과 영양분을 빼앗아 먹는 기생충 같은 잡초이자 기생식물인 스트리가(Striga)가 그것이다. 이 두 가지 자연의 적이 엄청난 피해를 주고 있다. 소농들은 이로 인해 몇 년 동안 옥수수 수확량 가운데 60~90퍼센트를 잃었다. 화학제품 대신 이러한 해충을 죽이는 데 효과적인 자연의 무기가 있다. 밀고 당기기(Push-and-Pull)가 바로 그것인데, 이 단순한 방법은 원치 않는 곤충을 쫓아버리거나(push) 혹은 유혹하는(pull) 것을 말한다. 이 방법은 케냐 농업연구소(KARI)가 로섬스테드 연구소(Rothamsted Experimental Station) 및 '국제 곤충생리학 및 생태학 실험연구소(ICIPE)'와 함께 연구했다. 스위스 출신의 곤충 연구가이자 농업 전문가로서 개발 전문가이기도 한 한스

루돌프 헤렌(Hans Rudolf Herren)이 1994~2005년 이 연구를 이끌었다. '세계농업보고'의 공동 회장인 헤렌은 그 공로를 인정받아 2013년 '바른생활상'을 수상하기도 했다. 케냐에서는 오래전부터 약용 식물인 데스모디움(Desmodium)을 작물 사이사이에 심곤 했다. 인간에게 매우 유익한 이 깍지 있는 식물(특히 피를 깨끗하게 해주고 해독 작용이 있다고 한다)은 줄기를 파먹는 나방에게 끔찍한 냄새를 풍긴다. 한편 나방의 암컷은 네이피어그래스(napier grass)에 마법처럼 끌리는데, 농부들은 이 풀을 덫처럼 들판에 띠 모양으로 둘러 심는다. 이 풀은 곡물과 비슷한 냄새를 엄청 많이 뿜어낸다. 나방의 암컷은 알을 네이피어그래스의 잎사귀에 낳는 것을 좋아한다. 이 알에서 애벌레가 나와 줄기를 파고 들어가면, 네이피어그래스는 애벌레를 죽음에 이르게 하는 끈적끈적한 즙을 생산해낸다.

그 밖에 데스모디움은 일명 '죽음의 풀'이라고도 부르는 스트리가를 퇴치한다. 데스모디움의 특유한 성분이 스트리가가 기생하고자 하는 식물의 뿌리를 파고 들어가기 전에 땅에서 씨앗을 싹트게 만든다. 그러면 작물은 아무런 방해도 받지 않고 성장할 수 있다.

네이피어그래스와 데스모디움은 다년생 식물이며 10년 이상 살 수 있다. 이런 식물은 새롭게 파종하기 전에 짧게 잘라줘야만 한다. '코끼리풀'이라고도 부르는 네이피어그래스는 4미터까지 자라므로 데스모디움처럼 가축의 사료로 사용해도 좋다. 이 두 가지를 혼합해 특히 가뭄에 식량으로 먹기도 한다. 농부들은 데스모디움의 씨를 판매해 부수적인 소득을 올릴 수도 있다. 그 밖에 데스모디움의 열매는 자연적인 비료가 된다. 열매가 땅에 떨어지면 대기에 있는 질소를 유기적으로 연결해주기 때문이다. 이 식물의 죽은 잎사귀와 뿌리는 땅속에 있는 생명체를 돕고 땅속의 영양분이 더 많아지도록 한다. 또한 침식과 증발을 방지해 물의 이용을 향상시켜준다.

한스 루돌프 헤렌에 따르면 우리도 이 '밀고 당기기 시스템'을 도입할 수 있다고 한다. 현재 이 방법은 주로 옥수수, 기장, 쌀 같은 작물에 이용하고 있지만 사탕무에도 적용 가능하다. 기계화하고 대단위 재배를 하고 있는 독일에서 이 시스템을 적용하기 위해서는 어떤 식물이 그 지역의 해충을 밀어내거나 끌어당기는 특징을 갖고 있는지 알아야 한다. 그러면 이런 재배법을 감자와 유채에도 적용할 수 있지 않을까 싶다.

이웃 마을 마니나스푸르(Maninath Pur)에 사는 자나카라 싱(Janakara Singh)은 그것이 자신에게 어떤 의미가 있는지 자부심을 갖고 이야기했다. "유기농 재배를 하면서 두 대의 전동 쟁기를 구입할 수 있었습니다. 나는 오토바이도 있습니다. 물을 끌어다 쓸 수 있는 펌프도 있고 카메라 달린 핸드폰도 있어요. 아이들은 학교에 다니고요." 아쇼크가 질문을 던졌다. "그런데 왜 아직도 하이브리드를 재배합니까?" 대답은 이러했다. "정부가 하이브리드 품종에 아주 높은 가격을 쳐주거든요." 아쇼크는 농부에게 핀잔을 주었다. "그렇게 하면 고유 품종이 위험에 빠진다는 걸 모르세요? 하이브리드가 꽃을 피우면, 씨앗이 다른 논으로 흩어집니다. 그러면 하이브리드 씨앗이 고유 종자의 유전자와 섞이게 된단 말입니다." 아쇼크는 대기업들이 바로 이런 것을 노린다고 확신했다. 요컨대 대기업은 농부가 좋은 종자를 잃어버리고 결국 그들이 판매하는 품종을 사야 하는 상황을 만들려는 것이다. "우리는 농부들이 종속되지 않도록 지원하려 합니다. 몬산토나 바이엘 같은 대기업이 독점적으로 정하는 가격에 종속되지 않도록 말입니다."

열기 가득한 오후 시간에 대부분의 남자는 상체에 아무것도 걸치지 않은 채 거리를 다녔다. 하지만 브라만(Brahman)은 허리띠를 가볍게 묶어 어깨 위로 걸쳤다. 최고위층 계급에 속하는 브라만은—모두가 부유하지는 않음에도 불구하고—힘든 노동, 예를 들어 쌀을 빻는 일 같은 노동을 하지 않는다. 이런 노동은 낮은 계급에서 해결한다. 하얀색 쌀가루는 모든 음식에서 기본으로 이용한다. 이곳 사람들은 채식주의자다. 힌두교가 확립된 시기부터 그랬으니 적어도 5000년은 된 전통이다. 다른 많은 민족들의 경우에도 그렇듯 채식을 주로 하는 까닭에 그들은 콩이나 불콩같이 껍질 있는 곡물을 섭취해야 한다. 쌀 같은 곡물이 함유하고 있는 아미노산으로는 충분한 영양을 섭취할 수 없기 때문이다. 몬순 시기가 끝난 마을에서는 이제 채소밭을 가꾸었다.

저녁이 되어 우리는 피곤했다. 하지만 우리와 함께 얘기하던 농부 가운데 한 사람이 자신의 집을 꼭 들러야 한다고 고집했다. 피탐바르 테나(Pitambar Tena)는 우리에게 자신의 특별한 보물을 보여주고 싶어 했다. 그건 바로 종자를 보관하고 있는 여러 개의 작은 통이었다. 그는 자랑스럽게 20가지 종류의 벼 품종을 소개했다. 각각의 통에는 품종의 이름도 붙어 있었다. 농부는 이렇게 설명했다. "나는 하이브리드의 속임수에 넘어가지 않았어요. 아버지가 가지고 있던 종자들을 계속 보관했죠. 다른 농부들한테서 얻은 새로운 종자들도 모아두었고요." 쌀알은 건조한 상태에서 보관해야 한다. 하지만 그렇지 못할 때도 있기 때문에 농부들은 필요할 때 종자를 서로 나눈다—이때 그들은 돈을 요구하지 않는다. 그는 호박을 비롯해 다양한 채소 종자도 보관하고 있었다. "나는 항상 보관하기

다양한 품종의 빈곤화

1900년 이래로 재배 품종의 약 75퍼센트가
손실되었다.

| 8,000 수확량이 좋은 품종 | 72,500 상업적인 품종 | 1,900,000 농부들이 보유하고 있는 전통적인 품종 |

가장 좋은 종자를 고릅니다."

이와 같은 방식으로 농부들이 수천 년에 걸쳐 증대 및 개선시킨 종자는 그 지역의 기후와 토질의 조건에 가장 적합하다. 반대로 늘 평균적인 토질과 평균적인 강수량에 맞춰 개발한 하이브리드 종자는 그렇지 않다. 조금이라도 조건이 달라지면 수확이 줄어들기 때문에 고향에서 전통적으로 심던 품종이 대부분 더 많은 수확을 낸다.

쿠숨과 아쇼크 부부는 우리를 그들의 고향 마을인 만갈푸르(Mangalpur)로 초대했다. 그들의 보물은 논에 숨어 있었다. 멀리서 보면 다른 논과 별다른 차이가 없는 논이었다. 아쇼크가 울타리를 개방하자 논으로 가는 좁은 길이 나왔다. 작은 간판으로 논을 구분해놓았다. 어떤 구간은 이미 수확을 한 상태이고, 또 어떤 곳은 벼가 그대로 달려 있었다. 종자를 담는 통에는 반짝이는 쌀알이 가득 찼다. 대부분의 벼가 진한 녹색을 띠고 있는 가운데 노란색, 빨간색, 검은색 잎사귀의 벼도 있었다. 그제야 나는 이곳에 믿을 수 없을 만큼 다양한 벼 품종이 모여 있다는 걸 알 수 있었다.

"이 논에는 727종의 다양한 품종이 자라고 있지요." 쿠숨은 부드럽게 논을 쓰다듬는 몸짓을 했다. "이곳이 오리사 주에 있는 최초의 지역 종자 은행을 위한 터전입니다." 내가 말했다. "마치 학자나 실험실에서 일하는 연구원이 하는 말처럼 들립니다." 그러자 쿠숨이 미소를 지었다. "기술 따위는 필요하지 않아요. 지식은 수천 년 동안 농부들이 잘 보관 및 전수하고 있으니까요. 학자야말로 이곳 농부들로부터 배워야 할 사람들입니다." 이런 일을 할 수 있도록 영감을 준 사람이 바로 나브다냐를 세운 반다나 시바다.

농부들의 손에 있는 종자

1991년 인도의 인권 운동가 반다나 시바가 설립한 지역 공동체이자 단체인 나브다냐('새로운 종자/씨앗'이라는 뜻)는 사적인 특허 사업과 가장 반대되는 발상으로 설립되었다. 이 단체의 목표는 토종을 보호하고, 생물학적 재배 방식을 확대하고, 특허권 있는 종자나 하이브리드 종자에 농부들이 종속되지 않도록 보호하고, 시민들에게 건강한 식품을 제공하며 지역 시장을 활성화하는 데 있다. 시험 농장은 인도 북부에 위치한 데라둔(Dehradun)에 있는데, 이곳에서 나브다냐 활동가들은 생물학자의 도움을 받아 지역에서 수집한 확실한 품종을 재배하고, 생물학적 재배 방식으로 바꾸길 원하는 농부들에게 교육도 시켜준다. 반다나 시바는 2004년 영국 슈마허 칼리지와 협력해 이곳에 지속적인 삶을 위한 국제 대학을 설립했다.

이와 같은 모범 사례는 서서히 그 효과를 나타내고 있다. 이를테면 2002년에는 인도유기농업협회(Organic Farming Association of India, OFAI)를 결성했다. 이 협회는 정부에 로비 활동을 펼치며 관습적인 농부들이 유기농 재배로 바꾸고자 할 때 도움을 준다. 아울러 환경 보존과 지역 사회의 역할을 강화하기 위해 노력하고, 소비자들에게 천연 방식으로 생산한 식량의 장점과 관습적으로 화학제품을 사용해 생산한 농업의 단점, 녹색혁명의 단점, 유전자 혁명의 위험을 경고한다.

단작 대신 다양성

필리핀의 마시팍(Masipag)도 이와 비슷한 농부들의 네트워크다. 필리핀의 농업은 녹색혁명의 결과 철저하게 변형되었고, 이로 인해 수많은 농부가 빚과 가난에 허덕이고 있는 실정이다. 1980년대 말에 설립된 이 네트워크에는 현재 563개의 농부 단체에 소속된 3만 가구가 회원으로 있다. 국제 원조 단체의 도움을 받고 있는 마시팍은 1300종 이상의 토종 벼 품종을 수집했고, 지역의 땅과 기후에 적합한 수천 개의 새로운 벼를 배양한다. 수확물 전체를 잃어버리는 일을 막기 위해 의식적으로 다양한 과일과 벼 품종을 재배하는 사업도 펼치고 있다. 독일의 비영리 단체 미제레오르(Misereor: "나는 불쌍하게 여깁니다"는 뜻의 라틴어—옮긴이)가 840가구를 대상으로 실시한 조사에 의하면, 마시팍의 농작물은 수확량이 풍부하며 살충제를 전혀 사용하지 않는다고 한다.[36]

엘살바도르의 농부들은 2006년 중미자유무역협정(CAFTA)을 맺은 뒤부터 전 세계 농업 산업에 대해 실망하고 있다. 이곳 사람들은 대부분 옥수수와 콩을 재배한다. 그런데 이런 작물을 재배하는 비용이 살충제와 비룟값을 여러 차례 지불하다 보니 상당히 상승했다. 이와 동시에 시장에서는 미국산 옥수수를 토종의 절반 가격에 거래하고 있다. 엘살바도르의 지방 발전 단체인 프로코메스(PROCOMES)는 개발 정책을 담당하는 독일의 인코타(INKOTA)와 함께 일한다. 이들은 힘을 합쳐 환경 개발, 종자 은행 같은 식량 주권의 확장, 작은 회사를 지원하기 위한 소액 신용 대부, 그리고 전기와 수도 시설이 있는 쾌적한 주거지를 통해 시골에 사는 가족들의 식량 상황을 개선하기 위해 노력한다.

아프리카에서도 많은 곳에서 농업 관련 대기업에 대항하기 위해 소농들이 조직을 만들고 있다. 남아프리카의 스와질란드에서 좋은 예를 찾아볼 수 있다. 가뭄을 잘 견디는 '깍지 있는 열매'의 종자를 다루는 10명의 여성이 루찬고 팔라타(Lutsango Palata)라는 조직을 결성했다. 이 조직의 회장인 해피 숀웨(Happy Shongwe)는 이런 활동으로 탁월한 성과를 올리고 있다. 종자를 통해 식량을 파는 농부들보다 더 많은 돈을 벌고 있는 것이다. 스와질란드 전체에 비슷한 단체가 10개 정도 있다. 실험 지역에서 재배하기 위해 종자를 구입하는 FAO, 국내 옥수수 조합이 주요 고객이다. 이와 같은 운동을 처음 제안한 것은 1990년대에 여성을 종자 생산자로 양성할 것을 농림부에 요청한 FAO다. 이런 노력은 종자 안전 프로그램(Harmonized Seed Security Project, HASSP)의 일환으로 잠비아, 말라위, 짐바브웨도 이에 동참했다.

독일에서 온 종자들

독일에서도 역시 지역 종자를 옹호하는 많은 단체가 있다. 빙엔하이머(Bingenheimer) 종자 주식회사는 품종을 정해놓고 사업을 하는 것으로 잘 알려져 있다. 빙엔하이머의 기본 노선에는 생물학적으로 배양하고 개발한 품종을 판매하는 사업(회사 자체의 광고에 따르면)뿐 아니라, 농업과 원예를 위해 다양한 품종을 보존하고 촉진시키는 일, 종자 증식의 확대를 사회의 문화 사업으로 만드는 일도 포함되어 있다. 그 밖에 회사는 생산 및 소비 과정에 참여하는 모든 그룹 사이에 사회적 경제 형태를 지속적으로 개발하기 위해 노력한다. 그 일환으로 회사는 유기농 재배를 하는 사람들과 함께 '종자의 날'을 개최해 부모 세대와 비슷한 특성을 가진 종자들을 새롭게 배양하는 법을 소개하기도 한다. 하이브리드 품종과 경쟁할 수 있는 토마토, 가지, 호박이 여기에 속한다. 이런 작물은 독일 식량농업부 소속 품종과(品種科)와 프랑크푸르트에 있는 검사실에서 유기농 채소로 허가를 해준다.

미래의 박물관

FAO에 따르면 지난 100년 동안 모든 재배 식물의 4분의 3이 상실되었다. 이에 2004년에는 유용 식물 다양화를 위한 글로벌 신탁 펀드를 만들었다. 이는 독립적인 국제기관으로서 유엔과 연결되어 있다. 이 단체가 떠맡은 과제는 전 세계에 있는 76만 개 이상의 유전자 패턴을 보관 및 보호하는 데 있다. 이러한 유전자는 전 세계의 연구 단체와 높은 산악 지대에 있는 안전한 장소에 냉동으로 보관되어 있다. 신탁 펀드는 2013년 독일 본(Bonn)에 본부를 개설했다. 당시 장관이었던 일제 아이그너는 이를 계기로 다음과 같이 강조했다. "유용 식물의 접근성이란 그와 같은 종을 보존한다는 의미만 있는 게 아니다. 식량과 농업을 위한 유전자 자원에 접근하는 것도 모두에게 보장해야 한다. 이것이 특허 받는 것을 방해하지는 않을 것이다."[37] 법적으로 심각한 투쟁을 벌이고 있는 시장에서 그것이 어떻게 가능하며 누구에게 보관실을 공개할 것인지는 유감스럽게도 불분명하다. 세계농업보고는 "몇몇 종자 회사들은 이미 연구 비용보다 많은 돈을 변호사 비용에 지출하고 있다"고 지적한다.[38]

쿠숨은 이렇게 말했다. "이곳 발라소레 지역에는 아주 다양한 재배지가 있습니다. 우리에겐 홍수를 이겨내는 벼 품종도 필요하고, 높은 소금 함량을 견뎌내는 품종도 필요하고, 가뭄을 견디는 품종도 필요하지요." 기후 변화는 신속하게 진행되고 있다. 쿠숨이 계속 설명했다. "우리는 홍수를 점점 더 많이 겪지만, 그와 동시에 가뭄을 겪는 해도 더 많아졌습니다. 또한 땅도 점점 염분화해 지금까지 토지의 10분의 1이 피해를 봤죠. 이는 과거보다 4배나 많은 수치입니다."

논에서 얼마 떨어지지 않은 곳에 아쇼크의 부모네 집이 있었다. 쿠숨은 우리를 2층으로 안내했다. 단 하나의 공간으로 이뤄진 그곳에 수백 가지의 벼 품종이 있었다. 씨앗이 든 작은 통은 선반에 얹어놓았고, 좀 큰 통은 바닥에 있었다. 그리고 각각의 통마다 메헤르(Meher), 툴라시(Tulasi), 날리만두(Nalimandu), 나비나(Nabina)를 비롯해 한 번도 들어본 적 없는 이름들이 적혀 있었다.

그제야 나는 쿠숨이 얼마나 많은 부를 모아두었는지 알아차렸다. 이 프로젝트의 시작은 1999년으로 거슬러 올라간다. 태풍 때문에 오리사 주의 많은 지역이 물에 잠기고 엄청난 쓰나미가 해변에 몰려와 1만 5000명이 익사한 해였다. 이제 막 씨앗을 뿌린 농부들은 그야말로 곡식 한 톨도 수확할 수 없었다. "우리는 특히 소금에 잘 견디는 품종 5000킬로그램을 심각한 피해를 입은 아스타랑가(Astaranga)로 보냈지요. 바닷물이 논으로 밀려 들어온 곳입니다. 우리는 종자를 보내면서 돈을 요구하지 않았어요. 그 대신 농부들로부터 모든 품종의 종자를 약간씩 되돌려 받기로 했죠."

"이곳에서는 모두 727종의 토종 종자를 보관하고 있습니다. 점점 장소가 좁아져 좀더 넓은 종자 은행이 필요합니다." 쿠숨은 종자를 매년 간추려내야 한다고 설명했다. "1년에 한 번 싹을 틔우지 않으면 생명력을 잃은 셈이죠." 실내로 들어가는 입구에 큰 책상이 있고, 그 위에 커다란 장부가 놓여 있었다. 장부에는 종자의 양이 기록되어 있었는데, 대부분 250~500그램이었다. 쓰나미 이후에는 동일한 원칙을 적용했다. "여기서 종자를 받아가는 농부는 돈을 낼 필요가 없죠. 같은 품종에서 수확한 약간의 종자를 다시 가져오겠다는 약속만 하면 됩니다. 예전에는 벼 품종이 2만 5000종에 달했다고 하는데, 벌써 많은 품종이 사라지고 없지요." 시장에는 10~15종이 있을 것이라고 쿠숨은 추측했다. "이런 다양한 품종을 보존하기에는 농부들만의 힘으로 충분하지 않아요. 유감스럽게도 소금물이 수확할 벼를 모두 파괴하는 일이 자주 일어납니다. 그러면 농부들은 도움이 필요하죠. 그런데 정부는 도와주기는커녕 하이브리드 품종을 구매하라고 농부들을 부추기죠." 쿠숨은 이렇게 행동하는 정부의 배후에 다국적 대기업의 영향력이 숨어 있을 것이라고 추측했다.

"종자는 어떤 대기업의 손에 들어가서도 안 됩니다. 농부의 손에 있어야 해요. 농부가 종자를 대기업으로부터 구매하면, 그들의 독점 가격에 완전히 종속되고 말지요. 종자의 가격이 올라가면, 농부는 빚을 질 수밖에 없습니다." 공식적인 통계에 따르면, 그 결과는 그야말로 충격적이다. 즉 1995년 이래로 인도에서 빚을 진 소농 가운데 29만 명이 자살했다. 자살할 때 농부들이 사용한 독은 바로 자신들이 빚을 지게 만든 농약이었다.

논에 뿌리는 독

농약은 동물성 및 식물성 해충을 퇴치하는 데 효과가 있지만 재배하는 식물에는 아무런 해도 주지 않는 '식물 보호제'라 부르는 화학 성분을 두루 일컫는 개념이다. 사람들은 이를 구분해 균류를 박멸하는 것은 살균제, 곤충을 죽이는 것은 살충제, 잡초를 죽이는 것은 제초제, 박테리아를 죽이는 것은 박테리사이드(bactericide), 그리고 설치류를 죽이는 것은 쥐약이라고 한다. 이런 화학제품은 농사를 지으며 광범위하게 사용함으로써 많은 양이 환경 속으로 들어간다. 따라서 독성분이 농작물과 토질에까지 스며들고, 다른 토지나 지하수를 오염시킬 위험이 점점 높아진다. 아울러 이러한 독극 물질은 사료를 통해 동물의 몸으로 들어가기도 한다. 그러면 지방에 축적되어 고기, 우유, 달걀과 그 밖에 다른 동물성 식품에까지 도달해 결국 소비 사이클의 마지막 단계인 사람이 섭취하게 된다. 사람은 이렇듯 많은 화학 물질을 배설하지 못하고 지방조직에 쌓아두는데, 화학 물질은 이곳에 모여 다른 성분과 상호 작용을 일으킬 수 있다. 독일에서는 2012년 식품안전부가 소비자를 보호하기 위해 261종의 성분에 근거해 729가지 약제를 허용했다. 한편 2002~2012년 독일에서 비료 성분 사용은 3만 4678톤에서 4만 5527톤으로 급속히 증가했다. 같은 기간 경작지 면적은 거의 변하지 않았음에도 말이다. 그 결과 토지는 황폐해졌고, 식물이 꽃을 맺지 못하자 수분(受粉)을 담당하는 곤충이 급감했다. 벌들은 만성적으로 중독되었고, 양서류 또한 죽어나갔다. 이와 같은 독을 가장 많이 생산하는 업체는 농업과 화학 분야의 대기업, 즉 바젤에 있는 신젠타, 레버쿠젠에 본사가 있는 바이엘, 루트비히스하펜에 있는 BASF 그리고 세인트루이스에 있는 몬산토 등이다. 이 4개 대기업이 매년 440억 미국달러의 매출을 올리는 농약 시장의 57퍼센트를 점유하고 있다. 특히 시장 선도 기업인 신젠타, 바이엘 그리고 BASF는 국제 기준으로 사람에게 매우 위험한 성분 50가지 이상을 공급하고 있다.

유전자 기술 덕분에 독이 줄어든다고?

종자와 농약을 생산하는 대기업은 자신들이 유전자 기술로 조작한 종자는 농약을 현저하게 적게 투입해도 된다고 주장한다. 언뜻 논리적인 것 같지만, 좀더 유심히 들여다보면 순전히 듣기 좋은 말이라는 게 드러난다. 2012년 워싱턴 주립대학의 찰스 벤브룩(Charles M. Benbrook) 교수가 실시한 연구[39]는 전 세계에서 인정을 받고 있는데, 교수는 이 연구를 통해 유전자 변형 작물을 미국에서 16년 동안 재배한 결과 더 많은 농약을 투입하게 되었다는 사실을 증명했다. 비록 처음 4~5년 동안에는 농약이 덜 필요했음에도 불구하고, 유전자 변형 작물을 도입한 1996년부터 2011년까지 약 2억 3900만 킬로그램의 농약을 소비했다. 그런데 살충제는 제초제의 경우와 달랐다. 요컨대 연구를 시작할 때 이 유전자 변형 작물은 곤충에 훨씬 잘 견디는 장점이 있다고 보았다. 왜냐하면 이 유전자 변형 작물은 곤충을 막기 위해 자체적으로 독(Bacillus thuringiensis, BT)을 만들어내기 때문이다. BT 독소를 함유하고 있는 유전자 변형 옥수수와 유전자 변형 목화를 재배함으로써 실제로 지난 16년 동안 살충제 소비를 약 5600만 킬로그램 줄일 수 있었다. 그런데 늘어난 제초제의 양에서 줄어든 살충제의 양을 빼면 사용한 전체 농약은 여전히 1억 8300만 킬로그램에 달한다. 이는 유전자 변형 작물을 미국에 도입한 후 농약 사용이 7퍼센트 늘어난 것을 의미한다. 동시에 벤브룩 교수는 옥수수 뿌리에 구멍을 내는 벌레에서 볼 수 있듯 BT 독소에 대한 내성이 점점 더 많이 생겨나고 있다는 사실을 지적한다.

해충은 농약에 대해 계속해서 새로운 내성을 개발한다. 따라서 끊임없이 새로운 농약을 개발하거나 동시에 여러 가지 농약을 사용해야 하는데, 이렇게 되면 농부들은 더 많은 비용을 지불할 수밖에 없다. 어떤 지역에서는 농사를 짓는 일이 전혀 이득이 되지 않는 경우도 있다. 이미 22종의 잡초에 면역이 생겼다고 한다. 벤브룩 교수에 따르면, 2000만~2500만 헥타르의 농지가 이와 같은 슈퍼 잡초 문제를 안고 있다고 한다. 유럽에서는 뚝새풀속(Alopecurus), 쥐보리(Italian ryegrass), 바람풀(windgrass)이 점점 늘어나고 있다. 특히 전 세계에서 가장 많이 사용하는 제초제인 글리포세이트에 내성을 가진 풀들이 많다. 이 제초제는 몬산토에서 '라운드업레디(Roundup-Ready, RR)'라는 상표로 시장에 내놓은 것이다. 이는 몬산토에서 유전자 변형을 통해 생산한 대두와 같이 판매한다. 아르헨티나의 거대한 경작지에서는 오로지 이 유전자 변형 대두만 자라고, 브라질에서는 재배량이 70퍼센트에 달한다.

유전자 변형으로 만든 품종과 이 품종에 적합한 비료는 수확량을 획기적으로 늘려 농부의 이득을 올려주며 전 세계의 기아를 줄이는 데 도움을 준다고 한다. 하지만 이는 거짓말이다. "이처럼 식물 혁명을 통한 이른바 축복으로부터 이득을 얻은 것은 지금까지 다국적 기업밖에 없다. 그들은 지속적으로 기록적인 총 매출과 이윤을 올리고 있다. 하지만 수백만 명의 농부들은 기적을 가져다준다는 작물을 믿고 대기업의 공급에만 의존한다. 대기업이 약속한 비용 절감과 기록적인 수확물을 헛되이 고대하면서 말이다. 그러나 유전자 변형을 통해 재배한 대두의 수확물은 흔히 실망스럽기 짝이 없다. 유전자 변형 대두의 수확량은 전통적인 콩 품종과 비교할 때 오히려 5~10퍼센트 적을 때도 많다. 그런데도 유전자 변형 종자의 가격은 2배 이상 비싸다."[40]

농약은 건강과 경제적 위험뿐 아니라 환경에도 큰 영향을 미친다. 요컨대 농약은 부식토를 만드는 토양의 생명체를 격감시키고, 이로써 전 세계의 토양을 부식시키는 원인을 제공한다. 사용하지 않거나 적합한 방식으로 수거하지 않은 수십만 톤의 농약은 가히 재난에 가까운 쓰레기 문제를 일으킨다. 다시 말해, 농약을 담은 독성 가득한 통을 불법적으로 쓰레기장에 매립하고, 바다로 떠내려 보내거나 숲에 묻어버리기도 한다. 그런데 비가 내리면 들판에 있던 독성 물질이 강과 바다로 흘러들고, 이로써 물과 그곳에 사는 생명체를 오염시킨다. 라이프치히에 있는 '헬름홀츠(Helmholtz) 환경연구센터'의 연구원들은 2014년 6월 유럽의 4000곳 넘는 지역에서 받은 데이터를 기초로 223종의 화학 물질을 평가했다. 그 결과 많은 강들이 유럽이 정한 수질 기준을 충족하지 못하는 것으로 드러났다. 요컨대 모든 강의 절반 정도가 화학 농축액으로 과중한 부담을 안고 있었다. 이런 화학 성분은 생명체를 만성적인 유독성으로 유도한다. 유럽에 있는 강 가운데 14퍼센트는 심각한 문제를 안고 있는 것으로 추정된다.[41]

신체에 유입되는 독성 칵테일

농약 산업을 홍보하는 에이전트는 소비자에게 자신들의 농약은 건강상 아무런 해가 없다고 믿게끔 하려 한다. 유독한 성분은 아주 조금 들어가 있으며, 식물이 성장한 어느 시점에서만 뿌리고 나중에 물을 주면 그마저 거의 완전히 없어진다면서 말이다. 확인되지 않은 사실임에도 불구하고, 독성은 곡물 혹은 과일 안으로 침투하지 않으며 오로지 표면에만 흔적을 남긴다고 주장한다. 그 밖에 법으로 정한 수치를 정확하게 지킨다고 한다. "유럽에서 다양한 기준을 정해두었음에도 불구하고 엄격한 그 기준 덕분에 지금까지 농약 잔여물이 소비자의 건강을 위태롭게 했다는 사례는 알려지지 않고 있다. 지금도 독일의 작물은 안전하다!"[42] 한편 환경 및 자연 보호와 핵 안전을 담당하고 있는 부처는 의견이 다르다. 이미 2004년 중반, 농업용으로 투입한 성분 가운데 많은 것이 매우 큰 문제를 일으키고 있으며 사과, 배, 토마토, 파프리카 혹은 오이에서 엄청난 양의 농약 잔여물이 발견되었다. 그럼에도 소비자들은 주저하지 않고 농약 사용 작물을 구입하려 한다.[43]

모든 농약의 80퍼센트는 과일, 채소, 곡물 재배 등의 농지에 사용된다. 여기엔 당연히 한계치라는 것이 있는데, 이를 최대 잔류량(Maximum Residue Levels, MRL)이라고 부른다. 하지만 지금까지 농약을 여러 차례 투입할 때 총합의 한계를 정한 기준은 없다. 이런 일을 담당하는 관청은 다만 개별 성분의 효과에만 관심을 가질 뿐이다. 요컨대 여러 가지 농약의 결합에 대해서는 조사하지 않는 것이다. 따라서 하나의 식품에 여러 가지 독성이 포함되어 있다는 사실도 도외시한다. 식물 보호제와 비료, 방부제, 색소, 가소제와 또 다른 식품 첨가제는 부분적으로는 잘 알려져 있고, 또한 부분적으로는 잘 알려지지 않은 방식으로 인체 내에서 서로 반응하며 해로운 작용이 더 강력해진다. 이러한 사실은 오늘날 과학적으로 이론의 여지가 없다. 따라서 식품에 유독 성분을 인체에 해롭지 않을 만큼만 넣었다는 말은 그야말로 속임수에 불과하다. 서로 분리해서 관찰하면 하나의 농약이나 하나의 방부제가 해롭지 않을 수도 있지만, 인체 내에서 이 둘이 결합해 상호 작용을 하면 상당히 해로울 수 있다.

어떻게 우리의 식량이 몇 배로 유독해질 수 있는지는 환경 보호 단체 그린피스가 의뢰한 여러 번의 세부적인 조사가 증명해준다. 이에 따르면 지난 몇 년간 많은 채소에 들어 있는 성분의 밀도가 낮아졌으나 그 수는 매우 늘어났다. 독일의 경우 식물성 식량의 40퍼센트가량이 한 가지 이상의 농약 성분에 노출되어 있다. 예를 들어, 생식용 포도에는 평균적으로 아홉 가지 농약을 뿌리고, 딸기는 일곱 가지 그리고 상추에는 여섯 가지 농약을 뿌린다.[44] 그린피스에서 의뢰해 실시한 조사에 따르면, 비록 소량이라 할지라도 동시에 여러 개의 화학 물질이 일으키는 효과는 인체의 혈액이나 환경에서 발견되었을 때 훨씬 더 강력할 수 있다는 사실을 보여준다. 게다가 농약의 효과는 다른 성분과 결합했을 때 더 높아질 수 있다. 확인된 성분은 가소제, 폴리염화바이페닐(PCB), 다륜성 방향족 탄화수소(polycyclic aromatic hydrocarbon), 알킬페놀에톡실레이트(APEO), 나노 입자, 약품, 영양분, 요오드, 글루타민, 염분, 자외선, 온도와 그 밖의 생명체 등 아주 많다. 그린피스는 이를 "사람과 환경에 미치는 다양한 요소의 위험"이라고 말한다. 독성 물질 사이의 상호 작용과 그 분해 물질은 효과를 일으키는 방식에 따라 인간의 모든 기본 신체 기능을 위태롭게 한다. 소비자에게 특별히 위험하다고 할 수 있는 것은 서서히 일어나는 농약의 효과다. 요컨대 농약은 세포 분열을 방해하고, 암이 발생하기 좋은 조건을 만들고, 유전자를 바꾸고, 면역 체계에 해로운 영향을 주고, 알레르기를 일으킨다. 분해하기 어려운 독성에 지속적으로 노출되면 인간의 호르몬에 영향을 주고, 이로 인해 생식 능력에 문제가 발생한다. 이런 독성은 전 세계 어디서든 발견할 수 있다. 유럽연합만 하더라도 인체의 호르몬 시스템에 영향을 줄 가능성이 매우 많다. 실제로 인체에 영향을 주는 50가지 성분이 밝혀졌다. PAN—1982년 말레이시아에서 설립했으며 현재 60개국의 600개 비정부 단체가 가입했다—은 규칙적으로 농약 투입이 가져오는 부정적 결과에 대한 정보를 제공하며 환경 친화적이고 사회적으로 정당한 대안을 찾기 위해 노력한다. 2013년 PAN은 농약이 호르몬에 미치는 영향에 관한 연구를 발표했다.[45] 이에 따르면, 농장 일을 하는 사람뿐 아니라 그들의 자식도 생식에 문제가 발생하고 성기(性器)의 비정상적인 문제로 고생한다고 한다. 더 많은 조사를 통해 매년 수백만 명의 농부와 시골에서 노동하는 사람들이 원치 않게 농약에 중독되고, 이들 가운데 약 4만 명이 죽는 것으로 밝혀졌다. 이런 일은 대부분 개발도상국에서 일어난다. 개발도상국에서는 농약을 사용하는 사람들에게 보호 장구도 없고, 흔히 농약의 양을 잘못 투입하고, 독일에서는 이미 오래전에 금지한 장비를 사용하기도 하기 때문이다. 그 밖에 매년 37만여 명이 이렇듯 지극히 위험한 독을 이용해 자살하고 있다. 실제로 농약은 전 세계적으로 자살 수단 중 가장 많은 31퍼센트를 차지한다.[46]

더욱 엄격한 허가 규정

소비자 보호 측면에서 보면 2008년부터 좋은 일이 많이 일어났다. 유럽 화학제품 규정, 곧 REACH(Registration, Evaluation, Authorisation & Restriction of Chemicals: 화학 물질을 그 양과 위해성에 따라 등록, 평가, 허가, 제한하는 EU의 새로운 화학 물질 관리 제도—옮긴이)에 따르면 2008년 6월부터 매년 1톤 이상의 화학 물질을 생산하거나 수입하는 사람은 이와 같은 사실을 헬싱키에 있는 유럽 화학제품 에이전시, 곧 ECHA(European Chemicals Agency)에 등록하고 가능한 위험에 대한 정보를 제공해야만 한다. 등록은 3단계를 거친다. 첫 단계는 2010년 11월에 끝났고, 두 번째 단계는 2013년 11월까지 이루어졌다. 세 번째 단계는 2018년 중반에 완성될 예정이다. 생산자들은 자사 화학제품의 무해성을 증명해야만 한다. 아울러 농약은 허가를 받아야만 사용할 수 있다.

농약업계를 불편하게 한 것은 또한 2008년 9월부터 유럽연합 의회에서 논의해온 농약 허가에 관한 규정으로, 2011년 중반부터 효력을 발휘했다. 이에 따르면 가장 많이 사용해온 농약 몇 가지가 곧 금지된다. 특히 암을 유발하고 유전자를 바꾸거나 번식에 해를 줄 수 있는 농약이 여기에 해당한다. 새로이 허가를 취소한 기준은 부분적으로 2017년까지 사용 가능하다. 규정은 무엇보다 바이엘에서 판매 성적이 아주 좋은 두 가지 제품을 제대로 집어냈다. 모든 잡초를 강력하게 죽인다는, 글루포시네이트를 함유한 제초제 바스타(Basta)와 리버티(Liberty)가 그것이다. 번식에 해를 주는 글루포시네이트는 유럽연합의 농약 법규에 따르면, 점진적으로 판매를 중단시켜야 하는 특별히 위험한 농약 그룹에 속한다. 독일의 '소비자 보호 및 식품 안전청'은 이 규정을 실행하기 위해 2013년 11월에 이미 바스타 사용을 금지하거나 한계를 정해두었다. 앞으로 바이엘의 사업은 독성분을 허가해주느냐에 달려 있는데, 왜냐하면 이 회사는 몬산토를 모범으로 삼아 제초제에 맞춰 유전자를 변형한 유용 식물을 개발했기 때문이다. 말하자면 독성 물질은 이런 식물에 아무런 해도 끼치지 않는다. 하지만 시장이 전 세계에 퍼져 있으므로 바이엘 경영자들은 태연한 편이다.

또한 농약의 지속적인 사용에 대한 유럽연합의 원칙은 유럽에 있는 이 분야 기업들의 이미지를 예민하게 건드렸다. 이 원칙은 특히 농업이 화학적 식물 보호제에 덜 의지하길 요구하고, 농약을 덜 사용하는 재배 시스템—생태학적 재배 시스템—을 권장하고, 사람과 환경에 위험을 주는 요인을 줄이고자 한다. 아울러 비행기로 농약을 살포하는 행동이 근본적으로 금지되고, 자연보호 구역과 휴가지로 그런 화학 물질을 유입하는 행동 또한 가능한 한 금지된다.

이렇듯 좀더 엄격해진 표준과 허가 기준은 산업화한 농업의 입맛에 전혀 맞지 않는다. 농부 협회와 농약 로비 단체는 이와 같은 규정에 강력하게 항의하며 공포감까지 조성하고 있다. BASF 농약 사업의 유럽 지부 관리자 클라우스 벨쉬(Klaus Welsch)는 독일 농업의 몰락을 다음과 같이 묘사한다. "녹색 로비가 압박을 가해 우리의 농업은 몰락할 것이다."[47] 이들 기업의 홍보 부서는 인터넷에서 격렬하게 "현대적인 식물 보호제를 대대적으로" 제거하지 못하도록 경고한다. 이런 제거가 "실제로 확증된 많은 성분조차 아웃"시킨다고 주장하는 단체의 이름은 '농업산업연맹 소속 식물보호단'이다. 프랑크푸르트에 있는 이 단체는 탁월한 현대적 독일 농업을 위해 노력한다고 주장한다.[48] 로비가 유용한 법에 반대하는 분위기를 조성한다면서 말이다. "유럽연합의 규정 1107/2009는 독일 농부들에게 작물—수확량, 소득, 그리고 삶의 질에서 상당히 부정적인 효과를 지닌—을 보호하는 작용이 있다고 알려진 수많은 농약을 버리라는 뜻이다." 아울러 이들은 홍보 전략에서 흔히 볼 수 있듯 시민을 위협하기도 한다. "소비자는 질이 좀더 낮은 식품은 물론 높은 가격에도 동시에 익숙해져야 한다."[49] 식물 보호제와 농약을 적절히 투입해 관습대로 재배한다면 자연 친화적인 방법보다 약 3배 많은 양(평균적으로는 50퍼센트 이상)을 생산할 수 있으며, 대기를 오염시키는 가스를 훨씬 적게 배출한다는 것이다. 그러면서 유럽연합의 규정을 수정해야 한다고 주장한다. 이와 반대로 PAN은 유럽의 새로운 규정에 찬성했다. 이것이 새로운 혁명적 제안의 시작을 의미하며, 최초로 식물 보호법에서 제외시키는 표준을 도입했기 때문이다. 과거 유럽연합위원회는 기업들의 의지에 반해 농약을 금지시킬 수 없었다. 따라서 PAN은 유럽연합위원회가 새로운 제안이 무력화되지 않도록 노력해주길 호소했다.

이와 같은 긍정적인 발전에도 불구하고 여러 가지 불분명한 측면과 계속 행동해야 할 필요성이 있다. 독극물을 다루는 많은 학자는 유럽연합이 한 번의 식사나 하루 중 섭취해도 소비자의 건강을 해치지 않는 수준의 성분이라고 정해둔 한계치가 여전히 너무 높다고 여긴다. 하지만 많은 식품이 이런 기준조차도 지키지 않는다. 이에 대해서는 반드시 증명해야 할 문제가 있다고 그린피스는 보고한다. "우리의 조사 결과, 시설을 잘 갖춘 실험실에서는 한 번에 250~300가지 농약을 검증할 수 있다. 이 말은 실제 잔류량의 4분의 1 혹은 3분의 1만 검증한다는 뜻이다. 이런 제한적인 분석 조사에는 많은 것이 감춰져 있다. 따라서 우리는 실제로 우리가 입는 피해와 그로 인한 위험을 과대평가하는 게 결코아니며, 오히려 과소평가하고 있다고 봐야 한다."[50] 유기농 제품에 대한 소비가 늘어난 가장 중요한 이유는 무엇보다 농약이 초래할 수도 있는 건강상의 위험 때문이다. 소비자들은 더 이상 서서히 중독되어 병들거나 생식 능력을 잃어버리고 싶지 않은 것이다.

비료의 재료
40년 후면 막을 내린다

운반탑을 보니 광산이 떠올랐다. 하지만 '칼리＋잘츠(Salz는 독일어로 '소금' 이라는 뜻—옮긴이)'라는 간판을 보아하니 이곳은 석탄 외에 다른 걸 채굴하고 있는 게 분명했다. 필리프스탈(Philippsthal)의 하트토르프(Hattorf)에 위치한 암염갱(岩塩坑)은 헤센 주와 튀링겐 주 경계에 있는 독일 칼리염 광구 한가운데 있다. 우리는 우선 옷을 갈아입었다. 보호복과 헬멧 외에 각자 산소 장비도 받았다. "꼭 준수해야 할 사항입니다. 산소가 부족한 날도 있으니까요." 홍보 담당 미하엘 부도니히(Michael Wudonig)가 설명했다.

격자로 된 엘리베이터 앞의 빗장이 덜커덕 소리를 내며 잠겼다. 700미터 깊이까지 내려가는 데 겨우 90초가 걸렸다. 다행스럽게도 밑으로 내려가면서 불어오는 바람이 점점 따뜻했다. 지상에서는 거센 추위가 기승을 부렸지만, 땅속 깊숙한 곳은 섭씨 20도의 쾌적한 기온이었다. 우리는 그곳에서 대기하고 있는 차량 불리(Bully)에 올라탔다. 미하엘 부도니히는 우선 지하에서 환한 빛을 받으며 자동으로 돌아가는 공장을 보여주었다.

이곳엔 결코 햇빛을 보지 못할 차량들이 즐비했다. 무엇보다 인상적인 것은 거대하게 생긴 바퀴 모양의 운반 차량이었다. "저것들을 이용해 물건 하나하나를 여기 밑으로 옮겨야 합니다. 갱도를 통과하려면 저게 있어야 합니다."

부도니히가 차량의 버튼을 눌렀다. "정시에 도착하려면 지금 출발해야 합니다." 불리는 몇 킬로미터를 달렸다. 계속 어두운 통로를 뚫고 왼쪽 오른쪽으로 달리는 동안 반대편에서 오는 차량은 없었다. 차량이 한 층 아래로 가파르게 내려갔다. 합병 업체인 베라(Werra)가 지하에 개척한 면적은 뮌헨 시와 맞먹었다. "채굴하는 구역이 해가 거듭할수록 점점 갱도에서 멀어지고 있습니다." 잠시 후 점점 더 많은 차량이 우리 맞은편에서 달려왔다. 우리는 광물 조각을 운반하는 컨베이어벨트를 따라갔다.

우리는 칼리＋잘츠(K＋S)에서 개발과 사용에 관한 컨설팅 부서를 이끌고 있는 안드레아스 그란제(Andreas Gransee) 교수를 만났다. "이곳에서 우리는 칼륨을 채굴합니다. 칼륨은 식물에 중요한 영양분 중 하나죠. 그 밖에도 우리 공장에서는 마그네슘 비료와 황산염 비료를 생산하고 있습니다. 이런 성분이 없으면 식물은 자라지 못합니다."

비료 생산도 점점 집중화하는 경향이 있는데, 오늘날 10개 대기업이 세계 시장의 55퍼센트를 점유하고 있다. K＋S도 그런 기업 가운데 하나다. K＋S는 세계에서 네 번째로 큰 비료 생산 대기업으로 전 세계에 1만 4000명의 직원이 있다. DAX(독일 주식 시장—옮긴이)에 상장된 기업이자, 독일에서 가장 큰 주식회사 30곳 가운데 하나다.

"이곳은 아주 긴 역사를 갖고 있는 채굴장입니다. 독일 화학자 유스투스 폰 리비히(Justus von Liebig)가 19세기 중반, 식물에 미네랄 비료를 줄 수 있다는 사실을 밝혀낸 뒤 이곳에 1856년 최초의 채굴장이 문을 열었고, 이어서 다른 채굴장도 생겼지요." 그란제 교수가 강의하듯 설명했다. 유일하게 인산염이 빠져 있는데, 이것을 사람들은 새똥에서 얻었다. 이는 바닷새들이 사는 지역에서 채굴한다. "이런 비료 덕분에 농산물 수확량이 놀라울 정도로 늘었지요." 제1차 세계대전까지 독일은 칼리 비료 분야에서 전 세계적으로 독점적 지위를 누렸다. 그 이후, 그러니까 양차 세계대전 사이에도 여전히 독일은 전 세계 비료의 3분의 2를 공급했다.

이 시기에 이르러 독일의 화학자와 엔지니어들은 마지막까지 부족했던 식물의 기본 성분인 질소를 인공적으로 생산할 수 있는 과정을 발견했다. 제1차 세계대전이 발발하기 직전 BASF의 이른바 하버-보시(Haber-Bosch) 공정은 특허를 신청했다. 이로써 사람들은 공기 중에 있는 질소와 수소로부터 유용한 질소 화합물 암모니아를 생산할 수 있게 되었다. 이제 농업을 산업화할 수 있는 기초가 만들어진 것이다. 공기 중 질소는 무한정 존재하며, 이로부터 비료를 만들 수 있는 에너지는 물론 없다. 산업화한 농업이 에너지에 종속될 수밖에 없게 만든 것은 무엇보다 비료 생산이다. 그 때문에 전 세계 석유 채굴의 정점을 의미하는 피크 오일(Peak Oil)이 중요한 것이다. 전문가들은 피크 오일이 벌써 지나갔다거나 앞으로 10년 안에 그렇게 될 것이라며 논쟁을 펼치고 있다. 어쨌거나 분명한 것은 그 이후에 에너지 가격이 지속적으로 올라갈 것이라는 점이다. 질소 비료도 마찬가지다.

모두가 피크 오일에 대해 말하는 동안, 우리가 21세기에 '피크 칼리염'에 근접하게 될 것이라는 사실을 간과하고 있다. 물론 채굴장에서는 그와 같은 분위기를 전혀 느낄 수 없었다. 칼리염은 과거나 지금이나 폭약을 장전해 산에서 분리한다. 그런 다음 바퀴처럼 생긴 차량이 다가와 몇 톤이나 되는 이 광물을 퍼서 잘게 쪼개기 위해 파쇄기에 쏟아 붓는다. 베라 채굴장에서는 매년 2500만 톤을 채굴하고, 이로부터 K+S는 약 470만 톤의 비료를 생산해낸다.

독일에서 규모가 가장 큰 칼리 채굴장은 곧 문을 닫는다. 저장되어 있는 칼리염은 약 2060년까지 사용할 분량이기 때문이다. "악화된 채굴장에서 계속 채굴할 수 있는 다른 기술을 사람들이 개발하지 않는다면 말입니다." 그란제 교수의 말이다. 전 세계 매장량은 이보다 약간 더 오래 사용할 수 있는데, 그래봐야 21세기 말을 전후한 시기까지다. "인산염이 그렇게 오래가지 않을 것 같아서 하는 말인데요, 지금쯤 우리는 몇십 년 후에 영양소 재활용이나 또 다른 공정을 통해 인산염을 얻을 수 있는 원천을 어떻게 하면 좀더 잘 이용할지 고민해야 합니다."

소금 부스러기는 다른 갱도에서 위로 운반되고, 채굴장의 컨베이어벨트가 이 소금을 유령이라도 나올 것처럼 사람이 한 명도 없는 넓은 공장 안으로 옮겼다. 소금 부스러기를 담는 둥글게 생긴 큰 통을 향해 쉿 소리를 내며 증기가 뿜어져 나오더니 이어서 액체가 다시 제거되었다. 오래된 굴뚝과 벽돌담을 보아하니 이곳은 20세기 중반까지 돌아간 공장임을 알 수 있었다.

그란제 교수는 우리를 창고로 안내했다. 길이가 100미터나 되는 여러 개의 창고 중 하나였다. 교수가 커다란 문을 열자 우리는 모든 것이 하얀 가루로 덮여 있는 동화의 세상으로 발을 들여놓았다. 칼리염 가루는 뚜껑에서부터 밑으로 떨어져 20미터 높이의 구(球) 모양을 하고 있었다. 그란제 교수는 인공 비료가 세계인에게 식량을 확실히 공급할 수 있게 할 것이라고 했다. 사용 면적이 무한하지 않기 때문에 경작지당 생산성을 늘리는 방법이 유일하다는 얘기였다. 개발도상국의 경우에는 제대로 된 비료를 투입함으로써 엄청난 생산성을 올릴 수 있다고 했다. "그렇게 되면

100억 명의 사람들에게 식량을 공급할 수 있습니다." 그러면서 식물에 영양을 공급하는 것은 오로지 공장에서 만든 비료를 통해야만 장기적으로 가능한데 "땅은 오랜 기간 동안 영양분을 제공할 수 있는 자연적 조건을 갖추지 못했다"고 말했다. 교수는 오늘날 세계 인구 절반에게 공급하는 식량은 미네랄 비료의 생산에 달려 있다고 추측한다. 그에 따르면 미네랄 비료가 필요한 다른 중요한 이유도 있었다. "영양소는 수확량만 올려주는 게 아닙니다. 이를 통해 식물은 기존 자원을 더욱 잘 이용할 수 있죠. 칼륨은 식물로 하여금 물을 좀더 적게 흡수하도록 합니다. 만일 칼륨이 충분히 존재한다면, 식물은 잎으로 가는 수증기를 확실하게 제한할 수 있습니다. 또한 마그네슘은 뿌리의 성장을 돕는데, 이를 통해 식물은 물을 좀더 넓은 영역에서 사용할 수 있죠. 따라서 동일한 물의 양으로, 혹은 더 적은 양으로 많은 수확을 올릴 수 있습니다."

물을 둘러싸고 벌이는 전쟁?

생명체에 가장 중요한 성분은 바로 물이다. 원래 물은 우리 지구상에 넘쳐난다. 바다에도 있고, 강과 호수에도 있다. 이 물은 수증기가 되어 증발했다가 다시 밑으로 떨어지는, 이른바 영원히 순환한다. 한 방울도 사라지지 않는다. 그럼에도 불구하고 담수 사용량은 세계인의 식량 공급과 관련해 매우 중요한 문제들 가운데 하나다. 2011년 약 7억 7000만 명이 마실 물을 확실하게 공급받지 못했다. 그리하여 자신과 가축들을 위해, 그리고 논밭에 물을 대기 위해 매일 먼 길을 걸어가야만 했다. 유엔의 추정에 따르면 2025년에는 18억 명이 물이 절대적으로 부족한 나라에서 살게 될 것이라고 한다. 아울러 21세기 중반에는 최악의 경우 60개국에서 70억 명, 그나마 괜찮을 경우 48개국에서 20억 명이 물 부족을 겪을 것으로 예상한다. 따라서 세계농업보고는 물 때문에 국가 간 전쟁을 벌이는 폭력적 갈등이 생겨날 수 있다고 경고한다. 식수 외에 무엇보다 농경용 급수가 문제다. 왜냐하면 농업은 가장 많은 담수를 소비(약 70퍼센트)하는데, 이는 50년 전에 비해 3배나 많은 양이다. 2050년까지 물 수요는 19퍼센트 넘게 더 올라갈 것으로 추측한다. 게다가 사용 가능한 담수조차 흔히 가축의 배설물로 인해 오염되거나 인공 비료와 농약 때문에 독성을 띠고 있는 경우가 많다. 이를 사용 가능한 물로 바꾸는 데 들어가는 비용은 하수구와 정수 시설처럼 필요한 인프라를 갖추고 있더라도 많은 개발도상국이 감당할 수 있는 수준을 넘어선다.

모든 식품의 40퍼센트는 인공적으로 물을 대는 토지에서 재배한다. 그런데 강수량의 39퍼센트만이 담수로서 강물, 호수, 지하수, 얼음, 빙하의 형태, 이른바 블루 워터(blue water)가 된다. 그 밖에 강수량의 많은 부분은 그린 워터(green water)로 내리는 즉시 수증기가 되어 올라가거나 식물이 흡수한 뒤 발산한다. 물 관리의 미래 목표는 더 많은 그린 워터를 토양, 호수, 식물에 붙잡아 저장하는 데 있다. 세계농업보고에 의하면, 그렇게 하기 위해 사람들은 농지에 물을 댈 때 오늘날보다 더 효율적으로 해야 하고, 내리는 비를 좀더 많이 획득하는 데 투자를 해야 한다. 한 방울씩 적은 물을 사용하는 세류 관개(drip irrigation)와 해당 지역에 물을 저장하는 시설을 갖추는 것 외에 부식토층을 조성하고 조림(造林)을 잘하는 것이 물 순환을 안정시키는 데 가장 중요한 조치일 것이다.[51]

물 생산성의 향상

통합적인 물 관리야말로 담수를 좀더 효과적으로 이용하고 '물의 생산성'[52]을 더욱 높일 수 있다. 국제적으로 연구한 프로젝트를 통해 전 세계에 걸친 데이터를 평가함으로써 의미심장한 결과가 나왔다.[53] 이에 따르면 지구상에서 건조한 지역의 물 생산성을 높임으로써 추가로 약 1억 1100만 명에게 기초 식량을 공급할 수 있을 것이라고 한다. 그 밖에 관개 시설을 잘 갖춘 상태에서 경작할 때 수확량이 감소하지 않고도 물 소비를 줄일 수 있다고 한다. 140만 명에게 필요한 물을 공급할 수 있을 만큼 말이다. 이렇게 하려면 무엇보다 적절한 영양분 공급, 적합한 품종 재배, 테라스 형태의 경작, 고랑 파기, 빗물 이용, 지역에 마련한 물 창고, 목표 지향적인 관개, 증발을 줄일 수 있는 토양 관리가 반드시 필요하다.

장소를 바꿔 우리는 라인 강 인근의 베셀링(Wesseling)에 있는 에보닉(Evonik) 화학 공장으로 갔다. 석유를 이용해 플라스틱을 만드는 화학 공장이 도대체 농업과 무슨 상관이란 말일까? 한 격납고에서 유조차들이 두꺼운 호스를 통해 액체를 채우고 있었다.

게오르크 볼머(Georg Bollmer)라는 사람이 이 작업을 하고 있었다. "이건 유산암모늄인데, 플라스틱을 만들고 나면 이런 성분이 남습니다. 화학 공장에서는 이런 성분이 더 이상 필요하지 않지만, 농부들한텐 필요하죠. 왜냐하면 암모니아와 유황을 혼합한 이 액체는 옛날부터 땅에 뿌려주던 비료거든요. 그래서 우리는 이것을 농부들한테 가져다줍니다." 볼머는 자신의 유조차를 물끄러미 바라보았다. 유조차에는 그의 이름이 붙어 있었다. "이런 트럭으로 약 25톤을 운반합니다. 어떤 과일을 심었는지에 따라 다르지만 이 정도 양이면 20~30헥타르의 농지에 비료로 주기에 충분하지요."

우리는 엠즈(Ems) 강 인근 라텐(Lathen)에 있는 볼머의 창고로 갔다. 그는 트럭 안의 내용물을 뽑아 커다란 시멘트 탱크에 채웠다. 우리는 좁다란 계단을 타고 탱크 지붕으로 올라갔다. 탱크의 높이는 10미터쯤 되었다. 탱크 위에 있는 좁은 구멍을 통해 노란색 액체를 들여다볼 수 있었다. 탱크 안에는 금속으로 된 막대가 액체를 계속 휘젓고 있었다. "공장은 점점 줄어드는 시장 하나만을 보고 생산하지요. 하지만 우리는 농사를 지어야 하니까 그렇게 살 수 없습니다. 우리는 1년이라는 주기에 따라 삽니다. 그리고 비료는 봄에 주죠. 그래서 공장에서 이 액체를 가져다가 봄이 될 때까지 보관합니다."

게오르크 볼머는 농촌 출신인데, 화학 공장에서 나오는 잔여 성분을 이용하기 위해 볼머 주식회사를 창업했다. "아이디어는 간단해요. 암모니아는 유황 성분을 많이 함유하고 있고, 특별히 가공하지 않아도 비료로 투입할 수 있습니다." 약간 모난 얼굴의 이 남자는 비료로 사용할 수 있는 부산물을 생산하는 공장을 집요하게 찾아다녔다고 한다. "공장에서 버리는 성분이 아주 많습니다." 그의 사업 아이디어는 앞으로 자원이 부족해질 것이라는 인식에서 출발했다. "만일 유황 비료를 화학적으로 생산한다면, 비싼 화석 연료를 소비할 수밖에 없죠. 하지만 천연가스와 석유는 언젠가 동이 날 테니 우리는 더 많은 걸 재활용해야 합니다."

볼머에게 생태학과 자본주의는 정반대 개념이 아니었다. 왜냐하면 시장에서 형성되는 가격은 희소성을 반영하기 때문이다. "어느 날 우리의 에너지가 줄어들면 유황 비료와 식량은 전 세계적으로 비싸질 것입니다.

식품 가격과 원유 가격

브렌트 원유 1배럴당 가격 상승(미국달러)과 1990년 이후의 식품 가격 상승(음식가격지수)

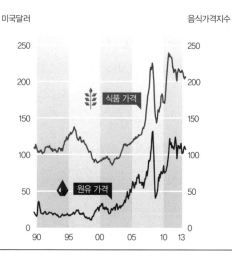

원시 시대부터 매장되어 있던 칼리염 같은 중요한 비료도 언젠가 고갈되고 말겠지요. 특히 인의 경우에는 상황이 심각하기 짝이 없어요. 인이 매장되어 있는 광산은 전 세계에서도 몇 곳 없습니다. 현재 추정하는 매장량으로는 50~100년밖에 사용하지 못한다고 해요. 농사를 지을 때 인은 그 어떤 다른 성분으로도 대체할 수 없습니다. 식물은 씨앗이나 열매를 맺으려면 반드시 인이 필요하거든요."

볼머는 농부로서 잘 알고 있었다. "만일 주요 성분인 유황, 칼리염, 인, 마그네슘, 칼륨 가운데 하나라도 빠지면 식물은 성장하지 못해요. 그러면 비료로 다른 것을 더 많이 줘야 합니다." 그는 재활용을 실천하는 사업가로서 새로운 과제가 있다는 걸 기뻐했다. "언젠가 우리는 인간의 배설물을 재활용해야 할 겁니다. 거기에 인이 많이 들어 있거든요. 내 생각엔 장기적으로 볼 때 다른 방법이 없습니다. 우리는 이제 우리에게 주어진 모든 것을 분석해야 합니다."

우리는 트랙터를 타고 함께 경작지 가장자리로 갔다. 트랙터는 비료를 주는 과정에 특별히 맞춰서 제작한 것이었다. 마치 영화 〈트랜스포머〉에 나오는 몬스터처럼 보였다. 가시처럼 이리저리 삐죽하게 나온 팔을 왼쪽 오른쪽으로 6미터 높이까지 펴서 넓은 경작지에 비료를 줄 수 있었다. 몇 번 손으로 만지자 트랙터가 출발했다. 운전자는 직접 핸들을 잡을 필요도 없었다. "트랙터는 GPS에 따라 움직입니다. 나는 여기 있는 노트북으로 모든 일이 제대로 진행되고 있는지 볼 수 있죠. 컴퓨터는 그 어떤 사람보다 정확합니다."

볼머는 트랙터가 어떻게 작동하는지 설명해주었다. "우리는 비료를 땅 표면 밑에 넣을 수 있는 방법을 개발했습니다. 식물의 뿌리가 필요로 하는 바로 그곳에 말입니다." 그러곤 트랙터에 달려 있는 장치를 보여주었다. "이 가느다란 핀을 땅에 찌르면, 그때마다 약 5센티미터 깊이로 액체 비료를 식물 옆에 뿌릴 수 있죠."

볼머는 유기농 농부는 아니었지만, 농업이 자원을 얼마나 낭비하는지에 대해 매우 흥분했다. "통상적으로 비료는 딱딱한 낱알 상태로 경작지 표면에 뿌립니다. 그러면 유황 성분이 그냥 대기권으로 날아가버리죠." 농업은 이산화질소를 방출하는 주된 원인으로 여겨진다. 이산화질소는 이산화탄소에 비해 298배나 더 강력하게 대기를 오염시킨다. 물론 비료로 주는 알갱이들이 빗물에 씻겨 지하수와 냇물 그리고 마침내 바다로 흘러 들어가는 것도 심각하다. "우리의 쿨탄(CULTAN, Controlled Uptake Long Term Ammonium Nutrition) 방식은 거의 아무런 손실분도 없어요. 비료는 즉시 토양과 결합해 대기로 증발하는 것도 없고, 이로써 물도 오염시키지 않죠. 내가 생각하기에 통상적인 방식과 비교할 때 비료를 10퍼센트 절약할 수 있습니다."

이런 것 말고도 또 다른 장점이 있다고 했다. 식물이 성장하는 내내 영양을 공급할 수 있다는 점이다. "보통은 최소한 비료를 세 번 줘야 합니다. 파종할 때, 성장이 시작될 때, 그 이후에 또 한 번 비료를 주죠. 하지만 우리 방식대로 하면 딱 한 번이면 됩니다. 노동력도 덜 들고 에너지도 절약할 수 있죠."

게오르크 볼머는 결코 녹색 운동을 펼치는 사람이 아니다. 오히려 생각이 깊은 보수주의자였다. 그는 자연 친화적 농법으로 미네랄 비료를 주는 농업과 비슷한 수확을 할 수 있다고 믿지 않았다.

하지만 그는 자본주의 시스템의 한계도 알고 있었다. "가격이 너무 싸서 재활용하는 것보다 버리는 게 더 좋을 때도 많아요. 농부는 시장의 압박을 받으므로 유리하게 생산해야 합니다. 농부가 아프리카에서 노천 채굴한 비료를 싼값에 구입해 사용한다고 해서 그들을 비난해서는 안 됩니다. 하지만 언젠가는 비료도, 석유도 얻지 못하는 날이 오겠지요. 인은 50~100년을 사용할 수 있다니 아직 시간이 많은 편입니다. 그때가 되면 나와 내 자식들도 더 이상 살지 않겠지요. 하지만 우리에겐 후손에 대한 의무감이 있어야 합니다. 더 이상 비료가 없다면, 수확물은 엄청 줄어들 겁니다. 그러면 세상에 식량을 더 이상 공급할 수 없겠지요."

게오르크 볼머가 트랙터 운전자에게 눈짓을 보냈다. 운전자는 마지막 식물에 비료를 주고 있었다. 그가 가시처럼 생긴 몬스터 팔을 접었다. 볼머는 운전자에게 다음 번 경작지까지 어떻게 가야 하는지 알려주었다. 다른 방식으로는 비료를 줄 수 없는지에 대한 의문이 내 머릿속에서 떠나지 않았다. 그 때문에 나는 《푸드 크래시: 우리는 생태학적으로 식량을

오염 배출의 근원지 농업

온실가스 배출에서 차지하는 비율(이산화탄소 100만 톤으로 환산)

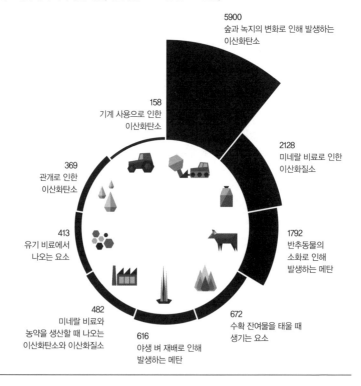

5900
숲과 녹지의 변화로 인해 발생하는
이산화탄소

158
기계 사용으로 인한
이산화탄소

369
관개로 인한
이산화탄소

413
유기 비료에서
나오는 요소

482
미네랄 비료와
농약을 생산할 때 나오는
이산화탄소와 이산화질소

616
야생 벼 재배로 인해
발생하는 메탄

672
수확 잔여물을 태울 때
생기는 요소

1792
반추동물의
소화로 인해
발생하는 메탄

2128
미네랄 비료로 인한
이산화질소

공급하거나 또는 식량을 전혀 생산하지 못한다(Food Crash: Wir werden uns ökologisch ernähren oder gar nicht mehr)》의 저자 펠릭스 뢰벤슈타인(Felix Löwenstein)을 방문하기로 했다.

피크 소일(Peak Soil): 불쌍한 토양

인류에게 가장 소중한 자연 자원 가운데 하나인 좋은 경작지와 초원이 점점 줄어들고 있다. 즉 전 세계에서 경작지의 3분의 1 이상이, 그러니까 4억 헥타르 이상의 경작지가 지난 40년 동안 비옥함을 상실하고 농지로서 쓸모없게 되었다. 원인은 물과 바람에 의한 침식, 습지화와 지표층에 소금이 쌓이는 염류 집적, 화학적·물리학적·생물학적 저하로 인한 토양 훼손 때문이다. 물론 이와 같은 과정에는 원인이 있고, 인간이 그 원인을 제공할 때가 점점 많아지고 있다. 다시 말해, 광대한 농지에 걸쳐 재배하는 단작, 농약과 인공 비료의 투입, 잘못된 관개나 지나친 경작 또는 과도한 남벌이 생물학적 균형을 엉망으로 만들어 토양을 고갈시킨다. 심지어는 사막화 현상까지 일어나고 있다. 매년 스위스의 면적에 달하는 토양이 인간에 의해 쓸모없게 변하며, 이런 현상은 특히 개발도상국에서 빈번하다.

마약 비료

토양의 부식토층은 아주 작은 생명체, 곧 박테리아와 균류 같은 살아 있는 생명체로 이루어진 얇고도 민감한 부분이며, 여기서 변환과 분해라는 복잡한 과정이 일어난다. 이런 부식토층이 바람에 날려 바다로 쓸려가지 않으려면 뿌리를 지지대로 삼고 물을 흡수해 저장할 수 있어야한다. 이런 흙을 잘 가꾸고 보호하는 일은 수천 년 동안 농부들이 해온 과제였다. 도저히 경작이 불가능해 보이는 장소에서 농사를 짓더라도 이는 마찬가지였다. 하지만 오늘날 산업화한 농업은 토양을 일종의 마약 중독자로 만들고 있다. 즉 점점 더 많은 인공 비료와 독성 물질이 토양을 중독시킨다. 최고의 수확량을 요구함으로써 토양을 망가뜨린다. 합성 미네랄 비료는 마약 중의 마약이다. 이것은 가공하지 않은 인산염에서 인과 칼륨을 혼합해 만든다. "이렇게 해서 생겨난 한 무더기의 영양분(……)은 이것을 흡수한 토양에 마약에 버금가는 치명적 영향을 미친다. 즉 자연적인 비옥함, 특히 부식토의 구성에 방해를 받는다. 토양이 더욱 빨리 지치고 산성화함에 따라 더 많은 미네랄 비료가 필요해진다. 다른 한편, 농부들은 토양의 비옥함을 유지할 수 있는 좀더 효율적인 재배 방식, 노동력과 지식이 더 필요한 재배 방식을 포기하고 싶은 유혹을 받는다. 아울러 경제적 압박이 이를 부추긴다. 단일 작물 재배, 가축 사육 그리고 단작은 산업화한 미네랄 비료가 없다면 불가능할지도 모른다."[54]

소금기를 머금고 혹사당하는 토양

모든 질소 화합물은 땅에서 미생물로 인해 질산염으로 바뀐다. 이와 같은 자연적 과정은 문제가 안 된다. 하지만 그 양이 엄청나게 많아지면 문제가 된다. 이를테면 집약적 농업에서는 매년 1억 2000만 톤의 질소가 비료를 통해 발생하는데, 전 세계적 생태계가 견딜 수 있는 양은 매년 3500만 톤에 불과하다. 질산염이온은 땅속 입자들과 결합하지 않고 비와 홍수를 통해 지하수와 호수, 강으로 씻겨 내려간다. 이렇게 해서 물이 소금기를 머금으면 산소가 부족해지고, 이 때문에 전 세계적으로 해안 지역에 위치한 400여 개의 하천과 호수가 이미 죽었다.

그 밖에 인공 비료를 생산하려면 엄청난 양의 에너지가 들어간다. 공기 중에 있는 질소 1킬로그램을 만들어내려면 에너지로 환산해 1리터의 경유(diesel)가 필요하다. 그리하여 산업화한 농업과 토양의 비옥도는 오르는 에너지 및 석유 가격과 연결된다. 하지만 앞으로는 석유 만 부족해지는 게 아니라 인산염도 마찬가지다. 매장 인산염은 앞으로 100~125년이면 더 이상 채굴할 수 없다. 인산염은 지구상에서 미국, 중국, 모로코에만 있어 확보 경쟁이 치열할 것이다. 2030년이면 채굴 이 정점에 이를 수도 있다. 그러면 값싼 비료는 옛말이 되고 말 것이다.

생물학적 비료는 순환을 생각한다

농업은 마약이 없어도 가능하다. 생태학적 농업에서는 질산나트륨이 나 요소(尿素)처럼 화학적으로 합성된 질소 비료는 기본적으로 허용하 지 않는다. 산을 이용해 인산염 원료에서 용해시켜 생산한, 잘 녹는 인 산 비료도 마찬가지로 쓰지 않는다. 물론 생태학적 재배를 하는 농부 들도 비료가 없어서는 안 된다. 하지만 그들은 특별한 식물을 선택한 다. 이 식물들은 뿌리에 공생하는 근류 박테리아의 도움을 받아 공기에 서 질소를 얻어 저장한다. 바로 완두콩(Erbse)과 콩(Bohne) 그리고 루핀 (Lupin: 콩과 루피너스속 식물을 통틀어 이르는 말—옮긴이) 같은 깍지 있는 식 물이 그것이다. 이런 것들을 다른 유용 식물과 함께 또는 윤작을 할 때 심는다. 생태학적 농업은 또한 땅에 있는 영양소 창고를 보충하기 위해 특정 미네랄 비료를 사용하는 것이 보통이다. 아울러 잘 녹지 않는 인 (인산염에서 추출), 암석 가루, 석회, 칼륨황산염, 그리고 자연에서 나오는 다양한 미네랄, 유황, 미량 영양소 비료를 활용한다. 이렇듯 수많은 성 분이 필요하다는 것을 농부들은 토양 분석과 영양소 분석 결과를 통해 생태재배관리소(농산물 생산자들이 유럽연합이 생태학적 재배 방식과 관련해 규정 한 지시 사항을 따르는지 검사하는 기관—옮긴이)에 증명해야 한다. 하지만 근 본적으로 다른 접근법도 있다. 즉 "생태학적 재배법에서 비료를 주는 목적은 자연스러운 생물학적, 화학적, 물리학적 과정을 도움으로써 토지의 비옥함을 유지하는 데 있다. 이렇게 하면 식물은 뿌리에서 방출하는 물질을 통해 잘 녹지 않는 영양분을 찾아낼 수 있다. 식물의 잔여물은 또한 땅속 생명체에 영양분을 공급하는 역할을 하며, 이런 생명체는 거꾸로 식물에 영양분을 대준다. 이렇듯 땅과 식물 사이에 일어나는 상호 작용과 토양의 신진대사 과정을 지원하는 것이 바로 생태학적 재배의 핵심이다. 여기에 관습적인 농업과 근본적인 차이가 있다. 관습적인 농업에서 비료를 주는 목적은 쉽게 녹는 미네랄 성분으로 작물에 직접 영양분을 공급하는 것이다".[55]

식물이 아니라 토양에 영양을 공급하다

펠릭스 뢰벤슈타인 남작은 원래 유기농 재배를 하는 농부가 아니었다. 부친으로부터 28년 전 헤센 주 남부에 있는 하비츠하임(Habitzheim) 농장을 물려받았을 때만 해도 그는 매우 관습적으로 토지를 관리했다. "이웃 사람들은 나를 약간 미친 사람으로 간주했지요. 우리 농장을 유기농 재배로 전환하자 아버지조차 처음에는 과거로 돌아가는 거라며 매우 의심쩍어했습니다. 하지만 현대적이고 혁신적인 농업이란 집약적으로 관리하되 사용 가능한 자원과 조화를 이뤄야 한다고 생각합니다."

다음 날 아침 일찍 뢰벤슈타인은 자신과 함께 하루를 농장에서 보내자며 나를 초대했다. 그렇게 하면 내가 "유기농 재배의 집약화"라는 그의 말을 대략적으로나마 이해할 것이라면서 말이다. 우리는 아주 커다란 창고 앞에서 만났다. 뢰벤슈타인은 파란색 작업복을 입은 농부와 대화를 나누고 있었다. "우리 농장을 위해 파종을 해주는 분입니다. 파종 기계도 갖고 있죠." 농부는 종자가 담겨 있는 무거운 자루 중 하나를 뜯어 파종 기계에 채워 넣었다.

"우리는 5년 순환 농법을 하고 있어요. 먼저 토끼풀로 시작해서 밀을 심고, 이어서 감자나 사탕무를 재배하죠. 그런 다음 스펠트밀(spelt wheat)이나 호밀, 그리고 약초, 다시 토끼풀을 심는 식이죠." 토끼풀은 자연의 방식으로 토양에 거름을 준다. "토끼풀의 뿌리에는 박테리아가 함께 살고 있어 공기 중에 있는 질소를 땅과 연결합니다. 이것은 뒤이어 재배하는 작물에 가장 중요한 영양소가 되죠." 이와 같은 '녹색 비료'는 깍지 있는 작물만 만들어낼 수 있다.

뢰벤슈타인은 농부처럼 보이지 않았다. 세련된 셔츠와 스웨터를 입고 말투도 남달랐다. 그럼에도 불구하고 민첩하게 트랙터에 올라타고는 곧장 액셀러레이터를 밟았다. 트랙터는 아침 안개가 자욱한 초원 위를 천천히 달렸다. 그의 농장에서 가장 경제적인 작물은 약초였다. 특히 카밀레, 페퍼민트, 딜(dill: 허브의 일종. 흔히 피클을 만들 때 넣음―옮긴이)이 주를 이루었다.

농장에서는 이제 막 멜리사(melisse: 박하 향기가 나는 허브의 일종―옮긴이)를 수확한 터였다. 녹색의 초원 위로 레몬 향기가 둥둥 떠다녔다. 약초를 절단하는 기계는 작은 콤바인처럼 보였다. "이것들은 가능한 한 신선하게 작업해야 합니다. 유기농 재배는 현대적인 기계를 포기하는 게 아닙니다. 농약과 제초제를 포기한다는 뜻이지요. 방해되는 식물은 기계를 사용해 제거해야 합니다. 멜리사의 녹색 잎이 무성해지는 시점부터 그 어떤 잡초도 자랄 수 없게 말입니다." 뢰벤슈타인은 이렇게 말하고 농장 가장자리에 있는 잡초로 시선을 옮겼다. "잠깐만요." 그러곤 손으로 잡초를 뽑아

길에 던졌다.

오늘 뢰벤슈타인이 해야 할 일은 다른 것이었다. "이건 땅을 파는 장비인데, 작고 날카로운 원판으로 땅의 표면만 긁어줍니다." 유기농 농부는 땅을 깊게 파는 쟁기질을 하지 않는다. 왜냐하면 그런 방식은 땅의 구조를 엉망으로 만들고 비옥함도 해치기 때문이다. "땅 표면에는 작년에 심은 토끼풀이 아직 있어요. 이 장비로 우리는 이 녹색의 비료를 땅에 묻죠. 그러면 다음번에 자랄 종자가 생겨납니다."

그가 트랙터에 시동을 걸자 통통거리는 소리가 났다. 작은 굴삭기 뒤로 황새 무리가 따라왔다. "땅을 잘 고르고 나면 쥐가 튀어나오곤 해요. 그 쥐를 잡아먹으려고 저렇게 내 트랙터 뒤를 따라오는 겁니다."

"관습적인 재배를 할 때는 나도 작물에 비료를 주었지요. 그렇지만 유기농 농사를 지으면서부터는 작물이 아니라 농지에 비료를 줍니다. 땅이 더욱 비옥해지도록 말입니다. 그러면 땅이 알아서 작물에 영양을 공급하죠." 뢰벤슈타인 남작은 계속해서 그렇게 만든 땅의 비옥함은 공짜나 다름없지만, 반대로 비료 자루에서 나오는 비옥함은 비용이 많이 든다고 말했다. "화학적인 미네랄 비료를 갖고는 단기간 생산성을 높일 수 있죠. 하지만 이는 곧 동나게 될 자원을 약탈하는 것입니다. 후세가 써야 할 자원을 말이죠."

트랙터가 농장 끝까지 왔다. 트랙터의 방향을 돌리려던 남작이 멈칫했다. "잠깐만요. 여기가 약간 축축하군요. 좀 집중을 해야겠습니다." 잠시 후 다시 출발하며 그가 말했다. "산업화가 시작된 이래 지난 150년 동안 토양에서 부식토가 점점 줄어들었습니다. 이른바 관습적인 농업은 매우 생산적이기는 하지만 그다지 효율적이지 못합니다. 왜냐하면 너무나 많은 인풋(Input)이 필요하니까요. 예를 들어 질소 비료 같은 경우는 비싼

세계 농업의 집약화

1961~2007년까지 집약화 척도의 변화지수(1961년=100퍼센트)

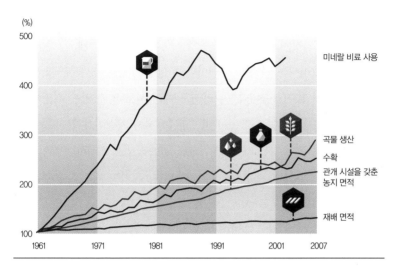

에너지를 소비해야 생산할 수 있습니다. 그런 비료는 대부분 사라져버립니다. 관습적인 방식으로 농사를 짓는 농부들은 1헥타르당 평균 160킬로그램의 질소 비료를 뿌리는데, 그중 100킬로그램은 작물한테 도달하지도 못해요. 질소 비료는 산화질소가 되어 대기로 날아가죠. 바로 이 성분이 온실가스로 작용합니다. 그리고 질산염은 지하수와 강물로 흘러들지요. 이런 것들이 결국 바다를 오염시켜 어류를 죽게 만듭니다."

우리는 이윽고 언덕 위에 도착했다. 이곳의 경작지는 들길 끝에 있었다. 남작이 트랙터에서 내려 허리를 굽히더니 가장자리에 있는 흙을 한 움큼 쥐었다. "땅은 지극히 연약한 뿌리라도 뚫고 들어갈 수 있어요. 그만큼 아주 잘 부서지고 느슨하죠. 땅속에 있는 뿌리의 양도 내가 땅 위에서 거두어들이는 작물의 양만큼 됩니다. 땅속에서 분해된 뿌리는 다음에 심는 작물의 영양분이 되죠."

남작은 흙을 손바닥 위에 올리고 가볍게 으깼다. "내 목표는 부식토를 재건하는 것입니다. 유기농으로 전환할 때 나는 두 가지 조건을 나 자신에게 내걸었죠. 첫째, 경제적으로 운영 가능해야 한다. 둘째, 그 어떤 부식토도 망가뜨려서는 안 된다. 3년마다 부식토 함량을 조사하는데, 기쁘게도 그때마다 늘어났습니다." 갈라진 땅에서 서로 엉켜 있는 지렁이 몇 마리가 보였다. "유기농으로 농사짓는 토양에서는 지렁이가 훨씬 많아요. 이것들 덕분에 물이 훨씬 더 잘 흡수되죠. 관습적으로 재배하는 토양보다 2배는 더 많은 양의 물을 흡수할 수 있습니다. 유기농 재배가 홍수를 예방할 수 있는 겁니다."

옆에 있는 들판의 전기 울타리 안에는 족히 150~200마리는 되어 보이는 양 떼가 있었다. 뢰벤슈타인이 양치기에게 눈짓을 했다. 그러자 양치기가 여유 있는 걸음으로 우리에게 다가왔다. 두 사람은 다음번에 양들을 어디로 보내야 할지 의견을 나누었다. 잠시 후 미하엘 진(Michael Sinn)이라는 이름의 양치기가 멜로디를 넣어가며 큰 소리로 불렀다. "와~ 와~ 와~ 와~." 거짓말처럼 양 떼가 움직였다. "양 떼 가운데 몇 마리만 나를 알아봐도 다른 놈들은 그냥 따라옵니다." 진이 말했다.

이어서 진은 양치기 개를 불렀다. "막시! 벨로!" 그러자 작은 개들이 쏜살같이 달려가더니 양들을 울타리에 있는 문으로 몰았다. 앞줄에 있던 양들이 문 앞에서 잠시 머뭇거리다 안으로 들어가자 다른 양들도 따라 했다. 뢰벤슈타인은 양치기에게 작별 인사로 눈짓을 보냈다.

"양들은 우리의 토끼풀을 먹고 자랍니다. 토끼풀이 양고기로 변하는 셈이죠. 하지만 양도 똥을 눠서 아주 소중한 비료를 땅에 남깁니다. 이처럼 가축과 유기농 재배는 서로 분리할 수 없지요."

그런 다음 남작은 나에게 작물이 자라고 있는 밭을 보여주었다. 그곳에서는 이 지역에서 흔히 볼 수 없는 작물을 재배하고 있었다. 바로 대두였다. "이 지역에서 대두를 처음 심었는데, 헤센 남부는 기온이 따뜻해서 아주 잘 자라는 편입니다." 뢰벤슈타인이 대두의 껍질을 벗기더니 그 안에서 콩 몇 개를 꺼내 나에게 건넸다. 말린 완두콩 맛이 조금 났다. "금년에는 대두 수확이 상당히 좋을 거라고 기대하고 있습니다. 이 작물은 밑에서 위까지 깍지로 가득 차 있죠. 정말 즐거운 일입니다." 대두 재배는 그에게 특별한 의미가 있다. "유럽에는 단백질이 부족해요. 우리가 생산하는 것보다 많은 단백질을 가축 사료로 사용하죠. 그 때문에 미친 듯이 수입할 수밖에 없습니다. 우리처럼 유기농 농업을 하는 사람들에게는 터무니없이 비싸죠. 그래서 자체적으로 단백질을 생산해야 합니다." 단백질 작물이 우리 독일에도 있다는 얘기였다. "대두는 특히 귀한 단백질입니다. 아주 많은 아미노산을 함유하고 있기 때문이죠. 깍지 있는 다른 작물, 가령 콩과 완두콩은 아미노산을 함유하고 있지 않아요. 그 때문에 대두는 돼지나 닭을 기를 때 아주 중요하죠." 주위에 있는 농부들은 대부분 관습적인 방식에 따라 농사를 짓고 있었다. 이웃 농부가 경작지에서 쟁기질을 하자 트랙터 뒤로 먼지가 기다랗게 이어졌다. 바람에 의한 침식은 토양의 비옥도를 떨어뜨리는 주요 원인이다. 뢰벤슈타인은 이 문제를 전 세계적인 시각에서 보고 있었다. "침식과 염분을 비롯한 그 밖의 많은 원인으로 토질이 악화해 전 세계적으로 매년 1000만 헥타르를 잃고 있습니다. 독일의 경작지 면적에 해당하는 넓이죠. 물론 250만 헥타르가 추가적으로 늘어나고 있기는 합니다. 하지만 작물 생산의 기본인 토양이 사라지는데, 생산성 향상을 이야기하는 것은 아무런 의미가 없죠."

　유기농 농부들에게는 다음과 같은 이유로 모든 게 위험에 직면해 있다.

"우리는 미래에도 농사를 지을 수 있어야 합니다. 생산성이라는 대단한 폭죽을 터뜨리기 위해 모든 자원을 다 써버리고 더 이상 아무것도 남겨놓지 않는 상황이 되어서는 안 됩니다."

점심시간이 되어 우리는 하비츠하임 농장으로 돌아갔다. 19세기에 건축한 전형적인 사각형 건물인데, 이 지방에서 나오는 적색 사암으로 담을 쌓았다. 사암의 빨간색이 주변과 잘 어울려 정다운 분위기를 연출했다. 특별히 인상적이었던 것은 과거 소를 위해 지었다는 둥근 천장의 마구간이었다. 우리는 본채 앞의 커다란 보리수나무 그늘에 있는 커다란 식탁에 앉았다. 음식은 감자를 곁들인 당근이었는데, 고기가 없었다. 나는 세계의 식량 공급을 걱정하는 사람이 육식이라는 주제를 그냥 지나칠 리 없다고 생각했다.

"나는 고기를 좋아합니다." 뢰벤슈타인은 솔직하게 털어놓았다. "다만 한 가지는 분명하게 짚고 넘어가야 한다고 생각합니다. 전 세계 사람들이 오늘날의 우리처럼 고기를 많이 먹는 것은 결코 아니라는 점입니다. 이를 위해 우리는 전 세계에서 수확한 곡물을 죄다 사료로 쓰고 있어요. 하지만 이런 것을 가능케 하는 형태의 농업은 없습니다." 그러곤 다음과 같은 결론을 내렸다. "인간은 영양 섭취 방식을 바꾸어야 합니다. 물론 우리 서양인들이 제일 먼저 그렇게 해야 해요. 일요일에만 고기를 먹던 습관으로 돌아가야 합니다. 고기는 일주일에 한 번이면 충분합니다. 이런 식생활이 훨씬 건강합니다." 나는 이를 어떻게 실천에 옮길 수 있는지 물어보았다.

"고기가 비싸진다면 가능하겠지요." 이런 일은 사회적으로 부당하지 않은가? 그는 짤막하게 대답했다. "가격을 2배로 올리고 고기의 양을 절반으로 줄여도 비용이 많이 드는 건 마찬가지죠." 그러곤 잠시 생각한 다음 말을 이었다. "오늘날 고깃값이 싼 이유는 우리가 미래 세대에 비용이라는 무거운 짐을 지우기 때문입니다." 고기는 공공의 재산, 곧 열대 지방의 무성한 숲과 바다가 비용을 지불하기 때문에 싼 것이지 생산자가 비용을 지불하기 때문에 싼 게 아니라고 했다. "물론 우리가 슈퍼마켓에서 닭한 마리를 2.99유로로 살 수 있다는 건 정말 매력적이지요. 하지만 실제 비용을 가격에 반영하지 않는 이상, 사람들의 소비 습관을 바꾸지는 못할 것입니다."

나는 유기농 농사법은 관습적인 농사법에 비해 1헥타르당 수확이 더 적은지 물어보았다. 뢰벤슈타인은 고개를 끄덕였다. "전반적으로 식량이 너무 적다면, 이는 정말 단점이 되겠지요. 하지만 정반대가 현실입니다. 유엔 식량농업기구가 계산해보니, 오늘날 우리는 전 세계 인구 1인당 약 5000칼로리를 생산한다고 합니다. 그런데 우리한테 실제로 필요한 양은 2000칼로리입니다. 문제는 식량에 접근하는 것입니다. 조금 더 상세하게 말하면, 식량을 구입할 수 있는 수입이 중요한 문제라는 거죠. 이것이 바로 전 세계의 기아를 불러온 첫 번째 원인입니다. 식량 부족이 아니라 말입니다." 뢰벤슈타인은 내 영화 〈쓰레기를 맛봐〉를 언급했다. "산업 국가에 사는 사람들이 식량의 절반을 버리고 개발도상국 사람들은 저장·운반·가공 시설이 부족해 식량의 절반을 상하게 만든다면, 우리가 식량을 어떻게 이용하는지가 중요합니다. 토양과 기후를 파괴하는 방법으로 점점 더 많이 생산하는 데 혈안이 되어서는 안 된다는 얘깁니다."

1980년대에 뢰벤슈타인은 아내 엘리자베트(Elisabeth)와 함께 개발도상국에 도움을 주기 위해 아이티(Haiti)에서 일했다. 미제레오르의 위탁을 받아 그는 소농들에게 관개 시스템을 구축하는 일을 도와주었다. "침식으로 인해 땅이 완전히 사라져버리는 현장을 함께 봐야만 했지요. 아이티에서 정말 분명하게 깨달은 사실이 있습니다. 인간은 우리 삶의 근간을 망가뜨릴 수 있고, 기술이 우리를 그로부터 구출해줄 거라는 희망은 지극히 순진하다는 겁니다."

뢰벤슈타인은 증명된 유기농 방법, 즉 유럽식 재배 모델을 제3세계에 이식하려 하지는 않았다. 하지만 열대 지방에 사는 소농들이 화학제품을 사용한다면 오로지 단점만 있을 뿐이라는 걸 경험했다. "생태학적 집약화(집약적인 유기농 방법)야말로 이 따뜻한 나라에서 실행해야 할 모델입니다. 왜냐하면 열대 지방 농부들은 퇴비를 주로 사용하는데, 이런 방식으로 재배하면 미네랄 비료를 쓸 때보다 훨씬 더 많은 수확을 올릴 수 있기 때문이죠."

농부들에게 가장 큰 위험은 빚이라는 덫이다. "모든 농부는 비료와 농약을 구입할 돈이 필요하지만, 그 밖에 학교나 병원에 갈 때도 돈이 필요합니다. 가난한 농부들은 어떻게 해서든 그 돈을 짜내야 하죠. 고리대금업자들이 농부들한테 한 달에 20퍼센트의 이자로 돈을 빌려줍니다. 그러면 농부들은 수확한 농작물을 고스란히 고리대금업자에게 넘겨줘야 합니다. 그야말로 악순환인 거죠. 식량을 구입하기 위해 또 돈을 빌려야 하거든요. 소농들이 갑자기 시카고 곡물 주식 시장에서 결정하는 가격에 종속되어버리는 것입니다."

뢰벤슈타인이 추구하는 모델은 바로 식량 주권이다. "소농들은 비료를 사지 않고 식량을 생산해야 합니다. 그래야 그들의 경제 시스템을 안정시킬 수 있으니까요." 이는 굳이 생존 경제를 의미하지 않는다. 농부는 자체적으로 필요한 식량을 충족하고 나머지는 시장용으로 생산할 수 있기 때문이다.

쉰아홉 살인 뢰벤슈타인은 곧 퇴직을 하려 한다. 이미 농장 관리인이 대부분의 일을 떠맡고 있다. "내년에 이 농장을 딸한테 넘겨주려 하는데,

딸이 남편과 함께 관리할 겁니다. 나는 가끔 농장을 살펴보면 됩니다. 그러면 시간이 많아질 테니, 농업과 식량을 좀더 안정시키고 미래를 더 확고하게 지켜줄 시스템을 개발하는 데 힘을 쏟을까 합니다." 유기농식량경제협회(BÖLW) 회장직을 맡고 있는 그는 이미 남들 앞에 나설 일이 많다.

"관습적인 농업은 어디에선가 영양분을 수입하는 데 익숙해져 있습니다. 채광업이나 산업에서 말이죠. 이런 형태는 오래 지속될 수 없습니다." 독일 유기농 농부의 대표자라 할 수 있는 그는 향후 100년의 과제를 다음과 같이 요약했다. "우리에겐 영양분을 지속적으로 땅에서 얻을 수 있는 순환 시스템이 필요합니다. 인류는 이와 같은 거대한 과제를 해결해야만 합니다. 그러기 위해선 인산염의 현실을 제일 먼저 알아차려야 합니다. 앞으로 100년이면 인산염 비축량은 고갈되고, 그러면 관습적인 농업도 끝납니다. 인산염은 그 어떤 것으로도 대체할 수 없는 영양분이니까요. 우리는 이것을 바다로 씻겨 보냅니다. 그리고 인산염은 더 이상 순환하지 못하죠. 바다로 들어간 인산염은 묽은 상태로 있기 때문입니다. 바로 이와 같은 이유로 우리는 유기농으로 식량을 조달해야 하며, 그렇지 않을 경우 진짜 식량 위기에 처할 것입니다."

테라 프레타: 잉카의 선물

우리의 땅을 책임 있게 다루기 위한 열쇠는 20년 전에 재발견한 비옥한 땅, 바로 테라 프레타(Terra Preta)에 있다. 테라 프레타는 '검은 땅'이라는 뜻이다. 바이오 숯(나무, 풀, 옥수숫대 등의 유기물을 산소 없이 밀폐된 공간에서 태워 얻는 숯—옮긴이), 퇴비, 똥거름, 점토 조각 등으로 이뤄진 부식토가 풍부한 흙이다. 인디오의 이 테라 프레타는 아마존 지역에 있으며 500~7000년 전에 형성되었다. 처음에는 브라질의 히우네그루 강하구 근처에서 몇 곳이 발견되었다. 독일의 할레(Halle)와 바이로이트(Bayreuth) 대학에서 연구하고 있는 브루노 글라저(Bruno Glaser) 교수는 이처럼 비옥한 땅—전체 면적이 프랑스 땅만 하다—이 인간의 손으로 만들어졌고, 오늘날까지 유지 및 재생되고 있다는 것을 증명했다. 이것이 없었다면 아마존 지역의 땅덩이는 씻겨 내려가고, 식물에 영양소를 적게 공급하고, 결국 침식되었을 것이다. 이와 반대로 테라 프레타는 영양분과 습기를 연결하고, 이를 해면(海綿)과 같은 형태로 식물에 공급한다. 홍수가 나도 흙은 휩쓸리지 않고 물만 통과시킨다. 이 흙은 이웃해 있는 흙에 비해 많은 인산염, 질소, 칼슘 및 유황과 결합한다. 특히 탄소를 붙잡아둘 수 있다. 요컨대 1헥타르 면적의 1미터 깊이에 약 250톤의 이산화탄소를 고정시킬 수 있다. 아마존에서 발견한 테라 프레타에는 또한 식품 쓰레기, 바이오 숯의 잔여물, 뼈, 인간과 동물의 배설물도 포함되어 있었다. 이곳은 땅의 성분으로 볼 때 잉카의 테라스 형태 농장과 비슷한데, 안데스의 높은 지역에 위치한 이 농장에서는 옥수수, 감자를 비롯한 채소와 곡물을 재배했다고 한다. 에스파냐 정복자가 지배하던 시절 사령관이었던 프란시스코 데 오렐라나(Francisco de Orellana)는 1542년 아마존 지역에 오늘날보다 훨씬 많은 사람이 살고 있는 풍요로운 도시의 문화에 대해 보고했다. 연구자들은 이와 같은 대도시의 부는 비옥한 테라 프레타에 대한 지식 덕분이라고 추측한다. 물론 이런 지식은 시간이 지나면서 사라졌지만 말이다.

콜롬비아 조상들의 건조 화장실

농업 기술자이자 BMU의 조사관 하이코 피플로브(Haiko Pieplow)는 매우 생산적이었던 당시의 농업은 숲 농장을 통해 고도로 발달한 도시의 위생 시스템과 밀접하게 연관되어 있었다고 추측한다. 요컨대 여기에서는 혐기성 건조 화장실을 사용했을 것이다. 이 화장실은 잘 폐쇄된 통에 소변과 대변을 분리해 모아두었다. 소변은 미네랄 비료로 투입했고, 분뇨가 들어 있는 통은 냄새, 메탄 발생 그리고 벌레를 막기 위해 목탄 가루로 덮어두었다. 목탄은 미생물을 통해 다시금 영양분을 저장할 수 있었다. 아주 큰 통에 담긴 이런 혼합물은 그 밖의 쓰레기와 함께 산소 없이 발효되었다. 예를 들면 이를 보존하기 위해 유산균을 사용했을 것이다. 토양에 살던 박테리아를 공급받자 이미 존재하던 테라 프레타에서 토양이 형성되기 시작했다.

현대적인 검은 땅을 만들고자 할 때의 문제—이른바 테라 프레타 노바(Terra Preta Nova)—는 바이오 숯을 대량으로 생산할 수 없다는 데 있다. 이와 같은 목적으로 숲을 광범위하게 남벌하는 일도 금지되어 있고, 필요한 바이오매스(생물 연료)를 만들어낼 수 있는 면적도 충분하지 않다. 그 때문에 아주 작은 공간에서 수확물 쓰레기를 소각하기만 할 뿐이다. 하지만 영양분 없는 쓰레기, 가령 하천이나 호수 바닥에 퇴적해 있는 오염된 진흙, 곧 오니(汚泥)나 유기농 잔류물도 적합하다. 바이오 숯은 산소 없이 섭씨 350~1000도에서 생산된다. 이와 같은 과정을 열분해(pyrolyse, 熱分解)라고 부르는데, 이때 무엇보다 물이 분리된다. 그리고 바이오 숯과 함께 합성 가스와 열기가 발생한다. 바이오매스에 들어 있던 미네랄 성분이 바이오 숯에서 결합되는 것이다. 현대적인 시설은 합성 가스를 해로운 성분이 적게끔 소각하고, 이로부터 발생한 열기를 난방 또는 열병합에 사용한다. 테라 프레타 노바를 만들려면 숲을 바이오매스, 효율적인 미생물, 토양의 생명체 및 미네랄과 함께 산소 없이 발효시키면 된다.

모두를 위한 테라 프레타?

독일 북부에 위치한 벤트란트(Wendland)에서는 들판을 대상으로 엄청난 실험이 펼쳐지고 있다. 이 땅은 프리트 그라프 폰 베른슈토르프(Fried Graf von Bernstorff)의 소유인데, 지리학을 전공한 할레 대학 출신의 카탸 비트너(Katja Wiedner)가 이 실험을 지휘하고, 앞서 소개한 글라저 교수가 이 실험의 결과를 추적하고 있다. 벤트란트의 토양은 모래가 많고 영양분이 부족한데, 이런 땅에 3년 동안 다양한 시도를 한 후 비료를 따로 주지 않아도 수확량이 좋은지 알아보는 실험이다. 결국 이 시도가 성공할지 여부는 테라 프레타 노바의 투입이 얼마나 경제적이고 바이오 숯은 또 얼마나 비싼지에 달려 있다. 하지만 환경 보호는 물론 수확량에서도 성공을 거둘 게 확실하다. 하이코 피플로브는 테라 프레타의 재발견은 에너지 효율성을 올릴 수 있는 기회라고 믿는다. 그것도 전 세계에 걸쳐서 말이다. 분리된 화장실의 형태를 띤 기술, 사육할 때와 바이오 숯을 만들 때 신진대사로 인해 생기는 물질의 분리가 이미 이뤄지고 있다. 독일에서는 이미 검은 흙이 발코니와 정원용으로 팔리고 있다.

일본의 히가 데루오(比嘉照夫) 교수는 1980년대에 토양을 개선할 수 있는 또 다른 효과적이고 자연적인 방법을 발견했다. 토양을 구축하는 박테리아류와 효모가 그것이다. 효모는 맥주, 빵, 유제품에서도 발견할 수 있는데, 교수는 이를 유익한 미생물이라고 부른다. 이 효모는 토양에 있는 동물과 식물을 생동적으로 만들어 훨씬 많은 수확을 올릴 수 있게끔 해준다. 그 밖에 폐수를 깨끗하게 정화해준다고 한다. 이는 과학적으로 인정받지 못했지만, 실제로 경험해보면 성공 가능하다는 것을 확실하게 알 수 있다.

테라 프레타와 유익한 미생물, 부식토와 생태학적 재배는 심지어 유린된 토양조차도 자연적인 방법으로 다시 살아날 수 있다는 사실을 보여준다. "이 모든 방법과 수단이 존재한다. 하지만 이런 것들을 지속적으로 연구하고 넓은 면적에 투입하려는 정치적 의지가 없는 게 아닌가 싶다."[56] 언론인이자 농업학자인 빌프리트 보메르트(Wilfried Bommert)는 저서 《토양에 도취하기》에서 냉정하게 지적한다.

북쪽에 있는 가축을 위해
남쪽에서 대두 수확하기

2012년 전 세계에서는 22억 톤의 곡물을 수확했다. 그중 47퍼센트만을 곧장 사람들의 식량으로 이용했고 34퍼센트는 사료, 나머지는 연료나 산업 제품으로 가공했다. 유럽연합이 수입하는 가축 사료를 재배하려면 1750만 헥타르의 땅이 필요한데, 이는 독일 전역에서 농업용으로 사용하는 면적에 해당한다.

　그 어떤 조사도 대두 스토리만큼 나에게 충격적이지 않았다. 하지만 그 얘기를 하기 전에 우선 사실부터 언급해야겠다. 대두 생산은 전 세계에서 유행하고 있다. 지난 50년 동안 생산량이 2700만 톤에서 2억 6900만 톤으로 10배나 늘어났다. 대두를 재배하는 농지는 100만 제곱킬로미터로 프랑스, 독일, 벨기에와 네덜란드를 모두 합친 면적과 맞먹는다. 이렇듯 대두 재배가 유행한 것은 점점 더 많은 사람이 채식을 선택했기 때문이 아니다. 오히려 정반대다. 왜냐하면 전 세계에서 재배하는 대두의 6퍼센트만이 사람들 식량으로 소비되기 때문이다. 요컨대 대부분의 대두는 가축 사료로 들어간다. 이런 유행은 직접적으로 육류 소비가 늘어난 결과다. 1960년대부터 돼지고기 생산은 294퍼센트 늘어났다. 아울러 달걀은 353퍼센트, 가금류는 711퍼센트 늘어났다. 사료용 대두를 수입하지 않았다면 독일에서 가축의 대량 사육이 불가능했을 것이다. 그렇게 많은 가축을 키울 만큼의 땅도 충분하지 않다. 유럽에서는 유전자 변형 대두의 재배를 금지하고 있다. 따라서 최대 대두 수출국인 미국과 라틴아메리카에서 수입해 사료로 사용한다. 특히 브라질에서는 대두 재배 농지를 얻기 위해 열대 우림과 사바나를 개간하고 있다. 실로 재난에 가까운 현상이다. 숲 훼손이 너무나 심각한 나머지 브라질 정부가 제동을 걸고 나설 정도다.

어분과 대두 대신 곤충

참으로 장래성 있는 가축 사료는 곤충을 가공하는 것이다. 지금까지 곤충은 동물원을 위해 혹은 동물 상점을 위해 소량으로만 생산했다. 하지만 공장에서 사육하는 것도 머지않아 가능할 전망이다. 이처럼 대량 생산한 곤충은 사료용 대두나 가공한 어분(魚粉)과 비교하면 매력적인 장점이 있다. 건조 상태에서 곤충은 30~70퍼센트의 단백질을 함유한다. 이는 어분이나 대두의 단백질 함량과 비슷한 양이지만, 대신 지방의 함량이 눈에 띄게 적다. 다른 동물성 및 식물성 단백질과 비교하면 애벌레를 키울 때 사료가 많이 들지도 않는다. 곤충은 사육하기도 수월하고, 유기농 쓰레기와 가축우리의 오물을 해치우는 최고의 청소부이기도 하다.

곤충은 생명의 사이클이 짧고 크기도 작아 사료용으로 대량 생산하기 위해서는 검정병정파리(black soldier fly), 집파리(Stubenfliege), 밀가루벌레 등이 적합하다. 네덜란드 바헤닝언(Wageningen) 대학의 곤충학자 아르놀트 판 하위스(Arnold van Huis)에 따르면 곤충으로 인해 질병이 발생할지도 모른다는 걱정은 할 필요가 전혀 없다고 한다. 곤충은 포유류보다 질병을 일으키는 인자를 적게 갖고 있기 때문이다. 곤충사료는 어분과 비슷한 시장을 갖고 있다. 다시 말해, 곤충 사료는 양식장에서 자라는 어류에 자연스러운 사료일 뿐만 아니라, 가금류와 고양이나 개처럼 집에서 키우는 애완동물의 사료로도 적합하다. 개발도상국들은 이미 오래전부터 곤충 단백질을 가금류의 사료로 사용하고 있다. 연구 자료에 따르면 누에, 메뚜기, 귀뚜라미의 분말은 닭의 사료를 완벽하게 대체할 수 있다고 한다. 또 다른 과학자들은 콩고에서 비료 대체용 육분(肉粉)을 연구한 결과, 가금류 농장에서 주는 사료의 20퍼센트를 흰개미와 바퀴벌레로 대체할 수 있었다. 유럽에서는 물론 법적인 한계가 있다. 왜냐하면 1990년대에 일어난 광우병 스캔들 이후 유럽연합은 예나 지금이나 동물성 사료를 금지하고 있기 때문이다. 곤충을 사료로 주는 것도 마찬가지다. 하지만 관련 법들이 서로 모순적이기는 하다. 이를테면 2009년 7월부터 유럽연합은 동물성 사료를 반추동물이 아닌 동물, 그러니까 돼지나 가금류에 주는 것을 허용했다. 현재는 곤충이 사료로 적합한지도 시험 중에 있다. 유럽연합위원회는 정말 곤충을 사료로 사용해서는 안 되는지 검증하기 위해 프로테인섹트(PROteINSECT)라는 이름의 자체 프로젝트를 지원하고 있다. 하지만 그결과는 2014년 말경이 되어서야 나오지 않을까 추측한다.

2013년 5월 FAO의 보고서가 공개된 이후 바헤닝언 대학, 투린(Turin)

대학, 브레머하펜(Bremerhaven) 대학, 뮌헨 공과대학에서 이 주제로 연구를 하고 있다. 이들 대학의 연구소에서는 비용을 낮춰 곤충을 경쟁력 있는 제품으로 만들기 위해 기계화, 자동화, 가공과 운반 부문에서 혁신적인 방법을 시험하고 있다. 아울러 곤충 사료의 저장성과 식품 안전성을 높이는 방법도 개발 중이다. 왜냐하면 곤충 역시 돼지한테 제공하든 사람한테 제공하든 깨끗하고 안전한 사료를 먹여 살찌워야 하기 때문이다. 2020년대 안에 곤충의 가공이 산업적 기준에 따라 이루어지고, 양식장에서 사육하는 어류와 가금류의 사료로 널리 사용될 것이라 보면 무리가 없다.

파리 대왕

영국인 데이비드 드루(David Drew)는 파리 중에서도 집파리(Musca domestica)를 키우는 공장을 세우겠다는 혁신적인 아이디어를 냈다. 형제인 제이슨(Jason)과 함께 이 세상에서 최초로 파리 구더기 공장을 세우기로 것이다. "우리 회사 애그리 프로테인 테크놀로지(Agri Protein Technologies)는 파리의 애벌레를 사육해서 물고기와 닭에게 줄 단백질 가루로 가공합니다. 단백질 함유 사료에 대한 수요가 전 세계적으로 증가하는 현상에 부합하기 위해서죠." 매우 활발한 성격의 40대 영국인 드루가 설명했다.

파리는 남아프리카공화국에 있는 스텔렌보스(Stellenbosch) 대학의 농업 연구용 부지에서 사육하고 있었다. 옷장만 한 크기의 나무로 만든 우리에서 키우는 집파리는 대략 14일을 사는데, 이 기간 동안 알을 500개까지 낳는다. 알에서 깨어난 애벌레는 옆 건물에서 적색 광선을 받으며 자라 겨우 60시간 만에 통통하게 살이 찐다. 이렇게 자란 수십억 마리의 애벌레를 매주 10톤의 단백질 가루로 가공하는 것이다. "여기서 흥미로운 대목은 애벌레가 유기물 쓰레기를 그야말로 순수한 단백질로 탈바꿈시킨다는 사실입니다. 완벽한 영양소 재활용인 셈이지요!" 이 사업에서 회사가 해결해야 할 문제 가운데 하나는 애벌레가 필요로 하는 먹이의 양을 줄이는 것이다. 아직까지는 먹이를 많이 줘야 하기 때문이다. 하지만 진지하게 생각해보면 애벌레에게 영양을 공급한다고 말할 수는 없다. 구더기는 다른 곳에서 처리해야 할 것으로 영양을 공급받기 때문이다. "구더기가 제일 좋아하는 것은 도살장의 쓰레기, 특히 피를 좋아합니다. 그래서 우리가 도살장의 쓰레기 문제를 해결하고 지속적인 사업 모델을 제공하면, 대부분의 대규모 도살장은 우리에게 고마워합니다." 미래에 특허를 받게 될 '파리 애벌레 가루' 생산 공장은 운송로를 최대한 줄이기 위해 도축장 근처에 설치해야만 한다. "이상적인 경우는 바로 양계장이죠. 대부분 양계장에서는 직접 도축을 하므로 유기물 쓰레기를 곤충 사료로 만들기 용이하죠. 이것이야말로 폐쇄적이지만 완벽한 리사이클이 아닙니까."

애벌레가 완전히 성장하면 특수한 선반에 얹어 건조시킨다. 건조된 애벌레는 아주 고운 가루로 분쇄한 다음 25킬로그램 단위로 포대 자루에 넣어 유통한다. 이런 과정은 아직 손으로 이뤄지고 있지만 최초의 구더기 공장이 남아프리카공화국에 세워지면 모두 자동화될 것이다. 생산 설비는 기술적 비용도 적게 들고 자리도 많이 차지하지 않기 때문에 전 세계 어디서든 비교적 쉽게 설치할 수 있다. 독일과 영국에도 2013년에 공장을 세울 예정이었는데, 2014년으로 미뤘다고 한다. "가장 큰 문제는 생산할 때의 기술적 문제에 있는 게 아니라, 전 세계적으로 사료에 관해 다양한 법적 규정을 내리고 있다는 데 있습니다." 드루가 말했다.

그러는 사이 전 세계적으로 육류에 대한 수요가 늘어났다. 특히 중국처럼 개발도상국을 벗어나 산업 국가가 되기 위해 매진하는 중진국에서 그러하다. 지금까지 이런 지역에서는 소수의 사람들만이 육류를 소비할 수 있었다. 하지만 소득이 늘어나자 이제는 육류 소비도 점차 증가하고 있다. 하지만 라틴아메리카의 토지는 이미 황폐화되었는데, 동물들의 사료를 앞으로 어디에서 가져와야 할까? 그 때문에 전 세계 투자자들은 아프리카를 눈여겨보고 있다.

대두 단작이 조만간 아프리카 대륙의 거대한 농지에서 이루어질까?

내 조사에 기꺼이 동참하려는 사람들을 찾기란 기대 이상으로 어려웠다. 설문지에 대답도 하지 않는가 하면, 심지어 묻는 것조차 가로막았다. 이미 약속한 만남을 거절하기도 했다. 그 와중에 내가 늘 마주친 이름이 있는데, 바로 농업개발사(Agricultural Development Company, AgDevCo)였다. 이 회사는 독일의 아프리카 농업 및 무역 투자 펀드(Africa Agriculture and Trade Investment Fund, AATIF)와 비슷한 구조를 갖고 있는데, 영국의 개발 원조금과 개인 투자자들의 돈을 모아 설립했다. 나는 그동안의 똑같은 덫에 걸려들지 않기 위해 펀드매니저 크리스 아이작(Chris Isaac)에게 면담을 요청하고 런던으로 날아갔다. 흥미롭게도 농업개발사는 은행가에 있지 않고, 잘 드러나지 않는 건물에 입주해 있었다. 넥타이도 매지 않은 차림의 크리스 아이작은 커다랗지만 단출한 사무실 문 앞에서 나를 맞이했다. 수백만 유로를 관리하고 있는 사람 같지 않았다. 하지만 금세 지극히 조심스러워하는 성격이 분명하게 드러났다. "우리가 공적인 자금을 운영하고 있으며, 질 나쁜 언론으로부터 큰 피해를 입을 수도 있다는 점을 이해하시리라 믿습니다." 특히 그는 아프리카에 대한 투자가 '토지 수탈'이며 불쌍한 소농들의 땅을 빼앗는 것이라는 비난에 매우 민감한 반응을 보였다. 동시에 자신들의 프로젝트에서는 토지 수탈 같은 일이 결코 일어나지 않는다는 사실을 주의 깊게 언급했다. 예를 들어 모잠비크의 경우 농업개발사가 어떻게 두 가지 차원에서 대응했는지 설명해주었다. 요컨대 우선 프로젝트에 따라 소농들에게 투자를 했고, 그다음으로 대규모 농장에도 투자를 했다는 것이다. 시장 진입을 좀더 개선하기 위해서 말이다. 소농의 경우에는 그들의 상품을 지속적으로 가공함으로써 시장 진입 기회를 개선했다고 했다. 예를 들면 옥수수 제분소를 여는 식으로 말이다. 크리스 아이작은 이와 같은 일로 모잠비크에 출장을 갈 예정이라고 했다. 나는 그에게 함께 갈 수 있는지 물어보았다. 그는 생각할 시간을 달라고 했다. 그러곤 아직 사용하지 않은 아프리카의 잠재력에 대한 자신의 비전을 설명했다. "현재 아프리카는 빠르게 늘어나는 인구에게 식량을 공급하기 위해 점점 더 많은 식량을 수입하고 있어요. 아프리카의 농업은 이와 같은 수요를 충족시킬 수 있고, 나아가 남은 식량을 수출할 수도 있습니다." 전 세계에 필요한 식량은 정말 엄청나다고도 말했다. "사람들은 앞으로 40년 동안, 지난 8000년간 생산한 식량을 모두 합한 만큼의 양을 생산해야만 합니다." 아프리카는 특히 인구가 집중적으로 늘어나는 대륙이다. 2050년까지 무려 2배로 늘어날 것이다. "우리는 작은 농장에도 투자해야 하지만, 큰 농장에도 투자할 필요가 있습니다." 모잠비크 정부는 브라질의 사례를 토대로 프로 사바나(Pro Savannah)라는 메가톤급 개발을 추진했다. 그는 브라질 및 일본 정부와 함께 상업적인 목적을 지닌 농부들을 이와 같은 개발에 끌어들여야만 한다고 했다. "이들은 사회 간접 자본의 핵심인 항구, 도로, 전기를 건설합니다. 이런 간접 시설은 토착 소농들에게도 유용하죠. 왜냐하면 종자, 비료와 농업용 화학제품을 좀더 쉽게 손에 넣을 수 있고 무엇보다 자신들이 생산한 제품을 시장으로 좀더 쉽게 운송

전 세계 곡물의 이용

2012년 23억 톤

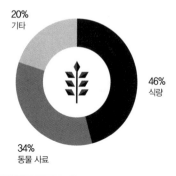

20%
기타

46%
식량

34%
동물 사료

할 수 있기 때문이지요." 대형 농장 몇몇이 벌써 그곳에 세워졌고, 농업개발사도 이미 한 곳에 투자를 했다고 했다〔그 회사의 이름은 포르투갈어로 헤이두 아그루(Rei do Agro), 즉 '농업의 왕'이다.〕"1만 헥타르에 대두만 심었지요." 나는 다시 한 번 그곳에 가고 싶다고 말했다.

그로부터 일주일 후, 크리스 아이작으로부터 동행을 승낙한다는 연락이 왔다. 크리스는 왜 공공 개발 기금이 '헤이 두 아그루' 같은 상업적인 대형 농장에 흘러 들어가는 게 옳은지 설명했다. "물론 그곳에 사는 사람들 걱정을 별로 하지 않는 대형 농장이 있지요. 지방 공동체와 협의도 하지 않고 정부가 할당해준 땅을 그냥 대형 농장에 빼앗긴 사람들 말입니다. 이런 방식의 투자는 이미 실패했고 앞으로도 실패할 것입니다."

크리스 아이작과 나는 모잠비크의 수도 마푸토(Maputo)에서 만났다. "마푸토의 슈퍼마켓에서 파는 쌀은 태국에서 수입한 것만 있습니다. 그런데 정작 모잠비크야말로 벼를 재배하기에 가장 좋은 기후 조건을 갖추고 있죠." 그런데 왜 재배하지 않느냐고 물었다. "그렇게 하려면 농부들이 우선 관개 시설에 투자를 해야 합니다. 비용이 많이 들고 장기간 불확실한 수익이 예상되는 일이죠. 이런 종류의 투자는 개인들이 좋아하지 않습니다. 그 때문에 우리 농업개발사는 최초의 이런 사회 간접 시설에 대한 비용을 지불하기 위해 장기적인 투자 자본을 찾고 있는 것입니다."

그런데 왜 대두일까? 대두는 굶주린 사람들에게 줄 식량으로 적합하지 않은데 말이다. "대두는 가축 사료로 중요합니다. 특히 양계장에서 그렇지요. 모잠비크에서도 육류를 더 많이 먹으려는 중산층이 늘어나고 있어요. 양계장을 운영하는 농부들은 닭 사료 대부분을 수입하는데, 이게 엄청나게 비쌉니다. 현재 모잠비크는 약 4만 톤의 대두를 생산합니다. 앞으로 몇 년 후면 대두 수요가 10만 톤으로 증가할 것입니다. 대두를 심을 땅은 충분해요. 땅이 너무나 넓어 우리 농장들은 지도에서 점 하나도 차지하지 못할 정도죠."

나는 농업개발사가 개발 원조 단체인지, 아니면 자본 투자자인지 물어보았다. 크리스 아이작은 미소를 지으며 이렇게 대답했다. "우리는 그 둘을 합한 형태라고 할 수 있습니다. 우리는 절대 선물을 주지 않습니다. 투자한 것을 거두어들이고 싶어 하죠. 그래야 돈을 두 번 세 번 투자할 수 있으니까요. 이것이야말로 원조금을 이용하는 가장 효과적인 방법입니다." 올해는 우기가 너무 심해 대두 농장 근처에 있는 기차를 이용할 수 없었다. 그래서 우리는 국도를 이용해 여행하기로 결정했다.

우리는 먼저 비행기를 타고 모잠비크 북쪽으로 계속 날아갔다. 남풀라(Nampula)에서 우리는 운전기사 벨치온 루카스(Belchion Lucas)와 개인 투자자 한 사람을 만났다. 투자자는 아주 튼튼한 미국 남자로 이름이 제스 타프(Jes Tarp)였는데, 악수할 때도 상대방의 손을 꼭 잡는 등 사람들에게 호의를 보이는 타입이었다. 어쩌면 장로교의 목사였다가 훗날 대학에서 철학을 가르치는 강사가 되었기 때문인지도 모른다. 그는 현재 미국 위스콘신 주에 살고 있었는데, 그곳에 사는 이유를 이렇게 설명했다. "시카고 공항이 근처에 있어 세계 어디로든 비행기를 타고 재빨리 갈 수 있기 때문이지요."

농장까지 가는 데 6시간이 걸렸다. 처음에는 아스팔트 도로였으나, 구루에(Gurué)를 지나자 아스팔트가 사라지고 진흙길이 나타났다. 여기서부터는 울퉁불퉁한 도로에 대해 더 이상 언급할 필요가 없다. 주변은 그야말로 호수뿐이었다. 이런 험한 곳을 운전기사 루카스는 조심스럽게 운전했다. 반대편에서는 공장에서 금방 생산한 농업용 기계를 실은 화물차 대열이 달려왔다. 농업용 기계에는 '도이츠(Deutz: 독일 쾰른에 본사가 있는 농기구 및 트랙터 생산 회사—옮긴이)'라는 브랜드 이름이 반짝거렸다. 이 콤바인들은 인근에서 농사짓는 농부들에게 팔려나갈 것이라고 했다. 길 한쪽의 커다란 표지판에 현지어로 '오유 오유(Hoyo Hoyo)'라는 글이 적혀 있었다. '환영(welcome)'이라는 뜻의 농장 이름이라고 했다. 25킬로미터를 더 달려가자 저 멀리 덤불 숲 안에 있는 '헤이 두 아그루' 농장이 나타났다. 도로는 갈수록 좁아지고, 비가 와서 있던 길마저 휩쓸고 지나가버렸다. 어떤 길은 우리가 탄 차만 겨우 빠져나갈 수 있을 정도였다. "돌아갈 때 이 길을 이용할 수 있을지 모르겠군." 제스 타프가 농담을 하더니 이내 진지해졌다. "우리한텐 가장 큰 도전입니다. 수확 시기에 곡물 20톤을 싣고 이 길을 빠져나가는 것 말입니다. 빠져나가지 못하면 판매할 수가 없으니까요."

농장 입구에 다다르자 다섯 채의 나무집이 보였다. 농장에서 일하는 직원과 그들의 가족이 사는 집이었다. 그 집들을 지나자 대두를 심은 밭이 나왔다. 길 좌우로 녹색이 끊임없이 펼쳐졌다. 농장에 도착할 때까지 계속해서 20분을 더 달렸다. 농장에는 작업장으로 이용하는 컨테이너 두 대가 있었다. 그 뒤에 커다란 창고 같은 게 보였는데, 절반은 지붕이 없었다. 트랙터와 그 밖의 농업용 기계를 세워두는 주차장이었다. 늦은 시각이었음에도 불구하고 제스 타프는 농장 지배인으로부터 보고를 받았다. 지배인으로 일하는 에드워드 무스웨라쿠엔다(Edward Muswerakuenda)는 모잠비크 사람이 아니었다. 대학 졸업장이 있는 이 농업 엔지니어는 이웃나라 짐바브웨 출신이었다. "유감스럽게도 이곳 모잠비크에는 이런 대규모 농장을 운영할 줄 아는 사람이 없답니다." 에드워드의 고국 짐바브웨에서는 영어를 사용하는데, 그에게는 결코 단점이 아닐 것이다.

에드워드는 6주 후면 수확을 시작해도 좋을 것 같다고 말했다. "비가 와서 파종 시기를 미뤄야만 했습니다. 거의 쉬지 않고 8주 동안 비가 왔죠. 그래서 기계를 몰고 밭으로 나갈 수 없었습니다." 제스 타프는 비가 얼마나 왔는지 물었다. "두 달 동안 950밀리미터가 내렸는데 거의 기록적인 수준입니다." 하지만 날씨는 대두의 마음에 든 모양이었다. "그런데도 이렇게 잘 자라다니."

2개의 둥근 금속 사일로가 햇빛을 받아 반짝였다. 수확물을 저장해두는 곳이다. "이 안에 600톤의 대두가 들어가죠. 지금은 모두 판매된 것이고, 길이 마르면 구매자들이 가지러 올 겁니다." 좁다란 사다리가 약 10미터 높이의 지붕까지 이어져 있었다. 에드워드가 밑에 남아 있겠다고 하자 예순 살인 제스 타프가 호탕하게 물었다. "아래서는 사는 게 어떤가?" 그러곤 작은 천창을 열자 창고를 가득 메우고 있는 대두에 햇살이 떨어졌다. "이건 완전히 도널드 덕의 스크루지 삼촌 금고와 비슷하군." 내가 농담을 던지자 제스 타프가 인상을 찌푸렸다. "그래요, 여기에 우리의 소중한 것들이 있습지요. 곡물 창고마다 1250톤을 저장할 수 있고, 수확 시기가 되면 이 창고가 완전히 가득 찹니다. 그래서 좀 확장하려고 합니다.

5000톤, 가능하면 1만 톤을 저장할 수 있는 곡물 창고가 필요하거든요."

우리 주변에는 숲이 울창했고, 나무 꼭대기가 곡물 창고보다 높았다. 제스 타프가 내 시선을 따라가며 말했다. "우리가 처음 여기 왔을 때, 모든 게 저랬지요." 이런 숲을 과연 어떻게 개간한 것일까? 불을 질렀을까? "아닙니다. 무작정 불을 지를 수는 없죠. 우리는 땅에서 나무뿌리를 캐내고, 불도저로 죽은 나무의 줄기까지 모두 끌어냈습니다. 평평한 땅을 만들기 위해서 말입니다. 그런 것에 부딪히면 우리의 하이테크 기계가 파손될 수도 있으니까요."

그는 소박한 게스트하우스로 우리를 안내했다. "오늘 밤 무슨 소리를 듣더라도 놀라지 마십시오. 그건 바위틈에서 사는 토끼니까요. 내일 여러분을 저곳 정상까지 데려갈 텐데, 그러면 아마 토끼들을 직접 볼 수 있을 겁니다." 코끼리, 사자, 표범 혹은 위험한 다른 동물들도 볼 수 있을까? "그런 건 더 이상 없어요. 20년 동안 계속된 내전 때문에 모두 죽었지요. 어린 가젤조차 없답니다. 그야말로 야생 동물이라고는 구경도 못하지요."

다음 날 아침에는 농지를 골고루 돌아볼 계획이었다. "나는 대규모 양계장 세 곳의 요청을 받고 모잠비크에 왔습니다. 우리의 가장 중요한 고객들이죠." 제스 타프가 설명했다. 아슬란 그룹(Aslan Group)의 경영인인 그는 이미 우크라이나에 대규모 대두 농장을 운영하고 있었다. "2002년 우크라이나에 진출했을 때는 개척자나 마찬가지였습니다. 그리고 이제 아프리카로까지 확장했지요. 현재는 탄자니아와 우간다에도 농장을 세울 계획입니다." 그렇게 하면 이득이 될까? "물론입니다. 우리는 연간 15~20퍼센트의 수익이 날 것이라고 예상합니다. 하지만 그렇게 되기까지 몇 년은 기다려야겠지요. 아프리카에서 사업을 하는 것은 매우 힘듭니다. 그러나 아무도 시작하지 않으면, 결코 아무 일도 일어나지 않겠지요." 제스 타프가 말했다. "나는 이곳을 개척하는 데 자부심을 느낍니다. 이런 일을 실행하려는 회사가 많지는 않거든요." 그는 들뜬 목소리로 말을 이었다. "믿을 수가 없습니다. 2년 전만 하더라도 모든 게 저렇게 보였는데." 그러고는 건너편의 빽빽한 나무숲을 가리켰다. "그런데 이걸 보세요, 놀랍지 않나요? 이게 바로 우리 노동의 결실이고, 이런 노력은 정말 충분한 가치가 있다고 생각합니다."

제스는 들판으로 몇 걸음 걸어가더니 우리에게 가까이 오라고 눈짓을 했다. "이 하얗고 작은 매듭(Knötchen)은 질소박테리아입니다. 대두 종자를 심은 땅에 이 박테리아로 일종의 접종을 합니다. 그러면 박테리아가 대두 뿌리와 함께 공생을 하지요. 박테리아는 공기 중에 있는 질소를 흡수하고, 그것으로 식물한테 영양을 공급합니다." 제스가 상기된 표정으로 말했다. "매듭의 수를 한 번 보십시오. 어마어마하게 많지 않습니까? 식물이 매우 건강하다는 증거죠."

계곡에는 아직 안개가 자욱했으나 태양이 곧 안개를 걷어낼 게 분명했다. 우리는 무릎 높이만큼 자란 대두가 끝없이 펼쳐진 들판을 차를 타고 계속 달렸다. 트랙터 한 대가 들판에 보였다. 트랙터는 어떤 액체를 뿌리고 있었다. 제초제일까? "이렇게 넓은 밭에서 농사를 지으려면, 잡초를 손으로 뽑아낼 수는 없어요. 적어도 두 번 제초제를 뿌리죠." 제스 타프가 설명했다. 우리는 조금 전보다 작은 길로 방향을 돌렸다. 맨발에 곡괭이를 어깨에 걸친 한 무리의 노동자가 지나갔다. 에드워드가 설명했다. "우린 비가 많이 와서 기계를 동원할 수 없는 지역으로 가는 중입니다. 제초제를 뿌리지 않으면 어떤 일이 생기는지 곧 보게 될 겁니다." 우리는 자동차에서 내려 약 150명의 노동자들과 함께 계속 걸었다. 실제로 그랬다. 대두를 심은 밭에 잡초가 무성했다. 작업반장인 듯한 사람이 곡괭이를 든 노동자들에게 일을 지시했다. 그때 카메라가 돌아가고 있다는 사실을 알고 있는 제스 타프가 평정심을 잃지 않으려 애쓰면서 말했다. "이봐요? 다들 제정신인 거요? 무슨 일을 그렇게 해요! 곡괭이를 쓰면 작물을 다 망친다 고요." 그러곤 잡초를 손으로 직접 뽑았다. "이렇게 해야 한다고요."

하지만 10분 후에도 일꾼들은 여전히 곡괭이로 작업을 했다. 제스 타프가 작업반장에게 다가갔다. "나는 이렇게 일하는 방식은 잘못이라고 봐요. 어떻게 일을 해야 하는지 내가 설명해보겠소. 손이 더러워지는 걸 두려워해서는 안 돼요. 나는 팔 전체가 더러워졌잖소." 그러곤 자신의 손을 높이 들어 보였다. "우리는 농부들이고, 손에 더러운 게 묻는 건 당연하단 말입니다." 작업반장은 민망한 미소를 지었다. 깨끗한 셔츠와 장부를 끼고 있는 모양새를 보아하니 일터에 직접 뛰어들 생각은 없는 게 분명했다. 제스 타프는 직접 시범을 보였다. "이렇게 잡초를 한 포기 한 포기 뽑아내야 한 다고요. 일꾼들 앞에서 이런 모습을 보여주는 게 작업반장의 책임이고, 그래야 일꾼들이 이해를 한단 말입니다. 안 그러면 이 밭에서 수확을 할 수 없다고요." 하지만 많은 일꾼들은 이미 너무 멀리 떨어져 있어 둘이 무슨 얘기를 하는지 몰랐다. "모두가 일을 제대로 하기 전엔 여기를 떠나지 않을 거요." 이렇게 위협하자 작업반장은 어쩔 수 없이 사장을 따라 했다.

"방금 보셨듯이 이곳의 노동 문화는 주어진 과제를 확실하게 수행하지 않는 경우가 많아요." 제스 타프는 가쁘게 한숨을 내쉬었다.

나는 일꾼들이 얼마를 받는지 물어보았다. "일당으로 2유로 정도 됩니다." 제스 타프는 일당이 너무 적다고 생각할지 모르지만 모잠비크는 세계에서 가장 가난한 나라 가운데 하나고, 대부분의 일꾼은 이 일이 그나마 처음으로 얻은 것이라고 했다. 그럼에도 불구하고 이런 장면을 보고 있자니, 나는 과거 식민지 시기와 이 농장이 어떤 차이가 있는지 도무지 알 수 없었다. 사실 차이가 없는 것이나 마찬가지였다. 백인 농장주 한 사람이 수많은 흑인 노동자를 거느리고 있으니 말이다. 약간의 돈은 내국인 손에 들어가겠지만, 그 밖에 대부분의 이득은 외국으로 흘러든다.

곧 수확할 대두의 일부는 외국으로 수출한다고 했다. "우리는 앞으로도 수출을 위해 대두를 생산할 겁니다. 예를 들면 중국에서 수요가 아주 많거든요." 제스 타프가 말했다. "그렇게 하려면 철도가 필요해요. 이곳에서 70킬로미터쯤 떨어진 곳에 모잠비크 북부를 가로질러 달리는 낡은 철도가 있죠." 이 낡은 철도는 현재 보수 작업에 들어갔다. 내륙 지방에서 아프리카에서 가장 큰 석탄 매장지를 발견했기 때문이다. 몇 년 후 대두를 나칼라(Nacala) 항구로 옮기고, 거기에서 전 세계로 선박을 통해 운반하게 되길 제스 타프는 바라마지 않았다.

제스 타프는 농장 위쪽에 있는 언덕을 올라가보자고 제안했다. 우리는 우거진 풀과 나무를 헤치며 힘들게 올라가 이윽고 높은 화강암 바위에 도착했다. 제스의 얼굴은 발갛게 상기되어 있었다. "아슬란 산(Aslan Mount)에 오신 것을 환영합니다." 우리 눈앞에 숨 막힐 것 같은 광경이 펼쳐졌다. 가파른 화강암 벽으로 둘러싸인 널찍한 계곡이 보였다. 이 농장은 어디까지 있는 것일까? "여기서는 보이지 않아요. 길 오른쪽에 있는 땅도 농장 소유인데, 아직 개간을 하지 않았지요. 불도저가 해야 할 일이 산더미처럼 많습니다." 아무도 살지 않나? "마을은 없지만 숲에서 아직 몇몇 가구가 살고 있습니다. 그중엔 우리보다 더 오래 이곳에 산 사람들도 있고, 나중에 온 사람들도 있지요. 물론 그들은 숲에서 살 권리가 없습니다. 우리가 숲을 개간하기 시작하면 즉시 이곳을 떠나기로 합의했습니다."

제스 타프는 아주 작은 계곡을 가리켰다. "저 바위가 보입니까? 나는 저기에 댐을 건설하고 싶어요. 여기엔 강이 하나밖에 없는데, 그나마 간

헐천이죠. 하지만 저수지가 있으면 1년 내내 물 걱정은 안 해도 됩니다."
관개 시설을 갖추면 건기 때도 두 번째 수확을 할 수 있다고 했다. 그래서
그는 댐 위에 거대한 바퀴 모양의 관개 시설을 세울 계획을 갖고 있었다.
"그런 시설이 우리 회사에 이윤을 안겨줄 겁니다."

  '토지 수탈자' 또는 '토지 도둑'으로 몰린 적이 있는지 물어보았다. "아
뇨, 다행스럽게 그런 경우는 없습니다. 하지만 투자자, 특히 아프리카에
투자하는 사람들이 흔히 토지 수탈자로 비난받는다는 사실이 나를 당황
스럽게 합니다. 그러나 대다수는 그렇지 않다고 확신합니다." 하지만 이
지역 농부들이 농사지어야 할 땅을 사들이지 않았나? "그렇습니다. 하지
만 사용하지 않는 땅이었어요. 아무도 사용하지 않던 땅이었습니다." 나
는 다시 한 번 물었다. 만일 부유한 미국인이 와서 이곳에 투자한다면, 그
는 다른 사람들의 소유인 땅을 빼앗는 것 아닌가? "그렇지 않습니다. 그
것은 투자, 즉 정부가 정해놓은 규칙에 따라 땅을 개발하는 것입니다. 절
대 땅을 수탈하는 게 아닙니다."

누가 소농일까

현대적인 농업이라고 하면 보통 사람들은 거대한 경작지를 상상한다.
지평선까지 뻗어 있고 경작하려면 온갖 기계가 필요한 땅 말이다. 이런
경작지, 예를 들면 미국이나 브라질에서 볼 수 있는 대규모 경작지는
전 세계적으로 소수에 불과하며, 전 세계 식량 생산의 30퍼센트를 차
지할 뿐이다. 나머지 식량은 2헥타르 이하의 땅에서 농사짓는 소농들
이 생산한다. 20억 명 넘는 가족을 거느리고 있는 4억 5000만 농가가

그들인데, 대부분 아시아와 아프리카에 거주한다. 이들이 전 세계 농지의 85퍼센트를 경작한다. 하지만 여기서도 구분은 필요하다. 다시 말해, 소농이라고 해서 모두 같은 소농은 아니라는 얘기다. 이 개념은 순전히 생계형 농업, 그러니까 오로지 자급자족하기 위해 농사짓는 가족들도 포함한다. 소규모 농장은 서로 협력해서 일을 하기도 한다. 예를 들면 국제적인 공정 무역을 원칙으로 커피와 코코아처럼 값비싸고 환경 친화적인 농산물을 생산하기도 한다. 그런가 하면 지역 시장에서 과일과 채소를 판매해 충분한 소득을 올리는 소농도 있다. 이와 반대로 자신과 가족들이 먹기에도 부족할 만큼 적게 수확하는 소농 또한 있다. OECD는 2006년 발표한 연구에서 다양한 농가의 형태를 상업적 목적을 지닌 대규모 농장에서부터 생존 농업에 이르기까지 다섯 가지로 구분했다. 그중 매우 가난한 농가에는 일종의 사회적 도움이 필요하다.

전 세계 식량을 고려할 때 소농들의 농업이 엄청나게 중요하다. 따라서 유엔 식량농업기구, 즉 FAO는 2014년을 가족 경작 농업을 위한 유엔의 해로 지정했다. FAO의 자료에 따르면, 전 세계 농지의 70퍼센트를 소농들이 경작하고 있는데, 이 사실엔 뭔가 이해할 수 없는 의문점이 있다. 가족 단위 소농들이 식량의 많은 부분을 생산하는 게 맞는 것처럼 보이지만, 실제로는 경작 가능한 토지의 4분의 1보다 더 적은 땅에서 농사를 짓는다고 한다. 그사이 점점 더 많은 경작지가 대규모 농업 회사와 투자자들의 손에 들어가 동물 사료, 농업 연료, 바이오 가스, 섬유, 화장품을 생산하는 데 사용되고 있다.

또한 굶주리는 사람들 절반이 소농이며, 그들은 과거에도 그랬다는 사실 또한 옳은 말이다. 2050년까지 많은 인류가 도시에서 살게 될지라도, 여전히 가난한 사람들의 절반은 농촌에서 살 것이다.

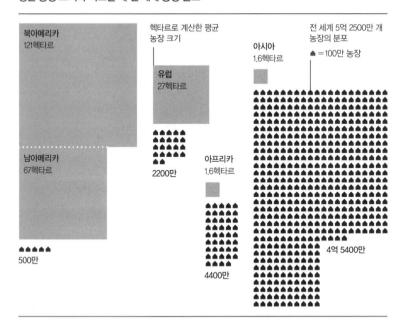

평균 농장 크기와 비교할 때 전 세계 농장 분포

북아메리카
121헥타르

헥타르로 계산한 평균
농장 크기

유럽
27헥타르

아시아
1.6헥타르

전 세계 5억 2500만 개
농장의 분포
▲ = 100만 농장

남아메리카
67헥타르

2200만

아프리카
1.6헥타르

500만

4400만

4억 5400만

아프리카에는 소농들이 이용하는 토지 대장이 없다. 정부가 외국인 투자자들에게 넘겨준(일반적으로 수십 년 동안 임대해준) 넓은 경작지에 흔히 소농들이 살고 있다. 이런 소농들에게 무슨 일이 일어났을까? "모잠비크 법은 우리가 현지 농부들과 의논하길 요구합니다. 그래서 우리는 그렇게 하고 있죠. 또한 소농들이 포기한 과일나무 한 그루 한 그루에 대한 보상도 법으로 정해두고 있습니다."

FAO는 아프리카가 2050년까지 농산물을 2배로 늘려야 한다고 말한다. 그게 과연 가능할까? "여기를 한 번 둘러보세요. 이 계곡이 얼마나 넓습니까? 최소 10만 헥타르는 되는데, 그중 아주 작은 땅만 경작지로 활용하고 있어요. 결국 땅은 충분하단 얘깁니다." 하지만 땅을 소농들에게 주는 것이 더 낫지 않을까? 제스 타프는 숨을 깊이 들이쉬었다. "우리의 개발 모델은 규모가 크고 상업적인 목표를 가진 농장이 필요하다는 데서 출발합니다. 이런 농장은 개발의 주축 역할을 하며, 지역 소농들에게도 도움을 줄 수 있습니다. 그들은 매우 지적인 사람들입니다. 가난하다고 해서 어리석다는 뜻은 아니거든요. 소농 몇몇은 우리보다 많은 수확을 올리고 있습니다." 제스 타프는 자신의 농장이 소농들에게 현대적 농업을 전수해준다고 했다. "우리는 그들에게 기계를 사용할 수 있도록 해줍니다. 쟁기질을 하든, 파종이나 수확을 하든 우리 기계를 그들에게 빌려줍니다. 그리고 마지막으로 그들의 수확물을 확실하게 판매할 수 있도록 해주죠." 그는 솔직하게 인정했다. 자신의 회사에 유리하기 때문에 계약을 맺은 농부들로부터 수확물을 거둬들인다고 말이다. 곡물 저장고 덕분에 나중에라도 대두를 판매할 수 있기 때문이다. 가격이 더 올라가면? "그 차익이 바로 우리 회사가 얻는 이득이지요."

제스 타프는 계약을 맺은 농부들과 함께 일하기 위해 안토니오(Antonio)라는 이름의 지도원 한 명을 고용했다. 우리는 교차로에서 그를 만났다. 안토니오는 맞은편에서 다리를 절뚝거리며 걸어왔다. "오토바이 사고를 당한 후부터 더 이상 밭에서 일을 할 수 없습니다." 안토니오는 자신이 계약 농부를 선별하는데, 지금은 20~30명의 아주 뛰어난 농부만 선택한다고 했다. 안토니오가 오토바이를 타고 앞장섰다. 몇 킬로미터를 달린 그가 길가에 오토바이를 세우더니 노인 한 분에게 인사를 했다. 안토니오가 노인을 우리에게 소개해주었다. 제스 타프와 늙은 농부는 오늘 처음 만난 듯했다. 둘의 차이는 한눈에 알아볼 수 있었다. 요컨대 대규모 농장주는 멋진 자동차를, 소농은 녹슨 자전거를 타고 있었다.

"2년 전부터 우리와 같이 일하신 뒤로 무엇이 달라졌습니까?" 제스 타프가 궁금한 듯 물었다. 늙은 농부는 기본적인 식량을 더 이상 구입할 필요가 없고, 옥수수와 쌀을 많이 수확해서 일부는 팔 수 있을 정도라고 얘기했다. "그게 할아버지의 삶에 어떤 변화를 가져왔나요?"

농부는 하나하나 나열하기 시작했다. "집을 수리할 수 있었고, 오토바이도 한 대 구입했고, 아이들을 위해 자전거도 샀고, 라디오 세 대와 텔레비전 한 대도 살 수 있었죠."

제스 타프는 만족해했다. 농부는 자신에게 가장 중요한 것은 무엇보다 품질 좋은 종자라고 말했다. 그건 하이브리드 종자도 아니고, 유전자 변형 종자도 아니었다. 농부는 농기계를 지원받았다. "우린 트랙터를 빌려줄 때 운전기사도 함께 보냅니다. 하지만 농부들이 준비를 갖추면 직접 트랙터 운전하는 법을 가르쳐주죠." 회사 대표는 자신들이 힘들게 일한 보람이 있고, 마을 사람들도 확신을 갖게 될 것이라고 믿었다. "이제 농부들도 가난을 벗어나고 농지를 더 늘리려 할 것입니다."

내가 질문했다. "사장님 얘길 듣고 있으면, 거의 원조 단체가 하는 말 같습니다. 하지만 솔직히 사업을 하려고 이곳에 오지 않았나요?" 제스 타프는 미소를 지었다. "원조 단체에서 일하는 친구들이 많은데, 물론 나는 그들의 목표를 존중합니다. 하지만 그들의 개발 모델은 결국 지속적이지 못할 것이라고 생각해요." 왜? "왜냐하면 그야말로 모든 건 돈에 좌우되기 때문입니다. 만일 이익을 내지 못하면, 우린 내년에 농장을 폐쇄할 것입니다. 만약 우리가 자선을 베푸는 단체로부터 돈을 받는다면, 뭔가 변할까요? 네, 그러면 우리는 농장을 계속 운영할 수 있겠지요. 하지만 모든 원조 프로그램엔 끝이 있게 마련입니다. 만일 그 돈이 어느 날 바닥나면, 우리도 그만두는 수밖에 없어요. 결국 우리는 이익을 가져다주지 않는 모델을 몇 년 더 유지하게 될 뿐입니다." 제스 타프는 계속해서 말을 이었다. "그 때문에 나는 이익을 낳는 경제만이 아프리카를 끔찍한 불행으로부터 건져낼 수 있다고 믿습니다. 맞아요, 우리는 돈을 벌려고 이곳에 있습니다. 하지만 만일 그렇게 하지 않는다면, 우린 계약 농부들과 일을 할 수 없겠죠. 우리가 이익을 추구하기 때문에, 우리 주변에 있는 공동체들이 이익을 얻는 것이죠."

시장 경제에 관한 간단한 수업이 이로써 끝났다. 우리는 다음 경작지로 이동했다. 이번에는 5명의 농부가 우리를 기다리고 있었다. 그중 두 사람은 여자였다. 그들은 포르투갈어로 얘기했다. "우리는 '헤이 두 아그루'와 협력하는 것에 매우 만족해요. 특히 종자와 기계는 매우 도움을 줍니다. 하지만 더 많이 도와줬으면 해요. 만일 '헤이 두 아그루'가 우리 땅 전부를 쟁기질해줄 만큼 규모가 크다면 더 좋았을 거예요. 수많은 잡초를 곡괭이로 뽑아내는 건 그다지 도움이 안 되거든요."

농부들은 '헤이 두 아그루'에 팔 수 있는 대두만 재배하는 게 아니라 해바라기, 땅콩, 완두콩도 재배한다. "문제는 이런 농산물을 우리한테 구매하려는 상인이 이곳에 없다는 것입니다. 이런 상인들이 있다면 그런 농산물을 더 많이 재배할 텐데 말이죠." 농부들은 대두를 팔아서 올린 수익으로 기름 짜는 기계를 하나 구입하려 했다. 해바라기 씨나 땅콩에서 식용유를 짜낼 수 있는 기계 말이다. 안토니오는 마을 농부 가운데 더 많은 사람이 계약 농부 프로그램에 들어오려 한다고 얘기해주었다. "물론 우리는 현재 더 이상의 농부가 필요하지 않습니다. 이미 계약한 20가구의 농부를 우선적으로 지원해주려 합니다." 제스 타프는 이 얘기를 하며 약간 열광했다. "생계형 농부, 이를테면 1헥타르나 2헥타르의 땅에서 농사짓는 사람은 지속적으로 가난하게 살 수밖에 없습니다. 보시다시피, 농부들은 이처럼 초라한 자신의 삶을 향상시키려 애쓰고 있습니다. 하지만 그러려면 지금보다 더 성장해서 작더라도 농장을 경영할 수 있어야 합니다." 결국 제스 타프의 비전은 이러했다. "나는 가난한 사람들을 중산층으로 올려놓고 싶습니다. 물론 순진한 재능을 통해서가 아니라 비즈니스를 통해서요. 비즈니스를 알아야 농부들은 자신이 뭔가를 생산하려면 비용이 들어간다는 사실을 배울 수 있습니다. 이런 노력을 하는 사람들만이 보상을 받을 것입니다."

"가장 큰 성공을 거둔 농부는 3헥타르 농지로 시작했는데, 올해 34헥타르에 파종을 했죠. 그는 은행에서 신용 대출을 받을 수 있는 단계까지 왔습니다. 사실 소농들에게 가장 큰 문제는 신용 대출을 받을 수 없다는 것이죠." 나는 이런 문제를 좀더 상세히 살펴보고 싶어 계약 농부의 집을 몇 곳 방문해보자고 했다. 제스 타프는 이 지방의 지사와 약속이 있다면서 이곳에서 우리와 작별 인사를 했다.

제스 타프가 제시한 비전은 농부들이 살고 있는 후아스(Ruace) 마을에서는 아직 요원한 것 같았다. 무엇보다 가장 가까운 은행이 50킬로미터 이상 떨어진 곳에 있었다. 아스팔트 깔린 길, 사람이 다니는 인도나 가로등 같은 것도 아예 없었다. 마침 우기라 길이 너무나 질척거렸다. 자동차로 통과할 수 없는 길도 몇몇 군데 있었다. 대부분의 집은 지붕을 짚으로 엮었고, 몇 집만 골함석 지붕을 올렸다. 사람들은 집이나 길 사이사이 작은 자투리땅에도 옥수수를 심었다. 어쨌거나 작은 가게가 있어 시원한 음료를 구입할 수는 있었다.

플로린다 비리아트(Florinda Biriate)는 자식 다섯과 함께 작은 집에 살고 있었다. 이 집엔 딱 하나의 공간만 있어 요리는 바깥에서 했다. 지붕 없는 부엌에서 요리를 하자 연기가 사방으로 퍼져나갔다. 그녀는 전통적인 방식대로 옥수수죽을 만들고 있었다.

"남편은 안타깝게도 지난해에 죽었어요. 우리는 냉장고와 냉동고를 갖고 있었는데, 남편이 죽자 남편 친척들이 냉동고를 내놓으라고 윽박지르더군요." 그녀는 제스 타프의 '헤이 두 아그루' 계약 농부로 참여한 소수의 행복한 사람에 속한 것을 기뻐했다. 4헥타르의 농지를 갖고 있는 그녀는 소농에 속했다.

플로린다는 예전엔 지금보다 훨씬 더 넓고 비옥한 땅을 바로 마을 옆에 갖고 있었다. "나와 남편은 7헥타르의 땅을 경작했는데, '오유 오유'가 빼앗아갔죠." 마을로 오는 길에 대농장의 건물을 보았었다. 우리가 '헤이 두 아그루' 농장을 찾아올 때 지났던 곳이다. 어떤 대규모 농장은 계약을 맺고, 또 다른 곳은 땅을 빼앗았다고? 어떻게 그런 일이? 그녀는 그 일에 관해서는 말을 아끼려 했다. "그건 아무 의미가 없어요. 나는 그저 내 아이들이 매트 위에서 잠을 잘 수 있는 게 좋을 뿐입니다." 그러곤 이웃 여자에게 우리를 소개했다. "그 사람은 자유롭게 말할 수 있을 거예요."

카테리나 알베르투(Katerina Alberto) 역시 남편 없이 자식들과 살고 있었다. 플로린다와 달리 그녀는 침묵하지 않았다. "나는 전혀 두렵지 않아요. 그들이 빼앗은 농지로 당연히 갈 수 있어요." 우리는 뭔가 찝찝한 기분을 안고 그곳으로 향했다. 언제라도 체포당할 수 있다는 사실은 분명했다. 눈길이 닿는 모든 곳에 대두가 자라고 있었다. 대략 5킬로미터를 달리자 카테리나가 차를 세우라며 말했다. "우리는 여기에 집에서 먹을 옥수수를 심었어요. 물론 시장에 내다 팔 대두도 심었고요. 그런데 2009년 '오유 오유'가 이곳에 와서는 우리를 돕겠다고 했어요. 우리한테 종자와 신용 대출을 해주고 싶다고 했죠. 그러고는 학교와 병원도 지어주고, 리오마(Lioma)로 가는 길에 아스팔트를 깔아주고, 우리가 깨끗한 물을 마실 수 있도록 우물도 파주겠다고 약속했어요."

카테리나는 보아하니 약간 흥분한 것 같았다. 계속해서 말을 잇는 그녀의 콧방울이 약간 떨렸다. "우리는 그 제안을 받아들였지만, 그들은 약속한 것을 하나도 지키지 않았어요. 학교도 병원도 세우지 않았고, 길도 닦지 않았고, 우물도 파지 않았죠. 그러는 사이 그들은 우리 경작지를 점점 더 많이 소유하게 됐고요. 땅 주인들한테 1헥타르당 1500메티칼(metical: 모잠비크의 화폐 단위—옮긴이)을 보상했는데, 이렇게 적은 돈으론 1년도 버틸 수 없을 정도죠. 그래서 대부분의 농부는 돈을 받지 않고 땅을 보유하려 했어요."

카테리나는 눈물을 흘렸다. "우리는 관청에 가서 이런 사실에 대해 불만을 호소했어요. 하지만 아무 일도 일어나지 않았죠. 우리 같은 소농들은 그런 대기업하고 싸울 수가 없는 거죠. 지역 농민 전체가 슬퍼했어요." 그러는 사이 자동차 한 대가 다가왔다. 젊은 남자 2명이 차에서 내렸는데, '오유 오유'의 직원인 것 같았다. 그들은 우리가 여기서 무엇을 하고 있는지 묻더니, 허가증을 받았는지 알고 싶다고 했다. 그래서 우리는 농부 여인이 자신의 옛 땅을 찾아오는 데 동행했을 뿐이라고 대답했다. 그러자 남자들은 매우 정중하지만 확고하게 그곳을 떠나달라고 요구했다.

돌아가는 길에 우리는 넓은 농지에 농약을 뿌리고 있는 트랙터 한 대를 보았다. 카테리나가 말했다. "이곳에 심은 대두는 전부 유전자 변형 작물이에요. 유전자 변형 식물은 모잠비크에서 금지하고 있는데도 말이죠. 하지만 이 회사는 법 위에 존재하는 게 분명해요." 육안으로는 그게 유전자변형 품종인지 알 수 없었다. 하지만 그녀는 농장 일꾼들로부터 그 얘기를 들었고, 여기서 뿌리는 농약의 종류만으로 그걸 알 수 있다고 했다. 그 농약은 라운드업레디라는 이름의 제초제로 몬산토에서 생산한 것이었다. 농부들에게는 매우 실용적인 제품이다. 더 이상 힘들게 잡초를 제거하지 않고 그냥 뿌리기만 하면 되기 때문이다. 이처럼 작업을 매우 쉽게 해주기는 하지만, 이 유전자 변형 품종으로는 물론 더 많은 수확을 기대할 수 없다.

'오유 오유'는 모잠비크 정부가 새로운 대규모 농장을 개발하기 위해 지정한 나칼라 경제 구역에서 작업을 했다. 브라질 및 일본 정부와 함께 모잠비크 정부는 '프로 사바나'라는 프로그램을 진행했는데, 이는 브라질에서 성공을 거둔 대두 농업을 아프리카에서 모방하려는 의도였다. 하지만 내가 듣기에 이 프로그램은 사뭇 위태로웠다. 아프리카는 브라질이 아니다. 이곳에는 그런 프로그램 때문에 쫓겨날 시골 사람들이 훨씬 많다.

토지 수탈은 나에게 농업과 관련해 가장 어두운 사건에 속한다. 하지만 제스 타프 같은 대규모 농장주가 어느 정도 예의 바르게 보상해준다 할지라도 '세계 시장을 위한 사료 생산'이라는 모델은 소수 중간 규모의 농장을 경영하는 농부에게만 도움을 줄 수 있다. 모잠비크는 인구의 80퍼센트가 농업으로 생계를 유지하고 있는데, 만일 이곳에 앞으로 대규모 농장이 퍼져나간다면 대부분의 사람은 도시 슬럼가로 내몰릴지 모른다.

유럽에서도 19세기에 도시로의 대대적인 인구 이동이 일어났다. 하지만 모잠비크가 유럽과 동일한 발전을 이룰 것으로 생각되지는 않는다. 이 나라에는 시골의 농부들을 흡수할 공장이 거의 없다시피 하고, 무엇보다 원료를 착취당할 수도 있기 때문이다. 대규모 농장이 시골 사람들을 몰아낸다면, 모잠비크는 대량 빈곤화의 길로 나아갈 게 분명하다.

이와 같은 재난을 일으키는 이유는 우리가 육류를 너무 많이 섭취하는 데 있다. 북부 독일에서 대량으로 키우는 가축들은 라틴아메리카로부터 엄청난 대두를 수입하지 않고서는 불가능하다. 아울러 곧 아프리카에서도 대두를 수입하게 될 것이다. 이런 전개 과정은 그야말로 치명적이

전 세계의 농지

단위: 100만 헥타르

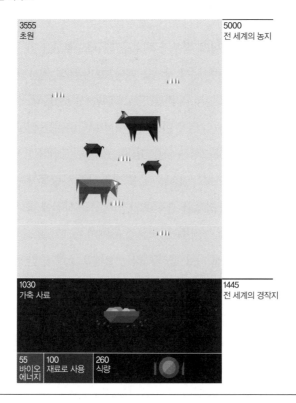

3555 초원	5000 전 세계의 농지
1030 가축 사료	1445 전 세계의 경작지
55 바이오 에너지	100 재료로 사용	260 식량

다. 즉 사료를 재배하는 경작지가 이미 전 세계 농지의 4분의 3을 차지하고 있으며, 이런 경향은 점점 늘어나고 있다. 그렇다면 사료를 다른 방식으로 생산할 수는 없을까?

땅이 없으면 삶도 없다

2007년 미국에서 부동산 버블이 터진 이후 세계 경제는 4조 미국 달러에 해당하는 유가증권의 손실을 입었다. 그로부터 몇 달이 지난 2008년에는 '기아'라는 위기가 덮쳤다. 즉 유엔 식량지수는 9개월 만에 45퍼센트 상승했고, 밀의 가격은 1년 동안 108퍼센트 올랐다. 이 기간 동안 갈 곳이 없던 자본은 새로운 투자처를 찾고 있었다. 그리고 마침내 이들 자본은—원료 가격의 상승에 투자하는 것 외에—개발도상국의 땅을 발견했다. 이런 움직임의 배후에 숨은 의도는 매우 단순하고 많은 것을 약속해주었다. 전 세계에서 여전히 비옥한 농토는 한정되어 있고, 인류의 식량을 공급하기 위해 이런 농토는 모두가 열망하는 것이고, 많은 국가에서 부패한 권력자로부터 여전히 엄청 싼 가격으로 땅을 구입할 수 있다는 생각이었다. 외국 투자자를 통해 이와 같은 넓은 경작지를 획득하는 것을 일컬어 '토지 수탈'이라고 부른다. 미국 투자자 중 가장 탁월한 조지 소로스(George Soros)는 이와 같은 생각을 2009년 요약해서 설명한 바 있다. 자주 인용되곤 하는 그 문장은 바로 이렇다. "경작지는 우리 시대에 투자할 수 있는 최고의 투자처가 될 것이라고 확신한다." 아프리카는 그 목록에서 가장 상위에 놓여 있다. 즉 매년 약 90센트만 내면 에티오피아 서부 지역에 위치한 감벨라(Gambela)의 비옥한 땅 1헥타르를 소작할 수 있다. 투자자들은 기꺼이 이런 곳에 투자를 했다. 물론 기아에 허덕이는 동부 아프리카인들의 식량을 위해서가 아니라, 세계 시장에 내다 팔 옥수수·사탕무·종려유를 생산하기 위해서였다. 투자자들은 기업과 이런 투자에 참여한 정부로부터 외부 투자를 통해 지금까지 개발되지 않은 지역에 간접 자본 시설을 구축하면 해당 지역에 일자리가 생겨난다는 설명을 들었다. 물론 그렇게 된 경우도 더러 있겠지만, 기본적으로 토지 점거는 해당 지역의 식량 확보와 식량 주권을 위협함으로써 그 지역에 반드시 필요한 발전을 저해한다.

연료와 고무를 위한 토지 약탈

"농업 원료의 가격 상승과 '바이오 연료'에 대한 수요 증가는 2007~2009년까지 별로 주목받지 못했던 농업 분야에서 새로운 금광이 발견되었다는 분위기의 시작을 알렸다." 블로거 옌스 베르거(Jens Berger)는 시에라리온(서아프리카 남쪽에 위치한 나라—옮긴이)의 토지 수탈에 대한 리포트에서 이와 같이 썼다.[57] 그에 따르면 아닥스 바이오에너지(Addax Bioenergy)라는 회사는 스위스 대기업 아닥스 & 오릭스(Addax & Oryx)의 자회사로 영국령 버진 제도(Virgin Islands)에 등록되어 있다. 이 회사는 시에라리온 정부로부터 4만 4000헥타르의 땅을 임차했는데, 이 땅은 그때까지 마을에 살던 소농들이 농사를 짓던 곳이었다. 이들은 과거 이 땅에서 쌀, 마니옥(manioc), 바나나, 땅콩을 비롯한 다양한 채소를 재배했다. 하지만 지금 이 땅은 농업 원료를 얻기 위한 대대적인 사탕무 농장으로 변했다. 이로 인해 수천 명이 땅에서 쫓겨났고, 가구당 소작의 대가로 8.90달러를 받고 있다. 그것도 일당이 아니라 1년에 한 번 수확 시기에 받는 금액이다.

완전히 비슷한 상황을 캄보디아 북동쪽 라타나키리(Ratanakiri) 주에서 찾아볼 수 있다. 베트남 국경 근처에 있는 이곳은 한때 빽빽한 나무로 우거진 열대 숲이었다. 베트남 전쟁 때 미국이 터뜨린 집속탄(集束彈: 한 개의 폭탄 속에 다른 작은 폭탄이 들어 있는 무기—옮긴이)에도 살아남았다. 하지만 지금은 더 이상 숲을 찾아볼 수 없을 정도다. 몇 년 전부터 캄보디아, 베트남, 중국의 고무 회사들이 캄보디아의 부패한 관리들과 결탁해 확실하지도 않은 토지권을 악용함으로써 비옥한 땅을 대규모로 임차한 뒤 숲을 개간하고 이곳에 고무나무를 심었다. 얼마 전만 하더라도 온갖 나무가 풍부한 원시림이어서 애니미즘을 신봉하는 마을 주민들의 신비로운 피난처였으나, 오늘날에는 지평선 끝까지 넓디넓은 지역에 단작을 하고 안전 요원들이 보초까지 서는 지역으로 변했다.

수십 년 전부터 독재를 하고 있는 캄보디아 총리 훈센(Hun Sen)은 자신의 권력을 족벌주의와 축재라는 시스템 위에서 구축했다. 그는 정치적으로 밀접하게 연결되어 있는 경제 엘리트, 군인, 외국 회사에 허가권을 위탁함으로써 도시와 농촌의 토지에 대한 권한을 내주었다. 특히 지난 4~5년 동안 이와 같은 토지 매각은 극에 달했다. 보호 구역도 예외가 아니었다. 불도저가 원주민들이 사는 마을로 밀고 들어가 신성한 땅과 묘지를 파괴했다. 이런 지역은 대부분 측량되지도 않고 소유 관계도 불분명하기 때문에 토지 도둑들은 전혀 어려움을 겪지 않았다. 요컨대 그들은 주민들의 법적 무지(無知)를 악용하고, 웃음이 나올 만큼 적은 돈으로 토지 권한을 사취하거나 '선물'로 받기도 했다. 2012년 말에는 이미 260만 헥타르의 땅을 산업화한 농장을 위해 개인 투자자들이 임차했다(사탕무와 후추 재배를 위해 140만 헥타르, 고무나무 재배를 위해 120만 헥타르). 이로써 캄보디아에서 농업용으로 사용할 수 있는 땅의 절반 이상이 개인 회사의 손에 넘어갔다. 특히 베트남, 중국, 쿠웨이트의 회사로 말이다. 총 36개 회사 가운데 가장 큰 기업으로는 예를 들어 베트남의 국영기업 VRG(Vietnam Rubber Group)와 호앙아인자라이(Hoang Anh Gia Lai) 그룹을 들 수 있다. 환경 단체 글로벌 위트니스(Global Witness)의 조사에 따르면 무엇보다 이 회사는 독일 도이치뱅크가 주식을 소유함으로써 자본을 확보한 것으로 알려졌다. 이와 동시에 한창 번창하고 있는 수도 프놈펜과 주변 도시들의 땅값은 하늘 높이 치솟고 있다. 투자로 이윤을 올릴 수 있는 지역은 '개발 구역'으로 지정하고, 쇼핑몰과 위성 도시를 만들기 위해 습지대를 매립하고 땅도 평평하게 고르고 있다. 지금까지 이곳에서 살던 약 15만 명의 사람들이 강제로 쫓겨났다.

부패의 독

독립적인 데이터베이스 랜드 매트릭스(Land Matrix)는 국제적인 개발 조직과 인권 조직 그리고 연구 기관과 연합해 농업 관련 자료를 수집하고 평가한다. 이 랜드 매트릭스는 기록을 시작한 2000년 국가들 사이에 1200건의 토지 거래(총 5000만 헥타르 이상)가 있었다고 발표했다. 아울러 진행 중인 500건의 거래도 있었다.[58] 대부분의 구매 혹은 장기간 임대는 파푸아뉴기니, 남수단, 인도네시아, 콩고, 모잠비크, 라이베리아 지역에서 일어났다. 이때 공개적으로 모습을 드러낸 것은 대부분 들어도 누구인지 모를 이름이거나 사모펀드(private equity fund) 같은 특수 목적을 추구하는 기업이었다. 대체로 해당 기업에 대해서만 공개하고, 실제 투자자와 지주에 대해서는 언급이 없다. 토지 거래를 가장 많이 한 나라는 미국이다. 그다음으로 영국, 아랍의 몇몇 석유 생산국 그리고 말레이시아와 싱가포르 같은 아시아 국가도 있다. 중국과 인도도 10위권에 속한다. 하지만 국가 간 토지 매매가 모두 계획처럼 잘 성사되는 것은 아니다. "예를 들어, 한국의 대기업 대우는 4년 전 마다가스카르에서 농업 용지로 사용할 수 있는 땅의 절반을 그야말로 웃음이 나올 만큼 적은 돈을 주고 99년 동안 임차하려 했습니다. 한국으로 수출할 옥수수와 종려유를 재배하기 위해서 말이죠. 이를 위해 대우는 지방

관료들부터 심지어 대통령에게까지 뇌물을 썼습니다. 하지만 이런 부정한 거래에 관한 상세한 정보가 드러나자 시민들이 거리로 뛰쳐나와 정부를 무너뜨리고 말았죠." 옌스 베르거의 설명이다. 토지 수탈을 가장 많이 하는 나라가 국제투명성기구(Transparency International)의 부패지수에서 가장 뒷자리를 차지하는 것은 결코 우연이 아니다. 베르거는 또한 토지 거래가 이루어진 뒤 해당 지역 주민들이 쫓겨남으로써 발생하는 사회적 결과에 대해서도 지적했다. 요컨대 마을 주민과 그들의 전통 문화 유산이 파괴되고 가족 구조 또한 무너진다. 예를 들어 시에라리온의 경우 젊은 여성들의 임신율이 급속하게 증가했을 뿐만 아니라 에이즈와 마약 복용도 심각하게 늘어났다.

토지 수탈은 또한 독일의 원조 단체들이 수년에 걸쳐 해당 국가에 구축해놓은 봉사 활동도 무너뜨렸다. "어떤 공간도 남아 있지 않다면, 우리의 성공적인 프로젝트 활동이 어떤 의미가 있겠습니까?" 캄보디아와 라오스 지역에서 일하는 '세계기아원조'의 지부장 크리스티나 바르닝(Christina Warning)은 이렇게 자문했다. 하지만 바르닝의 팀은 그렇게 빨리 포기하지 않았다. 그들은 현지의 시민 사회가 강해지면, 토지수탈을 효과적으로 막을 수 있다는 것을 깨달았다. 그래서 그 지역에서 활동하는 CEDAC(캄보디아 농업개발연구센터), 하이랜더 어소시에이션(Highlander Association), LICADHO(캄보디아 인권 단체—옮긴이)와 함께 마을 주민들을 대상으로 인권 현안에 대한 교육을 하고 있다. 그들은 토착민들의 땅을 측량 및 표시하고, 프로젝트에 속하는 지역을 공동체의 땅으로 인정 및 보호할 수 있도록 법적 투쟁을 하고 있다.

토착민에게 등을 돌린 독일의 자본

독일 회사들 역시 자본 참여 방식으로 직간접적으로 전 세계의 땅을 사냥하고 있다. 독일 정부는 이러한 행동을 방관하고 있다. 가난한 나라의 주민들이 땅과 물 같은 자연 자원을 관리할 권한을 확실하게 갖는 것이 바로 가난과 기아를 극복할 수 있는 열쇠라는 사실을 잘 알고 있음에도 말이다. 국제적인 권고를 실행하는 데도 머뭇거리는 태도로 일관하고 있다. 2012년 5월 중순 FAO 산하 세계식량안전위원회(CFS)는 만장일치로 토지 사용권, 어장과 숲을 책임지고 관리할 수 있는 권한에 대한 가이드라인을 만들었다. 위원회는 3년 동안 이를 심의한 뒤 가결하기로 했으며, 여기에는 정부 외에도 학계, 사기업, 시민 사회의 대표자들이 참석했다. 이와 같은 가이드라인은 자연 자원을 합법적이고 지속적으로 다루는 방법을 정한 최초의 국제법적 수단이다. 이는 특히 지역 공동체가 토지 수탈을 당하지 않도록 보호하기 위한 권장 사항을 담고 있다. 하지만 1년이 넘도록 이 문제를 담당하는 독일 관료들은 꿈쩍도 하지 않았다. 2013년 5월에는 개발 정책에 관여하는 INKOTA 네트워크와 인권 조직 FIAN이 가이드라인을 실천에 옮길 것을 독촉했고, 독일의 일부 기업들도 이 가이드라인을 지켜야 한다고 요구했다. 이와 반대로 독일 경제협력개발부(BMZ)는 시치미를 떼고는 인권 단체를 고발하는 등 그들의 신용을 떨어뜨렸다. 예를 들어 우간다의 무벤데(Mubende) 지역에서는 2001년 8월 4개 마을 사람들이 자국 군인들에 의해 폭력적으로 쫓겨나야만 했다. 이들 마을에 노이만 카페(Neumann Kaffee) 그룹의 자회사 카웨리 커피 플랜테이션(Kaweri Coffee Plantation)의 커피 농장이 들어설 예정이었기 때문이다. 재산을 빼앗긴 마을 사람들은 부상을 입고 심지어 목숨을 잃기까지 했다. 마을 사람들은 FIAN의 도움을 받아 2009년 다국적 기업의 OECD 가이드라인을 침해했다며 노이만 카페 그룹을 독일 경제기술부에 고소했다. 하지만 경제부는 기업의 손을 들어주었고, 나아가 FIAN에 이 사건과 관련해 공개적인 활동을 중지하라고 요구했다. 2013년 초에는 자민당 소속 개발부 장관 디르크 니벨(Dirk Niebel)도 이와 같은 의견에 동조하며 FIAN에 서한을 보내 농장에서 쫓겨난 사람들을 위한 지원을 즉각 그만두라고 촉구했다. 아울러 그는 FIAN이 "명망 있는 노이만 카페 그룹"을 상대로 펼치는 캠페인이 "부적절하고 부당하다"고 주장했다. 나아가 이 문제와 관련한 FIAN의 대외 활동이 우간다의 커피 경제에 손해를 끼칠 수 있다고 했다. 물론 우간다 현지 법정의 시각은 전혀 달랐다. 2013년 말 캄팔라(Kampala)에서 열린 재판은 약 2000명에 달하는 쫓겨난 주민에게 총 1100만 유로의 배상금을 지불하라고 판결했다. 판사는 이런 판결을 내리며 독일 투자자들이 인권 존중 의무를 훼손했다고 꾸짖었다. 법원이 이처럼 쫓겨난 사람들의 거의 모든 요구를 들어주었지만 그들은 자신의 땅을 돌려받을 수는 없었다.

이 같은 국가적인 지원 외에도 독일은 신용 대출을 통해 토지 수탈을 용인하고 있다. FIAN의 조사에 따르면, 독일의 개발협력활동기구는 잠비아에 있는 가장 큰 농업 관련 기업 두 곳에 재정 지원을 하고 있다.[59] 물론 이 두 기업은 지난 몇 년 동안 거대한 농지를 손에 넣었다. 독일의 투자 회사이자 개발 회사인 DEG가 잠비아에서 가장 큰 농업 부문 대기업 잠비프(Zambeef)에 2500만 미국달러에 달하는 신용 대출을 해준 덕분에 이 회사는 팽창을 거듭해 최근 10만 헥타르 이상의 경작지를 보유하고 있다. 독일 경제협력개발부도 룩셈부르크에서 펀드를 구입함으로써 700만 유로 이상을 모리셔스(Mauritius: 아프리카 동쪽 인도

양 남서부에 있는 섬나라—옮긴이) 출신의 자본 투자자에게 지원했고, 이 투자자는 이후 잠비아에 있는 자신의 농지를 1만 6000헥타르 넘게 확장했다. 그런데 이 지역에서 가장 가난한 가구는 평균 0.6헥타르의 농지만 경작하고 있을 뿐이다. 가족조차 부양할 수 없는 면적이다. FIAN에 따르면 산업화한 농업이 빠르게 팽창하면서 특히 비옥한 토지, 물이 부족하지 않고 교통이 편리한 지역에서 갈등이 첨예화되고 있다. 경제협력개발부의 농업 부문 담당관으로 이 단체의 연구를 저서로 발표하는 로만 헤레는 "경제협력개발부의 지원 정책은 정치적으로나 인권적으로 볼 때 잘못된 것이다"라고 판단한다.

또한 독일 출신 개인 투자자들도 잠비아에서 중요한 역할을 한다. 베를린에 있는 아마테온 아그리(Amatheon Agri)는 3만 헥타르 넘는 경작지를 구입했는데, 이 회사의 배후에는 자본 투자 그룹 사핀다(Sapinda)가 있다. 몇 달 전에는 유럽에서 두 번째로 큰 설탕 대기업 노르트추커(Nordzucker)가 잠비아에서 사탕무 사업에 뛰어들 것이라고 밝혔다. 물론 이 회사의 계획대로 공장에 사탕무를 충분히 공급하기 위해서는 엄청난 경작지가 필요하다. 우리가 기억해야 할 것은 잠비아에서는 600만 명의 사람들이 기아에 허덕이고 있다는 사실이다. 이는 2000년보다 160만 명 더 많은 수치다.

옥수수 사막보다 초원

베른트 슈미츠(Bernd Schmitz)는 시끄러운 트랙터의 시동을 끄고 초원에 있는 나에게 다가왔다. 그는 자신을 '심술꾸러기'라고 불렀지만 자신의 아버지, 할아버지와 같은 일을 하고 있을 뿐이다. "방금 나는 소들이 겨울에 먹을 사료를 베고 있었습니다. 우리가 기르는 소들은 풀을 먹지, 옥수수나 대두를 먹지 않아요. 1년에 1만 리터나 되는 우유를 생산하는 소들이 멀리서 공수해야 하는 농축 사료를 먹는 것은 사실 얼토당토하지 않은 일입니다. 자연은 소들에게 인간이 먹을 수 없는 것을 활용할 수 있는 재능을 주었죠. 바로 풀입니다."

이 농부의 설명에 따르면, 유기농은 자신들이 키우는 가축을 위한 사료를 직접 생산하는 것을 중요하게 생각한다. "그렇게 하면 우유가 덜 나올 수 있지만, 그래서 더 좋기도 하지요. 예를 들어, 오메가 3 지방산은 초원의 풀을 먹은 소들의 우유에서만 나옵니다." 그러곤 머리를 흔들었다. "그러나 전통 방식을 고수하던 농부들조차 점점 더 경작지에 옥수수를 재배하고 있죠. 이웃에 사는 농부들만 봐도 그래요." 그들은 수입한 대두로 만든 농축 사료를 구입하기도 한다.

베른트 슈미츠는 거대 농부 조직과 달리 농업의 산업화에 반대하는, 이른바 '농부들의 공동체'에서 회장직을 맡고 있다. 그가 보기에 농업은 기로에 서 있다. "어떤 사람들은 농장이 더 커져야 하고, 작은 농장은 문을 닫아야 한다고 말합니다. 그러나 나는 이런 생각에 반대합니다. 순전히 성장과 전문화에만 초점을 맞추는 것은 우리 농장에 적합하지 않다고 믿습니다." 베른트 슈미츠는 단 한 가지 제품에만 몰두하는 트렌드(그의 경우는 우유)는 경영적으로 매우 위험하다고 생각한다. "모든 걸 단 하나에 집중하는 것은 위험합니다. 그렇게 되면 우리는 우유 가격에 종속되고 맙니다. 우유 가격은 오늘날 세계 시장에서 결정되지만, 이런 가격은 늘 변하거든요."

또한 사료 가격도 세계 시장에 의해 결정된다. "그래서 나는 사료를 직접 재배하는 걸 좋아해요. 그러면 훨씬 간단하고 점점 비싸지는 에너지도 많이 필요하지 않습니다. 품질도 내가 결정할 수 있고요. 양심 없는 상인들이 먹지도 못하는 재료를 넣어서 만든 사료인지 우리가 어떻게 알겠어요? 농부들은 결과를 스스로 책임져야 합니다. 안 그러면 자신들의 상품을 팔 수 없기 때문입니다."

베른트 슈미츠는 계속해서 말을 이었다. "이런 시골에서 재래 방식으로 농사짓는 농부들은 여전히 소를 초원에 풀어놓습니다. 하지만 그렇다고 이들이 더 나은 가격을 받는 것도 아닙니다. 소농들은 오히려 피해를 보지요. 우유를 싣고 갈 차를 불러야 하는데, 그 비용이 만만치 않거든요. 소규모 농장은 대규모 농장에 비해서 훨씬 환경 친화적입니다. 이를테면 작은 땅을 여러 곳 가진 사람은 딱정벌레와 다른 동물들이 살 수 있는 길이나 들판의 가장자리도 많이 갖고 있죠. 하지만 낙농업에는 이런 것들이 전혀 상관없어요. 풀을 먹고 자란 소의 우유도 결국 가축우리에서 사료를 먹고 자란 소의 우유와 섞여버리니까 말입니다."

베른트 슈미츠는 모두가 기후 변화에 대해 얘기하지만, 전체 유해 가스의 3분의 1이 농업에서 방출된다는 사실은 아무도 언급하지 않는 데 화를 냈다.

"사람들은 가축 사육이 기후 온난화에 상당히 기여한다고 말하죠. 특히 소들이 그렇다고 합니다. 왜냐하면 방귀를 많이 뀌기 때문이지요. 그런데 소를 사육하는 데도 아주 많은 차이가 있다는 것은 언급하지 않아요. 초원 지역에는 식물의 뿌리가 많은데, 이 뿌리들이 이산화탄소를 많이 저장하죠. 소가 풀을 뜯어 먹어도 밑에 있는 뿌리는 기후 온난화에 반대 작용을 하고 있는 것입니다." 이와 반대로 비좁은 우리에서 사육하는 젖소가 농축 사료를 먹을 경우에는 많은 에너지를 필요로 한다. 베른트 슈미츠의 설명에 따르면, 옥수수 재배는 이산화탄소 배출을 늘이고, 토지에 있는 부식토를 줄이고, 인공 비료와 제초제가 많이 필요하다. 이런 점을 무시하더라도 가축을 우리에서 사육하는 것은 동물들에게 좋지 않은 방법이다.

해가 하늘 높이 떠오르자 베른트 슈미츠는 자신의 집 베란다에 있는 그늘로 나를 안내했다. 그의 농장은 베스터발트(Westerwald) 숲에 위치한 작은 마을 한프탈(Hanftal)을 내려다보고 있었다. 목가적인 목조 가옥들로 이뤄진 마을이 언덕에 기댄 모습이었다. "우리 가족은 5대째 이곳에서 농사를 짓고 있어요. 나는 20년째 농장을 돌보고 있는데, 우리가 험난한 시기를 어떻게 견뎌왔는지 돌아보곤 합니다. 우리 농장을 가족과 함께 관리하는 게 내 꿈입니다. 아이들도 전체의 일부가 되는 것이지요. 아이들은 당연히 학교에 갑니다. 하지만 학교에서 돌아오면 즐겁게 농사일을 도와주죠. 우리는 가족이 먹을 감자를 조금 심는데, 아이들이 그걸 돕곤 하죠. 하지만 올해는 너무 오랫동안 추워서 아이들이 돕지를 못했어요. 그런데 이제 여덟 살인 둘째 딸 루이자(Luisa)가 이렇게 말해서 정말 자부심을 느꼈어요. '아빠, 우리 감자를 다시 수확하면 정말 기쁠 거야.' 녀석이 뭔가를 느껴서 그런 말을 했는지는 잘 모르겠어요. 사실 배불리 먹는 게 중요한 건 아니거든요." 베른트 슈미츠는 생각에 잠겼다. 50마리의 젖소는 그의 가족이 돌보기에 딱 좋은 규모였다. "무엇보다 농장에 있는 풀밭에서 50마리 소들이 배불리 먹을 수 있기 때문입니다." 하지만 그에게는 이보다 중요한 게 있었다. "우리는 어린 새끼들도 직접 키우고 있어요. 송아지와 양까지 합하면 벌써 100마리가 넘죠. 하지만 더 이상은 불가능해요. 이 정도면 우리가 모든 동물을 개별적으로 보살필 수 있어요. 아이들은 모든 소한테 이름을 지어주죠."

해가 지평선에 걸치자 열 살인 맏딸 한나(Hannah)가 초원에서 풀을 뜯던 소 무리를 외양간 쪽으로 몰았다. 소 떼가 이 작은 소녀에게 복종하는 광경은 놀라웠다. 소 한 마리가 외양간 안으로 들어가지 않으려 하자 소녀는 정말 열정적으로 그 소를 이끌었다. 외양간에서는 네 살인 파울라(Paula)가 보초를 서고 있었는데, 송아지 한 마리가 전기 울타리 밑으로 빠져나갔다. 어린 파울라는 팔을 활짝 벌려 송아지를 막았고, 마침내 다가온 큰언니가 송아지를 무리에게로 데려갔다. 막내딸은 사료가 있는 외양간으로 천천히 걸어갔다.

잠시 후 아버지가 나타나더니 젖을 짜는 현대적인 착유대를 자랑스럽게 보여주었다. "여기에 젖소들이 들어오면 금속으로 된 버팀대가 젖소를 꼭 붙들어주죠. 이렇게 하면 한꺼번에 열 마리의 젖을 짤 수 있습니다. 젖통이 꽉 차는 저녁이면 젖소들도 익숙해져서 알아서 이곳으로 와요. 파울라가 가끔 도와주지요."

한 시간도 채 안 되어 젖소들로부터 우유를 모두 짰다. 베른트 슈미츠는 바로 옆에 있는 광으로 우리를 안내했다. 그는 우유를 이곳에 있는 커다란 냉장 탱크에 보관했다. 그가 잔을 주더니 우유를 따랐다. "내일 새벽에 우유를 가지러 올 겁니다. 농부는 그야말로 소수 사람들에게 종속되어 있습니다. 만일 이 소수가 가격을 내리더라도 농부는 간단하게 다른 거래처로 갈아탈 수 없죠. 그래서 우리는 농부들이 자체로 운영하는 낙농 회사를 차렸습니다. 업랜더 바우에른몰케라이(Upländer Bauernmolkerei)라는 회사인데, 지금까지 유기농 농부 150명이 함께하고 있죠. 우리나라에서 유일하게 독자적인 낙농 회사입니다."

나는 '업랜더'라는 이름은 들어보지 못했지만, '공정 우유'라는 글자가 쓰여 있는 파란색 우유팩은 슈퍼마켓에서 본 적이 있다. "그 말은 가격과 함께 농부가 져야 하는 비용도 소비자한테 넘긴다는 의미가 있습니다. 우유팩 하나당 소비자는 10센트 정도를 더 지불하는 대신 더 좋은 우유를 마시는 것이지요."

베른트 슈미츠는 자신의 작은 농장이 2개의 산업 사이에 꽉 끼어 있는 느낌이 든다고 했다. 즉 기계, 비료, 사료를 공급하는 산업과 자신의 수확물을 가공하고 상품으로 내놓는 산업 사이에 말이다. 이 두 영역에서 집중화의 물결이 일어나 여러 회사들이 소수의 굵직한 기업으로 축소되었다. 이들 소수 기업들은 대규모 농장을 운영하는 농부와 사업 관계를 이어가고자 한다. 그렇게 해야 더 많은 이윤을 내기 때문이다.

"그래서 농부들은 산업에서 필요로 하는 원료인 우유를 점점 더 저렴하게 생산하려 하죠. 그런데 우유는 오늘날 전 세계적으로 규격화되어 있지 않습니까? 우유의 경우는 지역적 특색 같은 게 있을 수 없어요."

베른트 슈미츠는 이와 반대로 지역적 특색을 살리려 했다. 즉 자신의 우유에서 마을 이름을 딴 한프탈러(Hanftaler)라는 동그란 치즈를 생산하고 있다.

우리가 다음 날 아침 일찍 농장에 도착했을 때, 농부는 벌써 트랙터로 작업을 하고 있었다. 농장 가장자리에 납작한 구덩이를 파고, 테두리를 약간 도톰하게 쌓는 작업이었다. "소들이 겨울에 충분히 먹을 수 있도록 유산균으로 발효시킨 사료를 만들어야 하거든요." 이웃 농부들이 장비를 가지고 도와주러 왔다. 그들은 베른트 슈미츠가 어제 베어놓은 풀을 옮겼다. 10분마다 트랙터가 와서는 싣고 온 내용물을 구덩이에 넣었다. 베른트 슈미츠가 트랙터로 그 위를 평평하게 다졌다. "공기가 빠져나가도록 압축해야 합니다. 여름 내내 유산균으로 발효된 상태로 저장하는 것이죠. 소들을 위해 일종의 자우어크라우트(Sauerkraut: 소금과 식초에 절인 양배추—옮긴이)를 만드는 겁니다. 최고의 우유를 얻기 위해서는 이게 기본입니다."

베른트 슈미츠는 소들을 위해 직접 사료를 만드는 데 자부심을 느꼈다. 그는 사료를 수입하는 게 일반화되었지만, 이는 식량의 안전성을 위협하는 일이라고 생각했다. "우리가 라틴아메리카에서 구입하는 대두는 현지 사람들이 먹고살 식량을 생산해야 할 토지에서 재배한다는 사실을 한 번쯤 생각해봐야 합니다."

나는 만일 모든 농부가 베른트 슈미츠처럼 농사를 짓는다면, 세계에 충분한 식량을 공급할 수 있을지 궁금했다. 우리에겐 대량 생산 농업이 필요하지 않을까? 베른트 슈미츠는 고개를 저었다. "대량 생산을 옹호하는 사람들이 우리가 세계에 식량을 공급하기 위해 모든 힘을 기울여야 한다고 말한다면, 그들은 다음과 같은 점을 전혀 생각하지 않고 있는 겁니다. 즉 그들이 온갖 멋진 방법으로 공장에서 생산하는 모든 게 너무 비싸다는 것이죠. 그들이 생산하는 것은 오로지 부유한 나라에 사는 사람들만 사 먹을 수 있습니다. 다른 대륙에서 굶주리는 사람들은 대량 생산한 식품을 사 먹을 돈이 없으니까요." 따라서 그의 결론은 이랬다. "만일 우리가 현지 사람들이 스스로 식량을 생산할 수 있도록 원료를 그곳에 놔둔다면, 세계는 식량을 자급자족할 수 있을 것입니다."

탱크냐, 접시냐?

세계에 '기아' 위기가 덮친 2007년부터 자원과 기후에 친화적이라고 알려진 바이오 연료에 대한 열광이 한풀 꺾였다. 바이오 연료를 사용함으로써 화석 연료에 종속되지 않기를 바랐지만 오늘날 '1세대' 농업 원료는 식량에 끼치는 부정적 영향, 땅과 물을 두고 벌이는 경쟁 때문에 적어도 잘못된 선택으로 여겨지고 있다. 기후에 긍정적 영향을 미친다는 것조차도 격한 논쟁을 불러일으키고 있다.

여기서 '바이오 연료'는 기름을 함유한 유채나 기름야자 씨앗에서 디젤을 생산하거나 옥수수, 밀, 마니옥, 사탕무처럼 전분과 설탕을 함유한 식물을 발효시켜 에탄올을 생산해내는 것을 말한다. 전 세계적으로 수확한 곡식의 6~7퍼센트를 농업 연료로 가공한다. 미국에서는 거의 3분의 1을 연료로 생산하고 있는데, 이는 점점 늘어나는 추세다. 왜냐하면 식물을 식량이나 사료로 사용하는 것에 비해 훨씬 많은 수익을 안겨주기 때문이다. 무엇보다 그런 이유로 지난 몇 년 동안 많은 기본 식량의 가격이 폭발적으로 올랐다. 농업 연료 생산은 한정된 경작지와 물을 놓고 식량용 곡식 재배와 경쟁을 펼치고 있으며, 산업화한 단작을 요구한다. 이런 단작은 지역의 구조와 고용 그리고 환경에도 매우 부정적인 결과를 초래한다. 2008년에 이미 세계농업보고에서 그렇게 추정했다. 그런데 사실은 이러하다. 즉 연료용 식물 재배가 전 세계적으로 식량용 재배를 밀어내고 거대한 양의 물을 삼켜버리고 있다. 국제적으로 활동하고 있는 원조 단체 옥스팜은 2008년 말 '또 다른 불편한 진실'이라는 연구를 통해, 선진국의 농업 연료 정책이 당시 전 세계 식량 가격 상승에 족히 30퍼센트의 기여를 했으며 이로써 적어도 3000만 명이 가난으로 내몰렸다는 증거를 내놓았다. 세계은행은 심지어 한 걸음 더 나아갔다. 요컨대 세계은행의 경제부 국장 돈 미첼(Don Mitchell)은 식량 가격을 오랫동안 관찰한 결과, 농업 연료용 재배야말로 높은 식량 가격에 직간접적으로 무려 70~75퍼센트의 영향을 미친다고 발표했다. 낮은 달러 가치, 투기와 높은 에너지 비용, 비료 및 운송 비용 등은 겨우 4분의 1 정도의 가격 상승을 거들 뿐이라고 한다. 그는 식량 위기의 원인은 인도와 중국에서 늘어나는 수요—특히 육류에 대한 수요—때문이라고 얘기하는 모든 주장을 일축했다. 돈 미첼만 이런 의견을 내놓은 것은 아니다. OECD 소속 무역 및 농업 담당관 슈테판 탕거만(Stefan Tangermann)은 이미 1년 전에 이렇게 밝힌 바 있다. "탱크에 더 많은 옥수수를 저장하는 것은 개발도상국에서 굶주리는 사람이 더 많아진다는 뜻이다." 또한 수년 동안 네슬레(Nestlé)의 사장을 맡았던 페터 브라벡레트마테(Peter Brabeck-Letmathe)는 2011년 〈프랑크푸르터 룬트샤우(Frankfurter Rundschau)〉와의 인터뷰에서 늦게나마 이렇게 인정했다. "우리는 바이오 연료로 수억 명의 사람을 잔인한 가난으로 또다시 몰아버렸습니다." 이 최고경영자는 또한 이렇게 말했다. "오늘날 미국에서 생산하는 옥수수의 절반 이상과 사탕무 5분의 1이 바이오 연료로 바뀐다는 것은 참으로 말도 안 되는 난센스입니다. 인류에게 식량을 충분히 공급할 수 없는 상황에서 말입니다." 그에 따르면 상황이 이렇게 된 데는 산업화한 농업이 아니라 정치에 책임이 있다. "정치가 바이오 연료에 대한 바보 같은 수요와 함께 식량 부족을 스스로 창출해냈다는 건 정말 미친 짓입니다."[60] 이는 국가 보조금을 통해 가솔린과 디젤을 혼합하라고 법적으로 강요한 것을 염두에 두고 한 말이다. 그는 여기서 개발도상국에서 막대한 가격 상승과 소요가 일어난 원인을 찾았다. 한 가지 예를 들어보자. 2007년 초 멕시코의 도시 사람들이 10만 명 넘게 거리로 뛰쳐나갔는데, 이는 불과 몇 주 사이 옥수숫가루로 만든 토르티야 1킬로그램의 가격이 거의 2배나 올랐기 때문이다. 시장경제적인 맥락은 분명했다. 즉 미국에서 에탄올 생산을 위해 옥수수에 대한 수요가 올라가면, 옥수수의 가격과 가치도 올라간다. 이는 결국 밀과 대두가 아니라 더 많은 옥수수를 재배하게 만든다. 줄어든 공급은 세계 시장에서 옥수수의 가격을 올라가게 하고, 그러면 더 많은 사람이 굶어야만 한다. 브라질 출신 해방신학자 프라이 베트(Frei Bett)는 이와 같은 과정을 고려해 농업 연료를 "죽음의 연료"라고 불렀다.

기후에 미치는 효과는 제로

농업 연료를 연소하면, 이 식물들이 전에 흡수했던 만큼의 이산화탄소를 방출한다. 따라서 제로섬 게임(zero-sum game: 한쪽의 이득과 다른 쪽의 손실을 더하면 제로가 되는 게임을 일컫는 말―옮긴이)이다. 하지만 이런 농산물을 에너지로 사용하기 위해 재배 및 가공에 투입하는 에너지는 엄청나게 많다. 이런 목적으로 열대 지방의 무성한 숲이 불타고 태곳적부터 내려오던 습지도 말라버린다. 이는 석유와 비교할 때 긍정적인 효과를 줄이고 심지어 부정적인 효과로 뒤집힐 수도 있다. 게다가 믿을 수 없을 정도로 많은 경작 면적이 필요하다. 세계농업보고에 따르면, 전 세계 석유 수요량의 겨우 20퍼센트를 공급하기 위해 전 세계 경작지의 3분의 2가 필요하다고 한다. 예를 들어, 인도네시아의 종려유 농장은 이산화탄소 폭탄과 같은 작용을 한다. 즉 야자기름 1톤을 생산하면 원유에서보다 온실가스가 10배나 더 많이 방출된다. 종려유를 원료로 투입하기 위해 원시림과 토양을 훼손시킴으로써 발생한 폐기 가스를 상쇄하려면 정말 심각한 경우 423년이 걸린다고 한다. 대규모 농장에서 단작을 하며 생태적으로나 사회적으로 지속적인 생산을 한다는 것은 실제로 불가능하다. 독일에 있는 모든 새로운 종려유 발전소는 동남아시아에서 종려유 마피아들에게 탐욕을 불러일으키고 있다.

부패한 협상

농업 연료에 쏟는 광기는 예를 들어 미국에서 아주 잘 볼 수 있다. 미국에서 매년 생산하는 에탄올 200억 리터는 미국 시민들이 교통 체증으로 인해 멈추어 있는 동안 내뿜는 온실가스의 양에 해당한다. 에너지를 적게 사용하는 현명한 교통 정책을 지원하는 대신 미국 정부는 2007년 말 거시적인 계획 한 가지를 세웠는데, 이에 따르면 2022년까지 매년 1360억 리터에 달하는 농업 연료를 생산한다고 한다. 석유 소비는 2017년까지 알코올과 그 밖의 다른 대안 연료를 통해 20퍼센트 대체해야 한다면서 말이다. 유럽연합도 비슷한 목표를 추구하며 농작물에서 추출한 연료를 2020년까지 10퍼센트 늘리겠다고 했다. 심지어 독일 정부는 20퍼센트까지 늘릴 계획이었다. 하지만 에탄올로 인한 문제가 발생하고 말았다. 즉 슈퍼가솔린에 '바이오' 에탄올을 10퍼센트 혼합하는 방식을 다시금 취소해야만 했다. 320만여 대의 독일 승용차 엔진과 폐쇄 장치가 이 공격적인 성분을 감당할 수 없었기 때문이다.

이미 2011년에 세계은행, IMF, OECD, FAO는 G-20, 특히 미국과 유럽연합에 바이오 연료의 생산이나 사용에 보조금을 지원하거나 지시하는 모든 법 규정을 삭제하라고 호소했다. 그 대신 각국은 폐기 가스를 줄일 수 있는 다른 대안을 강구하고, 에너지 효율에 집중해야 하고, 농업에서도 자체적으로 그렇게 해야 한다고 했다. 이때부터 유럽연합은 원래 정했던 10퍼센트라는 목표를 다시금 낮추려는 문제에 대해 격렬한 논쟁을 벌였다. 이로부터 전 세계의 굶주린 사람들을 희생시키는 명예롭지 못한 결정이 나왔다. 즉 유럽연합위원회가 우선 2012년 10월 목표를 5퍼센트로 제한하자고 제안했으나, 유럽연합 의회는 2013년 9월 6퍼센트에 찬성을 하고 2014년 6월에는 2020년 최대 7퍼센트까지 제한하자는 데 동의했다.

접시와 반대되는 탱크

탱크에 에탄올 100리터를 가득 채우는 데 필요한 곡물이면 이론적으로 성인 한 명이 1년 동안 먹을 수 있다. 요컨대 에탄올 100리터를 증류하려면 259킬로그램의 밀이 필요하고, 이 밀 1킬로그램당 460개의 빵을 구울 수 있다. 이를 좀더 확장하면 다음과 같은 의미다. 즉 토지와 농장의 식물로 산업 국가들의 연료 수요를 충족하려면 약 6억 헥타르의 재배 면적이 필요한데, 이는 브라질에 있는 바이오 연료 재배 면적의 90배에 해당한다. 그런데 우리는 전 세계에서 비옥한 경작지를 13억 헥타르 정도 갖고 있다. 전문 기자 빌프리트 봄메르트는 이렇게 말한다. "이 말은 산업 국가의 자동차에 연료를 공급하려면, 세계 경작지의 절반을 희생해야 한다는 의미다." 그는 이렇게 결론 내린다. "오늘날 많이 퍼져 있는 바이오 연료는 식량용 식물과 여전히 경쟁하고 있다. 지구상에는 경작지가 한정되어 있으므로 탱크와 접시 사이에 평화적인 공존이란 존재할 수 없다."[61]

세계를 위한 고기

독일에서 가장 큰 양계장을 운영하고 있는 페터 베쇼한(Peter Wesjohann)하고는 연락이 잘 안 되었다. 그는 PHW 그룹의 대표인데, 이 회사는 무엇보다 비젠호프(Wiesenhof) 닭을 생산하고 있다. 나는 긴 메일을 보내 이 그룹 홍보실에 우리의 영화와 책에 대해 설명했다. 하지만 나는 우선 대민 홍보 담당자 프랑크 슈뢰터(Frank Schroedter)라는 관문을 거쳐야만 했다. 나는 그를 뮌헨에 있는 한 호텔에서 만났다. 비교적 상세한 대화를 나누었지만 슈뢰터는 희망적인 답을 주지 않았다. 노력은 해보겠지만, 언론이 최근 자신들에 대해 부정적인 시각을 갖고 있다고 했다. 베쇼한의 스캔들은 닭고기에서 항생제가 검출되고, 마취도 시키지 않은 채 부리와 발과 볏을 절단하고, 위생적인 이유로 말미암아 작센안할트(Sachsen-Anhalt) 주의 뫼케른(Möckern)에 있던 양계장이 문을 닫은 뒤 80만 마리의 닭을 폐기 처분한 일 등등 한두 가지가 아니었다.

그러나 염려했던 것과 달리 나는 몇 주 후 면담 약속을 받았다. 페터 베쇼한은 촬영 도구나 카메라 없이 나와 개인적 대화를 나누기로 했다. 뭐 괜찮았다. 나는 이것이 첫걸음일 수도 있다고 생각했다. 그래서 니더작센(Niedersachsen) 주에 있는 작은 마을 레흐터펠트(Rechterfeld)로 가는 기차표를 예약했다. 그는 비스벡(Visbek) 부근에 있는 이 마을에서 닭 왕국을 지배하고 있었다.

PHW 그룹은 독일에서 생산하는 닭 가운데 24퍼센트를 차지하는 선두적인 기업이다. 요컨대 매주 450만 마리의 닭을 소비한다는 얘기다. 밖에서는 본관이 잘 보이지 않았다. 흰색 널빤지로 가려 커다란 건물 안을 들여다볼 수 없기 때문이다. 페터 베쇼한은 그룹의 대표라고 하기에는 젊었다. 44세의 나이에 얼마 전 아버지로부터 직위를 이어받았다. 그는 인터뷰에서 아버지와는 다르게 회사를 경영할 것이라고 분명하게 말했다.

아버지 파울하인츠 베쇼한(Paul-Heinz Wesjohann)은 전후(戰後)에 이 기업을 세웠다. 소규모 장사를 해본 경험이 있는 파울하인츠의 아버지 파울(Paul)은 이미 닭장을 실험해본 사람이다. 그리고 파울하인츠가 계약 농부라는 모델을 고안해냄으로써 이 회사는 부쩍 성장해 몇 년 만에 모든 경쟁자를 능가했다. 비젠호프 닭은 대표 베쇼한이 농부에게 필요한 모든 것을 공급해주는 시스템을 갖추고 있다. 요컨대 병아리, 사료, 심지어 백신조차도 자회사 로만 애니멀 헬스(Lohmann Animal Health)에서 가져온다. 그 대신 베쇼한은 이들 계약 농부가 키운 닭을 모두 사들인다. 농부들에게 이는 안전장치를 의미하지만, 매우 종속된 관계이기도 하다.

나는 페터 베쇼한에게 이런 폐쇄적인 시스템에 어떤 장점이 있는지 물어보았다. "좀더 건강한 닭을 얻을 수 있지요. 어미 닭은 우리가 엄격하게 위생 관리하는 부화장에서 태어납니다. 직원들은 양계장에 들어갈 때, 반드시 샤워를 해야 합니다." 이처럼 까다로운 기준은 친환경 농장에서는 존재하지 않는다. 계약 농부들은 심지어 베쇼한의 사료를 닭에게 의무적으로 먹여야 한다. "이것 역시 품질 관리에 속합니다." 아주 좋은 장사가 아닐 수 없다. 사료는 닭 가격의 70퍼센트를 차지하는 데다 더 오르고 있는 추세이니 말이다.

"유감스럽지만 우리가 앞으로 더 이상 보장할 수 없는 사실이 하나 있습니다. 그건 비젠호프 닭들이 유전자 변형을 하지 않은 대두만 먹고 자랄 수는 없다는 것입니다. 이런 대두를 발견하는 게 점점 어려워지고 있거든요." 하지만 브라질에서는 지금도 유전자 변형을 하지 않은 대두가 많이 나오지 않나? "맞아요. 하지만 가격이 비싸죠. 우리나라 소비자들은 그런 가격을 지불할 준비가 되어 있지 않습니다."

나는 기후 변화가 일어나고 있는 이 시대에 우리가 그렇듯 많은 고기를 먹어야 하는지 물어보았다. 페터 베쇼한은 이 문제에 대해 매우 주관적인 대답으로 반격했다. "우리 모두가 채식주의자가 된다 하더라도 별로 달라질 게 없을 겁니다. 왜냐하면 농업 부문에서 방출되는 이산화탄소의 많은 부분이 곡물 재배를 통해 나오기 때문입니다." 하지만 우리는 이 지구상의 자원이 점점 부족해지는 것을 목도하고 있다. 이런 상황에서 닭을 좀 더 유기농적으로 키울 수는 없을까? 페터 베쇼한은 이의를 제기했다. "유기농 닭이 사료를 훨씬 많이 소비합니다. 우리 양계장 같은 경우 1킬로그램의 고기를 얻기 위해서 2킬로그램의 사료를 투입하면 됩니다. 개량종의 경우에는 1.6킬로그램으로 충분해요. 이것이야말로 자원의 효율성이지요. 이해득실을 따져본 결과, 유기농 닭과 자유롭게 돌아다니게 하는 닭은 오히려 생태계에 미치는 영향이 더 큽니다. 왜냐하면 이런 닭들은 사료를 더 많이 먹거든요. 그래서 우리 양계장의 고기가 이산화탄소 배출 성적이 더 좋은 것입니다."

PHW는 자체적으로 매주 1만 마리 정도의 유기농 닭도 생산한다. 하지만 베쇼한은 이 품종에 확신을 갖고 있지 않는 듯했다. "유럽연합의 규정에 따르면, 유기농 닭한테 뛰어다닐 수 있는 공간을 4제곱미터 제공해야 합니다. 그런데 양계장에 가서 보십시오. 닭은 이런 땅을 이용하지도 않고, 그렇게 멀리 다니는 것도 좋아하지 않죠." 그래서 나는 그것은 분명 외부 영역을 확보하는 문제와 관련이 있을 것 같다며 이의를 제기했다. 닭은 본능적으로 맹금(猛禽)들을 피할 곳을 찾으며, 그래서 수풀이나 나무 밑에 있는 것을 좋아한다. 나는 이런 질문도 하고 싶었다. 왜 요즘 키운 닭들은 낮의 빛조차 견딜 수 없을 정도로 퇴화했는지.

유전자 쪽 문제는 다른 회사, 즉 그의 삼촌이 경영하는 EW 그룹이 담당했다. 1990년대에 베쇼한 가문의 두 형제, 그러니까 파울하인츠와 에리히(Erich)는 가족 회사를 2개로 나누었다. 에리히는 달걀 생산과 병아리 사육을 떠맡았다. 그의 자회사 로만 티르추흐트(Lohmann Tierzucht)와 파트너 회사 아비아제네(Aviagene)는 오늘날 세계 시장에서 1위를 차지한다. 전세계에서 생산하는 달걀의 3분의 1은 바로 이 로만 닭들이 낳은 것이다. 참으로 흥미로운 제국이 아닐 수 없다. 하지만 베쇼한은 우리에게 촬영을 허락하지 않았다. 대화를 나누고 몇 주 후 거절한다는 연락이 온 것이다. 계속 조사를 하던 중 우리는 하필이면 인도에서 육류 생산 제국을 하나 발견했는데, 베쇼한과 너무나 비슷해서 정말 놀랐다. 수구나 푸즈(Suguna Foods)는 두 형제, 곧 B. 사운다라라얀(Soundararajan)과 G. B. 사운다라라얀의 소유였다. 수구나 역시 달걀과 닭고기 분야에서 시장을 선도하는 기업이었다. 이 회사를 세운 형제의 아버지 역시 장사꾼이었는데, 계약 농부 시스템을 성공적으로 모방했다. 나는 완전히 매료되어 이 회사와 접촉을 시도했다. 이 메일을 몇 번 보낸 뒤 놀랍게도 2명의 사장 중 한 명과 개인적으로 전화 통화를 할 수 있었다. 나는 그에게 수구나 푸즈가 독일의 베쇼한이라는 대기업과 놀라울 정도로 비슷하다고 전했다. 그는 독일 형제들에 대해 잘 알고 있으며, 베쇼한 자회사인 로만 티르추흐트에서 '유전자'를 구입했다고 인정했다. "그러니까 조부(祖父)에 해당하는 닭이지요. 인도에 오시면 어떻게 돌아가는지 보여드리겠습니다."

이 회사의 성장은 숨이 멎을 정도였다. 수구나는 1998년 2900만 유로의 매상을 올렸는데, 2010년에는 이 수치가 5억 7000만 유로에 달했다. 고작 12년 만에 20배나 성장했다는 뜻이다! 이 회사는 매주 750만 마리의 닭을 생산해 독일 회사보다 거의 2배나 많았다. 인도 인구가 독일보다 10배 이상 많은 12억 명이나 되니 당연하다. 그런데 잠깐! 인도는 세계에서 채식주의자가 가장 많은 나라 아닌가? 힌두교도의 절반가량이 육식을 하지 않고, 전체 인구로 계산하면 대략 30~40퍼센트가 고기를 먹지 않는다. 그런데 이런 채식주의자들의 비율이 점점 줄어들고 있다. 돈 있는 젊은이들이 고기를 많이 먹기 때문이다. 중국을 비롯한 다른 중진국에서도 볼 수 있는 추세다. 만일 인도에서 곧 더 많은 고기를 소비한다면, 이는 세계 식량에 어떤 의미일까?

전 세계 채식주의자들이여 뭉쳐라!

채식주의가 인류를 구하고 기아 문제로부터 세계를 해방시켜줄 수 있을까? 전 세계 단체와 사회에서 벌어지고 있는 이런 운동의 자체적인 이해력을 따라가다 보면, 이와 같은 생각도 절대 엉뚱한 것으로 보이지는 않는다. 모든 것을 먹는 잡식주의자들과 냉정하게 비교해보더라도 에너지와 경작지를 덜 소비한다는 결과가 나오므로 다음과 같은 결론을 내릴 수 있다. 요컨대 지구상에 있는 농업용 경작지를 오로지 채식주의자에게 식량을 공급하기 위해서만 이용한다면, 100억 명이 먹어도 충분하다는 것은 매우 진실에 가깝다. 이렇게 하기 위한 전제 조건으로 모든 가축 사육을 중단해야 하는 것은 아니다. 아울러 산업화한 가축 사육과 사료 재배를 폐지해야 하는 것도 아니다. 왜냐하면 채식주의자도 풀을 뜯어 먹고 곡식을 쪼아 먹는 동물들로부터 나오는 제품을 좋아하기 때문이다. 적어도 소수의 채식주의자들은 그렇다. 채식주의자라고 해서 모두가 동일하지는 않다. 즉 우유를 먹는 채식주의자, 달걀을 먹는 채식주의자, 달걀과 우유를 다 먹는 채식주의자, 우유는 물론 달걀도 먹지 않는 채식주의자가 있다. 이들 모두의 공통점이라면 고기와 생선, 그리고 이런 것을 가공한 식품을 전혀 먹지 않는다는 것이다. 일반적으로 채식주의는 도축한 동물들로부터 나오는 젤라틴이나 돼지기름 같은 성분도 배제한다. 한편 달걀을 먹는 채식주의자도 아직 수정되지 않은 것이어야 한다. 즉 먹을 때 생명체를 죽이지 말아야 한다. 이와 반대로 기원전 500년 피타고라스가 확립한 전통적인 채식주의는 달걀도 우유도 먹지 않았다. 이는 힌두교를 믿고 대부분 채식주의자인 인도 사람들도 마찬가지다. 그 밖에 꿀은 물론 가죽, 양털, 비단의 사용도 반대하는 채식주의자들에게도 해당한다. '비건(Vegan)'이라는 말은 영국 사람 도널드 왓슨(Donald Watson)에 의해 세상에 알려졌는데, 그는 1944년 '비건 소사이어티'를 세운 인물이다. 채식주의를 이루고 있는 주요 핵심은 윤리적인 생각이다. 왜냐하면 채식주의 운동 배후에는 건강한 영양 섭취라는 문제보다 동물에 대한 사람의 철학적 관계, (신이 창조한) 창조물에 대한 인정과 살생 금지라는 문제가 더 중요하기 때문이다. 영국 철학자 제러미 벤담(Jeremy Bentham, 1748~1832)은 동물의 권리를 인정한 최초의 몇 사람 가운데 하나였다. 동물도 고통을 느끼기 때문에 다음과 같은 질문은 필요 없다. "동물은 생각을 할 수 있을까?" "동물은 말을 할 수 있을까?" 오히려 이런 질문을 해야 마땅하다. "동물도 힘들어할까?"

독일에서 채식주의 운동을 일으킨 사람은 바로 구스타프 슈트루페(Gustav Struve, 1805~1870)다. 그는 1868년 슈투트가르트에서 오늘날에도 여전히 존재하는 최초의 채식주의 단체를 건립했다. 한편 카를 안데르스 슈크리퍼(Carl Anders Skriver, 1903~1983)는 기독교 윤리의 혁신을 요구하며, 동물에 대한 관계를 근본적으로 수정해야 한다고 주장했다. 여기에는 채식주의 말고도 사냥, 털가죽을 생산하기 위한 동물 사육과 생체 해부, 그리고 살아 있는 동물의 실험을 거부하자는 제안도 포함되어 있었다. 프랑크푸르트학파를 대표하는 유명한 아도르노(T. W. Adorno)와 호르크하이머(M. Horkheimer) 역시 동물의 권리 문제를 다루었다. 아도르노는 아우슈비츠가 시작된 것은 어떤 사람이 도축장에서 "이건 그냥 동물일 뿐이야!"라고 말했을 때부터라고 말한 것으로 전해진다. 피터 싱어(Peter Singer)는 1975년 《동물의 자유(Animal Liberation)》라는 책을 출간했다. 이 책은 동물의 권리를 위한 윤리적 운동의 성경으로 알려졌다. 싱어는 한 동물의 고통을, 그것이 어떤 형태든 고려하지 않는 것은 윤리적 정당성을 결코 부여할 수 없다고 썼다. 이와 같은 평등 원칙으로부터 '인간이 아닌 동물'을 배제하는 것은 너무나 자의적으로 문화, 종교, 피부색, 성별이 다른 인간을 배제하는 것과 같다.

세계 식량이라는 구상?

독일에서는 채식주의로 영양을 섭취하는 방식이 눈에 띄게 늘어나고 있다. 이런 추세는 2000년 11월 26일—독일에서 처음으로 광우병 사례가 알려진 날—이후 확실히 강해졌다. FORSA(독일의 유력한 여론 조사 기관—옮긴이) 연구소가 2006년 발표한 통계에 따르면 그 수는 대략 8퍼센트로, 600만 명이 넘는다. 지금은 10퍼센트 정도에 달하겠지만, 정확하게 몇 명인지에 관한 자료는 없다. 확실한 것은 남자보다 여자가 4배 더 많다는 사실이다. 로베르트 코흐(Robert Koch) 연구소의 통계에 따르면 18~24세 여성 가운데 16퍼센트가 완전 채식 또는 부분 채식을 한다고 한다. 그동안 사람들은 슈퍼마켓, 레스토랑, 대학 및 회사 구내식당에서 채식 메뉴를 점점 더 많이 찾아볼 수 있게 되었다. 이런 트렌드를 주도하는 사람은 주로 교육을 많이 받은 젊은이들이다. 영국 베지테리언 소사이어티의 언론 보도를 믿는다면, 이 왕국에서는 매주 5000명이 채식주의자 반열에 오른다고 한다. 잠정적인 집계를 해보면 2030년까지 광우병의 모국인 이 나라에서는 대부분의 사람이 고기를 전혀 먹지 않을 것이라는 얘기다. 전혀 현실적인 미래는 아니지만, 그래도 일반 채식주의자와 엄격한 채식주의자들이 세계 식량 문제와 관련해 해결책을 제시하는 것은 아닐까 하는 생각이 들기도 한다.

엄격한 채식주의 모임의 부회장을 맡고 있는 뤼디거 보크(Rüdiger Bock)는 인터뷰에서 이렇게 대답했다. "충분히 숙고한 생각이라는 것은 없습니다. 상세한 계획은 현재 엄격한 채식주의 생활을 하고 있는 사람들이 1퍼센트도 넘지 않는 상황에서 시기상조이거나 그다지 유익하지 않습니다. 그런 계획은 실행되지 않을 테니까 말입니다." 이와 반대로 그는 "엄격한 채식주의를 바탕으로 하는 영양 섭취는 지금까지보다

시카고상품거래소: 세계에서 가장 중요한 농산물 거래소.

"우리는 유전자 변형 기술을 포기할 수 없습니다." 바이엘 크롭사이언스의 요한 보테르만 교수.

농부들을 위해 농부들이 준비한: 인도 오리사 주에 있는 쿠숨 미슈라의 종자 은행.

"이곳은 라스베이거스가 아닙니다." 주식 거래인 스콧 셀레이디.

짐 로저스: 식량 투자계의 거물.

가장 신성한 것: 시카고상품거래소의 세계 농산물 거래 현장.

컨베이어벨트에서 닭을 도축하는 장면: 인도 남부의 수구나 공장.

수구나 푸드의 사장 B. 사운다라라얀: 인도 달걀 및 닭고기 시장의 선두 주자.

수구나 양계장은 독일 베쇼한 형제의 농장 모델을 모방했다.

미래의 식량? 끓는 물에 데친 무도거미(캄보디아).

"소는 곤충만큼 이윤이 생기지 않아요."
귀뚜라미 농장을 하고 있는 태국 농부 비툰 깨우몬트리는 곤충을 팔아 집도 짓고 아이들을 다시 학교에 보낼 수 있었다.

크라파오와 함께 튀긴 대나무 애벌레. 태국에서는 이것을 '급행열차'라고 부른다.

모잠비크의 대두 농장 '헤이 두 아그루': 사장 제스 타프와 지배인 에드워드 무스웨라쿠엔다.

'헤이 두 아그루' 대두 농장의 일꾼들.

채소를 팔기 위해 시장으로 가는 패니 난지와(말라위).

외국인 투자자는 모잠비크 소농들에게 저주일까, 축복일까?

"땅은 통제할 수 없는 매개물입니다." 무라세 하루히코 교수가 LED 전등 아래서 자라는 벼를 지켜보고 있다(일본 오사카).

미래의 채소 재배에 대해 소개하는, 스프레드 주식회사의 식물 공장 대표 이나다 신지(일본 교토).

"우리 농장의 소들은 우리 초원에서 사료를 먹습니다." 헨네프에 있는 농장에서 젖소를 키우는 농부 베른트 슈미츠.

뮌헨 부근 글론에서 유기농 농사를 짓고 있는 카를 슈바이스푸르트.
헤르만스도르퍼 농장에서는 닭과 돼지와 소를 같은 풀밭에 풀어놓고 키우는, 이른바 '생태적 집약화'를 실험 중이다.

칼리 & 잘츠 주식회사의 연구팀장 안드레아스 그란제의 말에 따르면, 인공 비료야말로 미래 세계의 식량 공급을 보장한다.

독일의 칼리염은 대략 2060년까지 충분히 사용할 수 있다. 그런 다음에는?

"우리는 생태학적으로 영양을 섭취하거나, 아니면 전혀 섭취할 수 없습니다."
부식토를 손에 들고 있는 유기농 농부 펠릭스 뢰벤슈타인.

아쿠아포닉 시설 앞에 앉아 있는, 도시 정원의 선구자 윌 앨런(미국 밀워키).

훨씬 더 효과적으로 토지를 사용하게끔 해줄지 모른다"는 것을 진지하게 받아들였지만, 이에 관해서는 좀더 상세히 연구해야 할 것이라고 충고했다. 엄격한 채식주의자의 시각에서 보면 모든 가축을 거절해야 하고, 이는 고산 지대에서 생활하는 행복한 소의 경우도 마찬가지다. 엄격한 채식주의자로서 가축을 기르는 데 있어 좀더 나은 조건을 제시해야 할지, 아니면 가축 사육을 완전히 폐지해야 할지에 대한 문제는 아직 논쟁 중이라고 뤼디거 보크는 말했다. 전 세계에 있는 모든 사람이 자신들의 소비 습관을 바꿔 고기를 더 이상 먹지 않는다고 가정해보자. 엄격한 채식주의자들의 생각에 따르면 많은 동물에게 어떤 일이 일어날까? 보크는 매우 실용적인 대답을 준비하고 있었다. "이와 같은 질문은 순전히 이론적인 성격이 강하므로 정말 흥미롭지는 않습니다. 만일 가축 수요가 줄어든다면, 시장은 그냥 줄어든 상품으로 대응을 하겠죠. 하지만 개인적인 대화를 나누는 자리에서 나는 이렇게 대답하곤 합니다. 우린 타협점을 찾을 수 있을 것이라고 말입니다. 즉 기존의 가축은 도살해서 먹어도 좋지만, 그 이후의 사육은 더 이상 없습니다. 가축이 다 없어지기까지 며칠 걸리지 않을지도 모르죠."

우리는 비행기를 타고 남부에 있는, 인도의 실리콘밸리라고 할 수 있는 방갈로르(Bangalore)로 갔다. 빌딩, 쇼핑센터, 복잡한 교통 등으로 볼 때 인도 남부는 오리사 주 같은 동북부보다 훨씬 발달한 것처럼 보였다. 방갈로르에 사는 많은 사람들은 고기를 사 먹을 능력을 갖췄다. 이를테면 850만 명의 주민을 위해 20여 곳의 맥도널드 상점이 있다. 다행스럽게도 메뉴는 완전히 서구식이 아니었다. 고기가 들어가지 않은 음식을 보고 나는 기뻤다. "인도는 채식주의자들에게 천국입니다." 음향을 담당하는 랄프는 심지어 이렇게 말했다.

우리는 팔라마네르(Palamaner) 부근에 있는 수구나의 부화장으로 갔다. 높은 담으로 둘러싸인 이 건물 주변은 온통 들판이었다. 문 앞에서부터 위생 조치가 시작되었다. 우리는 신발을 소독해야만 했다. 안에 들어가 샤워를 하고 옷을 바꿔 입었다. 각자 얇은 면으로 된 윗옷을 받았다. 더 이상은 필요 없었다. 부화장은 온도가 섭씨 30도를 넘었기 때문이다.

이곳을 관리하는 지부장 존 퍼시 페르난도(John Percy Pernando)는 우리를 넓은 홀로 데려갔다. "농장에서 태어난 달걀은 이곳으로 옵니다. 그곳에서는 방문객을 받지 않는데, 위생 때문에 그렇습니다. 하지만 여기와 결코 다르지 않습니다." 나는 주변을 둘러보았다. 달걀은 도매상에서 그러하듯 커다란 상자에 담긴 채 차곡차곡 쌓여 있었다. 하지만 여기 있는 달걀은 식용이 아니다. 근로자들이 달걀을 컨베이어벨트 위에 세워놓으면 자동으로 작은 바퀴 같은 시스템으로 옮겨간다. 그러면 검사원 2명이 달걀에 이상이 없는지 검사한다. 그런 다음 달걀을 흡입 컵(suction cup)으로 들어 올려 커다란 금속 접시에 놓는다. "이런 기술은 20년 전에는 없었어요. 당시엔 모든 것을 직접 손으로 해야만 했죠. 요즘은 모두 자동화되어 감염 위험도 줄었지요."

지부장은 우리를 계속 안내했다. "여기 있는 것은 인큐베이터입니다. 여기서 11만 5200개의 달걀을 부화시키는 데 꼬박 18일이 걸리죠. 암탉이 알을 품을 때와 똑같은 조건을 갖춰놓았습니다. 습도 53퍼센트, 온도 37.6도, 약간의 산소. 달걀은 매 시간마다 자동으로 뒤집힙니다." 그가 묵직한 문을 열었다. "그런 다음 달걀은 공기가 잘 통하는 이 플라스틱통에 들어갑니다." 그러곤 직원에게 가장 위에 있는 상자를 내려보라고 지시했다.

몇몇 달걀은 아직 껍질이 단단하고, 또 몇몇은 껍질에 작은 구멍이 생겼다. 병아리 몇 마리는 벌써 밖으로 빠져나오고 있었는데, 깃털이 아직 축축해서 쩍쩍 달라붙었다. "여길 보세요. 이 병아리는 방금 알에서 나왔습니다. 깃털이 다 마를 때까지 10~14시간 걸립니다. 내일 아침 일찍 우리는 이 병아리를 꺼내 예방 주사를 놓을 겁니다. 이 모든 과정을 거쳐 내일 저녁이면 이 녀석은 양계장에 있을 것입니다."

존 페르난도는 우리를 다음 공간으로 데려갔다. 어린 병아리들의 삐악거리는 소리가 멀리서도 들려왔다. 여성 근로자들이 상자를 컨베이어벨트 위로 밀어 넣었다. 또 다른 여성 근로자들은 노란 털이 있는 병아리들을 잡아서 널찍한 미끄럼대 위로 던졌다. 미끄럼대는 병아리를 빽빽하게 실은 채 움직였다. 병아리들은 다시 쿵 소리를 내며 컨베이어벨트 위로 떨어지고, 여기서 벽에 나 있는 작은 구멍을 통해 옆 공간으로 이동했다.

그곳에서 새로 태어난 녀석들은 또 다른 충격을 받는다. 즉 컨베이어벨트가 끝나는 지점에서 50센티미터 정도 밑에 있는 넓은 벨트 위로 쿵하고 떨어졌다. 몇 초 후 충격에서 깨어난 병아리들은 겨우 일어나 자신들의 운명을 기다렸다. 여기에서는 여성 근로자들이 손으로 선별 작업을 했다. 언뜻 보기에 장애가 있는 병아리는 커다란 깔때기 속으로 던져졌다. 이는 바로 죽음을 의미했다. 지부장은 우리가 이 광경을 촬영하는 것을 좋아하지 않았다. 그래서 근로자들에게 힘겨워하는 병아리들을 바구니에 넣어 치우라고 지시했다. 공간 전체가 병아리들의 삐악거리는 소리로 가득 차 있었다. 병아리를 선별한 뒤 빈 상자들이 차곡차곡 쌓였다. 이제 다음 단계로 넘어갈 차례였다. 주사액이 담겨 있는 커다란 통에는 여러 번 사용할 수 있는 주사기가 달려 있었다. 근로자들은 병아리에게 주사를 놓고 잠시 꾹 눌렀다. 그들은 거의 2초마다 이런 행동을 반복했다. "이곳에서 병아리한테 예방 주사와 항생제를 줍니다. 이런 주사를 맞고 나면 병아리들은 35~40일까지, 그러니까 닭으로 사는 동안 면역이 되죠." 존 페르난도가 설명했다.

트럭 한 대가 오더니 짐 싣는 곳으로 갔다. 트럭은 쌓아둔 상자를 실어 적재하는 곳에 밀어 넣었다. 지부장은 보아하니 매우 자부심을 느끼고 있는 듯했다. "20년, 아니 30년 전만 하더라도 이곳에서는 육류를 거의 소비하지 않았지요. 닭을 먹는 사람도 찾아보기 힘들 정도였습니다. 그런데 이제는 육류를 소비하는 사람이 늘어났고, 앞으로는 더욱더 늘어날 것 같습니다. 우리는 사람들에게 건강하고 단백질이 풍부한 음식을 제공하고 있습니다." 나는 선별 과정에서 제외된 병아리들은 어디로 보내는지 물어보았다. "공장 밑에 있는 쓰레기통으로 갑니다." 우리는 이 모습을 촬영하고 싶었으나 거절당했다.

우리는 트럭을 따라 양계장으로 갔다. 공장 사람들은 우리에게 현대적인 수구나 농장을 보여주고 싶어 했는데, 이 농장은 인도에서 가장 남쪽에 위치한 타밀나두(Tamil Nadu) 주의 마두라이(Madurai) 근처에 있었다. 마두라이는 오래된 사원 도시로 유명한 곳이다. 도시 안에는 12세기에 세워진 거대한 사원이 여러 개 있었다. 하지만 힌두교 사원은 도시 가장자리의 슬럼가에도 있었다. 그곳에서는 함석지붕을 얹은 움막들 사이로 플라스틱 물통을 든 여인들이 공동 우물에서 물을 길었다. 생활 하수가 좁은 골목길을 지나 흘러갔다. 여인들은 문 앞에서 요리를 했다. 이런 사람들은 아마도 고기를 먹을 형편이 안 되겠지? 통역이 작은 가게를 가리키며 말했다. "고기는 없지만 달걀은 있어요." 정말 가게 앞 판매대 위에는 달걀을 담은 종이 상자가 여러 개 있었다. 가게 주인의 말에 따르면, 사람들은 예전보다 달걀을 더 많이 먹는다고 했다. "내가 여기에서 장사한 지 15년쯤 됐는데, 처음에는 하루에 달걀을 한 판 혹은 두 판을 팔았습니다. 한 판에는 달걀 30개가 들어 있죠. 그런데 요즘은 네 판을 주문해도 부족할 때가 많아요." 통역은 인도 정부가 무엇보다 아이들에게 단백질을 공급하기 위해 달걀에 국고를 지원한다고 설명해주었다.

다음 날 아침, 수구나 직원 한 명이 우리를 데리러 왔다. 농장까지는 30분 정도 걸렸다. 소독용 액체가 들어 있는 납작한 접시가 보였다. 밖에서 들어오는 사람들의 옷을 소독할 필요가 있어서 그런지 작은 분무기도 있었다. 이 농장은 5개의 기다란 공간으로 이뤄졌는데, 전혀 닭을 키우는 우리처럼 보이지 않을뿐더러 닭의 울음소리조차 들리지 않았다. 농장을 관리하는 지배인 카르티케얀(N. Karthikeyan)이 문을 열어주었다. 그러자 내부에서 닭의 소리가 들렸다. 하지만 거대한 환풍기 소리로 인해 거의 들리지 않을 정도였다. "냉난방 장치로 항상 동일한 온도를 유지하죠. 처음에는 33도, 병아리들이 조금 더 자라면 31도, 나중에는 약간 더 온도를 내려줍니다." 장치가 비싸지는 않을까? "비싸죠. 하지만 이렇게 하면 닭의 건강에 좋습니다. 여기에서는 필터로 걸러낸 공기만을 유입해 질병에도 걸리지 않습니다. 생산성도 높아 바깥에서 기르는 닭들에 비해 더 잘 성장합니다. 왜냐하면 여기서는 그렇게 많이 움직이지 않아도 되고, 스트레스도 받지 않는 환경이니까요."

근로자 한 명이 닭장이 줄지어 있는 중간에 들어가 바닥에 떨어진 죽은 닭을 주웠다. 카르티케얀은 우리 시선을 의식하고 이렇게 설명했다. "생존율은 93퍼센트죠. 닭을 몇 마리 잃긴 하지만 비교적 소수라는 얘깁니다. 우린 6개 시설에서 약 12만 마리의 닭을 기르고 있거든요."

지부장은 그 시설에 대해 매우 큰 자부심을 느끼고 있었다. "이런 양계장은 인도에서 아주 새로운 방식입니다. 2009년에 처음 세워졌죠. 우리는 하이데라바드(Hyderabad)에 이와 비슷한 규모, 그러니까 12만 마리의 닭을 키우는 농장이 있고, 앞으로 더 많은 농장을 세울 계획입니다. 우리나라 전체에 말이죠." 인도 사람들이 고기를 더 많이 먹게 될까? "작년에 우리는 10퍼센트 성장을 했습니다. 과거에 사람들은 잔치가 있을 때 닭 한마리 정도 살 능력이 있었죠. 많아야 일주일에 한 번 정도였습니다. 하지만 요즘은 규칙적으로 닭고기를 먹고, 심지어 매일 먹기도 합니다. 정말 놀라운 일이지요."

우리가 다음으로 방문한 곳은 근처에 사는 계약 농부의 양계장이었다. 예나 지금이나 수구나의 닭은 대부분 이런 방식으로 사육되고 있을 것이다. 이곳에는 냉난방 장치도 없고, 닭장도 작았다. 철사로 만든 닭장 옆쪽은 열려 있었다. 대기 중에는 모기와 다른 곤충들로 가득했다. 여기에서도 닭은 아주 좁은 공간에 빽빽하게 모여 있었다. 일꾼들이 마침 사료통에 사료를 부어주었다. 닭의 하얀색 깃털은 옆구리에 때가 묻어 갈색으로 변했다. 닭장의 문은 가능한 한 넓게 열려 있었는데, 그럼에도 불구하고 어떤 닭도 바깥으로 나오지 않았다. 이 닭들은 조금만 더 있으면 충분히 성숙한 수준이 될 텐데 보아하니 잘 걷지도 못했다. 몇 걸음 걷다 말고 주저앉곤 했다.

농장 주변에 있는 수풀에서 닭 몇 마리가 뭔가를 쪼아 먹고 있었다. 이들은 전혀 달라 보였다. 즉 알록달록한 깃털에 무엇보다 훨씬 날씬했다. 나는 한 일꾼에게 그게 무슨 닭인지 물어보았다. "우리가 기르는 닭이죠. 닭장에 있는 것들은 모두 내다 팔고, 우리는 토종닭을 먹습니다." 통역을 담당하는 상게타(Sangeetha)는 인도의 모든 가정주부들은 마당에서 키우는 닭이 훨씬 더 맛있다는 걸 안다고 말했다. "육질이 훨씬 단단해서 더 비싸답니다."

다음 날 우리는 우달마프레트(Udalmapret)에 있는 수구나 도축장을 방문했다. 그곳까지는 차로 3시간 거리였다. 북인도와 비교할 때 깨끗한 길을 보고 놀라지 않을 수 없었다. 심지어 시골길을 따라 보행자와 자전거를 위한 길도 있었다. 창고 옆 짐을 부리는 승강장 앞에 트럭 몇 대가 기다리고 있었다. 태양의 열기 때문에 대부분의 트럭은 밤에 짐을 내려놓았다. 이곳은 타밀나두 주에 있는 모든 농장을 위한 도축장이었다. 20년 전에 생겨나 점점 더 규모가 커지고 있으며, 수많은 공장이 밀집한 곳이었다.

이곳의 대표인 B. 사운다라라얀이 우리를 직접 맞이했다. "우리는 1986년 잡화점에서 시작했습니다. 당시 우리는 농부들이 1년 동안 돈을 벌고 그다음 해에는 돈을 잃어 괴로워하는 모습을 지켜보았죠. 이런 불행으로부터 농부들을 구해주기 위해 계약 농업을 시작했습니다. 처음에는 3명의 농부와 함께했죠." 타이밍도 아주 좋았다. 인도 정부가 달걀과 닭의 생산을 높이기 위한 개발 프로그램을 막 시작했던 것이다. "그래서 우리는 사업을 인도 전역으로 확장할 수 있었죠. 지금은 1만 8000명의 농부와 계약을 맺고 있습니다."

나는 독일에도 2명의 형제가 이와 같은 시스템으로 성공했다는 이야기를 해준 후, 혹시 베쇼한 형제를 개인적으로 아는지 물어보았다. "예, 물론입니다. 나는 그들을 만나기 위해 쿡스하펜(Cuxhaven)에 세 번인가 네 번을 갔었죠. 에리히 베쇼한은 가족과 함께 우리를 방문하기도 했고요. 우리는 그들로부터 많은 것을 배웠습니다. 그들은 이미 인도에 진출했는데, 우리가 자회사인 로만과 공동 회사를 시작했기 때문이죠. 닭한테 예방 접종할 때 사용하는 약품을 생산하는 회사죠."

조부에 해당하는 동물을 영국이나 독일에서 수입하는 문제와 관련한 시스템은 매우 복잡하게 들렸다. "이들을 키우는 단 하나의 농장이 하이데라바드 부근에 있는데, 우리는 그곳에 아무도 들여보내지 않아요. 우리 회사의 심장이라고 할 수 있죠. 이곳은 절대 잘못되면 안 됩니다. 닭이 낳는 달걀로부터 이른바 부모 세대가 나오죠. 우리는 이것들은 300곳의 다양한 농장에서 키웁니다. 이것들이 부화장에서 병아리가 되면 전국에 있는 1만 8000명의 농부들에게 나눠주는 식이죠."

수구나에서도 시스템은 거의 자체적으로 운영하는 형태였다. "농부들은 우리에게서 닭 사료를 받습니다. 우리는 사료를 만드는 중앙 제분소와 지방에 있는 30곳의 공장에서 매년 180만 톤에 해당하는 사료를 생산합니다. 35~40일이 지나 닭이 도축할 수 있을 정도로 자라면 농부들에게서 닭을 이곳으로 가져오지요."

우리는 짐 내리는 승강장 쪽으로 걸어갔다. 여기가 바로 닭을 내려놓는 곳이란 걸 알 수 있을 정도로 멀리서도 꽥꽥거리는 소리가 들려왔다. 하지만 이곳에서 일어나는 일들에 비하면 닭들은 놀라울 정도로 조용했다. 머리 높이 정도에서 V자 모양의 고리 달린 쇠사슬이 지나갔다. 닭들은 바로 이 고리에 발이 걸린 채 거꾸로 매달려 있었다. 사슬에 매달린 닭들은 갈라진 틈을 통과해 공장 내부로 들어갔다. 바로 그곳에서 4명의 근로자가 닭의 목을 땄다. 그들은 거의 기록적일 만큼 빠르게 움직였다. 거의 2초마다 목을 땄다. 닭은 잠시 움찔하며 피를 흘렸다. 그러는 동안에도 컨베이어벨트는 계속 움직였다.

이 도축장은 네덜란드에서 도입한 지극히 현대적인 시설로 모든 게 자동화되어 있었다. 우선 깃털을 뽑고, 내장을 꺼내고, 목을 제거했다. 이곳을 관리하는 데는 소수의 근로자만 필요했다. 고리에 거꾸로 매달린 닭들이 늘어선 컨베이어벨트는 마지막으로 공장의 심장부에 도착한다. 바로 닭을 분해하는 공정을 하는 곳이다. 여기서는 인도 동북쪽에 사는 사람들이 와서 일한다고 조장이 설명해주었다. 인도 동북부 출신 사람들은 남부 사람들에 비해 섭씨 15도의 서늘한 기온을 더 잘 견뎌내기 때문이라고 했다. 그럼에도 교대 작업 시간은 14시간이었다.

근로자는 대부분 여성이었다. 그들은 한 가지 특정한 일을 도맡아 했다. 남아 있는 내장을 꺼낸다거나, 날개를 절단한다거나, 가슴을 도려내는 일이었다. 우리가 촬영한 2시간 동안, 근로자들은 단 한순간도 쉬지 않았다. 한 여성 근로자는 우리 통역에게 카메라 팀이 온다고 해서 오늘은 컨베이어벨트를 천천히 돌아가게 했다고 말해주었다. 하루에 끝내야 할 분량이 항상 같기 때문에 오늘은 좀더 오래 일해야 한다고 했다. 나는 도축장 관리자에게 이 사업의 미래는 어떤지 물어보았다. "우리는 매년 20퍼센트씩 성장하고 있습니다. 인도에서 가장 많은 닭을 생산하고 있죠. 10년 전부터 1위를 달리는 기업입니다. 그러나 점점 수출을 더 많이 하고 있습니다. 특히 페르시아 만에 인접한 아랍 국가들로 달걀과 닭을 수출하지요. 그곳에서는 '수지(Sugie)'라는 브랜드로 팔고 있습니다." 사운다라라야은 인도에서도 역시 앞으로 수요가 엄청 늘어날 것이라고 확신했다. "1인당 소비는 여전히 매우 낮아요. 미국인은 1년에 육류를 평균 65킬로그램 먹습니다. 전 세계적으로 보면 1인당 평균 12킬로그램이고요. 그런데 인도에서는 4~4.5킬로그램 정도에 불과합니다. 아직 한참을 따라가야 하죠. 만일 세계 평균 소비량만큼만 증가하더라도, 인도의 고기 소비는 3배 늘어나는 겁니다."

왜 인도 사람들은 전통적으로 육류를 덜 소비할까? "우리 부엌에서 육류는 그냥 하위에 속하는 재료였습니다. 우리는 고기보다는 곡물을 먹는

시간의 변화에 따른 육류 소비

1969~2009년 개별 국가들의 연간 육류 소비

1인당 킬로그램

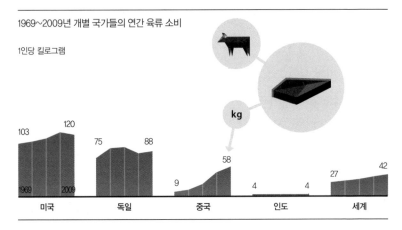

	미국	독일	중국	인도	세계
1969	103	75	9	4	27
2009	120	88	58	4	42

습관이 있어요. 하지만 많은 사람이 도시에 살고 있는 지금은 육류 소비가 늘어나고 있지요." 사운다라라얀은 미소를 지었다. "우리가 사업을 시작한 25년 전에는 닭을 10마리 혹은 20마리 파는 것도 문제였어요. 그런데 지금은 하루에 거의 100만 마리를 팔고 있죠. 게다가 수요가 늘어나고 있어요. 향후 25년 동안 계속 성장할 것으로 예상합니다." 육류에 대한 수요를 충족해줄 자원은 전 세계적으로 충분할까? 사운다라라얀은 위급할 경우 아직 경작하지 않는 토지가 있는 나라에서 사료를 수입할 수 있을 것이라고 했다. 하지만 그 역시 바로 이 문제가 약점일 수 있다는 사실을 잘 알고 있었다. 왜냐하면 닭 가격의 80퍼센트는 사료 비용이기 때문이다.

취재가 끝나자 우리는 식사에 초대를 받았다. 물론 닭고기가 있었다. 도축장을 구경한 뒤라 당연히 고기를 먹고 싶지 않았지만, 초대를 거절하지는 못했다.

통역을 담당한 여성 상게타는 지금까지 인도 사람들은 대부분 동물을 사다가 자기 집에서 키우는 것을 선호해왔다고 말했다. "이런 공장에서 생산하는 육류, 그러니까 가슴살이나 날개를 포장해서 파는 닭고기는 인도 사람들한테 매우 낯선 것입니다." 사운다라라얀도 그 말에 동의했지만, 그런 추세는 곧 바뀔 것이라고 생각했다. "인도에서는 오늘날 모든 닭의 96퍼센트가 도로가에 있는 작은 가게에서 팔리는데, 이런 곳에서 살아 있는 닭을 직접 도축하지요. 그에 비하면 우리의 현대적인 공장이 훨씬 위생적입니다."

돌아가는 길에 우리는 사운다라라얀이 말한 가게를 구경할 기회가 있었다. 나무 벽에 커다란 닭 그림과 손으로 '수구나'라고 쓴 글자를 보건대 닭을 어디에서 들여왔는지 알 수 있었다. 가게 앞에 닭장이 있고, 가판대에 많은 손님이 기다리고 있었다. 한 사람이 닭 세 마리를 달라고 하자 푸줏간 주인은 닭의 다리를 잡아챈 다음 가판대 뒤에 있는 작은 공간으로 들어갔다.

일은 그곳에서 빠르게 진행되었다. 주인은 칼로 첫 번째 닭의 목을 잘라 커다란 플라스틱통에 던져 넣었다. 닭이 푸드덕거리며 사투를 벌이는 사이 주인은 두 번째와 세 번째 닭을 죽여 통에 던졌다. 그러고는 첫 번째 닭을 끓는 물에 담갔다가 덜컹거리는 소리가 나는 기계 속에 던져 넣었다. 여기에서 닭은 털이 모두 뽑혔다. 그 모든 일이 그야말로 5분도 채 되지 않아 끝났다. 푸줏간 주인은 닭들을 가판대로 가져갔다.

닭 한 마리의 가격은 70루피인데, 털을 뽑아주면 90루피를 받았다. 유로로 계산하면 겨우 1유로에 불과했다! 나는 생각에 잠겼다. 만일 인도 사람들이 앞으로 더 많은 고기를 먹게 된다면, 더 많은 곡식 사료가 필요할 것이다. 그러면 세계 시장에서 곡물 가격은 더 많이 올라가고, 이는 지극히 가난한 사람들이 곡물을 사 먹을 수 없게 된다는 뜻이다. 하지만 우리가 무슨 권리로 인도 사람들에게 고기를 먹지 말라고 할 수 있겠는가? 독일 사람들은 그들에 비해 무려 15배나 많은 고기를 먹고 있는데 말이다.

죽음의 닭들

독일 소비자들은 지방이 없는 닭고기, 특히 가슴살을 좋아한다. 닭고기 가운데 가슴살이 전체 소비의 3분의 2를 차지하며, 1킬로그램당 5~9유로라는 높은 이윤을 보장한다. 이 정도 이윤이면 닭 한 마리 전체를 생산하는 비용을 충당할 수 있다. 가슴 이외의 부위를 싸게 팔지 않을 경우, 쓰레기로 처리해야 하는 비용이 들 뿐이다. 그래서 독일 양계장은 이런 부위를 냉동시켜 러시아나 근동 지방에 판다. 또는 완전 헐값에 아프리카에 팔기도 한다. 하지만 이런 시장에서도 더 낮은 가격을 제시하는 미국과 브라질이라는 경쟁자와 맞닥뜨려야 한다. 이에 유럽 연합은 수출을 지원하기 위해 몇 년 동안 1킬로그램당 약 30센트를 보상해주었다. 2011~2012년 독일이 아프리카로 수출하는 가금류는 1만 9000톤에서 4만 3000톤으로 2배 넘게 늘어났다. 심지어 1킬로그램당 70센트를 받고 가나 같은 아프리카 국가들의 도매업자에게 팔기도 했다. 이 같은 국가 보조금 때문에 유럽의 가금류는 현지 상품과 덤핑 가격으로 경쟁함으로써 아프리카 소농들의 가장 중요한 수입원을 빼앗아버렸다. 냉동 닭고기를 배에 실어 뜨겁고 먼지 가득한 시장까지 온전하게 운반하는 것도 수월하지 않아 이런 고기를 먹은 사람들은 장염에 걸릴 위험이 있다.

비극적인 사례: 가나

가나는 개발도상국의 현지 가금류 생산을 파괴한 좋은 사례다. 이와 같은 스캔들을 상세히 조사한 독일 비정부 단체 저먼워치(Germanwatch)와 EED(신교도개발봉사단) 그리고 FIAN은 놀라운 자료를 공개했다.[62] 1990년대만 하더라도 현지 농업은 시장 전체에 닭고기를 공급할 수 있었다. 하지만 2001~2003년 유럽에서는 더 이상 시장을 발견하지 못한 냉동 닭 부위를 수입하는 일이 진행되었다. 2003년 한 해에만 전 세계에서 3만 9200톤의 닭고기가 들어왔다. 수입 닭고기는 1킬로그램당 1.5유로라는 헐값에 들여온 반면, 현지에서 생산하는 가격은 2.6유로였다.[63] 이와 같은 경쟁에 내몰리자 가나의 생산자들은 버틸 수가 없었다. 독일 교회에서 운영하는 원조 단체 '세상을 위한 빵'의 농산물 거래 전문가 프란치스코 마리(Francisco Mari)는 그 영향에 대해 이렇게 적었다. "약 3만 톤의 고기가 유럽에서 아프리카 서부로 수출되었다. 이는 아프리카에서 21만 개의 일자리가 사라졌다는 뜻이다. 그곳에서는 한 명의 정규직이 약 6명을 먹여 살리기 때문에 이를 계산하면 140만 명이 유럽의 수출로 인해 가난에 빠졌다는 얘기다."[64]

무역 강대국 유럽과 IMF 그리고 세계은행의 압박에 맞서 아프리카 정부들이 이를 반대하기란 어렵다. 가나 국회는 2003년 자국 농부들을 보호하기 위해 가금류 수입에 따른 관세를 20퍼센트에서 40퍼센트까지 올리기로 결정했다(쌀의 경우는 20퍼센트에서 25퍼센트까지). 하지만 IMF의 개입으로 이 법은 실행한 지 나흘 만에 폐기되었고, 관세는 과거 수준으로 내려갔다. IMF가 가난을 퇴치할 수 있도록 가나 정부에 2억 5800만 미국달러를 3년 동안 대출해주기로 했는데, 그 대가로 이 기간 동안 관세를 올리지 말라는 조건을 달았던 것이다. 그사이 가나의 가금류 산업은 거의 완전히 무너져버렸다.[65] EPA(Economic Partnership Agreement: 경제 파트너십 협정—옮긴이)—가나 정부는 유럽과의 임시 협정에 2007년 12월 동의했다(하지만 아직까지 승인하지는 않았다)—에 따르면, 가나는 2023년까지 유럽 수출 품목의 80퍼센트 이상에 대해 관세를 제로로 내릴 의무가 있다. 이와 같은 '파트너십 협정'으로 유럽은 이 나라의 시장에 진입하기 좋은 조건을 마련한 것이다.

보조금 중단

이런 물의는 수년 전부터 잘 알려져 있었다. 그럼에도 불구하고 유럽이 아프리카로 수출하는 육류의 양은 점점 더 늘어났다. 유럽연합은 2010년 한 해 동안 아프리카로 2억 9100만 킬로그램의 가금류를 수출했다. 특히 아프리카 서부에 있는 작은 국가 베냉(Benin) 한 곳에만 1억 1400만 킬로그램의 수출을 기록했다. 독일의 수출은 그중 족히 2000만 킬로그램에 달했고, 2012년에는 4200만 킬로그램에 육박했다. 이에 대해 원조 단체 소속 프란치스코 마리는 이렇게 말했다. "유럽은 아프리카에 있는 모든 가축 사육을 훼손하거나 망가뜨리고 있다. 유럽의 수출은 지금까지 수입을 많이 한 가나나 콩고의 소규모 생산자를 이미 파멸시켰다."[66]

다행히 이런 비판에 귀를 기울이는 상황이 만들어진 것 같다. 유럽연합의 농업위원 데시안 시올로스(Decian Ciolos)는 2014년 중반, 유럽연합은 개발도상국으로 수출하는 농산물에 대해 보조금을 지급하지 않겠다고 밝혔다. 그사이 카메룬과 세네갈 같은 아프리카 국가들은 '죽음의 닭'에 대한 수입 금지를 포고했고, 이에 유럽의 농산품 대기업들은 그러한 주장을 반박했다. 수년 동안 그들은 자신이 수출하는 육류는 지극히 적을 뿐이라고 주장해왔다. 대기업들이 "값싼 닭고기 부위는 이웃 대륙에 사는 굶주리고 가난한 사람들을 위해 커다란 축복일 것이다"라고 했다며 프란치스코 마리는 분노를 터뜨렸다. 이제 개발 단체와 소농 협회들은 아프리카 사람들이 값싼 단백질원을 섭취할 기회를 잃어버린 데 책임을 져야 한다며 유럽 대기업들을 비난하는 캠페인을 벌이고 있다.[67]

다양한 이용 가치를 지닌 동물

카를 슈바이스푸르트(Karl Schweisfurth)는 덜컹거리는 자전거를 세워놓고 나무로 만든 격자문을 열었다. "우리는 여기서 완전히 새로운 방법으로 닭을 사육하고 있습니다. 사실 이런 시도는 아주 오래된 것입니다."

우리는 풀이 잘 자란 방목장으로 갔다. 들길을 따라서 걷는데, 처음에는 아무것도 보이지 않았다. 카를이 울타리 밑을 가리켰다. 덤불 아래에서 닭들이 땅을 파헤치고 있었다. 몸통은 물론 다리까지 거의 흰색에 가까운 닭 한 마리와 파란 깃털의 알록달록한 닭 한 마리가 보였다. "저 녀석들 중 한 마리는 오스트리아 종에 속하는 줄름탈러(Sulmtaler)이고, 다른 한 마리는 프랑스 종인 르 블뢰(Les Bleues)입니다." 농부가 설명했다. 그는 이 두 종을 교배시키려 했다. "녀석들은 더 이상 거의 찾아볼 수 없는 종입니다. 50년 전에 멸종한 것과 다름없죠. 지금은 모두 잡종이거든요. 유기농 농부들이 키우는 것도 마찬가지고요."

나는 왜 새로운 종이 필요하냐고 물었다. "우리는 닭이 알도 낳고 동시에 고기도 제공할 수 있길 바랍니다. 잡종들은 이렇게 할 수 없죠. 고기로 팔리거나 알을 낳는 것 중 한 가지만 할 수 있거든요. 그 때문에 알 낳는 닭은 살이라곤 없이 뼈하고 가죽만 남아 있죠. 그래서 알 낳는 닭의 수컷 형제들은 알에서 깨어나자마자 죽음을 당하지요.” 독일에서만 매년 4000만 마리가 그렇게 죽는다.

닭장에서 형제들끼리의 죽음

산업화한 농업에서는 효율성이라는 이유로 ‘경제적으로 이용 가치 없는’ 동물을 잔인하게 처리하는 방식이 자리를 잡고 있다. 육류용 닭과 알 낳는 닭이라는 구분을 하면서부터 알 낳는 종에서 수컷은 이용 가치가 없는 것으로 간주한다. 육류용 수컷들과 경쟁이 될 수 없기 때문이다. 육류용 수컷은 부화한 지 38일쯤이면 1.4킬로그램가량 되지만, 알 낳는 닭에서 나온 수컷이 이 정도 무게로 자라려면 18주나 걸리고 가슴살도 많지 않다. 그 때문에 수컷 병아리들은 부화하는 즉시 선별된다. 영어로는 이러한 감별을 섹싱(sexing)이라고 부른다. 어린 암탉은 예방접종을 받지만, 이들의 형제인 수컷은 산 채로 곧장 갈기갈기 찢기거나 가스실에 들어가 죽는다. 그리고 이들의 찌꺼기는 비료나 사료로 쓰이고, 태워서 도로를 만드는 데 사용하기도 한다.

독일만 하더라도 이와 같은 방식으로 매년 3500만~4000만 마리의 수컷 병아리가 죽고 있다. 매년 죽어가는 수컷 병아리의 수는 독일 소비자들의 장바구니에 들어가는 106억 개의 달걀을 낳는 ‘알 낳는 닭’의 수에 근접한다. 많은 사람이 알고 싶어 하지 않는 진실이 있다. 이러한 남매 살해는 전통적인 방식으로 닭을 키우는 곳에서도 일어난다. 대부분의 유기농 농부 역시 알 낳는 닭을 산업화한 농장에서 구입하기 때문이다. 대량 살상은 공무원들 눈앞에서 벌어진다. 독일의 동물보호법이 다음과 같이 명시하고 있음에도 불구하고 말이다. "척추동물을 이성적인 이유 없이 죽이는 사람은 최대 3년의 자유형(自由刑: 징역·금고·구류 등 신체의 자유를 박탈하는 형벌—옮긴이) 혹은 벌금형에 처한다." 이 조항이 닭에도 해당하는지 여부를 놓고 현재 많은 법학자들이 논쟁을 벌이고 있다. 그러나 경제적인 이유보다 더 이성적인 이유가 있거나 할까?

독일에서 알 낳는 닭의 8퍼센트를 기르고 있는 유기농 분야도 그런 방식을 취한다는 사실이 그들의 이미지를 크게 훼손시키고 있다. 이렇듯 알 낳는 닭에서 부화된 수컷 병아리를 보호하자는 취지로 결성한 '브루더한 이니셔티브 독일(Bruderhahn Initiative Deutschland)'은 이와 같은 관행에 반대 의사를 표명했다. 윤리적 책임을 통감한 유기농 사육자들로 구성된 이 단체는 2013년부터 수컷 병아리들에게 기회를 주고 있다. 즉 알 낳는 닭에서 태어난 수컷 병아리를 5주째까지 함께 태어난 암컷 병아리들과 키운다. 그런 다음 사육장으로 옮겨 이들이 도축해도 될 만큼 성숙할 때까지 18~22주 동안 유기농 사료를 먹는다. 이로 인해 발생하는 비용은 암컷이 낳는 달걀 하나당 4센트를 더 많이 받아서 충당한다. 다시 말해, 암탉 한 마리당 1년에 250개의 달걀을 낳으면 형제 한 마리를 키우는 비용이 나오는 셈이다. 이 단체는 종의 권리를 유지하며 가능한 한 동물의 복지를 고려하는 가금류 경제를 추구하려고 노력한다. 그러기 위해 카를 슈바이스푸르트는 자체적으로 종을 늘림(잡종과 달리)과 동시에 알도 낳고 육류도 제공하는 데 적합한 닭의 종류를 사육하는 데 심혈을 기울이고 있다. 이로써 농업 경영을 관습적인 사육 시설과 전혀 다르게 운영할 수 있으며 그 지역에 적합한 동물을 키울 수 있기 때문이다. 뮌헨 부근에 위치한 헤르만스도르퍼

(Herrmannsdorfer) 농장에서는 이와 같은 두 가지 기능을 할 수 있는 일명 '콤비' 닭을 사육하고 있다. 심지어 독일 양계업의 선두 주자 '로만 가축 사육 주식회사'도 그동안 중단했던 연구를 다시 시작해 그와 같은 새로운 종을 '로만-듀얼(Lohmann-Dual)'이라는 브랜드로 시장에 내놓았다.

생산자들에게 가하는 압력이 증가하고 있다

산업이 다시금 두 가지 기능을 하는 닭한테 관심을 기울이게 된 까닭은 수컷 병아리 도살을 금지하려는 노르트라인베스트팔렌(Nordrhein-Westfalen) 주의 정책과 충돌하기 때문이다. 주 정부는 뮌스터(Münster) 검찰의 평가를 근거로 내세워 소규모 부화장에 반대하는 견해를 제시했다. 동물 보호가들이 수년 동안 주장한 대로 주 정부는 알 낳는 암컷의 새끼로 태어난 수컷 병아리를 죽이는 것은 동물보호법에 어긋난다는 결론을 내렸다. 노르트라인베스트팔렌 주 정부는 2015년 1월까지 유예 기간을 정하고 이와 같은 금지 조치가 독일 전체로 확장되길 희망했다. 이러한 뜻에 새로운 농림부 장관 크리스티안 슈미트(Christian Schmidt)는 구두로나마 화답을 했다. "동물 보호가 바로 기준이라고 생각한다. 병아리를 태어나자마자 죽이는 것은, 단지 수컷이며 알을 낳지 못한다는 이유로 죽이는 것은 피조물을 다루는 적합한 태도가 아니다. 우리는 이런 점을 신속하게 다룰 것이다."[68] 대규모로 달걀을 생산하는 12개 업체 가운데 11개 업체가 그와 같은 금지에 불만을 터뜨렸다. 업계는 대안을 발견할 때까지 기다려달라고 요구했다. 그렇지 않으면 부화장을 외국으로 옮기거나 동물을 산 채로 판매해 죽게 할 수도 있다면서 말이다.

물론 아직까지 상업적으로 이뤄지지 않고 있으나 병아리를 죽이는 또 다른 방법은 태아일 때 성별을 조기 확인하는 것이다. 그렇게 하려면 알을 적외선으로 비춰보거나 호르몬 테스트를 해야 한다. 그러나 이런 방법을 사용하더라도 문제를 해결하지는 못한다. 이와 같은 방법을 써도 이미 부화하기 시작한 알을 제거하게 될 테니 말이다.

수컷 송아지도 원치 않아

알 낳는 닭의 수컷 병아리와 비슷한 처지에 있는 또 다른 동물이 있다. 바로 남부 이탈리아의 캄파니아(Kampania) 지역, 아일랜드와 뉴질랜드에서 자라는 들소의 수컷 송아지다. 암소는 우유를 많이 생산해야 하고 송아지도 키워야 한다. 수컷 송아지는 육류용으로도 무용지물이라 도축장으로 끌려가 특수 쓰레기로 처리된다. 적어도 이탈리아 법에서는 그렇게 명시해놓고 있다. 그러나 이와 같은 처리 방법은 비용이 들기 때문에 많은 농부가 다른 방법을 이용한다. 이들은 수컷 송아지를 썩은 물구덩이에 던져버린다. 그러면 송아지는 숨이 막혀 죽는다. 때론 주둥이를 묶어놓은 채 그냥 내버려두기도 한다. 재갈을 물려놓으면 송아지는 소리를 지르지 못하고 어미 소의 우유를 짤 때도 방해를 받지 않는다.

카를 슈바이스푸르트는 우리가 인도에서 병아리를 선별하는 모습을 봤다고 말하자 적잖이 충격을 받았다. "독일에는 커다란 부화장이 서너 곳밖에 없습니다. 그곳에서 수컷 병아리가 떼죽음을 당하고 있다는 게 오랫동안 사람들에게는 알려지지 않았죠. 나도 양계장을 하고 있지만 8년 전까지 전혀 모르고 있었습니다."

그의 아버지 카를 루트비히 슈바이스푸르트(Karl Ludwig Schweisfruth)는 독일에서 가장 큰 소시지 공장 가운데 하나인 헤르타(Hertha)를 운영했다. 자식들이 자라자 그는 대량 생산한 가축들의 고기가 윤리적으로 괜찮은 지에 대해 토론을 벌였다. 값싼 소시지를 생산하려면 그런 고기를 쓸 수밖에 없다고 판단한 그는 1986년 자신의 공장을 팔기로 결정했다. 그리고 종에 적합한 사육을 통해 얻은 고기를 가공하는 새로운 공장을 세웠는데, 그것이 바로 헤르만스도르퍼다.

이곳은 농업적-수공업적 실험으로 유명해 많은 사람이 방문하고 있다. 언덕이 많은 글론(Glonn)이라는 지역의 목가적인 장소에 자리 잡고 있으면서도 뮌헨 시장과 충분히 가깝다. 이곳에는 정육점 외에도 빵집, 치즈 가게, 맥줏집, 레스토랑, 유기농 음식점, 정원수 농원 등이 각각 하나씩 있다. 아버지가 은퇴한 후 아들인 카를이 농장을 운영하고 있다.

슈바이스푸르트가 돼지우리를 구경하고 있는 유치원생들에게 윙크를 하며 말했다. "농업은 다양한 과제를 안고 있습니다. 하지만 지금은 모든 게 최고로 효율적인 생산에만 집중되어 있지요." 그의 모델은 이와 반대로 움직이는 것이다. "유전학이 다시금 농부의 손에 들어와야 합니다. 그동안 거의 모든 농부가 사육을 담당하는 대기업에서만 병아리를 구입했어요. 바로 잡종 닭들이지요. 농부들이 직접 사육하지 못하고, 매번 새롭게 구입해야만 하는 것이지요. 슈퍼 닭들은 소수의 대기업에 의해서만 사육하고, 4개 대기업이 세계 시장의 60퍼센트를 장악하고 있습니다. 그중 로만은 인도에서 70퍼센트의 시장을 점유하고 있죠."

슈바이스푸르트는 로만에 대해 아주 잘 알고 있었다. 베쇼한의 자회사에서 유기농 닭을 독일에 들여왔는데, 그게 지금껏 카를이 사육해온 닭이다. 닭의 능력은 놀라울 정도였다. "1960년대에는 암탉 한 마리가 매년 230개의 알을 낳았는데, 지금의 암탉은 280~300개의 알을 낳습니다. 육류용 닭의 경우, 잡종들은 28일이 지나면 도축할 수 있을 정도로 충분히 성숙하죠." 한 달도 안 되어 60그램의 알이 1.6킬로그램으로 성장하다니!

"우리는 닭의 성능을 이렇게 광기에 가까울 정도로 자꾸 올리고 싶진 않아요. 물론 생산력이 중요하긴 하지만 말입니다. 우리가 키우는 닭은 도축하려면 석 달 반에서 넉 달이 걸립니다. 그리고 살도 더 찌우려고 합니다. 적어도 2.4킬로그램은 되게요."

사각형의 농장 한가운데서, 그러니까 돼지우리와 레스토랑과 농장 가게들 사이에서 슈바이스푸르트는 600마리나 되는 병아리를 사육하고 있었다. 나무로 된 닭장의 문은 튼튼하게 잘 만들었다. 안으로 들어간 우리는 문을 빨리 닫아야만 했다. 내부 기온을 섭씨 34도로 유지해야 하기 때문이다. 슈바이스푸르트는 자부심을 갖고 말했다. "우리는 직접 병아리를 부화시켰습니다. 이 녀석들은 줄름탈러와 블뢰의 교배종인데, 깃털을 보면 잘 알 수 있지요. 이제 4주 되었습니다. 잡종은 이 정도면 벌써 도축하지요. 그런데도 잡종은 우리가 키우는 녀석들보다 2배 혹은 3배나 더 커요. 사람들은 잡종을 키울 때 포만감을 느끼지 못하게 사육합니다. 끊임없이 먹어서 폭발적으로 성장하게 하지요. 제대로 걷지도 못하게 말입니다. 사실 뼈는 그렇게 빨리 성장하지 못하거든요."

하지만 두 종 사이에는 엄청난 차이가 있었다. "내가 재래식으로 농사 짓는 농부였다면 암탉만 키우고 있겠지요. 수탉들은 오래전에 다 죽었을 테고요."

"병아리가 성장하면 풀밭으로 나옵니다." 농부는 계속 말했다. 닭장이 없다는 건가? "있어요. 하지만 밤에만 닭장에 들어가고 그 밖에 대부분의 시간은 밖에서 보냅니다." 저 멀리 지붕이 빨간 작은 집 네 채가 눈에 띄었다. "저건 움직이는 모빌 닭장입니다. 두 달에 한 번씩 닭을 옮기는데, 그렇게 하지 않으면 오두막 주변의 풀이 너무 황량해지기 때문이지요. 옮겨 다니면 푸릇푸릇한 풀밭을 유지할 수 있습니다."

그는 닭장의 문을 열었다. 암탉이 흥분을 해서 꼬꼬댁거리며 울었다. "우리가 천천히 걸으면 녀석들도 금세 안정을 찾습니다." 2분쯤 후 몇 마리가 나무 막대 위로 올라앉았다. 농부가 암탉 한 마리를 과감하게 잡아챘다. "이 녀석은 대략 2.5킬로그램이 나갑니다. 알 낳는 잡종의 경우라면 1.5킬로그램 정도 되겠지요. 우리는 옛날부터 먹었던 닭고기 수프를 아주 소중하게 간직하고 있습니다. 이 암탉의 고기를 이용한 수프를 말입니다."

나는 왜 알 낳는 잡종 닭의 무게가 훨씬 적게 나가는지 궁금했다. "알 낳는 잡종 닭은 오로지 알을 낳기 위해서만 사육을 해서 모든 에너지를 알을 낳는 데 집중하지요. 그래서 뼈랑 가죽밖에 없어요. 만져보면 정말 가슴뼈를 느낄 수 있죠. 그런 상태로는 닭고기 수프도 끓이기 힘들지요."

유기농 농장에서도 그런 잡종을 키우고 있다는 얘길 듣고 나는 경악을 금치 못했다.

"그들도 다른 방법이 없어요. 옛날 품종은 거의 사멸해서 어디를 가도 구입할 수 없거든요." 카를 슈바이스푸르트는 닭장을 떠나며 곡식이 담겨 있는 양동이를 집어 들었다. 그러곤 "휘, 휘, 휘" 하고 닭을 부른 다음 삽으로 곡식을 가득 떠서 바닥에 뿌려주었다.

그때 목장에서 뭔가 시끄러운 소리가 들렸다. 언덕 위에 돼지 무리가 나타난 것이다. 녀석들은 닭장 바로 옆에 있는 울타리 그늘로 가기 위해 우리를 지나쳤다. "우리는 이런 모습을 '위대한 공생'이라고 부릅니다. 닭과 돼지는 아주 잘 어울려 살아요. 돼지들은 흙을 잘 후벼 파는데, 그러면 닭들이 그곳에서 벌레를 발견하지요. 닭은 목초지를 다 먹어치우지 못해요. 그래서 소를 풀어놓는 게 좋지요. 소 다음에는 사람들이 그걸 이용합니다. 아주 좋은 비료가 되거든요. 우린 2년마다 옮겨 다니며 곡식을 심죠."

목초지에 세 동물을 동시에 풀어놓는다고? 다른 농부들은 이와 같은 시도를 매우 의심쩍은 눈으로 본다. "동물이 병에 걸린다거나, 서로 병을 옮길 수 있다고 사람들은 말합니다. 또는 돼지가 닭을 잡아먹을 거라고 하지요." 슈바이스푸르트는 이렇게 말하고 껄껄 웃었다. "하지만 놀라울 정도로 잘 돌아갑니다. 동물들은 함께 잘 살아요. 녀석들은 서로 친척이 아니라 어떤 질병도 다른 동물한테 옮기지 않습니다." 이처럼 목초지를 3배로 이용하는 방법은 친환경 농부에게 매우 효율적임과 동시에 생태적이기도 하다.

그의 의견에 따르면 잡종 사육은 이제 한계에 도달했다고 한다. "로만은 자기네가 생산하는 닭들이 훨씬 더 오래갈 것이라고 말합니다. 사료를 2킬로그램 줘서 고기 1킬로그램을 생산하기 때문에 그렇다고 하죠. 그러나 이런 방식은 동물의 안위를 전혀 돌보지 않을뿐더러 산업화한 농업은 더 많은 에너지와 약품을 필요로 하게 됩니다. 대량 사육은 항생제가 없으면 안 되는데, 소비자들이 이런 항생제에 내성을 가진 병균을 고기에서 발견한다고 생각해보십시오."

유기농 농부들은 눈으로 직접 확인하면서 사육하는 방법을 옹호한다. "닭과 돼지는 모든 것을 먹습니다. 그런데 오늘날 사람들은 곡식과 대두로만 키우죠. 그런데 가축들은 풀도 뜯어 먹고, 벌레와 땅에 있는 다른 작은 동물도 먹습니다. 게다가 남은 음식을 멋지게 해치워주죠. 요즘은 음식 찌꺼기를 사료로 주는 걸 금지하고 있지만요. 지금의 농업은 정말 미쳐가고 있습니다. 처음에는 엄격한 채식주의자인 소한테 육류 사료를 주었잖아요. 송아지 때부터 어미의 우유가 아니라 동물성 지방을 줬단 말입니다. 그러자 광우병이 발생했지요. 그 이후 사람들은 얻는 것보다 잃는 것이 더 많은 동물성 지방을 전반적으로 금지해버렸어요. 그러나 닭과 돼지는 잡식성이고, 그래서 주로 육류에 포함된 주요 아미노산이 필요합니다. 우리 인간과 비슷하죠. 엄격한 채식주의자는 깍지 있는 열매를 먹어야 합니다. 예를 들면 콩이 있습니다. 그런데 만일 우리가 돼지와 닭을 엄격한 채식주의자로 만든다면, 고기를 대신할 수 있는 대두를 줘야 할 겁니다."

그때 소 몇 마리가 가까이 다가오더니 신기한 듯 우리의 카메라 장비 냄새를 맡았다. "소는 인간한테 가장 의미 있는 동물입니다. 우리 것을 전혀 앗아가지 않으며, 1년 내내 풀만 먹고도 살잖아요. 그 때문에 소는 너무 메마르거나 가팔라서 경작할 수 없는 지역에서는 정말 중요해요." 그는 소가 뜯어 먹을 풀이 점점 줄어든다고 안타까워했다. "바이에른 사람들은 우유와 육류를 200퍼센트 자급할 수 있다며 자부심을 갖고 있습니다. 하지만 그렇지 않아요. 대부분의 사료를 수입하고 있으니 말입니다. 도나우(Donau) 강을 한 번 쭉 따라가보세요. 거대한 곡물 창고가 늘어서 있는데, 모두 바다와 강을 건너 수입한 대두를 저장하기 위한 것이지요."

나는 고깃값을 올리는 방법이 더 나은 가축 사육은 아닌지 물어보았다. "물론입니다. 요즘은 신선한 채소보다 고깃값이 더 쌀 때가 많지만요. 어쨌거나 개 사료보다 더 쌉니다! 개 사료는 점점 비싸지고 있죠. 100그램에 얼마 하는지 한 번 계산해보세요. 정말 미친 짓이라니까요!"

헤르만스도르퍼 농장의 가게에서는 값싼 고기를 팔지 않았다. 오히려 정반대였다. 가격표를 보고 나는 잠시 움찔했다. 작은 닭 한 마리에 20유로. 누가 과연 이런 돈을 지불할 수 있을까? 슈바이스푸르트는 무게가 많이 나간다는 사실 말고도 기본에 충실했다. "마지막으로 이런 질문이 나오겠죠. 우리는 고기를 얼마나 먹어야 할까? 어느 정도의 육류를 소비해야 의미가 있을까?" 그의 고민에는 기본적으로 달걀과 육류를 동시에 소비하는 문제가 깔려 있었다. "한 번은 내가 계산을 해봤습니다. 우리는 1년에 약 300개의 달걀을 먹습니다. 닭 한 마리가 낳는 알이죠. 만일 우리가 암탉의 수컷 남매를 살찌우고 마지막에 가서 알 낳는 닭을 먹는다면, 1년에 닭 두 마리를 먹는 셈입니다." 이는 총 4킬로그램에 해당하는데, 현재 독일 남자는 평균 12킬로그램을 먹는다. "이것이 바로 고기와 달걀을 의미 있게 조합하는 방법입니다."

소의 경우에도 비슷했다. "우리는 약 300리터의 우유를 마시는데, 이것은 연평균 먹는 10킬로그램의 쇠고기 양과 잘 맞아떨어집니다." 그러나 소의 경우도 소비가 점점 늘어나는 추세다. 우유든 고기든 말이다. "돼지의 경우에는 이런 계산을 할 수 없는데, 두 가지로 이용하지 않기 때문이지요. 돼지는 오로지 한 가지, 즉 고기로만 이용합니다. 하지만 돼지를 음식물 쓰레기로 키운다면, 돼지 사육도 생태적으로 상당히 조화를 이루겠지요."

농장의 가게는 상업적인 것처럼 보였다. 하지만 그가 마지막으로 우리에게 해준 충고에 따르면 판매가 주요 사업이 아님은 분명했다. "암탉은 아주 작은 공간에서도 키울 수 있는 동물입니다. 만약 집에 그렇게 작지 않은 정원이 있다면, 여섯 마리 정도는 충분히 키울 수 있어요. 사료는 부엌에서 나오는 음식물로 충분합니다. 그러면 그다지 많은 노동을 하지 않아도 매일 신선한 달걀을 얻을 수 있지요." 그러곤 약간 짓궂은 미소를 지으며 한마디 덧붙였다. "나중에 도축까지 할 수 있으면, 고기 맛도 볼 수 있지 않겠어요?"

바다와 연못에서 얻는 단백질

많은 해양생물학자들은 양식장이 생태학적으로 지속적이고, 자원을 보호하며 동물에 적합하게 이루어지기를 희망한다. 어쨌든 어류는 포유류나 조류보다 훨씬 일찍 사육하기 시작했다. 중국을 비롯한 많은 아시아 국가들은 이미 2000년 전부터 다양한 종류의 잉어를 연못이나 논에 풀어놓고 키웠다. 바이에른 주에서도 송어를 키우는 전통이 100년이나 되었다. 물고기는 2만 7840종이나 되는 매우 다양한 동물 그룹에 속하지만, 구조는 상대적으로 단순하다. 곤충과 마찬가지로 냉혈 동물이어서 포유류나 조류에 비해 에너지로 사용하는 영양분을 훨씬 적게 섭취한다. 포유류와 조류는 자기 몸을 항상 비슷한 수준으로 따뜻하게 유지해야 한다. 많은 종류의 물고기가 떼를 지어 살고 다닥다닥 밀착해서 지내는 걸 좋아한다. 물고기에게는 의식도 없고, 기억도 그다지 잘 못하는 아주 작은 뇌를 갖고 있으며, 고통도 느끼지 못하는 것으로 알려졌다. 물고기는 접촉이나 상처를 통해 자극을 인지하고 이에 반응할 수 있다. 그러나 고통을 느끼려면 의식이 필요하다는 게 일반적인 생각이다.

그리고 가장 훌륭한 점은 물고기는, 적어도 바다에서 자라는 물고기는 음료를 전혀 필요로 하지 않는다는 사실이다. 이들은 곤충과 함께 미래에 가장 훌륭한 동물성 단백질이 될 수 있을까?

사실 양식장은 오늘날 전 세계에서 가장 빨리 영양가 있는 식량을 만든다. 양식장의 생산성은 매년 8~10퍼센트 증가하고 있다. 하지만 자연에서 잡는 어획량은 20년 전부터 9000만 톤으로 정체 상태에 머물고 있으며, 조만간 엄청나게 줄어들 것이다. 급속하게 늘어나는 양식

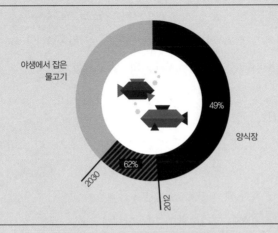

전 세계의 물고기 소비량

야생에서 잡은
물고기

49%

양식장

62%

2030

2012

장은 머지않아 동물성 단백질을 가장 많이 공급하고 있는 쇠고기의 왕좌를 무너뜨릴 수도 있다. 해안에 위치한 양식장, 호수와 연못에 있는 양식장은 오늘날 우리가 먹는 수생 생물 두 마리 가운데 한 마리에 해당하는 양을 공급하고 있다. 1980년에는 겨우 9퍼센트에 불과했지만 말이다. 유엔 식량농업기구에 따르면 2013년 모든 양식장에서 총 7000만 톤의 물고기를 생산했는데, 그중 44퍼센트는 생선과 관련한 산업에서 그리고 49퍼센트는 직접 사람이 소비했다.[69] 여기에는 중국에서 전통적인 방식에 따라 연못에서 키우는 물고기의 양도 고려했다. 이런 물고기는 거의 가정에서 먹기 위해 기른다. 한편 세계 시장에서는 2000만~2500만 톤의 양식 물고기를 거래했다. 세계은행의 예상에 따르면, 2030년에 이 수치는 총 9500만 톤에 달해 자연에서 잡은 물고기와 비교할 때 총 어획량의 62퍼센트를 차지할 것이라고 한다. "2030년까지의 물고기"라는 보고서는 아시아에서 가장 많은 70퍼센트를 소비할 것으로 예측했다. 한편 중국은 혼자 38퍼센트를 소비함으로써 가장 탁월한 시장이 될 게 분명하다. 폭발적으로 늘어나고 있는 미역 외에 주로 틸라피아, 잉어와 메기를 양식할 것이다. 틸라피아만 하더라도 2010년부터 2030년까지 거의 2배에 달할 것이다.[70]

물 밑에서의 대량 양식

양식업도 산업화한 농업처럼 운영할 경우, 이용 가치보다 오히려 더 많은 피해를 초래할 수 있다. 어쨌거나 대부분의 환경 단체와 개발 단체는 이런 견해를 확신한다. 1970년대에 최초로 양식을 시작한 후 겪었던 위험한 경험을 고려해보면 이들 단체의 견해가 옳다는 것을 알 수 있다. 독일의 원조 단체 '세상을 위한 빵'은 다음과 같이 주장한다. 방글라데시, 태국, 베트남, 칠레, 에콰도르 같은 국가에서는 양식장이 생겨나자 해안가에 살던 사람들이 쫓겨났다. 아울러 수천 헥타르에 달하는 홍수림(맹그로브 숲)이 벌목되었고, 배설물과 항생제로 인해 강이 오염되고 과도한 먹이가 흘러넘쳤다. 이 원조 단체에서 수년 동안 어류 전문가로 일해온 프란치스코 마리는 그 밖에 치명적인 사회적 결과를 가져올 수도 있다는 점을 언급했다. "양식장이 유일한 돈벌이가 된다면, 이를 운영하는 사람들은 수출 시장에 매우 종속되어 가난에 빠질 위험이 높다."[71]

지속적인 제품에 관한 꿈

유럽에서 수입하는 양식 물고기와 갑각류 가운데 많은 양은 베트남과 인도네시아 같은 개발도상국으로부터 들여온다. 이 업계가 보여준 최근의 더럽고 이윤에 눈먼 행태를 고려할 때, 환경적으로나 사회적으로 감당 가능한 제품을 평가하고 컨트롤할 수 있는 글로벌 시스템이 필요하다. 이는 국가적으로 정할 수 없으며 사적인 조직이나 협의를 통해 이뤄질 수 있다. 이런 시스템은 제대로 일하는 양식장에 소인을 찍어준다. 현재 이와 같은 인증 시스템은 30개가 넘는다. 가장 규모가 큰 시스템으로는 글로벌 G. A. P., GAA/GAP(Global Aquaculture Alliance/Best Aquaculture Practices), FOTS(Friend of the Sea), ASC(Aquaculture Stewardship Council), MSC(Marine Stewardship Council)를 들 수 있다. MSC는 수년 전부터 어획한 물고기의 품질을 인증해주고 있다. 이와 같은 국제적·독립적이면서 공동체에 유익한 단체는 1997년 세계자연기금, 곧 WWF와 식품 제조 대기업인 유니레버에 의해 만들어졌다. WWF는 또한 2004년 환경 친화적인 양식업에 관한 토론을 제기하기도 했다. 이로부터 2009년 비정부 단체와 어업계의 협의체로 ASC가 탄생했다. 양식업에 관한 토론에서 다양한 이익 단체 대표자 2000명 이상이 발의해 ASC 인증을 위한 표준을 정했다. 그들은 무엇보다 양식장에서 주는 사료의 출처에 대한 기준을 정했다. 요컨대 사료는 추적 가능해야 하며, 어획한 물고기의 잔류물이어서도 안 된다. 이식 유전자 물고기 또한 철저하게 금지했다. 물론 다른 식으로 유전자 변형시킨 유기체 사료도 사용할 수 없다. 만일 유전자 변형 유기체를 사료로 투입할 경우 신고해야 한다. 현재 독일 시장에서는 틸라피아, 팡가시우스(상업용 베트남메기), 연어 제품이 인증을 받았다. 2014년에는 송어와 유럽산 작은 새우를 추가했다. ASC는 좋은 뜻을 품고 있으며 생태적 관심과 경제적 관심이 서로 조화를 이룰 수 있도록 노력한다. 이것이 바로 ASC가 널리 알리고자 하는 미션이다. "전체 공급업체의 가치 창출을 위해 좀더 효과적인 시장 메커니즘을 투입함으로써 생태적인 지속성과 사회적 책임을 갖는 어업 환경의 변화."[72] 또한 그들은 업체에서 하는 말을 신뢰한다. 실제로 ASC는 베트남의 새우 양식장에 인증서를 내주기도 했다. 이 업체가 앞으로 기준을 잘 지키겠다고 약속했기 때문이다. 테스트는 항상 개별 양식장에만 집중한다. 만약 어떤 해안가나 지역에 여러 개의 양식장이 있을 경우 환경에 어떤 결과를 가져올지에 대해 관심을 갖지 않는다. 기준은 의식적으로 '지속적인'이라는 표현을 피하고 '좀 더 나은'과 '책임 있는' 제품에 대해서만 말한다. "양식장이 위치한 주변의 강이나 해안 생태계가 전반적인 규칙에 따라 잘 돌아갈 때, 그 양식장은 지속적으로 생산할 수 있다." 네덜란드 바헤닝언 대학 환경정책과의 시몬 뷔스(Simon Bush) 교수는 이렇게 말한다. 이는 "인증서라는 것은 지속적인 생산을 지원하기 위한 여러 가지 전략 중 하나로 봐야 한다"는 뜻이다. 뷔스는 무엇보다 발전을 긍정적으로 보고 있다. "전 세계에서 남반구에 있는 국가들은 양식업을 운영할 준비도 되어 있지 않다거나 그럴 능력도 없다고 보는 견해는 오래전부터 맞지 않다. 그들 중 많은 사람은 식량의 안전에 관한 국제 규정을 잘 알고 있으며, 양식장에서 생산하는 제품을 소비할 가장 중요한 국내 시장에 속한다."

이 분야에서 선두 주자인 MSC는 1000만 톤가량의 어획 물고기와 수산물을 검사하는데, 이는 전 세계 어획량의 10퍼센트에 해당한다. 위에서 언급한 인증서 발급 단체는 현재 생산물의 5퍼센트에 인증을 해주고 있다. 이로써 전 세계에서 생산하는 물고기 가운데 과소평가할 수 없는 양이 생태적이고 사회적인 기준을 충족시키고 있는 셈이다. 이런 경향은 점점 늘어나고 있다. 시몬 뷔스 교수에 따르면, 지속적인 인증서가 미래에 줄 영향에서 결정적으로 중요한 것은 거대한 아시아 시장에 얼마만큼의 인증서를 줄 수 있느냐이다. 아울러 이것은 수요의 문제다. 인증서를 부여할 능력은 상당히 높지만, 이에 대한 수요는 지금까지 주로 미국과 유럽에 있었다. "현재까지 기준을 마련한 13종은 전 세계에 있는 양식장에서 생산하는 양의 41.6퍼센트에 해당한다. 기준을 더 많은 종에까지 확장한다는 것을 고려한다면, 인증서를 줄 수 있는 수산물은 73.5퍼센트까지 올라갈 것이다"라고 뷔스 교수는 말했다.

미래에 우리가 섭취하는 단백질의 주요 원천을 환경 친화적이고 자원을 보호하는 방식으로 생산한다면, 세계 식량을 위해 참으로 유일무이한 기회라고 할 수 있다. 그러나 뷔스 교수는 현실적이었다. 중국 같은 거대 소비국에서는 인증에 대한 수요가 거의 없기 때문이다. "상황이 이러므로 우리는 전 세계 생산물의 14퍼센트에 인증을 주게 될 것으로 추정한다."[73]

2012년 4월 독일의 킬(Kiel)에 있는 해양연구소에서 일하는 해양생물학자 라이너 프뢰제(Rainer Froese)는 그와 같은 인증의 의미를 매우 의심했다. 그에 따르면, MSC에서 인증을 받은 물고기 3분의 1은 지속 가능한 어획 방식으로 잡지 않았거나 혹은 과도하게 어획한 것이라고 한다. 하지만 이렇듯 가혹한 책임 전가는 훗날 6개국 출신 과학자 23명의 조사에 의해 힘을 잃었다. 이 조사에 따르면, MSC가 인증한 종들은 지난 10년 동안 평균적으로 46퍼센트 늘어났다고 한다.[74] 국제적 해양 보호에 참여하고 있는 환경 단체 WWF와 그린피스는 변화한 구매 행동에 민감하게 반응하는 수산물 거래 상인들에게 상당한 영향력을 행사하고 있다. 점점 강해지는 언론의 압박, 규칙적인 경고와 캠페인, 어떤 물고기 종을 먹을 수 있는지 또는 멀리해야 하는지에 대한 안내, 생선 구매에 관한 조언 등과 같은 것은 매우 영향력이 크다. 예를 들면,

독일에서 가장 큰 규모의 식품점 EDEKA가 다음과 같은 선언을 해야 할 필요성을 느끼도록 만든다. 요컨대 이 식품점은 2015년부터 인증받은 물고기와 양식장의 물고기만 구입할 것이라고 선언했다. 식품 체인점들은 2009년에 이미 WWF와 전략적 파트너십 관계를 맺고 바다와 전 세계 어자원의 보호를 위해 힘을 합쳤다. 이와 같은 예는 좋은 본보기가 될 수 있다. 실제로 냉동고나 어산물 가판대에 인증받은 제품이 올라오는 경우가 잦아졌다. 돌파구를 마련했다고 말할 시점은 아니지만 말이다. 2013년 12월 그린피스는 17개 독일 슈퍼마켓 체인점의 91개 지점에서 판매하는 1만 5000마리의 생선을 분석했는데, 그 결과 이들 제품 중 5분의 1 약간 넘는 양이 생태적으로 지속성을 유지했고 4분의 1은 양호한 수준이었다. "소비자들이 추천받을 만한 제품임을 인지하기 위해 이런 기준은 완벽하게 표시해야 한다." 환경 단체에서 해양 전문가로 일하는 이리스 멘(Iris Menn) 박사는 이렇게 말했다. 그린피스는 소상인과 어업계에 어획할 때는 물론 모든 가공 단계도 투명하게 할 것을 요구한다.

돈이 세상을 지배한다

시카고로 가는 비행만 해도 이미 인상적이었다. 끝없이 펼쳐지는 밭 위로 수백 마일을 비행하는 동안 금속 지붕이 햇빛을 받아 반짝거리는 거대한 곡물 창고가 계속 이어졌다. 미국은 전 세계에서 옥수수와 대두를 가장 많이 생산한다. 시카고가 미 대륙의 중서부 중앙에서 미시간 강 하구에 자리 잡은 것은 결코 우연이 아니다. 다시 말해, 바로 이곳에서 예나 지금이나 곡물을 배로 운송하고 있다. 바로 여기서 미국 농업자본주의의 심장이 뛰고 있는 것이다. 시카고증권거래소의 뾰족한 지붕 위에는 농업을 관장하는 로마 여신 케레스(Ceres)의 거대한 상이 왕좌에 앉아 있다.

이곳에 1848년 문을 연 시카고상품거래소(CBOT)가 있다. 이곳은 전 세계에서 가장 오래된 선물(先物) 주식 시장이다. 아울러 예나 지금이나 세계에서 가장 큰 원료 주식 시장이기도 하다. 그 어떤 곳에서도 여기보다 많은 옵션과 선물을 거래하지 않는다. 오늘날 주식 거래는 시카고상업거래소(CME) 건물에서 이뤄지고 있다.

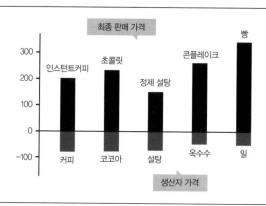

1980~2000년 생산자 가격과 최종 판매 가격의 변동(%)

최종 판매 가격

생산자 가격

스콧 셸레이디(Scott Shellady)는 씩씩하게 악수를 하면서 우리를 맞이했다. "곧 9시 30분이 됩니다. 그러면 주식 시장이 열리죠. 주식 거래인, 심부름꾼 혹은 증권거래소 직원은 각기 다른 색깔의 옷을 입고 있습니다. 그렇게 해야 사람들이 쉽게 구분할 수 있거든요." 그는 물론 소 그림이 찍힌 아주 특별한 재킷을 입고 있었다.

"아버지를 생각해서 입은 옷입니다. 내가 어렸을 때 우유 농장을 했거든요. 그래서 아버지와 함께 항상 젖소의 우유를 짜곤 했지요." 원료를 거래하는 이 남자가 설명했다. "아버지는 1960년대 중반부터 이 거래소를 이용했습니다. 이 재킷을 통해 모두에게 여기는 라스베이거스가 아니라는 걸 보여주려 하셨죠. 농부들은 수확하기 전 자신의 상품을 판매하려면 거래소가 필요했죠. 가격 변동을 줄이기 위해 상인들은 농부가 필요했고요. 우리는 투기가 아니라, 순전히 경제적인 목적으로 이곳을 이용하고 있는 것입니다." 거래소가 영업을 시작하자 그는 서둘러 움직였다.

우리는 거래소에서 가장 신성한 곳에 발을 들여놓았다. 장엄한 홀 벽

면이 거대한 전광판으로 뒤덮여 있었다. 전광판에서는 의미를 알 수 없는 빨간색, 노란색, 녹색의 숫자가 휘황찬란하게 빛났다. 홀의 바닥은 여러 층으로 이뤄져 있었는데, 마치 고대의 원형극장을 떠올리게 했다. 수백 명이 홀에 모여 있었다. "이곳에서는 각자가 서로 다른 곡물을 거래합니다. 나는 특히 옥수수, 대두 혹은 밀을 거래하지요." 셸레이디가 우리에게 설명했다.

나는 날씨 예보를 알려주는 엄청나게 큰 화면을 바라보았다. "저건 나한테 가장 중요한 정보원입니다. 만일 세계 어느 지역에서 가뭄이 발생하면 농부들의 수확량이 줄어들고, 따라서 가격이 오를 것이라는 걸 알 수 있지요." 미래의 수확량에 대한 내기와 같다는 것인가? "맞습니다. 그렇게 함으로써 우리는 곡물 가격이 내려갈 위험성을 농부가 아니라 많은 대중에게 떠넘기는 셈이죠. 우리의 거래는 그해의 변동성을 완화시키는 역할을 합니다. 만일 그렇게 하지 않으면 가격이 항상 수확 시기에 가장 낮아질 수 있고, 그러면 농부들은 더 적은 돈을 벌 겁니다."

약 50명의 사람이 한 곳을 빙 둘러싸고 있었다. 바닥에는 종이가 흩뿌려져 있었다. 거래소가 13시 15분까지 짧게 문을 여는 동안 거래상들은 옥수수 수확의 몇 배에 해당하는 선물을 거래한다. 이렇듯 위험한 거래가 가격을 올리지는 않는지 궁금했다. 스콧 셸레이디는 거래소를 방문하는 사람들이 던지곤 하는 이 질문을 잘 이해하고 있었다. "그렇습니다. 우리 같은 투기꾼은 악명이 자자하죠. 하지만 우리는 경제적으로 중요한 역할을 합니다. 만일 우리가 가격을 올리면, 농부들에게 가격이 떨어질 때까지 더 많이 생산하라고 용기를 주죠. 거꾸로 가격을 내리면, 농부들에게 더 적게 생산하라고 강요하는 셈이고요. 이득을 적게 내는 경작지는 포기해야 한다고 말입니다."

스콧 셸레이디는 말을 중단했다. 거래소에 있던 중개인들이 갑자기 고함을 지르며 활발한 몸짓을 취했다. 이윽고 고함 소리가 잦아들자 스콧 셸레이디가 말했다. "그러니까 투기꾼은 생산자에게 그들이 원래 알면 안 되는 얘기를 하는 겁니다. '석유가 충분하지 않아요.' 그런 다음 가격을 올리면 석유를 더 많이 생산합니다. '옥수수가 너무 많습니다.' 그런 다음 가격을 내리면 농부들은 옥수수가 아니라 대두를 심는 식이죠."

전 세계에 있는 대부분의 증권거래소는 오로지 컴퓨터를 통해 거래하는 반면, 이곳에서는 예나 지금이나 주요 업무를 손짓으로 한다. 고함 소리와 손짓으로 소통하는 거래소 중개인들을 보고 있노라니 마치 비밀스러운 언어가 오가는 듯했다. "그렇게 복잡하지는 않아요. 손을 바깥으로 내미는 것은 '나는 팔고 싶다'를 의미하고, 안쪽으로 돌리는 것은 '사고 싶다'를 의미합니다. 숫자 5까지는 손가락을 높이 들어 표시하고, 6부터 10까지는 손가락을 수평으로 뻗어서 보여줍니다. 그리고 수백이나 수천의 경우는 주먹으로 이마를 가볍게 톡톡 치죠." 셸레이디가 설명해주었다.

컴퓨터로 거래하는 방식과 달리 이렇게 큰 소리를 질러가며 매매하는 방법의 장점은 무엇일까? "훨씬 투명하지요. 누가 무엇을 하는지 사람들이 볼 수 있거든요. 모니터로는 카길(Cagill)이 구입했는지 벙기(Bunge)가 구입했는지 모르고, 다만 가격만 떴다가 사라지거든요. 그러나 이곳에서는 직접 볼 수 있지요." 그렇지만 일반 시민에게는 그다지 투명해 보이지 않을지도 모른다고 나는 반박했다. "물론 그럴 수 있습니다. 여기서는 가격이 어떻게 형성되는지 사람들이 모르지요. 그럼에도 불구하고 우리가 하는 거래는 사람들에게 연금을 지불하는 펀드에 영향을 줍니다."

굶주리게 만드는 요인

개발도상국의 3분의 2가 자국 국민을 위한 식량을 충분히 생산하지 못하고 있다. 그들은 이른바 순수한 식량 수입국으로 전락했다. 이들 국가는 열대 과일과 채소를 수출하지만 옥수수, 밀, 쌀 같은 기본 식량을 들여와야 한다. 따라서 개발도상국은 세계 시장에서 가격이 오르면 특히 심각한 피해를 본다. 이는 곧장 국내 시장에도 영향을 준다. 동시에 이런 나라의 국민들은 얼마 되지 않는 소득의 70퍼센트 또는 그 이상을 식량 구입 용도로 지출해야만 한다. 독일과 비교해보면 그곳에서는 빵 한 개가 30유로, 감자 한 봉지가 50유로다. 이렇듯 기본 식량이 비싸기 때문에 많은 사람이 다양하고 균형 잡힌 음식을 포기하고, 건강과 교육을 위해서는 돈을 적게 쓸 수밖에 없다.

대부분의 가난하고 굶주리는 사람들은 보잘것없는 농사를 지어 얼마 되지 않는 생산물을 시장에 내다 팔아 연명하고 있다. 이들은 세계 시장에서의 가격 상승에 아무런 혜택도 받을 수 없고, 오히려 그런 시장과 단절되어 있다. 이론적으로는 소농들도 전 세계적으로 오르는 원료 가격을 통해 이득을 얻어야만 한다—만일 이러한 가격이 오랫동안 지속된다면. 하지만 그렇지 않다. 농부는 주식 시장의 변동을 제대로 따라 갈 수 없다. 왜냐하면 소농은 생산자임과 동시에 소비자이므로 흔히 가격이 내려갔을 때 팔아야 하고, 올랐을 때 구입해야 하기 때문이다. 소농은 재정적으로 여유가 없다. 창고도 없고 계획에 따라 대량 생산할 수도 없다. 세계은행에 따르면 2010년의 가격 상승으로 인해 개발도상국 국민 가운데 4400만 명이 추가로 가난에 빠졌다고 한다.

그 밖에 점점 더 올라가는 석유 및 에너지 가격이 운송비와 비료 비용에 영향을 미쳐 '노동을 함에도 가난한 사람들'의 삶에 큰 타격을 입힌다. 사실은 이러하다. 즉 기초 식량과 에너지 가격이 전 세계적으로 올라가면 개발도상국에 사는 많은 가계가 빚을 지고 굶주리며 노예 같은 처지로 내몰린다. 왜냐하면 글로벌화한 세계 경제에서는 지구의 다른 한편에 영향을 주지 않는 것이 없기 때문이다. 다시 말해 가난과 부, 부족과 과잉은 서로 연관되어 있다.

전 세계의 연결

식량 가격의 상승이 기아 위기를 초래한다는 것은 2008년의 이른바 '빵 폭동'이 증명해준다. 2007년 초부터 2008년 중반까지 옥수수, 대두, 밀, 식용유 같은 원료를 거래하는 주식 시장의 가격이 약 45퍼센트 올랐다. 이는 개발도상국에 재난에 버금가는 결과를 가져오며 전 세계에 기아라는 위기를 몰고 왔다. 예를 들어 6개월 동안 쌀 가격은 277퍼센트 폭등했다. 가장 가난한 개발도상국은 식량 수입 비용이 2000~2007년 평균 약 90퍼센트 증가했다. 이로 인해 수천만 명이 굶주리는 등 극도의 기아 상태에 내몰렸다. 아울러 아이티, 이집트 등 30개국 넘는 나라에서 이러한 가격 상승에 반대하며 들고 일어났다.

본(Bonn) 대학 개발연구센터 소장으로 일하는 농업 전문가 요아힘 폰 브라운(Joachim von Braun)은 영화 〈쓰레기를 맛봐〉와 관련한 인터뷰에서 다음과 같이 설명했다. "세계는 그동안 글로벌화했고, 전 세계의 식량 체인은 서로 연결되어 있습니다. 만일 당신이 이런 체인의 일부로서 뭔가를 바꾸거나 단축하거나 확장하거나 혹은 무너뜨리고자 한다면, 이는 전반적인 식량 체인에 영향을 미치게 됩니다." 기초 식량 가격이 높이 올라갔을 뿐만 아니라, 그사이 높은 수준에서 이리저리 변동하기 시작한 것은 큰 문제일 수 있다는 지적이다. 브라운은 "이렇게 되면 가난한 사람들은 어떻게 대처할 수가 없습니다"라고 말했다. 그리고 "가격을 올리고 그 변동 폭에 원인을 제공하는 요소 가운데 일부는 우리 자신"이라는 점을 분명히 한다.

기초 식량의 가격을 올리는 원인은 분명 복잡하고 일차원적이지 않을 것이다. 식량 낭비와 농업 연료에 대한 수요가 늘어난 것 외에도 농산물 원료를 갖고 투기하는 것이 결정적 요인이라는 게 점점 더 분명해지고 있다. 세계기아원조가 의뢰한 '금융 시장이 기아의 원인?'이라는 제목의 연구에서 브레멘(Bremen) 대학은 바로 이와 같은 결론을 도출했다. 브레멘 대학의 경제학자 한스하인리히 바스(Hans-Heinrich Bass) 교수를 비롯한 저자들은 2008년 단 한 해 동안 곡물 현물 시장에서 일어난 가격 상승의 15퍼센트는 선물 시장의 자본에 책임이 있다고 추정했다.[75] 투기꾼들은 미래 가격을 정확히 예측함으로써 이득을 올리려고 시도한다. 그들은 기초 식량의 가격이 상승할 것이라는 데 내기를 걸고 투기한 가치에 다다를 수 있도록 가격을 올리는 방향으로 자본을 투입한다.

세계적인 기아를 놓고 이렇듯 탁월한 사업을 벌이는 것이다. 이와 같은 도박에 들어가는 돈은 자신들의 재산을 국제 투자 은행에 맡긴 독일 소시민의 주머니에서 나오기도 한다. 예를 들면 도이치뱅크의 '플래티넘 농업 유로 펀드'가 있다. 기아 위기가 맹위를 떨치는 동안에도 이 은행은 태연하게 2008년 4월 독일 빵집에서 빵을 포장해주는 봉투에 다음과 같은 문구를 넣은 광고를 했다. "오르는 가격에 당신은 기뻐합니까? 모든 세상이 원료에 대해 이야기합니다―농업 유로 펀드로 당신은 일곱 가지 중요한 농업 원료의 가치가 올라가는 데 참여할 수 있습니다. 확실한 것에 투자하십시오." 은행원들은 자신이 무슨 말을 하는지 잘 알고 있다. 세계에서 일어나는 사건들을 정교하게 분석하고 있기 때문이다. 이 펀드의 웹사이트에서는 좀더 상세한 설명을 제공한다. "농산물 원료는 한정되어 있고, 그래서 다들 원한다. 다음과 같은 성공 요소가 농산물 원료의 가치를 올린다고 기대할 수 있다. 즉 눈에 띄게 증가하는 인구, 중진국의 생활 수준 향상에 따른 식습관 변화, 대체 에너지 생산에 필요한 농업 원료 수요 증가, 전 세계적으로 비축하고 있는 농업 원료의 부족 등이 그것이다."[76] 이런 종류의 농업 펀드와 모태 펀드(fund of fund)를 거쳐 돈은 이른바 파생 상품, 요컨대 '옵션' 혹은 '선물'에서 밀, 옥수수 혹은 소, 돼지 같은 살아 있는 동물이라는 원료로 흘러 들어간다.

먹는 것으로 장난을 치면 안 된다

2012년 4월 독일 옥스팜, 세계기아원조, 미제레오르, Attac(국제 금융 관세 연대—옮긴이), Campact(독일 니더작센 주 페르덴에 본부가 있는 비정부 단체—옮긴이), WEED, 쥐트빈트 연구소(Südwind Institut: 독일 본에 본부가 있는 세계 경제 연구 기관—옮긴이)는 "먹는 것으로 장난을 치면 안 된다"라는 구호를 내세우며 반대 운동을 시작했다. 이들 일곱 단체는 독일 재무부 장관 볼프강 쇼이블레(Wolfgang Schäuble)에게 유럽연합의 자본 시장 개혁에서 선물(先物) 사업을 좀더 강력하게 정리해달라고 요구했다. 그렇게 하려면 원료를 거래하는 주식 시장의 투명성을 향상시켜야 한다. 투자 펀드는 농업 원료를 거래하는 증권거래소에서부터 완전히 추방해야 한다. 왜냐하면 농업 원료에 대한 투기는 식량의 극단적 가격 변동과 상승을 가져오며, 전 세계에서 발생하는 기아에도 일정 부분 책임이 있기 때문이다. 세계기아원조 사무총장 볼프강 야만(Wolfgang Jamann)은 이렇게 말했다. "시간이 없다. 만일 곡물 창고가 빈다면, 가난한 국가들은 천문학적인 금액을 들여 세계 시장에서 식량을 구입해야만 한다. 수백만 명의 사람들이 또 기아에 내몰릴 것이다."[77]

공개적인 반대에 깜짝 놀란 몇몇 은행과 투자 펀드 그리고 도이치뱅크와 알리안츠(Allianz) 보험 회사는 이처럼 윤리적으로 의문스러운 사업을 중단했다. 자체 보고에 따르면 콤메르츠뱅크(Commerzbank), 데카뱅크(Deka-Bank), 바덴뷔르템베르크(Baden-Württemberg) 주의 지역 은행에서는 오늘날에도 고객들에게 식량 가격 상승으로 돈을 벌 수 있는 기회를 제공하지 않는다. 그러나 수치심을 느끼던 기간이 어느 정도 지나자 이들 기업 가운데 몇몇, 특히 도이치뱅크와 알리안츠는 사업에 다시 뛰어들었다. 2013년 초 다시금 농산품으로 고수익을 올리는 투기 사업을 시작한 것이다. 도이치뱅크는 웹사이트에서 농산물 원료 시장에 참여해도 되는가라는 사람들의 질문에 이렇게 대답했다. "참여해도 될 뿐 아니라, 심지어 반드시 참여해야 한다. 농업 투자는 중요한 과제를 이행하고 있다. 농부, 즉 식량 생산자와 상인은 이런 투자의 도움을 받아 가격의 위험을 제한하고 이로써 유동성을 확보한다. (……) 최근의 연구에 따르면, 인덱스 펀드(Index-Fund: 주가지수에 따른 수익률을 실현하기 위해 운영하는 펀드—옮긴이)와 농산물 투자를 식량 가격의 인상 요인으로 볼 수 없다."[78]

이보다 앞서 푸드워치(Foodwatch)는 '기아를 초래하는 것'이라는 제목의 비판적 연구를 수행했고, 옥스팜과 세계기아원조에서도 많은 연구를 했다. 또한 20개 주요 선진국과 중진국 재무부 장관에게 다양한 나라 출신의 경제학자 450명이 보낸 공개편지도 있다. 이 편지에서 경제학자들은 과도한 식량 투기를 막는 조치를 취해달라고 요구했다. 그 런데 할레비텐베르크(Halle-Wittenberg) 대학의 경제학자 잉고 피스 (Ingo Pies) 교수를 비롯한 일부 학자들이 반대하고 나섰다. 이들의 견 해에 따르면 그러한 연구는 받아들일 수 없으며, 농산물 원료에 투자하 는 게 해롭다는 것을 증명하는 자료는 하나도 없다고 한다. 아울러 그 들은 독일 대통령에게 그런 견해를 담은 공개편지를 보냈다. 이처럼 대 학에서 지지를 보내자 금융계와 대기업들은 슬그머니 입장을 바꾸었 다. 알리안츠의 이사 야이 랄프(Jay Ralph)는 자신들에겐 죄가 없다고 발뺌하며 앞으로는 좀더 투명하게 일을 진행하겠다고 약속했다. "우리 는 금융 투자자로서 농산물을 거래하는 사업에 직접 손을 대지 않는다. 시장에서 어떤 원료도 빼내지 않는다. 우리는 NGO들의 윤리적인 지 적을 이해하며, 심지어 거기에 동참한다. 우리는 세계 기아 퇴치라는 과제에 기여할 수 있는 주제에 공동으로 참여하기 위해서 투명성을 추 구한다."[79]

물론 오늘날까지 그와 같은 자발적인 투명성은 볼 수 없다. 식량 투 기를 못하게끔 하는 국가적 개입은 가능하며 또한 필요하기도 하다. 2011년 4월 중순 워싱턴에서 열린 국제통화기금 회의에서 이런 놀라 운 일이 일어났다. G-20의 재무부 장관들이 국제증권거래감독원에 서 발기한 투기 억제 및 상한선 도입에 합의한 것이다. 이로써 앞으 로 개별 거래자는 세계 시장의 최대 거래량 중 5퍼센트 이상을 구입할 수 없게 되었다. 아울러 식량 거래에 관한 규정과 상한선을 선물 시장 의 파생 상품에도 적용하기로 했다.[80] 그러자 유럽연합 의회도 2014년 4월 중순 농산물 원료에 대한 과도한 투기를 막기 위해 표준적인 MiFID(Markets in Financial Instruments Directive: 금융 상품 투자 지침—

옮긴이)의 새로운 규정에 찬성을 표했다. 이제 곧 선물 시장에서 계약을 맺을 수 있는 상한선을 정하는 포지션 보유 한도(Position Limit)가 도입되고, 지나치게 자주 거래하는 행위도 강력한 제약을 받을 것이다. 독일 농림부 장관 크리스티안 슈미트는 원조 단체 옥스팜과 마찬가지로 이와 같은 결정을 반겼다. 그러나 소비자 보호 단체들은 이를 통제하는 중앙 기관이 없고 투명성 규정 부족으로 인해 증권거래소 밖에서 이루어지는 거래에 대해서는 잘 알지 못하게 될 것이라며 비난했다.[81]

나는 가격 형성에 대해 좀더 많은 것을 알아보고 싶었다. 그래서 미국 원료 시장에서 가장 유명한 투자의 달인 짐 로저스(Jim Rogers)를 만났다. 이 억만장자는 1973년 조지 소로스와 함께 전설적인 퀀텀 펀드(Quantum Fund)를 건립했다. 이후 자신의 몫을 매각한 그는 1998년 RICI(Rogers International Commodity Index), 즉 로저스 국제상품지수를 만들었다. 셀 수도 없이 많은 언론이 그의 투자 팁을 퍼뜨렸다. 나는 싱가포르에 사는 그를 런던에서 만났다. 그는 수없이 많은 자기 회사의 간부 회의를 런던에서 열기로 한 터였다.

로저스의 영리한 명제는 이러했다. "농산물 가격이 올라가지 않는다면, 세계는 심각한 위기에 처할 것입니다. 가격이 오르지 않으면 농부는 더 이상 농사를 짓지 않을 테고, 그러면 우리는 먹을 게 없겠지요. 오직 높은 가격만이 자본과 노동력을 끌어들일 수 있는 것입니다. 그래야 젊은 사람들이 농업에 뛰어들고, 더 많은 자본이 농업에 흘러들겠지요. 나는 당신에게 트랙터 운전하는 법을 배우라고 권하고 싶습니다. 곧 농부의 황금시대가 도래할 테니 말입니다."

나는 오늘날의 젊은이들에게 어떤 조언을 하고 싶은지 물어보았다. "땅을 구입해서 농사를 지으십시오. 땅은 가치가 상승할 테고 농업은 더 많은 것을 가져다줄 것입니다. 그러면 행복하고 훌륭한 삶을 살게 될 겁니다. 종자나 비료를 파는 가게를 열어도 좋습니다. 아니면 농업에 투자하세요. 왜냐하면 20년 후에는 부자들이 바로 농업에서 돈을 벌게 될 테니까요. 주식 시장이 아닙니다. 종자 회사, 트랙터 생산자, 비료 생산자 혹은 농장에 투자하세요. 캐나다와 오스트레일리아 같은 농업 국가에 투자하세요." 나는 식량 가격의 상승이 제3세계의 기아에 영향을 주지 않는지 물어보았다.

"지난 15년 동안 수백만 명의 인도 농부가 빚 때문에 자살했습니다. 미망인과 고아가 된 아이들한테 물어보세요. 농산물 가격이 낮은 게 좋은지 말입니다. 이곳 영국에서도 농부의 자살률은 다른 직업군에 비해 매우 높습니다. 미국과 오스트레일리아의 농부는 평균 58세이고 한국은 65세, 일본은 66세입니다. 농부가 이렇게 고령인 적은 없었죠! 이는 농업이 지난 수십 년 동안 끔찍하게 형편없는 사업이었기 때문입니다."

로저스는 흥분해서 말하기 시작했다. "당신은 레스토랑에 앉아 좋은 가격에 샴페인을 마시고 좋은 음식을 먹고 싶겠죠. 하지만 누군가는 들판에서 일을 해야 합니다. 당신은 이렇게 말하겠지요. '가난한 사람들이 고통받지 않으려면 우리에겐 싼 음식이 필요해.' 그렇지만 음식은 어디에서 나옵니까? 다른 기자나 정치가들과 함께 경작지를 주문하겠습니까? 햇볕이 쨍쨍 내리쬐는 날 땀을 흘리며 일하고 싶습니까? 우리가 좋은 가격에 음식을 먹기 위해 당신이 들판에서 일한다면, 나는 박수를 치며 당신을 위해 빵을 갖다드릴 것입니다."

로저스는 다시 진지해졌다. "맞아요. 높은 가격 때문에 힘들어하는 사

세계 무역의 교차

극빈국의 농산물 수출과 수입(10억 미국달러)

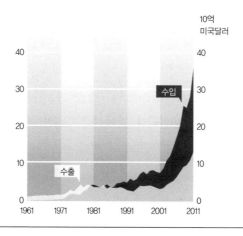

람도 있습니다. 하지만 지금의 농부들은 어떻습니까? 근본적인 문제는 경작지가 줄어들고 농부의 수도 줄어들고 있는데 수요는 증가하고 있다는 데 있습니다." 그러곤 연필로 종이 위에 서로 교차하는 2개의 선을 그렸다. "지난 수십 년 동안 세계는 기록적인 수확을 했습니다. 그럼에도 식량 창고는 40년 전부터 가장 적은 상태지요. 우리가 점점 더 많이 소비하기 때문입니다. 그야말로 심각한 위기가 올 겁니다. 당신이 가난한 사람들을 걱정해도 별 소용이 없습니다. 가난하든 부유하든 당신이 먹는 음식이 어디에서 오는지 고민하는 게 훨씬 나을 것입니다."

"식량 창고가 빈 게 사악한 투기꾼들이 농산물에 투자했기 때문이라고 믿으세요? 천만에요. 그야말로 정반대입니다. 40년 전부터 곡물 창고가 정말 많이 비었기 때문에 사악한 투기꾼들이 농산물에 투자하는 겁니다." 나는 투기가 가격 변동을 불러일으켰고, 그 때문에 2008년과 2011년에 곡물 가격이 2배, 4배로 뛰었다고 반박했다. 짐 로저스는 이렇게 말했다. "1980년대에는 그와 같은 가격차가 일어나지 않았습니다. 왜 그럴까요? 당시에는 창고가 가득했기 때문이죠. 그때만 하더라도 농부와 땅이 충분히 있었습니다. 그런데 세계는 지난 30년 동안 엄청난 변화를 겪었습니다."

주식 달인의 진언(mantra, 眞言)은 다음과 같았다. "높은 가격에 대한 가장 좋은 약은 높은 가격뿐입니다. 가격이 올라가면, 농부들은 새로운 장비를 구입해 더 많이 생산할 것입니다. 만약 생산이 늘어나고 수요가 떨어지면, 어느 시점에서 상품이 너무 많아져 가격은 하락하겠지요." 그러나 식량 같은 경우에는 그렇게 시장의 자유로운 게임에 맡겨둬서는 안 되는, 삶에서 정말 중요한 재화 아닌가? "다른 선택이 없습니다! 일례를 한번 들어보겠습니다. 몇 년 전 필리핀 정부는 이런 결정을 했어요. '투기꾼들이 가격을 올리기 때문에 우리는 쌀 가격을 고정시키겠다.' 그래서 무슨 일이 일어났는지 아십니까? 필리핀 농부들은 이제 쌀을 생산해서는 더 이상 돈을 벌지 못한다는 사실을 알아차렸고, 소비자들은 쌀이 다른 무엇보다 쌌기 때문에 점점 더 많은 쌀을 소비했죠. 정부가 얼마나 멍청한 실수를 했는지 파악할 때까지 그런 상황은 점점 심각해졌습니다. 결국 정부는 쌀 가격을 다시 자유롭게 풀 수밖에 없었죠."

로저스는 각국 정부가 가격을 인위적으로 제한하려 했다가 실패한 사례를 아주 많이 알고 있었다. 짐 로저스의 세계상에서는 자연 법칙이 중요한 것 같았다. "세상은 늘 그렇게 돌아갔습니다. 수백 년 전부터 말이죠." 이어진 말은 냉소적으로 들렸다. "역사를 보면 항상 몇몇 사람은 부자였고 다른 사람들은 그렇지 않았지요. 오르는 가격으로 인해 고통 받는 사람들을 막을 수는 없습니다."

나는 그에게 독일 이야기를 해주었다. 독일에서는 공개적으로 벌어진 논쟁 덕분에 콤메르츠뱅크 같은 대규모 은행이 농산물 투기에서 발을 뺄 수밖에 없었다고 말이다. "알고 있습니다. 도이치뱅크도 비난의 대상이 되어 그만둘지 고민했지요. 정치가와 언론인이 사악한 투기꾼들에게 욕을 했기 때문이죠. 은행들은 '사악한 투기꾼'이라는 말을 듣고 싶지 않았습니다. 은행엔 그런 것 말고도 다른 문제가 충분히 많거든요. 하지만 당신한테 다시 한 번 묻고 싶습니다. 지금 돈을 전혀 투자하지 않는다면, 10년 후에는 어디에서 음식을 가져올 수 있을까요? 감히 말하지만, 그러면 그 누구도 식량을 생산하지 않을 것입니다. 먹을 게 없어지면, 그때야 정치가들은 시장의 힘을 자신들이 나서서 멈추게 하는 실수를 범했다는 것을 알아차리겠지요." 그의 결론은 이러했다. "가격을 몇 년 동안 높은 수준에서 유지하는 것이 중요합니다. 그래야 젊은 사람들이 농사를 짓도록 고무할 수 있습니다. 대학생들이 람보르기니를 몰고 다니는 농부의 모습을 볼 수 있어야 합니다."

나는 투기가 좋은지 나쁜지 물어보았다. 그는 이렇게 대답했다. "만일 당신이 주택이나 아파트를 산다면, 그것을 나중에 더 높은 가격에 팔고 싶겠죠? 그렇다면 당신 역시 사악한 투기꾼입니다. 당신이 예술 작품이나 동전을 구입할 때도 똑같습니다." 나는 예술 작품과 동전은 먹을 수 없지만 인간의 실존은 음식에 달려 있다고 반박했다. "모든 농부가 사라지거나 자살한다면, 그 음식이라는 게 어디에서 오겠습니까?" 전환점을 마련하려면 수십억 달러가 필요하고, 그 돈은 바로 주식 시장에서 나온다는 얘기였다.

주식의 대가와 함께 있자니 미래를 예언하는 말이 듣고 싶었다. 장기적인 트렌드는 어떠할까? "설탕 가격은 300~400퍼센트 상승할 것입니다.

당신은 가난한 사람들에 대해 얘기했는데, 충분히 먹지 못하는 가난한 사탕무 농부들은 어떨까요? 오늘날의 가격은 1974년보다 75퍼센트가량 낮은 수준입니다. 40년 전보다 75퍼센트나 가격이 떨어진 다른 상품을 혹시 알고 있나요?" 그는 노트북을 켜더니 최근에 세운 홀딩 농업 회사(Holding Agrifirma)를 소개했다. "내가 바로 관리자입니다. 우리는 브라질에 있는, 거의 쓰레기에 가까운 무용지물의 땅을 구입하지요. 숲을 개간하고, 경작지에 물을 대고, 대두를 심습니다." 나는 토지 수탈이라는 단어를 아는지 물어보았다. "우리가 브라질에서 투자하고 일자리를 만드는데, 그게 토지 수탈인가요?" 그 전에 누군가가 살았고 제대로 보상하지 않은 땅이라면 그렇다고 나는 대답했다. "정말 우습군요! 우린 모든 사람에게 보상을 했습니다. 자신이 살고 있는 땅에서 떠나라고 강요받는 사람들이 이 세상 어디에 있는지 한 번 말해보세요. 그 누구도 소농들에게 땅을 팔라고 강요하지 않습니다." 나는 말문이 막혔다. 그가 그 정도로 감정 없는 사람이라고는 생각하지 않았다. 짐 로저스는 세상에 대해서도 잘 알고 있었다.

우리는 아시아의 부상에 대해 얘기를 나누었다. "내가 1984년 처음 중국에 갔을 때, 사람들은 보통 이렇게 인사를 했습니다. '식사하셨습니까?' 왜냐하면 오랫동안 마오쩌둥의 지배를 받으며 굶주렸기 때문이지요. 당시엔 1년에 한 번 고기를 먹었죠. 심지어 평생 한 번 먹는 사람도 많았습니다. 가령 축제날 같은 때 말입니다. 그런데 오늘날 중국인은 하루에 세 번 식사를 하고, 심지어 고기도 많이 먹습니다." 짐 로저스가 문득 인상을 찌푸렸다. "사악한 중국인 같으니라고! 이 사람들이 가격을 올리고 있어요. 매일 식사를 하니까!"

우리는 암울한 예측으로 대화를 끝냈다. "우리는 곧 암흑의 시대로 진입할 것입니다. 정부의 정책은 실패할 겁니다. 모든 나라가 말입니다. 사회는 혼란과 내전이 일어나고, 어쩌면 전쟁도 발발할 것입니다. 먹을 게 너무 적기 때문에 말입니다. 상품이 부족하면, 사람들은 스트레스를 받습니다. 1970년대 후반에 일어난 석유 파동을 기억합니까? 음식이 부족해지면, 더 심각할 것입니다. 정치가들은 식량 위기가 훨씬 더 심각하다는 사실을 보려 하지 않아요. 심각한 이유는 간단합니다. 아시아에 있는 30억 개의 입이 유럽인이나 미국인과 똑같이 먹기를 원하기 때문이죠!"

막강한 힘을 가진 자본가와 만나 보니 얼마나 많은 돈이 우리의 먹을거리 사업에 투입되는지 분명해졌다. 농산물거래소 한 군데만 하더라도 지난 5년간 믿을 수 없을 만큼 많은 금액(2000억 달러)이 들어갔다. 이는 거래소에서 실제 거래된 상품 가치의 16배가 넘는 액수다. 가격을 극단적으로 변동시키는 과도한 투기가 아닐 수 없다. 이 때문에 2008년과 2011년 곡물 가격이 각각 2배, 3배로 뛰어올랐던 것이다. 몇몇 사람들은 이로 인해 부자가 되었고, 많은 사람이 굶주림에 시달려야만 했다.

우리가 이것을 바꾸지 않는다면, 기아의 위기는 지속될 것이다. 하지만 농업은 기아가 발생하지 않게끔 미래에 어떤 식으로 재원을 확보할 수 있을까? 유럽연합은 투기 자본에 대해 세금을 올릴 예정이다. 그러나 이런 조치는 잘해야 극단적 충격을 완화시킬 뿐이다. 우리에게 필요한 것은 투자자들의 돈이 대규모 공장뿐 아니라 소농들에게도 확실히 흘러 들어가게끔 해주는 장치다.

기아로 벌이는 사업

대략 310만 명의 아이들이 충분히 먹지 못하거나 균형 잡힌 식사를 하지 못하는 까닭에 매년 다섯 살이 되기 전에 사망한다. 어린 아이들의 사망 원인 가운데 45퍼센트는 영양실조와 수유 문제 때문인 것으로 알려져 있다. 볼티모어에 있는 존스 홉킨스 블룸버그 공중보건대학 (Johns Hopkins Bloomberg School of Public Health, JHSPH)의 로버트 블랙(Robert Black) 교수를 비롯한 연구팀은 2013년 중반, 태아 시기와 생후 2년 동안의 영양 상태가 사망률 및 성인이 되었을 때의 만성 질환을 결정한다는 결론을 얻었다. 연구팀은 G-8에 기아로 가장 많이 허덕이는 34개국에 구체적인 원조, 즉 신생아를 건강하게 해줄 영양(비타민과 미네랄 보충제, 요오드가 포함된 식염, 미세 영양 성분이 가득 담긴 식품)을 지원해야 한다고 요구했다. 이와 같은 지원을 한다면 매년 90만 명의 목숨을 살릴 수 있다고 한다.[82]

세계은행 역시 영양실조와 기아를 퇴치하기 위해 매년 120억 달러를 투자해야 한다고 주장했다. 아울러 이와 같은 식량은 국제적인 회사가 생산 및 판매하고, 구매자는 위기 상황을 고려해 값을 깎지 않는 국가 소속 단체 또는 비국가 단체에서 맡아야 한다고 했다. 그러나 원조와 기금이 이런 분야에 많이 흘러 들어갈수록 기아를 대상으로 한 사업은 규모가 더욱더 커진다.[83]

견과류가 크면 이득도 많다

인도주의 단체들은 이미 오래전부터 심각한 기아 상태에 처한 아이들을 치료할 수 있는 완성 식품으로 칼로리가 풍부한 땅콩버터 잼을 공급했다. '플럼피넛(Plumpy' nut)'이라는 이름은 영어 단어 plump(뚱뚱한)와 peanut(땅콩)을 조합한 것이다. 이는 1997년 특허 신청을 한 프랑스 회사 뉘트리세(Nutriset)의 제품이다. 이 잼은 땅콩버터, 가루우유, 기름과 설탕으로 이뤄져 있고 생후 6개월 된 아이들부터 먹을 수 있다. 물론 생존에 중요한 미네랄과 비타민도 포함되어 있다. 92그램으로 포장해 나누어주는데, 유효 기간은 2년이다. 한 개에 500칼로리를 섭취할 수 있는 이 잼에는 많은 장점이 있다. 무엇보다 빨리 상하지 않는다. 물이 아닌 기름을 바탕으로 한 제품이기 때문이다. 굶주린 사람을 치료할 때 병원에서 나눠주거나 직접 외래에서 먹여도 된다. 게다가 꼭꼭 씹을 필요도 없다. 한 명의 아이가 두 달 동안 먹는 비용은 약 60미국달러. 수요가 늘어나 뉘트리세는 2001년부터 2004년까지 2배나 많은 200만 유로의 총 매출을 올렸다. 이 칼로리 폭탄은 심각한 영양실조를 퇴치하기 위해 생산한 것이지 일반 식품은 아니다. 이 제품이 제대로 유통되면 아무런 문제도 없다. 그런데 이런 치료 목적 식품이 엉뚱하게 팔리는 데서 문제가 시작된다. 바로 이런 문제가 이미 발생하고 있다. 실제로 이 잼은 전 세계에서 활동하며 좋은 사업을 하겠다고 약속하는 대기업 식품 회사에 선구적인 상품이 되었다. 대기업들은 개발도상국에서 탁월하게 작동하는 판매망(코카콜라와 초콜릿은 아프리카 구석 마을 어디에서든 찾아볼 수 있다) 덕분에 이 새로운 세대의 식량을 갖고 굶주린 수십억 명의 시장을 개척하려 한다. 치료 목적 식량에서 영양가 풍부한 스낵과 파워드링크로 옮아가는 것은 매우 간단하다. 그들의 최초 목표 집단은 생후 6개월이 넘은 갓난아이들이다. 식품 산업은 어린 아이들을 위한 '개별 영양 섭취'라는 슬로건을 내세우며 이 인스턴트식품을 심각한 영양실조에 걸린 아이뿐 아니라, 영양 상태가 그다지 심각하지 않은 아이들에게도 제공하고 있다. 이로 인해 영양실조에 대한 확실한 정의가 필요해졌다. 심각한 영양실조와 적당한 영양실조를 어떻게 측정할 수 있을까? WHO 소속 전문가들은 회의를 열어 2008년 적당한 영양실조에 대해 새로운 정의를 내렸다. 이에 따르면 인스턴트식품의 목표 그룹은 6000만 명에서 2억 명으로 대폭 늘어난다.[84]

금치산과 종속성

식품업계는 구원자를 자처하며 인스턴트식품이 없었다면 영양실조 및 기아와의 전쟁에서 졌을 것이라고 주장했다. 이와 같은 견해는 2009년 발표된 연구를 통해서도 지지를 받았다. '국경 없는 의사회'라는 단체와 유사한 에피센터(Epicentre) 연구소는 2006년부터 2007년까지 아프리카 북부 니제르에 있는 마을 12곳에서 연구를 수행했다. 생후 3개월에서 5세 사이의 아이들 절반은 3개월 동안 매일 먹는 음식에 더해 영양분이 풍부한 인스턴트식품을 먹이고, 나머지 절반의 아이들에겐 그렇게 하지 않았다. 그 결과 인스턴트식품을 섭취한 아이들은 영양실조에 걸리지 않을 확률이 약 60퍼센트나 높아졌다.

이와 같은 결과는 아주 그럴듯하게 들린다. 그러나 균형 잡힌 영양 섭취를 위해 공장에서 생산한 인스턴트식품이 결코 필요하지 않다는 사실은 아동 원조 단체 '인간의 대지(Terre des hommes)'에서 실시한 연구가 증명한다. 이 단체는 2010년 아프리카 서부에 있는 기니에서 심각하지 않지만 적당한 영양실조에 걸린 아이들을 치료했다. 이 프로젝트는 단순하고 저렴한 요리법으로 아이들의 목숨을 구하는 것이었다. 어머니들은 해당 지역에 있는 요리 교실에서 밀가루, 식용유, 설탕을 이용해 직접 갓난아이들에게 먹일 죽 만드는 법을 배웠다. 그 결과 치료받은 아이들 95퍼센트가 정상 체중을 회복했다.

이와 반대로 식품 산업은 자사의 인스턴트식품을 통해 가정 내에서 해당 지역의 음식 문화가 이어지는 것을 방해하고, 가족을 인스턴트식품에 종속되게끔 만들었다. 의사이자 '인간의 대지'의 공공보건 전문가 장피에르 파파르(Jean-Pierre Papart)는 문제를 정확하게 짚어냈다. "좋은 아이디어로 영양 섭취와 관련한 모든 문제를 해결해줄 수단을 발견하더라도, 이는 개발도상국에 사는 가족과 공동체를 금치산자로 만들어버린다. 요컨대 그들에게 자식들의 영양을 책임질 수 있도록 해야만 한다."[85]

돈은 그 지역에 있어야 한다

전 세계의 금융 지배에 대항하는 역발상은 많지 않다. 지역 통화는 몇몇 장소에서만 기득권을 차지할 수 있었을 뿐이다. 지역 통화는 예나 지금이나 국제 금융 시스템과 확실하게 연계되어 있는 지배적 국내 통화와 나란히 존재했다. 프라이부르크(Freiburg) 인근에 사는 한 인물에게는 이런 것이 만족스럽지 않았는데, 바로 크리스티안 히스(Christian Hiß)라는 사람이다. 우리는 그를 브라이자흐(Breisach)의 장터에서 만났는데, 이 장터에는 로마네스코-고딕 양식의 역사적인 슈테판스뮌스터(Stephansmünster) 교회가 우뚝 솟아 있었다.

우리는 이 지역에서 매우 가치 있는 유기농 시장 바게(Waage) 앞에 있는 한 식탁에 앉았다. "이 가게는 내 아내가 운영하고 있는데, 레기오날베르트(Regionalwert: regional(지역의)와 wert(가치)의 합성어—옮긴이) 주식회사의 일부입니다." 크리스티안 히스가 설명했다. 이 주식회사는 혁명적 역발상과 관련해 무슨 일을 할까? "우리는 시민 주식회사로, 총 520명의 주주가 자본금 250만 유로를 갖고 있지요. 주주들은 평균 4000유로 정도를 투자 했죠. 물론 개인마다 차이가 있어 적게는 500유로를 투자한 분도 있습니다. 우리는 이 돈을 오직 우리 지역에서만 출자하기로 했습니다. 농장부터 상인과 레스토랑 그리고 연구소에 이르기까지 말입니다. 지난번 주주 총회에서는 또 한 가지 업종에 출자하기로 했는데, 바로 유치원에 음식을 대주는 사업입니다." 크리스티안 히스가 주주 가운데 한 사람을 우리 대화에 초대했다. 외르크 젤링거(Jörg Selinger)는 자신의 투자에 대해 놀라울 정도로 쉽게 언급했다. "나는 여기에 1만 유로를 투자했습니다. 물론 주식 시장에 투자할 수도 있었지만, 좀더 의미 있는 일을 하고 싶었거든요." 자기 지분은 얼마든지 되팔 수 있지만 대부분의 투자자는 장기적 안목을 갖고 있다고 히스는 강조했다. "나에겐 돈이 최우선은 아니었죠." 젤링거도 동의했다. "나는 우리가 사는 지역에 투자하고 싶었습니다. 이곳에서 양질의 식품을 생산하도록 말입니다. 나는 이런 프로젝트가 정말 멋지다고 생각합니다. 요즘은 자주 점심을 먹으러 프라이부르크에 있는 마리아(Maria)의 레스토랑에 가요. 우리 사업에 동참하는 사람들은 진심에서 우러나 일한다는 것을 알아차릴 수 있습니다. 판매원이 그냥 일을 할 뿐 자기 직업에 대해 확신 같은 게 전혀 없는 보통 가게와는 완전히 달라요. 나는 아주 먼 나라에서 온 과일을 슈퍼마켓에서 보면 느낌이 좋지 않아요. 그곳 사람들이 어떤 조건에서 일하고, 그 과일이 어떻게 이곳까지 운송되었는지에 관해서는 알고 싶지 않습니다. 차라리 우리 동네 가게, 가령 크리스티안의 부인 안드레아(Andrea)가 운영하는 가게에 가는 것이 더 좋아요."

크리스티안 히스는 우리에게 유기농 제품을 보여주었다. 딸기, 버찌, 회향(Fenchel, 茴香), 무 등 과일 선반과 채소 선반에 올려놓은 많은 상품에는 '네트워크 제품'이라는 표시와 '레기오날베르트'라는 로고가 찍혀 있었다. "이 상품들은 우리 지역의 파트너 중 한 명이 생산한 것입니다." 그뿐만 아니라 치즈 코너, 와인 코너, 말린 과일 코너에도 지역 상품이 대부분이고 그 밖의 상품은 일반 가게에서도 흔히 볼 수 있는 것들이었다. "이곳에 없는 상품은 추가로 구입합니다. 요구르트는 8000킬로미터나 떨어진 곳에서 우리 지역으로 옵니다. 만일 우리 지역에서 요구르트가 나온다면 요구르트를 담는 플라스틱통만 제공하고 싶지는 않습니다."

가게는 깔끔하고 사업은 해볼 만한 가치가 있는 것 같았다. 크리스티안 히스가 웃으며 말했다. "나는 돈 버는 걸 절대 싫어하지 않습니다만 환경과 사회, 특히 미래를 희생시키면서까지 돈을 버는 것은 반대합니다. 만일 그런 것들이 조화를 이룬다면 돈을 버는 게 당연히 좋지요. 나는 생태적이고 지속적인 경제를 통해 돈을 벌고 싶을 뿐입니다. 이것은 결코 상반되는 게 아닙니다." 이런 발상으로 크리스티안 히스는 2011년 '사회적 기업가'에게 주는 상을 받았다.

어떻게 그런 아이디어가 떠올랐을까? "원래 나는 정원사 일을 했는데 사업이 잘되었지요. 그러나 자식들이 그 직업을 이어받을지 미지수였습니다. 그게 계기가 되었을 뿐입니다." 사회적 주제에 대한 관심은 크리스티안 히스를 철학자 이반 일리치(Ivan Illich)와 연결시켜주었다. 그는 특히 성장에 관한 일리치의 비판에 상당한 영향을 받았다. "몇 년이 필요한 과정이었죠. 우리는 공개 토론을 하면서 3년에 걸쳐 하나의 발상을 이끌어 냈는데, 그걸 '싱크 탱크'라고 불렀어요. 전문가뿐만 아니라 농부들도 참여했지요."

질문은 이러했다. 사람들에게 식량을 공급하려면, 어떤 형태의 경영이 20년 혹은 100년 후에도 올바른 방법일까? "지역에서뿐만 아니라 전 세계적으로 말입니다. 이런 의문은 농부이자 정원사인 나에게 개인적으로 매우 중요했습니다." 그에게 옛날에 일어난 '68운동'은 사회에 집중함으로써 실패한 것처럼 보였다. "도대체 누가 사회라는 겁니까? 우리가 상담할 수 있는 사람을 찾는 순간에 사회라는 건 형체를 찾을 수 없게 용해되고 말아요. 그러면 국가도 그냥 기관이 되어버리고요. 시장도 바로 그런 방식입니다. 만일 당신이 시장의 파트너에게 책임을 물으려고 시도하면, 그때 시장의 시스템이라는 것은 오히려 책임을 물을 수 없게 합니다."

철학 하는 이 정원사는 자본주의와 공산주의가 공통적으로 갖고 있는 특징인 생산적 사고와 판이하게 다른 길을 모색했다. "우리는 주주를 이해 당사자로 만들려 했죠. 그러니까 익명의 자본 투자가를 진정한 참여자로 만들고 싶었습니다. 시장에서는 물론 자본 위탁과 지배인으로서 책임을 떠맡는 참여자 말입니다." 히스는 이런 점에서 앞서가는 사람이었다. 그는 주식회사를 설립한 뒤 자신의 데메터(Demeter) 농장에 속한 자산을 지역의 가치를 추구하는 레기오날베르트 주식회사로 옮겼다. 이는 결코 간단하지 않았다. 60년 전부터 생물학적으로 다이내믹하게 농사를 지어온 그의 농장은 독일에서 선구자적인 위치에 있었기 때문이다.

나는 부인이 그를 미친 사람으로 여기지 않았는지 물어보았다. 크리스티안 히스는 내 질문을 듣고 웃었다. "아뇨. 아내도 직접 우리 싱크 탱크에 참여했는걸요. 그렇다고 해서 내 재산을 선물로 줘버린 것도 아니잖아요. 단지 주식으로 바꾸었을 따름이죠. 우리도 주주입니다. 지역 주민을 동참시켜 자본에 대한 책임을 맡기는 단계가 중요했습니다. 왜냐하면 모든 사람의 식량이 걸린 문제라면, 오늘날의 농부 홀로 자본에 대한 책임을 떠안는 게 불가능하다는 걸 알았기 때문이지요."

나는 무엇이 그런 일을 하게끔 했느냐고 물어보았다. 그는 당황해하며

"분노"라고 대답했다. 냉정한 사람은 분노에 이끌린 사람과 전혀 다르게 행동한다. "이와 같은 방식의 경영에 손을 댈 수 없다는 게 나를 분노하게 만들었습니다. 상상해보세요. 10년 전 생태적인 농업에 투자하는 사람은 신용 대출 담당자들에게 이데올로기 취급을 받았거든요. 이상주의자도 아니고, 그냥 이데올로기 취급을 받았단 말입니다." 그는 이맛살을 찌푸렸다. "이데올로기라며 욕하는 것이 나를 화나게 했습니다. 미래를 위해 안전장치를 만들려 했는데, 그것 때문에 비난을 당한 것입니다. 10년이 지난 지금은 모든 분야에서 지속적인 경영에 대해 이야기하고 있지요. 어쩌면 우리가 너무 일찍 시작했는지도 모릅니다." 자선적인 목적이 있어서 그랬던 것은 아니다. "이런 토론에서 이기주의와 이타주의는 반대가 아닙니다. 만일 당신한테 먹을 게 아무것도 없다면, 뭔가 먹을 것을 찾는 게 지극히 당연한 이기적인 동기가 되겠지요. 만일 당신이 더 이상 숨을 쉬지 못한다면—가령 중국에서 날아온 매연 때문에 말입니다—그러면 당신으로 하여금 환경을 위해 뭔가 하도록 떠미는 것은 결코 이타적인 동기가 아닌 것입니다."

그는 회원이 운영하는 농장으로 우리를 안내했다. 카이저스툴(Kaiserstuhl)에 있는 포도 재배지와 숲을 지나는 동안 크리스티안 히스는 그 멋진 경치는 아랑곳하지 않고 계속 이야기했다. "문제는 환경 훼손이 상품 가격에 포함되지 않는다는 것이지요. 환경 훼손을 일반 사람들이 떠맡게 되는 겁니다. 만일 사람들이 진지하게 계산한다면, 그러니까 홍수나 파괴된 토지나 기후 변화 같은 환경 훼손을 가격에 포함시킨다면, 우리 제품이 관습적인 방식으로 생산한 것보다 더 쌀 거라고 확신합니다. 우리는 주주들이 두 가지 관점에서 수익을 얻도록 하는 방법을 개발했습니다. 한편으로 돈이라는 관점, 다른 한편으로 효과라는 관점입니다. 두 번째 관점은 바로 지역 토지의 비옥함에 긍정적 혹은 부정적으로 작용했는지 여부를 따져보는 겁니다."

유기농은 비싸다고 알려져 있는데 그렇지 않은지? "산업화한 생산 방식으로 인한 훼손은 언젠가 계산에 포함해야 하지만 아직 실현되지 않고 있을 뿐입니다."

경치가 바뀌면서 넓은 라인 평야에 언덕이 등장했다. "근본적인 문제는 농업이 산업으로부터 결산 방식을 이어받았다는 겁니다. 한 개당 가격, 합리화, 전체 계산에서부터 장부 정리까지 말이지요. 산업에서는 이와 같은 경영학이 아마도 자신들을 정당화시켜줄 수 있겠지만, 농업에서는 아무런 소용이 없죠. 왜냐하면 경영학은 산업화한 경영을 배출했기 때문입니다. 농업에서는 다른 패러다임에서 출발하는, 이른바 산업과 다른 경영 이론이 필요하다고 나는 확신합니다. 즉 지속성, 토지 재건, 문화와 경치의 다양성, 식량의 품질 같은 패러다임 말입니다. 그러면 우리는 산업과 다른 가격 및 농업 형태를 갖고 자연 자원을 채굴이 아니라 재건함으로써 돈을 벌 수 있겠지요." 결론적으로 농산품 가격이 더 비싸진다는 얘긴가? "그래요. 하지만 비용은 실제로 나타납니다. 비용을 발생시킨 원인이 현재의 것은 아니라는 얘기일 뿐이지요. 그러면 수익은 그야말로 지속성이 이뤄낸 진정한 성과에 속하는 것입니다." 어떻게 그것을 계산할 수 있을까? "우리에겐 64가지 지표가 있는데, 이것에 따라 모든 기업체나 공장을 평가할 수 있습니다. 평가를 할 때는 대학생들이 우리를 도와주는데, 이 자료로 졸업 논문을 쓰기도 합니다. 이와 같은 것을 바탕으로 우리는 2년마다 사회적·생태적 보고서를 마련하지요."

우리는 과일 농사를 짓는 농장에 도착했다. '욀 지겔(Joel Siegel) 과일 농장-라 사뵈르(La Saveur: '맛', '풍미'라는 뜻의 프랑스어―옮긴이)'라는 문패가 붙어 있었다. "이곳 주인은 프랑스에서 왔어요. 여기는 바로 국경과 인접해 있거든요. 하지만 10년 넘게 여기에 살고 있답니다." 크리스티안 히스가 설명해주었다. 농부가 눈짓을 했다. 우리는 수확을 앞두고 있는 농장으로 차를 몰았다. 딸기의 빨간색이 햇빛을 받아 멀리서도 반짝였다. 윌지겔은 일꾼들이 딸기를 따는 동안 상자 하나를 운반차에 끌어 옮겼다.

"처음에 우리는 경영에 조용히 참여하는 데 그쳤지요." 히스가 말하자 농부가 보충 설명을 했다. "1헥타르에 사과를 심으려면, 2만 유로가 필요합니다. 묘목과 장비에 드는 비용만 그렇다는 것이지요. 하지만 이런 일을 처음 시작하면, 은행에서 대출받는 게 거의 불가능합니다. 은행에서는 농업이 위험성 높은 분야로 알려져 있거든요. 그래서 나는 사과 농장을 운영하는 데 필요한 돈을 구할 기회가 없었습니다. 레기오날베르트 주식회사가 없었다면, 아마 농장을 포기했겠지요. 아니면 사채를 끌어들였거나 말입니다."

"윌은 농장을 부모에게서 상속받은 게 아니라, 다른 사람으로부터 이어받은 셈이지요. 땅이 있기는 했지만 자본을 구하기가 정말 어려웠습니다. 하지만 보십시오, 그의 과수원이 얼마나 멋진지. 나는 이런 젊은 청년에게 기회를 줘야 한다고 생각합니다. 우리가 그에게 3년 전 창업 자본을 줄 수 있어서 정말 기쁩니다. 그것이 바로 우리의 콘셉트입니다. 과수원에서 수익이 나올 때까지 3년을 기다려주는, 기다릴 줄 아는 자본이지요."

젊은 농부들은 농사지을 땅을 찾기가 점점 더 힘들어지고 있다. "우리 주위에서도 토지 수탈 사례가 점점 늘어나는 걸 볼 수 있습니다. 토지를 대규모로 구입한 다음 그 땅을 판 농부에게 임대하는 투자자들이지요. 바이오 가스를 만들기 위해 옥수수 단작을 한다고 하더군요." 히스가 불만을 터뜨렸다. "우리 지역의 시민들은 그와 같은 시도에 반대하며 농부가

하는 농업에 투자할 수 있습니다."

레기오날베르트 주식회사는 단순히 농부들에게 자금을 지원하는 회사 그 이상이었다. "나는 거의 모든 파트너 가게에 과일을 공급하고 있습니다. 예를 들면 유기농 상자에 넣어 팔기도 하고, 그냥 일반 가게에도 팔지요. 레스토랑에서도 내가 최고급이 아닌 헐값으로 팔아야 하는 과일을 가져갑니다. 이렇게 하면 나는 수확한 과일을 거의 전부 팔 수 있죠."

살고 있는 지역에 판매망이 형성되어 있으므로, 농부는 더 많은 품종을 심을 수 있다. "그렇지 않다면 나는 단 한 가지 과일에만 집중해야겠지요. 비용 때문에라도 말입니다. 그러나 과일을 섞어서 재배하는 게 경영에 훨씬 도움을 줍니다. 수확하는 시기가 달라서 직원들에게 항상 일거리를 줄 수 있고, 따로 돈을 주고 일꾼을 쓸 필요가 없거든요."

직원들을 어떻게 대우하느냐는 문제는 사회적·생태적 보고서에서 중요한 역할을 하는데, 과수원을 운영하는 농부도 이를 올바른 질문이라고 생각했다. "나는 사람들에게 매우 형편없는 보수를 줄 수도 있습니다. 가령 루마니아에서 온 계절노동자를 고용하면 수익이 더 많이 날 겁니다. 생태적인 면에서도 그럴 테죠. 하지만 사회적인 면에서는 옳지 않아요. 그 때문에 레기오날베르트 주식회사가 사회적 표준을 가지고 우리를 평가하는 게 아주 좋다고 생각합니다."

크리스티안 히스가 두 번째 줄 사이로 들어가더니 검정색 딸기를 맛보았다. "나는 이게 더 좋더라고요." 그러나 농부는 나에게도 한 번 맛을 보라고 권하며 말했다. "이 품종은 노동력이 많이 들어갑니다. 쉽게 딸 수 없거든요. 하지만 이 품종을 함께 심은 것은 아주 잘한 일이죠. 고객들은 다양한 품종을 좋아하거든요."

그는 오늘날 다양한 과일과 채소를 특히 수입에 의존하는 걸 매우 유감스럽게 생각했다. "우리가 외국에서 생산한 것을 먹으면, 그곳 사람들은 낮은 임금을 받게 되죠. 예를 들어, 모로코에서 유기농 토마토를 수확하는 사람들은 시간당 50센트를 받습니다. 그런데 이 제품이 독일에 덤핑 가격으로 들어옵니다. 그곳에서 짓는 농사는 매우 생태적이기는 하지만, 사막 지역에 마지막 남은 물을 모두 다 써버리죠. 사실 그 물은 주민들이 먹을 것을 재배할 때 사용해야 하거든요. 그러나 거물급 투자자들이 땅을 차지하고, 그곳에 사는 사람들은 땅도 물도 사용할 수 없는 것이지요."

수확을 하는 노동자들은 그사이 두 번째 줄에 있는 과일을 모두 땄다. 윌 지겔은 큰 소리로 작업을 멈추라고 지시했다. "이제 운송을 해야 합니다." 우리는 20킬로미터도 채 떨어지지 않은 프라이부르크로 갔다. 도시 가장자리 과거 공장이었던 곳에 신선한 유기농 업체 프리셰키스테(Frischekiste)가 있었다. 여자 대표인 안겔리카 한저(Angelika Hanser)가 젊은 농부를 기다리고 있었다. "여기 앞에 모두 놔두면 돼. 우리는 이미 상자에 포장하고 있거든."

원칙은 간단했다. 고객들은 매주 과일과 채소 가운데 몇 개를 집까지 배송받는다. 그것도 해당 계절에 수확하는 농산물로. 지금은 초여름이라 안겔리카 한저가 포장해놓은 상자들은 매우 알록달록해 보였다. "고객들이 몇 가지 개인적인 품종을 원하기도 하지만, 우리는 대체로 똑같은 물건을 상자에 담습니다. 이것은 아마 올해 마지막 대황일 것 같고요, 아스파라거스도 이제 얼마 있으면 끝납니다. 여기 케일, 브로콜리, 회향, 감자도 있네요. 마지막으로 케일을 어떻게 먹어야 하는지 모르는 사람들을 위해 요리법이 적혀 있는 쪽지를 넣습니다."

겨울에는 어떻게 하는지, 고객들이 수입 상품을 요구하지는 않는지 궁금했다. "들판에는 항상 뭔가가 자랍니다." 안겔리카 한저가 벽에 붙어 있는 계절 달력을 가리켰다. "겨울에는 모든 배추 품종과 함께 설탕당근 (parsnip), 파, 시금치, 양송이가 나옵니다. 농부들은 대부분 창고에 감자와 사과를 저장하고 있습니다. 호리병박은 놀라울 정도로 오랫동안 보관할 수 있죠. 물론 겨울에는 딸기와 토마토가 없습니다."

크리스티안 히스가 그녀의 말을 가로막았다. "우리가 생산한 상품이 아닌 대안 상품은 먼 곳에서 운반되어 누가 생산했는지, 누가 거래했는지도 모르지요. 그래서 나는 대안 상품에 대해 걱정이 많습니다."

크리스티안 히스는 거대한 라인 평야에서 옥수수를 단작으로 재배하고 있는 문제점을 언급했다. "이익이 될 것처럼 보이겠지요. 옥수수는 전 세계에서 거래하니까 말입니다. 하지만 경관은 단조롭고, 농부들은 그런 단작에 종속됩니다."

나는 농부들이 종속된다는 말이 무슨 의미인지 알고 싶었다. "농부한테 종자, 비료, 자본이 필요할 때 오로지 대기업에 의지할 수밖에 없다는 뜻입니다. 혹은 농부가 경작지와 시장에 접근하지 못할 수도 있지요. 농부는 무엇이 더 나은 선택인지 스스로 결정할 수 있어야 합니다. 가령 종자를 예로 들어봅시다. 유전자 변형으로 만든 자원에 대해서는 특허권자들만이 권리가 있죠. 나는 농부로서 어떤 선택조차 할 수 없단 뜻입니다."

크리스티안 히스가 옆으로 비켜섰다. 운전기사 한 사람이 다가오더니 상자를 가져갔다. "종속성에 대한 또 다른 예는 이런 것입니다. 내가 정원사로 일할 때, 시장에 접근할 수 없다는 게 무슨 의미인지 직접 경험한 적이 있습니다. 자, 내가 파를 심었는데, 이 파는 들판에서 12개월 동안 자랍니다. 그런데 도매상이 이렇게 말합니다. '나는 필요 없어.' 그러면 파를 심고 수확한 노동이 아무런 소용도 없게 되는 것입니다." 직접 판매했다면 적어도 채소를 부분적으로나마 팔 가능성이 있다는 얘기다.

이와 같은 배경에서 크리스티안 히스는 "과대망상적인 대규모 해결책"은 지속적인 도움을 주지 않는다고 믿었다. 그 때문에 레기오날베르트 주식회사는 익명의 자본 투자자들로부터 돈을 모으지 않고 지역에 사는 500명의 시민들로부터 자금을 거두었다. "이들은 다양한 품종을 재배하고 지역에서 농부, 가공하는 사람, 소비자를 직접 연결시키자는 목표에 동참하는 분들입니다. 어떤 지역에 사는 사람들이 스스로 자급한다는 것은 매우 중요한 일입니다. 이렇듯 지역의 식량 주권이 기초가 되고, 이런 기초 위에서 식량을 공급받을 수 있어야 합니다. 작은 것에서 큰 것으로 가야지, 큰 것에서 작은 것으로 가서는 안 됩니다."

우리는 원래 짐을 싣는 곳에서 윌 지겔과 작별 인사를 할 생각이었다. 오후의 태양이 쨍쨍 내리쬐고 있었다. 크리스티안 히스가 상의를 벗더니 말했다. "농부들이 하는 농업은 퇴보하고, 대대적인 농업 경영 혹은 산업만이 많은 이익을 창출할 수 있다는 말은 결코 맞지 않아요. 유기농은 지난 30년 동안 엄청난 발전을 했습니다. 윌이 짓고 있는 현대적인 과수원을 30년 전의 딸기밭과 비교해본다면, 둘 사이에는 품질, 지식, 품종, 토질 등등이 전혀 다르다는 걸 알 수 있습니다."

윌은 옆에 서서 히스의 말을 경청했다. "나는 확신합니다. 소농이라도 지식과 자본을 얻으면, 산업적인 방식으로 재배하는 것만큼 수익을 올릴 수 있다고 말입니다." 소농에게는 전혀 다른 장점이 있다고 그는 강조했다. "소농은 수익을 넓게 분배하고, 식량을 전 세계에 공정하게 공급한다는 것을 확실하게 보장합니다." 하지만 유기농은 1헥타르당 적은 수익을 올리지 않는가? "유기농 농사를 짓더라도 계속해서 합리화 과정을 거쳐야 합니다. 그러기 위해서는 물론 계속해서 관찰을 해야겠죠. 이는 자원에 단점이 될 수도, 장점이 될 수도 있어요. 그 때문에 우리의 장부는 포괄적이죠."

과일 농사꾼 윌 지겔은 그 말을 실용적으로 표현했다. "우리는 가능한 한 합리적으로 일하려고 노력합니다. 만일 내가 1헥타르의 땅에 딸기를 심었는데 비가 너무 내려서 망치거나 다른 질병이 발생해 딸기를 3개만 수확했다면, 이것은 그야말로 헛일이지요. 요컨대 나는 어느 정도 수익을 올려야 하고, 그래야 땅에서 일할 의미가 있다는 얘깁니다. 결론적으로 나는 얼마가 됐든 돈을 벌고 싶거든요."

레기오날베르트 주식회사를 세계 다른 지역이나 제3세계에서도 실천할 수 있는지 나는 알고 싶었다. 크리스티안 히스는 잠시 생각에 잠겼다. "그렇다고 말하고 싶습니다. 아프리카에서도 가능해요. 나는 중국의 상황을 약간 지켜봤습니다. 오늘날 세계 시장이 그곳에 어마어마한 손실을 입혔습니다. 급속한 속도로 지역의 구조가 망가지고 유럽에서 값싼 수입품이 마구 들어옵니다. 나는 그걸 직접 목격했습니다."

그것을 어떻게 바꿀 수 있을까? "만일 지역의 간접 시설, 사회적 공동체에 손실이 발생하면 이를 가격에 포함시켜야 합니다. 이는 세계 모든 지역에 해당됩니다. 이런 의미에서 아프리카에는 소규모 경제가 훨씬 더 효율적이고 저렴하다고 생각해요." 나는 그의 말을 요약해보았다. 전 세계 무역은 조금이라도 유리한 제품을 받아들이는데, 아프리카 지역은 손실을 혼자 감당하도록 내버려두라는 건가? "맞습니다. 비용은 우선 더디게 발생하고 제품 가격에 포함되지 않기 때문입니다. 만일 모든 것을 성실하게 고려한다면, 우리의 경영 방법이 훨씬 쌀 것이라고 확신합니다."

설득력 있는 주장으로 들렸다. 다만 기회의 평등을 보장하기 위해 누가 이와 같은 '생태적 결산표(어떤 제품이 발생부터 소멸까지 불러일으킬 수 있는 모든 효과를 포괄적으로 계산하는 것)'를 관철시킬 수 있을까? 그것도 전 세계에? 국제 간 자유 무역이 지구상에 있는 자원이 고갈될 때까지 성장하는 동안, 지역 경제는 단지 하나의 희귀한 사례로 머물게 될까?

한 가지는 분명하다. 산업화한 농업은 엄청난 양의 식량을 생산할 수 있지만, 다가올 세대에 대해서는 전혀 고려하지 않는다. 유기농 재배는 부족한 자원을 갖고서도 지속적으로 꾸려나갈 수 있으나 충분한 양의 식량을 생산하지 못한다. 무엇보다 점점 더 서구식 음식 문화를 추구하는 소비자들에게 적합하지 않다. 이와 같은 딜레마에서 빠져나갈 방법이 있을까? 전 세계에 충분한 칼로리를 생산하기 위해 완전히 새로운 농사법을 발견해야 할까?

기아로 여성이 더 많이 힘들다

기아는 성적인 문제이기도 하다. 즉 굶주리는 사람들의 70퍼센트가 성인 여성과 소녀들이다. 이는 그들이 가부장적 구조 아래 살고 있는 데 원인이 있다. 그들의 불이익은 성별과 각각의 성별이 지닌 권리와 의무 사이의 사회적 차이에 근거한다. 여자들은 경작지, 종자, 비료, 생산물을 전혀 소유하지 못하고 흔히 자신만의 수입도 없다. 그럼에도 불구하고 곡물을 심고, 수확하고, 저장하고, 식사를 준비해야 한다. 실제로 개발도상국 여자들은 경작지는 약 10퍼센트, 토지 이용권은 약 2퍼센트를 소유하고 있다. 남부 아프리카에서는 남편이나 아들이 죽으면, 여자에게는 땅을 사용할 권리가 주어지지 않는 경우가 많다. 여자들의 영양 섭취 문제를 부차적인 것으로 보고 있다는 얘기다. 예를 들어 남부 아시아에서는 전통적으로 남자들이 우선 식사를 하고, 그다음에 남은 음식을 성인 여자와 소녀들이 먹는다. 그 밖에 어머니들은 굶주림을 자식들에게 물려준다. 즉 아이들에게 충분한 영양을 제공하지 못하는 여자들 역시 체중이 보통 이하다. 외부 도움이 없으면 대체로 기아와 가난이라는 악의 고리를 끊는 게 불가능하다. 자원과 땅에 대해서는 동등하게 접근할 권리가 있다고 국제 협정에 명시되어 있지만, 식량에 대한 권리와 마찬가지로 그건 종이에만 기록되어 있을 뿐이다.

숟가락으로 영양실조 퇴치하기

우리가 슈퍼마켓에서 구입할 수 있는 마다가스카르산 양념 바닐라를 바오 에밀리네(Bao Emilienne)의 부엌에서는 볼 수 없다. 너무 비싸기 때문이다. 하지만 그녀는 다양하고 영양가 풍부한 식사란 쌀뿐만 아니라 배추, 말린 생선, 땅콩, 식용유가 들어가야 한다는 것을 잘 알고 있다. 마다가스카르에 사는 이 여성은 그런 사실을 세계기아원조 단체가 제공하는 요리 시간에 배웠다. 이 단체는 이 섬의 남동쪽에서—2명 가운데 1명의 아이가 영양실조에 걸린—40개 마을의 7000가구가 가난과 영양실조를 퇴치하는 데 도움을 주고 있다. 단계별 과정과 건강한 영양을 섭취하는 방법에 대한 정보를 알려주는 라디오 방송은 여성들을 위한 교육 프로그램의 일부다. 이것은 바로 세계기아원조, '세상을 위한 빵' 혹은 옥스팜이 많은 가난한 나라에서 비슷한 형태로 실시하는 프로그램이다. 왜냐하면 이들 단체는 여성이야말로 기아와 싸우는 데 반드시 필요한 부분이라는 사실을 알고 있기 때문이다. 교육을 받으면서 여성들은 비록 적은 재료지만 균형 잡힌 식사를 할 수 있는 요리법을 배운다. 장기간의 조사 연구에 따르면 이와 같은 교육 덕분에 25년 만에 기아에 허덕이는 아이들이 43퍼센트나 줄어들었다. 이는 어머니들이 더 나은 교육을 받았기 때문에 가능했다.[86] 나아가 여성들이 소득을 올릴 수 있도록 해주자 영양 섭취가 눈에 띄게 향상되었다. 다양한 재료를 더 많이 구입할 수 있을 뿐 아니라, 소득이 생기자 특히 여성들의 자의식이 강해졌기 때문이다.

개발의 원동력

여성은 많은 가난한 나라에서 경제와 사회 발전의 실질적 핵심이자 원동력이다. 그들은 소득뿐만 아니라 가정을 돌보는 일을 한다. 경작지를 돌보고, 가축에게 사료를 주고, 지역 시장이 돌아가게끔 만든다. 세계 농업보고는 다음과 같이 썼다.[87] "여성은 흔히 가족의 부양자로서, 식물을 수집하는 사람으로서, 약초 전문가로서, 종자를 보호하는 자로서, 그리고 가축 사육자로서 식량·건강·소득을 위해 지역의 식물과 동물의 가치와 이용 방법에 대한 지식을 소유하고 있는 경우가 많다. 토종을 실험하고 그것에 적응하려 시도함으로써 여성은 흔히 식물 자원의 전문가인 경우가 많다." 다양한 연구에 따르면, 여성이 경제 활동으로 얻는 소득은 가족에게 더 많이 흘러 들어가는 반면, 남성은 술과 게임에 어느 정도의 돈을 낭비한다고 한다. 바로 이와 같은 이유로, 여성은 소액 대출을 할 때 남성보다 더 신뢰할 수 있다고 여겨진다. 게다가 서로 돕는 상조회에 소속된 어머니들은 자식을 학교에 더 자주 보낸다고 한다. 따라서 남녀가 더욱 평등해지는 기초를 마련하면 이는 여성의 경제적, 사회적, 심리적 힘이 될 수 있다. 오로지 남성만 설득하고 그들만 고려하면, 중기적으로만 약간의 변화를 가져올 수 있다. 요컨대 몇몇 단체는 남성에게만 교육 과정을 제공하는데, 여기서 남성은 집에서 폭력을 행사하고 아내와 딸을 차별해야만 남자다운 게 아니라는 것을 배운다. 세계농업보고 소속 전문가들의 견해에 따르면, 여성의 인권에 대한 근본적인 존중이야말로 "서서히 이뤄지겠지만 기아와 가난을 지속적으로 극복할 수 있는 가장 효과적인 조치다".[88] FAO 또한 생산적인 자원에 여성이 남성과 동등하게 접근할 수 있다면, 여성이 지은 농사로부터 발생하는 수익이 20~30퍼센트 늘어날 것이라고 확언했다.

'가가(Gaga) 푸드'

고층 빌딩에서 짓는 농사

이나다 신지(稻田信二)는 주차장에 세워둔 도요타를 몰고 갔다. 우리는 이나다와 함께 그의 샐러드 농장으로 가는 중이었다. 우리는 그를 시내 중심가에서 만났다. 일본에서 도쿄 다음으로 큰 대도시였다. "여기는 오래된 천왕의 도시 교토입니다. 일본 어딜 가더라도 여기처럼 역사적인 사찰이 많은 곳은 없어요. 교토는 인구 과밀 지역인 간사이(關西)에 있습니다. 1700만~1800만 명의 주민이 살고 있지요." 실제로 길가에서 빛나는 금빛 지붕의 거대한 절이 보였다. 물론 고층 빌딩도 있었다. 도대체 여기에 무슨 샐러드 농장이 있다는 걸까?

이나다는 조금 기다려달라고 부탁했다. "우리는 효율적인 농업을 실현하고자 합니다. 일본 농업에는 큰 문제가 있기 때문이지요. 농부의 평균 연령이 65세에 달합니다. 게다가 후계자도 없어요. 젊은 사람들은 농업에 종사하길 원치 않습니다." 우리는 도시를 관통하는 고속도로를 통과했는데, 도로 밑에는 주택들이 밀집해 마치 집으로 이뤄진 바다 같았다. "우리의 혁신적인 해결책은 식물 공장입니다. 전 세계에 적용할 수 있는 잠재력을 지닌 새롭고도 효율적인 시스템이지요. 아마 깜짝 놀랄 것입니다." 그는 열광적으로 말했다.

마침내 이나다는 소박하게 생긴 공장 앞 주차장에 차를 세웠다. 건물은 멀리서도 눈에 띄었다. 규모가 큼에도 불구하고 건물에는 창문이 하나도 없었다. 흰색으로 칠한 건물에 '스프레드 주식회사(Spread Inc.)'라는 이름이 크게 적혀 있었다. 우리 옆에는 가스통을 실은 트럭이 주차해 있었다. 여기에서 어떤 농업이 가능한지 전혀 알 수 없었다.

우리는 건물 옆쪽에 있는 입구를 통해 안으로 들어갔다. 이어 계단을 이용해 2층을 더 올라갔다. 이나다는 탈의실로 우리를 안내했다. "여러분을 위해 보호복을 준비했습니다. 헤어네트(Haarnetz)와 마스크도 잊지 마시길 바랍니다." 우리는 흰색 보호복을 착용하고 신발에 덧신까지 신었다. "병균이 유입되는 것을 막기 위해 공장에 들어가기 전 손을 씻고 소독을 해야 하는 규정이 있지요." 이나다가 칩 카드를 사용해 소독 장치가 있는 문을 열었다. "공기로 샤워를 하는 곳입니다. 한 분씩 들어가서 손을 높이 드세요. 그러면 옷에 있는 먼지가 제거되고 깨끗해집니다."

몇 초 후 공기 샤워가 끝나자 자동으로 안쪽의 문이 열렸다. 그곳은 바로 생산 공장이었다. 널찍한 금속 선반이 차곡차곡 쌓여 있었다. 샐러드로 먹을 수 있는 녹색 식물이 보였다. 식물 위로 40센티미터쯤 떨어진 곳에는 빛을 발하는 전등 같은 게 있었다.

"식물은 씨앗일 때부터 수확할 때까지 인위적으로 관리하는 환경에서 위생적으로 보살핌을 받습니다. 하지만 온도, 습도, 이산화탄소 함량은 자동으로 관리되지요. 광합성을 할 때 중요한 요소는 공기의 흐름, 적절한 바람의 속도입니다. 물론 배양액도 중요하죠."

이산화탄소는 현재 많은 돈을 주고 이곳까지 배달시킨다. 그는 앞으로는 직접 발전소에서 가스를 받아올 예정이라고 했다. 발전소는 탄소 발자국을 줄이는 한편, 이산화탄소를 가져가는 사람들로부터 돈까지 받는다. "사람들이 일하는 곳이기 때문에 너무 많은 이산화탄소를 유입시킬 수는 없습니다. 우리는 자연과 비슷한 대기를 조성하진 않습니다. 식물한테 적합한 환경이 필요하니까요. 식물은 자연에서보다 더 좋은 환경에 있는 셈이지요. 바깥은 온도와 습도가 끊임없이 변하니까요." 사장은 식물 공장에 매우 큰 자부심을 갖고 있었다. "우리의 환경은 점점 더 심각해지고 있습니다. 식물은 그 때문에 더욱더 성장하기 힘들고, 생산성이 불안정해져 농업은 점점 더 적은 수익을 올리고 있습니다. 온실에서 자라는 채소는 햇빛에 많은 영향을 받지요. 우리는 인위적인 빛을 식물이 원하는 만큼만 비춰줍니다. 그러니 햇빛에 좌우될 필요가 없죠. 빛의 강약과 파장까지 정확하게 통제할 수 있으니까요." 나는 이런 장치를 다른 곳에서도 작동시킬 수 있는지 물어보았다. "인위적 광합성은 세계 어디에서든 실현 가능합니다. 우린 내년에 이러한 발상을 독일 하노버(Hannover)에서 열리는 체비트(Cebit) 박람회에 소개할 예정입니다."

적어도 일본에서는 그와 같은 발상이 성공을 거둔 것 같았다. 이런 식물 공장이 지난 10년 동안 200곳 넘게 생겼고, 지금은 중국에도 진출했다고 한다. 나는 이나다에게 인위적인 환경에서 채소를 키운다는 게 처음엔 꺼림칙하지 않았는지 물어보았다. "나는 채소 장사를 하는 집에서 자랐습니다. 그래서 예전엔 일반적인 농부들하고 일을 했죠. 나도 처음엔 식물이 햇빛을 받지 못하고 땅에서도 자라지 못한다는 데 거부감 같은 걸 느겼습니다. 하지만 일본의 농업에 희망이 없고, 식물 공장이 매우 효율적이고 안정적으로 생산을 보장한다는 사실을 깨달았죠. 우리는 이곳에서 매우 품질 좋은 채소를 지속적으로 생산할 수 있습니다. 하지만 관습적인 농업은 그렇게 할 수 없습니다."

이런 시스템을 운영하려면 비용이 너무 많이 들지 않을까? "무엇보다 시설에 투자하는 비용이 있고, 전기세도 꾸준히 들어갑니다. 그러나 들판이나 비닐하우스에서 재배하는 방식과 비교할 때 생산성이 훨씬 높아 그런 비용을 상쇄할 수 있지요."

이나다는 손으로 선반과 선반 사이를 가리켰다. "저길 보세요. 식물이 겹겹이 층을 이루고 있죠? 우리는 이렇게 생산량을 100~150배 더 올릴 수 있습니다. 이런 높은 생산성이 전기세와 설치 비용을 충분히 감당하지요. 앞으로는 들판에서 생산하는 비용보다 낮아질 겁니다." 현재 낮은 게 아니라 미래에 낮아진다고? "그렇습니다. 지금의 기술로는 들판에서 생산하는 것에 비해 20퍼센트 비쌉니다. 그렇지만 우리가 비료 없이 채소를 재배한다는 사실을 높이 평가하는 고객이 매우 많습니다."

나는 그제야 공장 입구에서부터 엄격하게 위생 검사를 하고, 방문객이 곤충이나 질병을 유입하지 못하도록 하는 이유를 이해할 수 있었다. 비료를 주지 않는다면 거의 유기농 수준이 아닐까 싶었다. 그렇다고 해서 유기농 제품에 주는 인증을 받는다는 것은 상상할 수 없지만 말이다. 그런데 흠 없이 재배가 가능할까? "사람들은 우리 채소를 씻지 않고 먹을 수 있습니다. 병균이 아주 조금밖에 없거든요. 일반 채소의 1000분의 1쯤 될 겁니다. 그래서 우리 채소는 슈퍼마켓에서도 일반 채소에 비해 3배나 오래갑니다. 쓰레기도 덜 생기죠. 채소를 전부 먹을 수 있으니까요. 식물 공장은 모든 측면에서 환경 친화적입니다. 특히 우리는 아주 적은 물을 사용합니다. 채소 한 포기당 1리터 정도 들지요. 밭에서는 평균 3~4배 더 많은 물이 필요합니다." 사장은 우리를 작은 식물을 옮겨 심고 있는 직원들에게 데려갔다. 분갈이를 한다고 표현할 수도 없었다. 흙이 전혀 없기 때문이다. 식물은 아주 작은 구멍이 많이 뚫려 있는 플라스틱판에서 큰 구멍이 몇 개 있는 판으로 옮겨졌다. 직원이 선반을 쭉 밀어 넣자 식물은 물에 둥둥 뜬 채 뿌리가 배양액에 닿았다.

"식물 공장의 큰 장점은 특정한 장소가 필요하지 않다는 것이지요. 소비자가 있는 곳에서 재배하면 됩니다. 운송 경로가 짧아지는 것이지요. 아니면 기후적인 조건 때문에 특정 채소를 키우지 못하는 곳에서 재배하면 됩니다. 가령 너무 춥거나 너무 건조한 곳에서 말이지요. 어디든 이런 공장이 가능하다는 얘기죠. 식물한테 필요한 것은 물과 빛뿐이거든요."

이런 시스템을 일본에서 개발한 것은 결코 우연이 아니다. "일본은 인구 밀도가 높고, 이용할 수 있는 땅도 적습니다. 그래서 효율적으로 층층이 재배하는 아이디어가 나왔지요." 이런 재배 방식은 이득이 될까? "요즘도 이윤을 올리고 있습니다. 우리는 매일 2만 1000포기의 양상추를 생산하고 있습니다. 양상추 한 포기당 25엔(유로로 환산하면 18센트) 정도의 전기료가 듭니다." 독일에서 세일할 때 양상추 한 포기당 29센트라는 사실을 생각하면 놀라웠다. "어쨌든 우리는 밭에서 생산하는 채소에 비해 경쟁력이 있습니다. 생산성이 높기 때문이죠."

엄청난 에너지 비용을 어떻게 조절할까? "이 공장은 면적이 4800제곱미터입니다. 밭에서는 1제곱미터당 이론적으로 9포기의 양상추를 재배할 수 있는데, 우리는 같은 면적에서 약 4만 5000포기의 양상추를 생산할 수 있죠. 우리는 양상추를 16층으로 재배하거든요. 그러나 이것뿐만이 아니지요. 밭에서는 1년에 한 번 혹은 두 번 수확을 합니다. 하지만 이곳에서는 1년에 아홉 번 수확을 합니다. 식물 한 포기가 충분히 성장하려면 약 40일이 필요한데, 겨울에도 전혀 상관없습니다. 재배 면적당 생산성이 100배가 넘는다는 얘기죠!"

높은 곳에서 경작하다

지상에서 이용 가능한 경작지는 중독과 남벌 그리고 침식으로 인해 점점 줄어들고 있다. 그럼에도 FAO는 2050년까지 농지로 사용 가능한 면적이 7000만 헥타르 혹은 5퍼센트 더 늘어날 것으로 예상한다. 그렇다면 그런 땅은 어디에서 생겨날까? 부식토와 비옥한 땅 '테라 프레타'를 통해 황폐한 지층을 생태적으로 정화시키는 것 외에도 그야말로 천재적이고 미래 지향적인 아이디어가 있다. 바로 평평한 땅뿐 아니라, 수직으로도 경작한다는 아이디어다. 쟁기도 없이, 필요한 곳이면 어디서든 가능하다. 도시에서도 마찬가지다. 1999년 뉴욕 컬럼비아 대학에서 환경보건 및 미생물학과 교수로 재직 중인 딕슨 데스폼미어(Dickson Despommier)는 수직 농업(vertical farming)을 최초로 개발했다. 즉 식물성 생산물은 물론 동물성 생산물도 인구 밀집 지역의 여러 층으로 된 건물(농장이 있는 고층 건물(farmscrapers))에서 생산하는 것이다. 여러 층의 온실 같은 조건에서 1년 내내 과일, 채소, 버섯, 미역을 키운다. 아래층 또는 창고에서는 돼지와 닭을 사육하고 물고기도 기른다. 이러한 기술은 인위적인 조명, 수경법(水耕法), 아쿠아포닉(aquaponic: 물고기와 식물을 동시에 키우는 것—옮긴이), 에어로포닉(aeroponic: 수기경(水氣耕) 재배—옮긴이)으로 이뤄지는 폐쇄성 순환 농업에 바탕을 두고 있다. 수경법의 경우 식물은 흙 대신 무기성(無機性) 물질에 뿌리를 내린다. 아쿠아포닉은 물고기와 채소 재배를 서로 연결하고(8장 참조), 수기경 재배는 분무기로 뿌리에 끊임없이 물과 영양분을 축축하게 제공하는 방법이다. 어떤 것도 손실되지 않는다. 요컨대 한 층에서 나오는 쓰레기는 다른 층에서 자라는 생물의 영양분이 된다.

수직 농업은 많은 장점을 약속한다. 이를테면 사람들은 1년 내내 수확할 수 있고 면적을 최대한 이용할 수 있다. 지붕 있는 1제곱미터의 공간은 4~6제곱미터의 자유로운 공간이 되고, 식물에 따라서는 더 넓을 수도 있다. 딸기의 경우에는 심지어 생산성이 30배 늘어난다. 가뭄, 홍수 혹은 전염병으로 인한 수확의 감소도 없다. 이론적으로는 제초제와 비료 따위도 필요 없고, 허드렛물을 리사이클링해 다시 음료수로 사용할 수도 있다. 수직 농업은 들판에서 생기는 말라리아나 주혈흡충증 같은 전염병도 걱정할 필요가 없고, 바이오 가스 시설을 통해 에너지도 생산할 수 있다. 그 밖에 트랙터, 쟁기, 운반 도구도 필요 없다. 아울러 냉장시킬 필요도 없다. 사람들이 떠나버린 도시의 낡은 건물을 식량 생산 센터로 바꿀 수 있다. 인구가 밀집한 지역은 이런 방식으로 식량의 자급자족도 가능하다. 생산 및 소비하는 공간이 가까워 도시에서도 훌륭하게 농사를 지을 수 있기 때문이다.

여기까지는 이론이다. 실제로는 지금까지 아주 미미한 부분만 실현되었다. 대규모 프로젝트는 모두 실패했다.

로테르담의 델타파크 프로젝트

미래의 식량 재배와 관련해 가장 좋은 실패 사례는 2000년 네덜란드에서 뜨거운 논쟁을 일으킨 델타파크(Deltapark) 프로젝트를 들 수 있다.

당시 네덜란드 농림부 장관 라우런스 얀 브링크호르스트(Laurens Jan Brinkhorst)는 로테르담 항구에 세계에서 가장 큰 농업 공장을 세우자고 제안했다. 이 프로젝트가 효율적이고 환경 친화적이며 동물 친화적인 농업의 모델이 될 것이라면서 말이다. 그가 제안한 복합 건물의 크기는 1000×400미터였다. 지붕에는 풍력 시설을 갖춰 에너지를 생산하고 고기, 생선, 달걀, 채소와 과일을 재배하는 것이었다. 요컨대 6~8층에는 온실을 만들고 여기서 나오는 쓰레기는 동물성 제품과 가축의 사료로 쓴다. 아울러 5층은 버섯 재배에 사용하고, 2~4층에서는 돼지와 닭을 키운다. 그리고 1층은 도축장과 짐을 적재하는 곳으로 사용한다. 지하실은 물고기 양식에 필요한 수조를 설치하고, 도축장에서 나온 쓰레기를 사료로 사용한다. 돼지의 분뇨와 닭똥은 식물을 위해 유기 비료로 주고, 동물에게서 발생하는 이산화탄소는 온실에 투입해 활용한다. 또한 동물에게서 나오는 여열(餘熱)과 돼지 똥에서 나오는 바이오가스는 복합 건물의 난방용 에너지로 사용한다는 계획이었다. 하지만 이와 같은 프로젝트는 실행되지 못했다. 충분한 토론을 거쳤지만 이와 같은 산업화한 농업 형태에 사람들이 반대했기 때문이다.

하지만 소규모로는 이미 이루어졌다. 예컨대 미국에서는 시카고가 수직 농업의 진원지로 알려졌다. 2013년 시카고 외곽에 위치한 베드포드파크(Bedford Park)에 거대한 상업적 실내 농장인 '팜드 히어(farmed here)'를 오픈한 것이다. 9만 제곱미터 넓이의 건물에 들어선 이 농장에서 지금까지 생산한 것은 세 가지 유기농 제품, 곧 루콜라(rucola), 바질, 바질비네그레트(basil vinaigrette)다.[89] 이 농장을 풀가동하면 약 200명의 직원이 일을 해야 할 정도라고 한다. 농장에서 필요한 에너지는 퇴비와 퇴비에서 발생하는 메탄가스를 통해 얻는다.

우리는 식물 공장에서 또 다른 인물을 만났다. "치바(千葉) 대학의 고자이 도요키(古在豊樹) 교수를 소개해도 될까요? 우리 시스템을 함께 개발한 분입니다." 고자이 교수는 앞으로 더 많은 식물 공장이 세워질 것이라고 믿었다. "일본에서는 농사짓는 사람들 40퍼센트가 65세 이상입니다. 계속 이렇게 간다면, 농부의 수는 급작스럽게 줄어들 것입니다. 그러면 도대체 누가 식품을 생산합니까? 머지않아 모든 식품을 외국에서 수입할까봐 두렵습니다. 게다가 일본은 여름이면 태풍이 많이 불어 비가 잦고, 그래서 수확이 안정적이지 못합니다. 그 때문에 가격 변동도 심하죠. 변동이 심한 가격은 레스토랑과 슈퍼마켓에 문제가 됩니다. 중국 역시 심각한 대기 오염 때문에 비슷한 문제를 안고 있죠. 그래서 그들도 식물 공장을 세우고 있습니다. 러시아와 중동 사람들도 식물 공장에 아주 관심이 많은데, 그런 곳에서는 대부분의 채소를 수입하기 때문입니다."

점점 더 많은 사람이 식물 공장의 장점을 믿게 될 것이라고 교수는 말했다. "우리 제품은 씻을 필요 없이 그냥 먹어도 됩니다. 이런 공장을 대도시 인근에 세운다면 운송 비용도 내려가겠지요. 온실은 난방비가 훨씬 많이 드는데, 유리로 되어 있어 많은 열기가 빠져나가기 때문입니다." 그런 공장에서는 더 많은 전등과 배양액이 필요할 것이다. "결국은 가축 산업과 비슷하지요. 폐쇄된 우리 안이 바깥에서 키우는 것보다 가축에게 더 좋은 성장 조건을 제공하는 셈이지요." 수확 담당 직원들이 양상추를 거두어들였다. 그들은 하나같이 흰색 가운과 마스크까지 착용해 마치 병원 같은 분위기였다. 그런데 이곳의 작업 공정은 대부분 자동화되어 있었다. 양상추를 하나하나 플라스틱 상자에 포장하는 일 등등. 다만 기계가 작동을 멈출 때만 직원들의 손길이 필요했다.

약간 훼손된 잎을 떼어내는 경우도 있었다. 하지만 그런 일은 많지 않

세계 인구에 비례

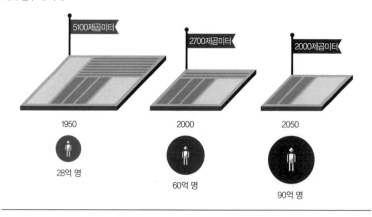

5100제곱미터

2700제곱미터

2000제곱미터

1950

2000

2050

28억 명

60억 명

90억 명

다고 고자이 교수가 설명해주었다. "이곳의 수확물은 90퍼센트 이상 판매할 수 있습니다. 하지만 들판에서 농사지으면 평균적으로 수확물의 절반은 버려야 합니다." 그는 미래에는 두 가지 형태의 식물 공장이 발전할 것이라고 생각했다. 하나는 이 공장처럼 인구 밀집 도시 인근의 널찍한 곳에 세운 형태고, 다른 하나는 도시 안에서 작은 규모로 운영하는 공장이다. 예를 들면 레스토랑 옆이나 고층 건물 지하, 슈퍼마켓이나 빌라 혹은 병원의 옥상 같은 곳이다.

"생산자와 소비자 사이의 거리가 줄어들면, 식품을 더 많이 존중하게 될 것입니다. 사람들은 자신이 먹는 음식이 어디에서 나오는지 알고, 이것에 관심을 갖게 되겠죠." 교수의 미래상은 이러했다. "20년 후면 세계 인구 80퍼센트가 도시에서 살 테고, 그러면 우리는 가능한 한 신선한 채소와 민물 생선을 대도시에서 직접 그리고 많이 생산해야 합니다." 그 때문에 교수가 몸담고 있는 치바 대학은 기업들과 함께 일반 가정을 위한 식물 공장을 개발 중이다. "재배하는 사람들은 햇빛이 필요하지 않고 오직 LED 전등만 있으면 됩니다. 그들은 인터넷으로 서로 연결될 것입니다. 페이스북 같은 통신망을 통해 성공적인 재배에 대해 서로 의견을 나눌 수 있습니다."

요컨대 소비자가 곧 생산자가 되는 것이다. 이것이 우리의 미래일까?

고자이 교수는 대화 마지막에 할 말이 더 있는 듯했다. "나는 식품의 낭비에 관해 쓴 여러분의 책을 읽었습니다." 그 책은 일본어로도 번역되었다. "많은 소비자가 농사를 경험해보지 않아 모든 식품의 절반이 쓰레기통으로 버려진다고 쓰셨더군요. 대도시에 사는 사람들은 평생 식품의 생산지를 못 봅니다. 그 때문에라도 직접 식품을 생산해야 합니다. 채소뿐 아니라 생선과 다른 동물도 마찬가집니다. 도시 사람들은 농업을 일상과 통합시켜야 합니다. 그래야 삶의 방식이 달라질 수 있고, 그러면 음식을 덜 버리겠지요."

나는 지극히 기술적인 방식을 추구하는 농업의 대표자로부터 이와 같은 생태학적 의식을 기대하지 못한 터였다. 교수는 우리에게 오사카 대학에 있는 실험 시설을 방문해보라고 권했다. 거기에서 미래의 기술적인 방법을 실험하고 있다면서 말이다.

교토에서 오사카로 가는 고속도로는 부분적으로 10차선 도로였다. 다행히 소통이 원활해 오사카까지 2시간이 걸렸다. 사방에 건물이 빽빽하게 들어서 있고, 푸릇푸릇한 나무나 잔디는 보이지 않았다. 대학은 아무런 장식도 없는 시멘트로 된 건물이었다. 1층에서 무라세 하루히코(村瀨治比古) 교수가 우리를 맞이하며 신발을 벗어달라고 부탁했다. 이곳에서는 보호복을 입지 않는 대신 식물 공장 안으로 들어갈 수 없었다. "직원들도 가능한 한 들어가지 않습니다. 사람은 병원체를 옮길 위험성이 크니까요.

그래서 모든 걸 자동화시켜놓았죠. 농약은 사용하지 않습니다. 기계에 문제가 생길 경우에만 사람이 안으로 들어갑니다."

우리는 커다란 유리를 통해 안을 들여다보았다. 이곳의 선반은 교토 식물 공장보다 높게 설치되어 있었다. 로봇이 식물을 바닥에서 들어 올리더니 선반 안으로 밀어 넣었다. "우리는 수직 농장을 이렇게 꾸몄습니다. 위에서는 작은 식물, 아래에서는 좀더 자란 식물을 키우죠. 식물은 매일 한 층씩 밑으로 내려갑니다. 밑으로 갈수록 불빛이 나오는 전등과 선반의 간격이 넓어집니다. 양상추는 제일 밑에 있는 선반에서 수확하죠. 이 모든 과정이 자동화되어 있습니다."

문을 통해 우리는 흰색 보호복과 마스크를 착용한 직원 한 명이 옆방으로 들어가는 모습을 볼 수 있었다. "저 친구는 웹캠(Webcam)을 통해 식물의 성장 상태를 점검합니다. 이 시스템 덕분에 우리는 전 세계에 있는 모든 공장을 멀리서도 관리할 수 있죠. 우리의 노하우도 보호하고 말입니다."

"직원은 그냥 들어갈 수 없습니다. 온실 안은 이산화탄소 농도가 상당히 높거든요. 1000~1500ppm가량 됩니다. 이와 같은 농도는 사람한테 적합하지 않죠. 사람한테 적합한 상태는 대략 400ppm입니다. 그러나 식물들한테는 적절하죠. 이산화탄소는 식물한테 비료와 같거든요. 물론 이 가스도 돈이 듭니다. 우리는 여기서 어느 정도의 양이 적절한지 테스트하고 있습니다. 그래야 비용 대비 많은 수익을 올릴 수 있으니까요."

여기서도 식물은 배양액에 의해 성장하고 있었다. 흙에다 키우는 것은 왜 안 좋을까? "흙은 통제할 수 없는 물질이고, 그래서 이용하지 않을 뿐입니다." 무라세 교수는 다른 방식으로 바꿀 수는 없다는 듯 말했다. "우리는 모든 것을 통제하고 관리할 수 있어야 합니다. 흙에서는 박테리아가 자라는데, 이 녀석들이 문제를 일으킬 수 있지요. 일반적으로 식물이 성장하기 위해 반드시 흙이 필요한 것은 아닙니다." 뿌리를 먹는 식물은 어떻게 되는지 궁금했다. "물속에 공기 방울이 있다면 감자도 물에서 재배할 수 있습니다."

"우리 제품은 품질이 한결같이 좋습니다." 교수는 이러한 시스템에 자부심이 대단했다. "들판에서 일하는 농부는 날씨와 계절에 좌우됩니다. 1년 중에도 식품이 가장 맛있고 영양가 높은 시점이 따로 있지요. 일본 사람들은 그러한 시점을 '선(セゾン, saison: '시즌'을 뜻하는 말—옮긴이)'이라고 부릅니다. 그런데 이곳 식물 공장에서는 매일매일이 '선'입니다."

무라세 교수는 비타민을 농축시키는 실험도 하고 있었다. "그러면 비타민제를 대체할 수 있겠지요. 칼륨 함량이 낮은 채소는 벌써부터 상업적인 성공을 거두고 있습니다. 또한 특히 유럽 사람들이 원하는 나트륨 함량이 낮은 채소도 생산해낼 수 있지요." 무엇보다 칼륨은 혈액 투석 환자들에게 문제를 일으킬 수 있다. 특히 아이들의 경우.

"가격도 안정적입니다. 일본은 여름이 점점 더워지고 있는데, 이로 인해 채소 가격이 갑자기 엄청 올랐다가 확 떨어지곤 하죠. 하지만 우리는 소비자에게 항상 동일한 가격으로 채소를 제공할 수 있습니다." 로봇의 팔이 가장 위쪽에 있는 접시를 끌어당기자 식물의 뿌리가 구멍 밑에 매달려 있는 모습이 보였다. 무라세 하루히코 교수에게 식물 공장은 인류의 생존을 위해 중요한 기술이었다. "기후 변화 때문에 점점 더 자주 토네이도와 홍수가 발생하는 상황에서 식물 공장 없이 인류는 계속 생존할 수 없을 것입니다. 어디든 에너지가 있는 곳이면 사람들은 자연 조건과 무관하게 식물을 재배할 수 있습니다." 사막 한가운데에서도 가능하다. 식물 공장에 필요한 물은 들판에서 재배하는 방식의 1000분의 1만 있어도 되기 때문이다. 교수는 인공위성 연구에서 동원한 기술을 활용하고 싶어 했다. "왜냐하면 그렇게 하지 않으면 더 이상 지구에서 살아남을 수 없을 것이기 때문입니다. 지구의 상황이 점점 나빠지는 게 나는 정말 두렵습니다."

현재는 식물 공장에서 주로 양상추를 비롯한 채소를 생산하고 있지만, 무라세 교수는 기본 식량도 앞으로는 그런 방식으로 재배될 것이라고 했다. 그는 우리를 대학의 부지를 지나 자신의 연구소로 안내했다. "만일 우리가 원한다면 모든 것을 수입할 수 있습니다. 그러나 항상 그럴 수는 없죠. 곡물 생산은 줄어들 것입니다. 모든 나라는 우선 자국의 수요를 생각해야 할 테고, 그러면 수출할 쌀이 사라지겠죠. 그 때문에 우리는 벼 재배 기술을 개발해야 합니다. 이것은 중요한 정치적 전략입니다. 물론 이것이 당장 필요하다는 얘기는 아닙니다. 하지만 세계 인구가 증가하는 미래에는 필요할 것입니다."

일본은 지금도 다른 나라에 비해 식품을 수입에 상당히 의존하고 있다. 식품의 40퍼센트만 자국에서 생산하고 있을 뿐이다. "식품을 수입에 의존하는 것은 잘못된 일입니다. 무엇보다 쌀의 경우는 비상 식량을 확보하고 있어야 합니다."

이 기계제작과 교수는 인류가 70억 명으로 늘어날 수 있었던 것은 19세기 초반에 인공 질소 비료를 발명했기 때문이라고 확신했다. "우리가 비료를 생산하기 위해 이용하는 에너지는 당연히 식물 공장에서 빛으로 사용됩니다." 우리는 작은 건물로 다가갔다. "쌀 생산도 햇빛 없이 가능하다는 것을 처음으로 증명한 실험실을 여러분께 보여드리죠."

우리는 완전히 보랏빛으로 가득한 어떤 방으로 들어갔다. 부자연스러운 색깔이 유령 같았다. 그래서인지 교수의 피부색도 건강해 보이지 않았다. "이것이 식물한테는 적합한 빛입니다. 빨간색 빛과 파란색 빛을 4 대 1로 섞은 것이지요. 광합성을 하려면 이런 빛이 필요합니다. 녹색빛은 전혀 필요하지 않죠. 우리는 식물이 녹색이라고 느끼는데, 그건 식물이 녹색을 그대로 반사하기 때문입니다."

방 한가운데 물이 담긴 커다랗고 납작한 대야 같은 게 있고, 그 안에는 많은 화분이 있었다. 잠깐. 화분이라니? 물어보니 그게 아니란다. 화분에는 흙이 전혀 없고, 벼는 무균의 암면(岩綿: 높은 열에 잘 견디는 인조 광물성 섬유―옮긴이)에서 성장하고 있었다. "여기서는 오로지 LED 전등만 필요한데, 빛을 발산하는 플라스틱 관보다 전기를 훨씬 더 절약할 수 있습니다." 실험 결과, 하루에 22시간 빛을 비추자 양상추의 성장이 빨라졌다고 한다. "이로써 우리는 시장의 불안정에 대응할 수 있습니다. 요컨대 수요가 늘어나면 어둠을 더 줄이는 식으로 말입니다."

벼는 아직 상업적인 식물 공장에서 생산하고 있지 않다. 하지만 후쿠시마 핵발전소 파괴로 인해 방사능에 오염된 지역에서는 무엇보다 수요가 늘어나고 있다. 센다이(仙台)에서는 그와 같은 공장을 계획 중에 있다. 무라세 교수는 2020년 올림픽 경기가 도쿄에서 열리길 바랐다. 그렇게 되면 자신의 스폰서들 가운데 한 곳에서 세계 각국의 관중들에게 벼 공장을 보여줄 수 있을 거라면서 말이다. 벼 공장에서는 논에서보다 비료를 3~10배 덜 사용해 쌀을 재배할 수 있다고 했다.

실험실에 있는 벼들에는 이미 쌀알이 달려 있었다. 보랏빛 때문인지 일반 논에서 자라는 벼보다 2배는 더 많이 달려 있는 것 같았다. 어쩌면 내가 잘못 본 것인지도 몰랐다. "식물 공장에서는 일반 논에 비해 수확량이 1제곱미터당 몇 배는 더 많습니다." 교수가 자랑하듯 말했다. 전등에 들어가는 에너지 때문에라도 이 나라는 계속 핵발전소에 의지해야 하는 것 아닐까?

교수는 미소를 지었다. "에너지 소비는 점점 더 줄어들 겁니다. 저기, 식물을 심어둔 대야 뒤편을 보세요. 우리는 우연히 레이저로도 식물에 빛을 쏠 수 있다는 걸 발견했습니다. 사람이 하는 게 아니라, 스캐너가 빛을 균등하게 움직이도록 하는 것이죠. 그렇게 하지 않으면 스캐너가 식물 잎에 구멍을 뚫어버릴 수도 있거든요. 이 기술은 CD 생산에서 착안했는데, 그래서 우리는 파나소닉(Panasonic)과 함께 일하고 있습니다." 레이저는 LED 전등보다 에너지가 덜 필요하다.

무라세 교수는 우리를 바깥으로 데려갔다. 나는 이상한 보랏빛에서 탈출할 수 있어서 기뻤다. "우리가 관리하고 있는 들판도 보시겠습니까?" 그는 바깥에서도 연구를 수행했다. "비교하려면 벼를 심은 논도 필요하거든요."

논으로 가는 도중에 교수는 전 세계의 에너지 소비를 고려할 때, 현대적 농업이 얼마나 에너지에 종속되어 있는지 분명하게 언급했다. "1킬로그램의 쌀이나 보리를 생산하려면 가솔린 40퍼센트, 비료 30퍼센트, 제초제 10퍼센트의 에너지가 필요하죠. 기계 같은 것은 물론이고요."

식물 공장에서는 그런 것들이 대부분 필요하지 않다. "우리는 트랙터도 필요하지 않습니다. 다시 말해 가솔린도 훨씬 적게 사용합니다. 비료는 10분의 1 정도 필요하고, 제초제는 전혀 불필요하죠. 따라서 경작지에서 사용하는 에너지의 30퍼센트만 들 뿐입니다." 이 계산에서 물론 전등에 들어가는 에너지는 포함되지 않았다. "어쨌든 공장에서의 에너지 소모는 훨씬 줄어들 것이라고 생각합니다." 교수는 이렇게 대답했다.

현재의 식물 공장 대부분이 그렇게 효율적인지 교수는 단언할 수 없다고 했다. 관습적인 재배 방식과 비교할 때 유기농법도 에너지를 분명 덜 사용한다. 하지만 공장은 환경과 관련해 더 많은 장점이 있다고 했다. "우리가 에너지 문제에 봉착하기 전에 물 부족 사태부터 먼저 겪을 것입니다." 벼는 실제로 어떤 다른 작물과 비교해도 월등하게 많은 물을 필요로 한다.

논에는 물이 가득 차 있었다. 바로 벼들이 좋아하는 상태인데, 수확하는 시기는 11월이다. 교수가 벼를 하나 뽑아 들었다. "이것은 5개의 이삭으로 이뤄져 있습니다. 각각의 이삭에는 약 60개의 쌀알이 달려 있죠. 하지만 식물 공장에서는 이삭 하나에 200개의 쌀알이 달려 있도록 만들 겁니다."

이 과학자는 식물 재배에서 아직 적용되지 않은 거대한 잠재력을 보고 있었다. "지금까지 종자 회사들은 해충과 질병에 강한 식물에만 집중했습니다. 그러나 우리 공장에서는 그런 게 아무런 상관도 없습니다. 곤충이 하나도 없기 때문이죠. 우리 식물 공장에는 지금까지 아무도 연구하지 않은 특수한 종자가 필요합니다." 그가 이삭 하나를 뜯어냈다. "이 식물이 자연에 잘 적응하려면 해충과 질병에 대항할 수 있는 면역력이 필요한테, 그 때문에 수확이 줄어듭니다." 반면 식물 공장의 식물은 모든 에너지를 성장에 투입할 수 있다. "이제 우리는 적합한 품종을 재배해야만 합니다." 얼마 전까지만 해도 과학 소설로만 여겨졌던 식물 공장 빌딩이 과연 세계의 기아를 해결할 수 있을까? 추운 나라나 대도시 한복판에서는 그런 빌딩도 의미심장한 대안이 될 수 있다. 그러나 굶주리고 있는 10억 명의 사람들을 생각하면, 공장에서 나오는 생산물은 비싸도 너무나 비싸다.

다리가 여섯 개인 유용 동물

차량에서는 멀리서도 들리는 그 지방의 전통적인 민속 음악이 떠들썩하게 흘러나왔다. 차량의 알록달록한 전등불 밑에서 운전사가 확성기에 대고 말했다. "튀긴 곤충이 엄청 쌉니다! 한 가지당 30바트. 한 번 구경하세요!"

그것은 오토바이를 개조한 차량이었다. 오토바이에는 널찍한 판매대가 연결되어 있고 금속 접시에 음식을 담아 시식도 할 수 있었다. 차이야(Chaiya)는 나에게 자신이 무엇을 파는지 설명해주었다. "작은 귀뚜라미와 큰 귀뚜라미, 그리고 메뚜기도 있습니다. 이것은 누에고치이고, 저것은 좀 기다란 구더기인데 우리는 '급행열차'라고 부릅니다."

우리는 태국 북동쪽에 위치한 지방 도시 콘까엔(Khon Kaen)까지 가는 밤길을 그와 동행했다. 차이야가 어떤 레스토랑의 테라스에서 차를 멈추자 몇몇 손님이 다가왔다. 거의 모두가 곤충을 한 봉지씩 주문했다. 이곳에서는 곤충을 일종의 간식처럼 여기는 것 같았다. 레스토랑 주인도 손님들이 이런 것을 사 먹는 걸 그다지 싫어하는 눈치가 아니었다.

나는 차이야에게 곤충을 판 지 얼마나 되었냐고 물어보았다. "1년 전부터요. 처음에는 장사가 잘 안 됐습니다. 그래서 전등이랑 음악을 구입했는데, 그다음부터 장사가 되더라고요." 차이야는 이렇게 말하고 활짝 웃었다. "하루에 종류별로 5킬로그램 정도씩 팔아요." 수익이 좀 있을까? "물론 있죠. 매일 6000바트어치를 파는걸요." 6000바트는 130유로가 약간 넘는다. 태국의 가난한 북동 지역에서는 엄청난 금액이다. 회사원들이 보름을 일해야 버는 돈이다. 계속해서 차량을 몰던 그가 사람들이 많은 슈퍼마켓 앞에서 멈추었다.

이곳에는 손님이 상당히 많았다. 나는 지난 몇 년 동안 곤충을 먹는 사람이 더 늘어났는지 궁금했다. "네. 확실해요. 5년 전부터 점점 많이 팔렸거든요." 차이야가 설명했다. "태국에서 곤충을 충분히 잡지 못하거나 사육하지 못하면 이웃 나라에서 수입까지 해요. 유행이 된 것 같아요. 이젠 휴가를 보내기 위해 태국에 온 외국인들도 이걸 먹거든요."

나도 몇 개를 먹어보았다. 약간 참으면서 겨우 씹어 삼켰다. 새우나 게 맛과 다르지 않았다. 맛은 나쁘지 않았는데, 내가 아는 그 무엇과도 비교할 수는 없었다. '급행열차'라고 부르는 기다란 구더기는 정말 맛있었다. 그래도 가장 즐기면서 먹을 수 있는 것은 메뚜기였다. 메뚜기 다리는 기름에 튀겨서 칩처럼 아삭아삭 씹어 먹을 수 있었다. 다만 커다란 빈대에는 도무지 손이 가지 않았다.

태국에서는 전통적으로 곤충이 메뉴판에 올라 있다. 물론 한동안은 가난한 사람들의 음식으로 여겨졌다. 나는 이러한 전통을 바꾸는 데 큰 역할을 한 사람과 약속을 잡았다. 바로 유빠 한분송(Yupa Hanboonsong)이라는 여성이었다. 콘까엔 대학의 교수인 그녀는 차이야에게 관심이 많은 듯했다.

오래전부터 아는 사이인 것처럼 차이야에게 인사를 건넨 교수가 구더기를 맛있게 먹고 있는 한 아이에게 몸을 돌렸다. 아이는 어머니와 함께 있었다. "참 맛있게 먹는구나. 몇 살이니?" "다섯 살이에요." "매일 먹어?" "네. 급행열차가 제일 맛있어요. 그래도 소스에 찍어 먹지만요." 그러자 어머니가 덧붙였다. "그래요. 이 음식들은 지방이 많고 맛도 좋아요."

교수는 차이야에게 어디에서 장사가 가장 잘되는지 물어보았다. "술집 앞에서 제일 잘 나갑니다. 술안주로요." "그러면 남자들이 더 많이 사 먹는 건가요?" "그런 건 아니에요. 여자들이 더 많이 먹어요. 곤충에 칼슘이 많아서 그런 거라고 생각해요."

교수는 계속 질문을 했다. "양념은 제대로 하고 있어요?" "네. 당연히 해야죠. 안 그러면 맛이 밋밋하거든요. 소스하고 후추를 사용합니다." "저 잎들은 뭔가요?" 교수가 냄새를 맡을 수 있도록 차이야는 잎을 한 주먹 쥐어 보였다. "이건 끄라빠오-바질(Krapao-Basil)인데, 판다(Panda) 잎을 사용할 때도 많아요." "흥미롭군요. 어떤 곤충에요?" "이런 향은 귀뚜라미나 메뚜기 또는 두꺼비에 사용합니다. 냄새가 좀 심하게 나는 것들한테요."

교수는 그제야 고개를 끄덕였다. "그러면 튀길 때 두 잎 정도 넣은 다음 간장소스를 쓰나요?" "네. 그리고 후추도." "그럼 이건 뭐죠?" 교수는 주둥이가 뾰족하게 톡 튀어나온 플라스틱병을 가리켰다. "그건 말해줄 수 없어요. 음식에 넣는 건데 나만 아는 비밀이거든요." 교수가 미소를 지었다. "오, 비밀이라고요?" 차이야는 약간 당황한 것 같았지만 그래도 비밀을 밝히지는 않았다. "덤으로 넣는 양념이에요."

유빠는 곤충학을 전공하는 교수였다. 그래서 새로운 곤충 사육법을 개발했는데, 이를 판매하는 데도 관심이 많았다. "지난 2~3년 동안 아이들과 청소년이 곤충을 점점 더 많이 먹고 있습니다." 어떻게 해서 그런 일이 일어났을까? "곤충을 많은 장소에서 팔기 때문이죠. 예를 들면 슈퍼마켓 냉동실에서도 볼 수 있어요. 이는 요즘 곤충을 키우고 있기 때문에 가능한 일입니다. 특히 농장에서 키우는 귀뚜라미는 1년 내내 공급되고 있습니다. 귀뚜라미는 과거에 숲에서만 잡을 수 있었고, 그래서 특정 계절에만 먹었죠. 녀석은 정말 성공한 모델이라고 할 수 있습니다. 태국에는 2만 개 이상의 귀뚜라미 농장이 있거든요." 술집에서 곤충을 안주로 주문하는 것도 이곳에서는 전혀 이상하지 않다. 유빠는 곤충을 가난한 시민들에게 동물성 단백질을 공급해주는 영양식으로 생각했다.

그리하여 유빠는 라오스와의 국경에 있는 가난한 지역의 한 학교에서

단백질 추출

단백질 1킬로그램 추출—소와 애벌레의 비교

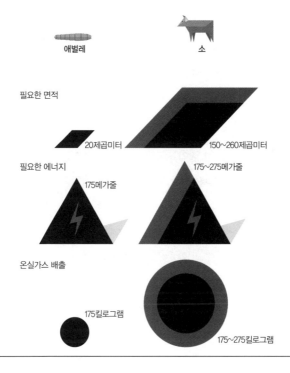

애벌레   소

필요한 면적

20제곱미터   150~260제곱미터

필요한 에너지   175~275메가줄

175메가줄

온실가스 배출

175킬로그램   175~275킬로그램

모델 프로젝트를 시작했다. "학생들은 온실에서 '병정파리'를 사육했습니다. 이런 곤충은 음식 찌꺼기를 먹기 때문에 사룟값이 전혀 들지 않습니다." 나도 모르게 인상을 썼다. 파리의 구더기를 먹는다고? 교수는 웃었다. "아뇨. 직접 먹는 것은 아닙니다. 알을 낳는 암탉한테 영양식으로 아주 좋은 게 바로 구더기죠. 구더기가 알에서 깨어날 때까지 기다렸다가 닭한테 주는 겁니다. 학생들은 닭이 낳은 달걀을 손에 넣고요."

교수 역시 곤충을 좋아하는지 궁금했다. 교수는 차이야를 한 번 쳐다보고 말했다. "네. 하지만 길거리에서 먹을 수 있는 튀김 형태가 아니라, 칩이나 칠리소스를 넣어 가공한 걸 좋아해요. 가볍게 먹는 스낵이 아니라 제대로 된 음식으로요. 그래서 새로운 요리법을 개발하기 위해 노력하고 있습니다. 예를 들면 빨강개미와 달걀로 만든 오믈렛 같은 거요."

곤충: 미래의 식량?

전 세계에서 족히 20억 명이 규칙적으로 곤충을 먹고 있다. 중부 및 남부 아프리카, 아시아, 오스트레일리아, 남아메리카의 음식 메뉴에는 500종의 곤충이 있다. 예컨대 멕시코에서는 구운 메뚜기와 초콜릿을 바른 개미, 에콰도르와 오스트레일리아에서는 구운 야자구더기, 태국과 라오스에서는 튀긴 귀뚜라미와 물땡땡이, 캄보디아에서는 수프에 넣어 요리하는 무도거미, 남아프리카에서는 말린 애벌레와 흰개미를 먹는다. 간식으로, 메인 요리와 함께 먹는 반찬이나 수프 또는 국에 넣어 요리하는 방식으로 곤충은 이미 우리 일상 식량의 상당 부분을 차지하고 있으며 미래에는 더 늘어날 전망이다. FAO는 2013년 이 주제와 관련해 신문 기사용으로 상세한 보고서를 발표했다.[90] 식량 전문가들은 귀뚜라미를 먹는 데서 개발도상국의 영양실조 퇴치 가능성을 보았다. 다리가 6개인 곤충과 이들의 애벌레는 똑같이 단백질과 미네랄을 함유하며 닭, 돼지, 소처럼 미량 영양소도 충분히 갖추고 있다. 동시에 이런 곤충과 애벌레는 지방은 물론 칼로리와 콜레스테롤도 적어 건강에 매우 좋다. 이를 사육 및 생산하는 것은 자원을 훨씬 덜 소모하므로 생태적인 결과도 나쁘지 않다. 요컨대 곤충은 1킬로그램당 소와 돼지에 비해 10~100배나 적은 온실가스를 배출하며, 이들을 키우기 위한 면적도 10분의 1만 있으면 가능하다. 1킬로그램의 곤충 단백질을 얻기 위해서는 많아도 2킬로그램의 사료면 충분한데, 쇠고기의 경우는 적어도 이보다 4배나 많이 필요하다. FAO는 "인간은 옛날처럼 씹어 먹는다 (Humans bite back)"는 슬로건을 내걸고, 예를 들면 라오스에서 곤충을 안정적으로 공급하는 데 기여함과 동시에 지난 몇 년 동안 소농 수백 가구에 곤충 농장에 관한 재교육을 시켰다.[91]

이로써 전 세계의 기아와 영양실조를 막을 수 있는 기적적인 수단을 발견한 것일까? 물론 가능하다. 역겨운 감정, 그동안 습득한 문화적 전통과 사회적 금기가 없다면 말이다. 대부분의 유럽인과 북아메리카인은 긴 다리에 더듬이, 키틴(chitin) 성분의 딱딱한 껍질을 생각하기만 해도 혐오감을 넘어 공포감마저 느낀다. 하지만 우리는 그런 곤충과 비슷한 게와 새우 그리고 달팽이와 생선도 엄청나게 먹어댄다. 그것도 상당히 즐긴다. 그런가 하면 많은 사람은 종교 때문에 방해를 받는다. 이를테면 엄격한 기독교인, 유대인, 무슬림은 곤충을 먹어서는 안 된다. 물론 메뚜기는 예외다. 왜냐하면 구약 시대에도 사람들은 메뚜기를 맛있게 먹었으니까. 고대 그리스 시인 아리스토파네스는 메뚜기를 "날개가 4개 달린 새"라고 불렀다. 로마인은 방탕한 음식 축제에서 누에나방의 구더기를 삶아 먹었다. 독일에서도 19세기 전만 하더라도 곤충 외에 수달, 고슴도치, 담비, 비버와 조류도 고급 식품으로 간주했다. 20세기 초에 헤센(Hessen) 북부와 프랑스에서는 딱정벌레로 만든 고기 수프를 맛있게 먹었다. 호모 사피엔스는 그야말로 잡식성이라 아무런 문제없이 다양한 식량을 먹을 수 있음에도 왜 그와 같은 식습관이 사라져버렸을까? 그리고 어디에서부터 구역질이 생겨났을까?

음식은 취향의 문제일 뿐 아니라 배우고 습득한 결과물이기도 하다.

나아가 어린 시절의 교육, 가정에서의 식단, 지역의 전통과 습관이 우리에게 맛이 있고 없고를 정해준다. 하지만 습관도 빨리 변할 수 있다. 지난 50년 동안 '미국화'가 진행되어 식습관이 유사해진 것을 보면 알 수 있다. 피자부터 시작해 중국요리, 케밥, 스시에 이르기까지 오늘날에는 그 어떤 별미도 낯설지 않다. 하지만 튀긴 메뚜기와 구운 벌레는 가까운 미래에 우리의 현대적인 음식 문화에서 이국적인 음식 이상의 자리를 잡지는 못할 것 같다. 이와 반대로 이런 단백질을 완제품에 사용할 가능성은 풍부하다. 예를 들면 햄버거 고기에 단백질을 보충하기 위해 가루로 빻은 애벌레를 넣거나, 다이어트 식품에 곤충을 잘게 부숴 넣을 수도 있을 것이다. 네덜란드에서는 이미 이와 같은 산업적인 시도가 생겨나고 있다.

왜 하필이면 곤충을 키우는 것일까? "다른 동물을 사육하는 것에 비해 여러 가지 장점이 있기 때문입니다. 우선 곤충은 넓은 장소가 필요하지 않아 숲을 개간한다거나 큰 농장을 세울 필요가 없지요. 그리고 곤충은 적게 먹으므로 물도 조금 있으면 됩니다. 전반적으로 자연 자원을 조금밖에 사용하지 않습니다. 무엇보다 곤충은 메탄가스나 환경에 해로운 물질을 거의 배출하지 않죠."

교수는 근처에 있는 소도시 마하사라캄(Maha Sarakham)에 있는 도매상을 만나보라고 권했다. "15년 전에 나한테서 배운 친굽니다. 그의 창고를 보시면 깜짝 놀랄 거예요. 곤충이 그를 부자로 만들어주었죠. 요즘은 1년에 1억 바트(225만 유로)를 벌고 있습니다."

곤충으로 백만장자가 된 남자의 이름은 시콘 피트치트차이(Sikön

Phitchitchai)였다. 그가 살고 있는 빌라는 멀리 떨어진 이면 도로에 있었다. 빌라 옆에 양쪽으로 탁 트인 밝은색 건물이 하나 보였다. 이곳이 바로 귀뚜라미 도매상이 갖고 있는 창고였다. 그는 농부들이 공급한 귀뚜라미를 이곳에서 가공했다. 먼저 곤충을 깨끗하게 씻고 세 번 연달아 뜨거운 물에 삶은 다음 비닐 봉투에 담았다.

자루 몇 개는 냉동실로 들어가고, 다른 자루들은 곧바로 차에 실렸다. 노동자 한 명이 삽을 들고 잘게 부순 얼음을 그 위에 얹었다. 시콘은 매일 1.5톤의 곤충을 판매한다고 했다. "점점 많아지고 있습니다. 14년 전부터 이 일을 하고 있는데, 처음에는 하루에 20킬로그램을 팔았죠."

나는 귀뚜라미 농장을 방문해도 좋은지 물어보았다. "그럼요. 우리를 도와주는 비툰 깨우몬트리(Vitoon Kaewmontri)가 직접 작은 농장을 운영하고 있습니다." 비툰의 빌라는 귀뚜라미를 키우는 농장처럼 보이지 않았고, 도매상을 하는 시콘의 빌라보다 덜 화려했다. 물론 빌라의 담에 여러 신(神)을 장식해놓기는 했다.

귀뚜라미 사육장은 집 바로 뒤쪽 창고에 있었다. 이 농장에서 얼마를 버는지 물어보았다. "먹고살 수 있을 만큼 법니다. 내 형편에서는 벌이가 좋은 편이죠. 한 세대는 보통 50일이 걸리지만, 더운 날이면 곤충도 빨리 자랍니다. 여름에는 35일 정도 걸리죠. 이걸 팔면 10만 바트 넘게 받습니다. 여기서 비용을 제하면 5만 바트(약 1100유로)가 제 수중에 들어옵니다."

곤충을 키우는 게 어렵지는 않은지 궁금했다. "관심이 있는지 없는지에 달려 있지요. 전혀 관심 없는 사람이라면 계속하기 힘듭니다."

이 시설에는 욕조 크기의 시멘트 수조가 50개 정도 있었다. 수조는 다닥다닥 붙어 있어 농부가 겨우 그 사이를 빠져나갈 정도였다. 그는 수조에 덮어둔 비닐 어망을 돌돌 말더니 작은 분무기를 꺼냈다. "어린 곤충한테 물을 뿌리면 안 되거든요. 물이 너무 많은 것도 견디지 못합니다. 그리고 어린 곤충은 많이 먹지 않아서 하루에 한두 번 먹이를 주면 됩니다."

그런 다음 마개 달린 커다란 유리병을 들고 계속 걸어갔다. "어린 곤충이 여기 있는 성충처럼 성장하면, 모래로 채운 홈통에 물을 부어줍니다. 이때도 많이 주면 안 됩니다. 홈통이 물로 가득하면 곤충이 익사할 수도 있거든요." 수조에는 두꺼운 종이가 깔려 있었다. 알을 낳는 자리라고 했다. 두꺼운 종이 사이를 곤충들이 기어 다녔다. 농부는 위쪽에 있는 납작한 대야에 곡식 사료를 뿌려주었다.

"예전엔 닭고기 사료만 있었는데, 이제는 가축 사료를 만드는 회사 CP에서 특별히 귀뚜라미 사료도 생산합니다. 귀뚜라미는 매우 작지만 성장이 빨라 많이 먹죠. 매일 50킬로그램짜리 사료를 9개 사용합니다." 그는 2개의 수조에서 자라고 있는 알을 보여주었다. "귀뚜라미를 번식시키는 일도 합니다. 아주 복잡한 작업이죠. 알을 잘 보호해야 하거든요." 곤충은 어떻게 수조에서 기어 나오지 못하는 걸까? 그는 미소를 지으며 매끌매끌한 비닐 테이프를 보여주었다. 그것을 수조 모서리에 붙여놓아 귀뚜라미가 기어오르지 못하는 것이었다.

나는 그가 얼마나 오랫동안 이 일을 했는지 물어보았다. "7년 전부터요. 그 전에는 소를 사육했습니다. 하지만 수익을 잘 올리지 못했어요. 시장에서 소의 가격이 내려가 손해를 봤지요. 그때 우리 농부연합회 회장한테 어떻게 하면 좋을지 물어봤습니다. 그가 나한테 곤충을 키워보라고 권하더군요. 좋은 생각인 것 같아서 시작했는데, 빚을 다 갚을 정도로 벌이가 좋았습니다. 2~3년 그렇게 일하자 먹고살 만해지고, 아이들을 다시 학교에 보낼 수 있었죠. 공무원보다 낫습니다." 그러면 그의 빌라는? "곤충을 팔아서 번 돈으로 지었죠. 집을 짓기 위해 3년 동안 저축했습니다."

적당하게 그을린 얼굴을 보건대 그는 무엇이 힘든 일인지 잘 알고 있는 것 같았다. "나는 곤충 키우는 일이 마음에 듭니다. 예순이나 일흔 살이 되더라도 할 수 있고요. 절대 힘든 일이 아니거든요. 그늘에서 일하니까요."

나는 곤충 사육이 기아 때문에 고통스러워하는 사람들에게도 식량이 될 수 있는지 물어보았다. "당연하지요. 아시다시피 우리 이웃 라오스만 봐도 매우 가난합니다. 몇 주 전에는 라오스 마을의 이장이 우리 농장을 견학하러 왔어요. 파파 미앙(Papa Miang)이라는 분이었는데, 그곳에서 키울 수 있도록 귀뚜라미를 몇 마리 줬습니다. 현재 우리는 점점 더 많은 수출을 하고 있습니다. 라오스뿐 아니라, 베트남과 캄보디아에도 수출하고 있지요. 오늘 아침에는 2톤을 캄보디아에 보냈습니다."

수출업은 도매상인 시콘 피티치트차이를 통해서 이뤄졌다. 시콘이 우리를 점심에 초대했다. 나는 어떻게 그렇게 많은 양을 취급할 수 있는지 궁금했다. "곧 더 많아질 겁니다. 머지않아 매일 3톤가량 될 거라고 생각해요. 200명의 귀뚜라미 사육 농부가 공급을 하고 있지만, 비툰처럼 그렇게 순조롭지는 않아요. 몇몇 농부는 점점 향상되고 있기는 해도 아직 미숙합니다."

나는 세계의 식량에 관한 질문을 던질 필요가 없었다. 시콘이 스스로 대답을 꺼냈기 때문이다. "앞으로는 전 세계에 식량이 부족해질 겁니다. 곤충은 단백질을 많이 함유하고 있어요. 콘까엔 대학은 곤충이 고기의 단백질을 대체할 수 있다는 사실을 밝혀냈습니다. 그러니 한 번 판단해보십시오." 그는 이렇게 말하며 우리를 농장에 있는 정자로 안내했다.

여자 요리사가 커다란 프라이팬 밑에 불을 붙였다. 그녀는 마늘과 칠리를 잘게 썰고, 바로 옆에 있는 텃밭에서 레몬 향기 나는 풀과 카피어

(Kaffier) 잎을 직접 따왔다. 요리시는 귀뚜라미를 튀기는 대신 식용유를 약간 넣고 구웠다. 유빠의 말이 정말 맞았다. 그렇게 요리하자 훨씬 먹음직스러웠다.

우리가 접시를 다 비우자 도매상인은 매우 만족스러워했다. 그는 다음 날 아침 시장에 함께 가보자고 권했다. 탈라드깔라신(Talad Kalasin)이라는 작은 도시는 그 지역에서 곤충 거래가 활발하게 이루어지는 곳이었다. "특히 레스토랑 주인이나 소매상인이 그곳으로 모여듭니다." 시콘이 말했다.

까냐꼬른 호크라톡(Kanyakorn Hokratok)의 노점에는 가족 전체가 살고 있는 것 같았다. 시끌벅적한 와중에 아이들은 숙제를 하고, 노인은 그물침대에서 쉬고 있었다. 많은 손님이 줄지어 기다리고 있어 상인과 얘기를 나눌 때까지 얼마간 기다려야만 했다.

곤충은 커다란 냉장고 안에 있었다. 나는 어떤 곤충은 키우고, 어떤 곤충은 잡는지 물어보았다. "대부분은 자연에서 채취합니다. 메뚜기나 물빈대처럼요. 대나무 애벌레는 자연에서 자라는 대나무 가지에서 살기 때문에 키울 수가 없습니다. 귀뚜라미만 키울 수 있죠."

그럼 가장 비싼 곤충은 뭘까? "1킬로그램에 320바트 하는 파탄카(Patanka) 메뚜기요. 급행열차 애벌레도 320바트 하지요. 알주머니는 아주 싼데, 1킬로그램당 90바트밖에 안 해요. 물빈대는 한 개당 6.5바트 하고요." 왜 비싼지 나는 알고 싶었다. "시즌이 끝나면 더 이상 잡을 수 없기 때문이죠. 1년에 한 번밖에 없어요."

오후에 우리는 콘까엔 대학 실험실에 있는 유빠 교수를 만나러 갔다. 교수의 다음 프로젝트는 사료였다. "조류인플루엔자가 지나가고 나면 사육하던 닭이 많이 줄기 때문에 가축 사료를 생산하는 대기업이 곤충 시장을 눈여겨보기 시작했습니다." 교수가 설명했다. 태국에서는 CP가 거의 독점하고 있었다. "실제로 공장에서 생산한 사료는 사육 사이클을 40일에서 30일로 단축해주었죠. 하지만 농부들은 비싼 돈을 지불해야 합니다. 수익금의 50퍼센트를 사룟값으로 줘야 하기 때문입니다."

그 때문에 이 여성 과학자는 농부들이 직접 사료를 만들 수 있는 대안을 찾는 중이다. 예를 들면 마니옥 잎으로 사료를 만드는 실험을 하고 있었다. 나는 곤충의 소비 추이가 어떻게 변할지 물어보았다. "곤충을 먹는 사람은 이미 매우 많습니다. 그러나 또 많은 사람은 곤충을 보고 깜짝 놀라기도 하지요. 그러니 곤충을 가공해서 형태를 알아볼 수 없게 만들면 먹기도 훨씬 수월하겠지요."

그렇게 하면 대중을 상대로 하는 시장에 좀더 쉽게 접근할 수 있을지 모른다. "미래에는 곤충 대부분이 칩이나 국수가 될 거라고 생각해요." 교수는 이렇게 예상했다. "그 기초는 단백질 가루입니다. 이런 가루가 있으면 모든 음식의 단백질 함량을 올릴 수 있으니까요." 분명 태국 외에도 중국, 멕시코 그리고 몇몇 아프리카 나라처럼 곤충을 전통적으로 먹는 곳에서는 그다지 부담 없이 받아들일 것이다. 그러나 다른 지역에서도 곤충에 대한 관심이 늘어나고 있다. 프랑스 회사 크릭이트(Crickeat)는 태국의 유기농 귀뚜라미를 유럽으로 수출하고 있다. "괜찮은 사업이지요. 그들은 1킬로그램당 7유로에 팝니다."

그럼에도 불구하고 나는 곤충이 곧 전 세계에서 가장 중요한 식량원이 될 거라고 기대하지 않는다. 왜냐하면 구역질은 이성적인 논쟁에 영향을 받지 않기 때문이다.

몬스터 물고기 혹은 100년간의 발명품? 🎬

그 장소는 더 이상 외딴 곳을 찾을 수 없을 만한 지역에 있었다. 프린스에 드워드아일랜드(Prince Edward Island) 주는 캐나다의 대서양 해안에 위치해 있다. 주도 샬럿타운(Charlottetown)에는 3만 5000명의 주민이 살고 있다. 프린스에드워드아일랜드 섬은 감자 재배와 아름다운 해변으로 유명하다. 그런데 서쪽으로 뾰족하게 튀어나온 해안 근처 작은 피오르(fjord)에 아쿠아바운티(AquaBounty)라는 미국 회사가 있다. 최초로 유전자 변형 동물을 시장에 내놓음으로써 새로운 역사를 쓰고자 하는 기업이다. 회사의 이사진에는 오랫동안 몬산토에서 일한 주역들이 포진하고 있다. 대주주도 20년 동안 그 대기업을 위해 일했던 사람이다. 관리자 로널드 스토티시(Ronald Stotish)는 아쿠아바운티가 지난 몇 년 동안 촬영팀을 예외적으로만 받아들였다고 말하면서 우리를 맞이했다. "당신이 우리 회사를 긍정적으로 소개해주길 바랍니다."

회사 부지를 둘러싼 높은 울타리가 눈에 띄었다. "그린피스가 작년에 이곳에 들어오려 했지만, 성공하지 못했습니다." 스토티시가 말했다. 그런 일이 없었다면 그렇게 많은 시위꾼들이 섬을 혼란스럽게 하지 않았을 거라면서 말이다. 회사까지 가는 길은 멀지 않았다. 나는 그 때문에 회사를 이렇게 외딴 곳에 세웠느냐고 물어보았다. 스토티시는 미소를 지었다. "아뇨. 그렇지는 않고, 이 지역에 연구 시설이 몇 곳 있기 때문입니다. 경험 많은 과학자들에게 도움을 요청할 수 있거든요."

그는 나에게 돈 루니핸(Dawn Runighan)을 소개했다. "이분은 우리 실험실을 담당하는 직원으로, 이 섬에서 오래전부터 살아온 어부의 따님입니다." 두 사람은 우리를 초라한 문을 지나 거대한 창고로 안내했다. 문 뒤에는 신발을 소독하는 큰 통이 있었다. 우리는 이곳에서도 흰색 보호복과 비닐 신발을 착용해야 했다. "기생충이 침입하는 것을 막기 위해서입니다."

스토티시는 우리가 우선 필터 시설을 구경하는 게 중요하다고 생각했다. "우리 물고기는 환경을 절대 위협하지 않습니다. 양식장을 여러 개의 울타리로 보호하고 있지요. 왜냐하면 우리는……." 그는 잠시 말을 멈추었다. 아마도 '난동을 부리는 환경 광신자들'을 생각하는 것 같았다. "……우리 물고기가 탈출할 수도 있다고 두려워하는 사람들, 다시 말해 좋은 뜻을 가진 사람들이 그렇게 예측하기 때문입니다." 그러나 환경 운동가뿐 아니라 미 의회 의원들도 유전자 변형 연어를 강력하게 반대하고 나섰다. 특히 연어 생산국의 의원들은 괴물 프랑켄슈타인에 빗대 유전자 변형 물고기를 '프랑켄피시'라고 표현했다.

실험실 여직원 돈 루니핸은 15개의 안전장치를 해두었기 때문에 작은 물고기도 잡아낼 수 있다고 언급했다. "폐수는 여러 번 걸러내고 관리한 뒤에 내보냅니다. 그래서 알 하나도 밖으로 나갈 수 없을 정도죠. 이곳에서 작업한 지 20년 됐지만 물고기 한 마리도 잃어버린 적이 없습니다." 대서양 연안인 이곳에는 1980년대부터 야생 연어가 더 이상 없다. 그 때문에 자연산 연어와 섞이는 것은 거의 불가능하다.

희미한 불빛만 있는 창고에는 거대한 수천 리터짜리 수조들이 있었다. 수조는 모두 그물로 안전하게 둘러쌌다. 돈이 우리를 안내했다. "상당히 큰 녀석들을 볼 수 있을 거예요. 4~14킬로그램이나 되니까요. 가까이 다가가면 매우 조심해야 해요. 물고기들이 놀라서 물을 엄청 튀길 수도 있거든요."

수조 표면에서 불안한 듯 잔물결이 일더니 여기저기서 뾰족한 꼬리가 보였다. 그때 수조에서 갑자기 물고기들이 튀어 올랐다. 물도 엄청 튀었다. 그제야 나는 그물을 왜 그렇게 높게 쳤는지 이해할 수 있었다. "몇 미터는 거뜬하게 튀어 오를 수 있어요. 자연에서는 강물과 폭포도 거슬러 헤엄치니까요."

"우선 특별한 것부터 설명해드리겠습니다." 관리자 스토티시가 말했다. "여기 있는 이 물고기들은 원래 암컷인데, 정자를 생산할 수 있습니다. 우리가 유전자 변형을 통해 얻은 부모 세대죠. 우리는 정상적인 연어의 알을 부화시키기 위해 이 녀석들을 활용합니다. 여기서 아쿠아어드밴티지락스(AquaAdvantage-Lachs)가 나오죠."

암컷이 정자를 생산한다고? "상당히 독특한 방법인데, 모든 후손을 암컷이 되도록 하는 장점이 있습니다." 우리를 가스통 위에 얹혀 있는 작은 장치로 안내한 그가 파란색 작업복을 입은 직원에게 눈짓을 했다. "이제 여러분에게 보여드리겠습니다. 우리는 알을 압축 공기로 다룹니다."

직원은 오렌지빛을 내는 알이 담겨 있는 작은 병을 가져와 장치에 꽂았다. 그런 뒤 버튼을 누르자 시끄러운 소리가 일정한 간격을 두고 들려왔다. 이윽고 직원은 알이 들어 있는 병을 다시 장치에서 떼어냈다. "압축 공기는 알을 훼손하지 않고 염색체를 3배수로 만들죠. 다시 말해, 모든 난자 세포는 염색체를 3개 갖게 되죠. 자연에서는 2개거든요. 이렇게 하면 물고기는 증식하지 않고, 우린 두 가지 장점을 얻습니다. 우선 우리의 지적 자산을 보호해주죠. 요컨대 그 누구도 성장 속도가 빠른 우리의 연어를 사육하지 못하고, 매년 우리 회사에서 새로 구입해야 한다는 뜻입니다. 두 번째 장점은 환경을 보호한다는 것입니다. 우리 물고기는 자연산 연어와 교배되지 않습니다. 왜냐하면 새끼를 낳지 못하기 때문입니다." 나는 이런 과정에서 여전히 몇몇 알은 생식 능력이 있어야 하는 것 아니냐고 물었다. "그렇습니다만, 거의 99퍼센트가 새끼를 낳지 못합니다. 하지만 다른 안전장치를 갖고 있기 때문에 이것으로도 충분합니다."

스토티시는 계속해서 말을 이었다. "대서양의 자연산 연어와는 큰 차이점이 있습니다. 시장에서 파는 연어는 3~4킬로그램쯤 되는데, 우리 연어가 그 정도 크려면 시간이 절반밖에 걸리지 않습니다. 정상적인 연어가 자라기 위해 3년 6개월~4년이 필요하다면, 우리 연어는 1년 6개월~2년이면 충분합니다. 우리가 기르는 연어는 자연산에 비해 사료도 20퍼센트 적게 먹죠. 그러니 비용이 확실히 절감됩니다."

스토티시가 직원에게 다시 신호를 보냈다. 직원은 고기잡이 망을 가져오더니 수조에 담갔다. 그러고는 천천히 육중한 물고기 한 마리를 건져 올렸다. 물고기가 망 속에서 푸드덕거렸다. 관리자는 자랑스럽게 설명했다. "이 녀석은 모든 관점에서 봐도 효율성이 매우 탁월합니다. 예를 들면, 질소를 5퍼센트 많이 저장할 수 있지요. 질소는 조직을 만드는 데 사용되죠. 5퍼센트라고 하면 적은 것처럼 들리겠지만, 사료에서 가장 비싼 성분이 바로 이것이지요. 그래서 큰 차이가 있다는 겁니다." 직원은 푸드덕거리는 육중한 물고기를 다시 수조에 던져 넣었다. "이것이 우리 아쿠아어드밴티지의 아름다움입니다. 녀석들은 아주 빨리 성장하고, 당신도 봤다시피 자연산 연어와 완전히 똑같죠. 전혀 구분이 안 될 만큼 말입니다."

스토티시는 좀더 발전한 기술에 자부심을 갖고 있었다. 연어 양식은 보통 가두리에서 이루어지고 폐수와 항생제가 바다로 흘러들기 때문에 해안 전체를 망치는 반면, 그들의 수조 속 연어는 육지에서 사육할 수 있기 때문이다. "이 말은 대도시 인근에서도 아쿠아어드밴티지를 생산할 수 있다는 뜻입니다. 그러면 운송비가 줄어들겠지요." 따라서 유전자 변형 연어가 기후 보호에 기여한다고 생각했다. "비행기로 연어를 칠레와 북유럽에서 미국으로 실어오는 대신, 소비자들이 사는 곳 근처에서 생산할 수 있기 때문입니다. 그러면 저렴한 트럭으로 운반해도 충분하고, 온실가스 배출도 줄어드는 셈이죠."

관리자는 그야말로 희망적으로 생각했다. "미래를 위한 발명입니다! 이 발명품은 21세기에 식량 확보를 향상시키고, 늘어나는 인구의 필요를 해결하는 데 기여할 테니까요."

이식 유전자 동물: '전투력을 잃게 한 쥐'와 또 다른 돌연변이

식물뿐만 아니라 동물도 유전자 기술로 바꿀 수 있다. 인공 배양이나 또 다른 조작을 통해 개별 유전자를 차단하거나 다른 종의 유전자 정보를 DNA에 주입하는 것이다. 이를 이른바 '이식 유전자'라고 부른다. 이런 방식으로 사람들은 동물의 어떤 특성을 촉진하거나 다른 특성을 저지한다. 이렇게 돌연변이 된 '전투력을 잃은 쥐'(영어로 'knock-out'이라고 하는데, 특정 유전자를 차단했기 때문이다), 양, 염소, 닭이 특히 실험 대상에 오른다. 이런 동물은 약품 생산을 위해, 인간에게 필요한 특정 단백질을 만들기 위해 이용된다. 예를 들어 유전자 조작된 젖소는 인간이 스스로 생산할 수 없는 단백질을 만들어낸다. 혹은 유전자를 이식한 염소의 젖에서 혈액 응고 성분을 얻기도 한다. 이런 실험에서 인기 있는 이식 유전자 동물인 히드라(물뱀)는 인간과 유사한 유전자를 많이 갖고 있어 질병 인자 연구에 도움을 준다. 서로 다른 종 사이에 세포 혹은 조직을 이식하는 이른바 '이종 이식(xenogenic transplantation)'을 위해서도 유전자 변형 동물을 연구한다. 이와 반대로 사람이 이식 유전자 동물을 먹는 행위는 전염병 방지를 위해 지금까지 유럽연합 내에서 금지하고 있다.

유전자 변형 고기는 No

따라서 식품업계에서는 가까운 미래에 유전자 변형 동물을 활용하지 못할 것이다. 물론 소나 가금류의 근육을 좀더 성장하게 한다거나 젖소에게서 얻을 수 있는 평균적인 우유의 양을 늘리려는 시도를 하고는 있다. 하지만 사육 과정에서 인공 수정을 하기는 해도 유전자 기술을 이용하지는 않는다. 이론적으로는 DNA를 집요하게 바꾸면 완전히 새로운 특징이 나타날 수 있다. 가령 꼬리 없는 돼지와 특별히 엉덩이 살이 많은 돼지 같은 것이다. 하지만 이는 과학 소설이며 덩치 큰 포유류에게는 그다지 실용적이지 못하다. 난세포를 얻고 이것을 다루는 일은 비용이 많이 든다. 너무 적은 배아를 건강한 동물로 성장시키는 것도 많은 비용이 든다. 그럼에도 불구하고 유용 동물을 대상으로 열심히 연구를 진행하고 있다. 예를 들어 '벨츠빌(Beltsville) 돼지'는 성장 호르몬 덕분에 보통 돼지에 비해 14퍼센트 빨리 성장한다. 그러나 스트레스, 관절염, 위통, 신장병에 쉽게 걸린다. 과학자들은 이런 문제를 해결하기 위해 계속 연구 중이라고 한다. 그리고 젖소의 우유는 인간 어머니들의 젖과 비슷해야 한다는 요구가 많다. 요컨대 지방 함량이 적어야 한다. 아울러 특히 영양분이 풍부하되 유당은 적어야 한다. 뉴질랜드에서는 이미 갓난아이에게 알레르기를 덜 일으키는 우유를 공급하고 있다. 연구의 중심에는 역시 돼지가 있다. 특히 오메가-3를 풍부하게 함유한 고기를 공급하기 위해서 말이다. 하지만 퇴보하는 것도 있다. 요컨대 캐나다에서는 몇 년 전 이른바 '인바이러피그(Enviropig: 요크셔 돼지를 유전자 변형한 상표 이름—옮긴이)'를 사육했다. 무엇보다 이 돼지는 사료를 덜 먹어 비용을 줄일 수 있었다. 그리고 친환경적인 효과도 있었는데, 돼지 분뇨로 만든 액체 비료가 인산염을 덜 함유했기 때문이다. 하지만 이 프로젝트는 2012년 자본 부족으로 중단되고 돼지들은 도살당했다. 아마도 유전자 변형 종자 시장은 경제가 사료를 덜 먹는 동물에 관심을 가질 때 사료 생산으로 이윤을 올릴 가능성이 높다. 이와 달리 수컷 돼지에게서 냄새를 제거하고 사육하는 연구는 계속 진행되고 있다. 이런 방법을 발견하면 돼지 새끼를 거세할 필요가 없기 때문이다.

세계 식량이라는 현안에서 유용 동물의 유전자 기술은 현재 주목받을 만한 주제가 아니다. 그럼에도 불구하고 미국 대통령 버락 오바마는 유전자 연구의 장점을 확신하고 있는 것처럼 보인다. 녹색혁명의 '아버지' 노먼 볼로그 박사 탄생 100주년을 기념해 오바마 대통령은 2014년 4월 이런 글을 썼다. "향상된 바이오 기술에 투자하는 것이 우리 행성의 가장 시급한 농업 문제를 해결할 수 있는 본질적인 초석이 될 것이라는 그의 확신에 나 역시 동감한다."[92]

점심시간이 되자 관리자는 우리를 식사에 초대했다. 물론 연어가 나왔다. 유전자 변형 연어 말이다. 나는 약간 불안했지만 맛은 자연산과 동일했다.

"현재 우리는 연어를 판매할 수도, 선물할 수도 없습니다. 그렇지만 회사에서 먹을 수는 있죠. 그래서 직원들은 가끔 먹어요. 그래도 누구든 매일 연어만 먹길 원하진 않죠. 그래서 유감스럽게도 매년 물고기를 몇 톤씩 폐기해야 하지요." 관리자가 설명했다.

식사가 끝나자 돈 루니핸이 실험실에서 자연산 연어와 유전자 기술로 사육한 연어를 어떻게 구분하는지 보여주었다. 한 직원이 작은 통에 마취시킨 물고기 네 마리를 가져왔다. "이 네 마리 연어는 나이가 같아요. 2012년 가을에 알로 세상에 나왔죠. 2013년 3월부터 사료를 먹기 시작했어요. 똑같은 사료를요. 이 녀석들은 동일한 가족에서 나온 형제자매예요. 그러나 큰 두 마리는 성장 유전자를 갖고 있고, 작은 두 마리는 성장 유전자를 갖고 있지 않습니다." 그녀는 물고기를 저울에 올려놓았다. 유전자 변형 연어는 180~200그램이 나간 반면, 작은 연어들은 30~40그램이었다. "그러니 5~6배 정도 빨리 성장한다는 뜻이죠."

연구자들은 어떻게 그런 연어를 만들 수 있는 것일까? 그녀의 상관 스토티시가 우리를 옆에 있는 현미경 실험실로 안내했다. 그곳에서는 여성 연구원 몇 명이 피펫(pipette: 일정한 부피의 액체를 정확히 옮기는 데 사용하는 유리관—옮긴이)을 들고 일하고 있었다. "그렇게 많은 작업이 필요하진 않습니다. 대서양 연어는 2만~4만 개의 유전자가 있는데, 여기에 다른 유전자 하나만 더 부가하면 되거든요. 바로 태평양 연어의 성장 유전자죠. 가까운 친척인 치누크(Chinook) 품종에서 나온 성장 유전자입니다."

그는 뭔가를 조절하기 위해 또 다른 유전자를 심어야 했다는 말을 처음에는 하지 않았다. 이 유전자는 베도라치(Zoarces americanus)에서 나온 것이다. 베도라치는 연어와 친척이 아니며 캐나다 해안의 차가운 담수에 살고 있는 물고기다. 추위에 몸을 보호해주는 일종의 단백질을 통해 기온에도 잘 적응한다. 이 유전자가 연어의 몸에 있는 성장 호르몬이 시즌에 모두 방출되지 않고 겨울에도, 즉 1년 내내 방출되게끔 해준다.

"이는 우리가 유전자 기술로 동물한테 정교한 변화를 일으키고, 소비자에게 커다란 이득을 가져다줄 수 있다는 걸 보여줍니다. 2050년에는 세계 인구가 거의 100억 명에 달합니다. 우리는 제한된 원료에 기술적 혁신을 갖고 대응해야 합니다. 그래야 유전자 연어뿐 아니라 다른 동물과 식물도 향상시킬 수 있습니다."

이런 연어를 보고 많은 사람이 '프랑켄피시'를 떠올리면 어떻게 할 것인지 궁금했다. "나는 그 사람들이 이렇게 물어봐서는 안 된다고 생각합니다. '이 식품은 유전자 조작을 했나요?' 그들은 오히려 이렇게 물어봐야 합니다. '이 식품은 안전한가요?' 선구자들은 항상 어려움을 겪게 마련입니다. 우리는 사람들에게 이 기술의 가치를 잘 이해하도록 만들 것입니다."

그의 전임자 엘리엇 엔티스(Elliot Entis)는 이미 그런 시도를 했다. 이 섬의 주도 샬럿타운에서 그는 우리에게 이 모든 것이 어떻게 시작되었는지 이야기해주었다. "우리는 1989년에 프린스에드워드아일랜드를 선택했는데, 질병을 옮길 수 있는 다른 양식장에서 멀리 떨어져 있기 때문입니다. 어류의 질병에 관한 연구를 하는 북아메리카연구센터가 이 섬에 있는 것도 바로 그런 이유 때문입니다." 그는 유전자 기술을 둘러싸고 벌어지는 긴장을 전혀 이해하지 못했다. "기술은 중립적입니다. 유전자 변형된 모든 동물과 식물이 더 낫다는 얘기가 아닙니다. 몇몇은 그렇지만, 또 몇몇은 그렇지 않거든요. 우리는 유전자 기술을 투입하고 그 결과를 시험해야 합니다. 그리고 만일 더 좋은 게 나온다면, 그걸 이용해야 합니다. 그렇지 않은 경우에는 이용하지 말아야 하고요. 미국 양식장에서는 몸에 줄무늬가 있는 흰색 농어를 키웠어요. 자연에서는 이런 농어를 만나볼 수가 없죠. 한 종류는 바닷물에서 살고, 다른 종류는 담수에서 살기 때문입니다. 양식업자는 이 둘을 옛날 방식으로 교배할 수 있었습니다. 한 종의 정액 덩어리를 다른 종의 난자에 섞는 방식으로 말입니다. 한 종이 가진 2만 개의 유전자와 다른 종이 가진 또 다른 2만 개의 유전자를 우연에 맡겨 교배한 것입니다. 그런데 한 종에서 추출한 단 하나의 유전자를 다른 종한테 삽입하면 유전자 조작으로 간주합니다. 이런 작업을 하려면 비싼 돈을 주고 허가 절차를 밟아야 하죠. 몇 년을 기다리는 것은 물론이고요. 그런데 정작 이런 형태의 사육이 오히려 더욱 정교하고 통제하기도 쉽단 말입니다. 소비자들은 식품 생산에 대해 비현실적이고 낭만적인 상상을 하고 있어요."

엘리엇 엔티스 역시 늘어나는 세계 인구를 언급했다. 하지만 솔직히 말해서 나는 더 이상 들어줄 수가 없었다. 물론 내가 그에 대한 질문을 던지기는 했지만 말이다. 그래서 적어도 아프리카에서 굶주리고 있는 사람들에게 유전자 변형 연어를 사 먹을 돈이 있을 것인가라는 질문은 하지 않았다.

마지막 날 저녁에는 샬럿타운 항구에서 식사를 했다. 이 지역의 명물은 바닷가재였다. 캐나다의 수도 오타와 출신인 레스토랑 주인은 우리가 이곳에서 겪은 일을 듣더니 다음과 같이 말했다. "대부분의 캐나다 사람은 프랑켄피시를 정말 끔찍하게 생각합니다. 우리 정부가 그런 일을 하지 않았으면 좋겠습니다."

하지만 그런 일을 했다. 그로부터 3개월 후인 2013년 11월 캐나다 정부는 아쿠아바운티에 물고기를 상업적으로 사육할 수 있는 허가를 내주었다. 물론 양식장으로 허가를 내준 것은 아니다. 하지만 이들은 어차피 파나마에서 양식장을 운영하고 있었다. 아쿠아바운티는 파나마의 해발 1500미터 지역에 양식장을 만들었는데, 시원한 산악 기후여서 연어에게 적당하다고 한다.

주식 시장은 환호했다. 2013년 말 아쿠아바운티의 주식은 가파르게 상승 곡선을 탔다. 수년 동안 6유로 정도에서 계속 머물다가 60유로로 넘게 껑충 뛴 것이다. 하지만 마지막 장애물은 아직 넘지 못했다. 바로 미국 식품의약국(FDA)의 허가다. FDA의 승인이 없으면 연어를 미국에 팔 수 없다. 아쿠아바운티는 1995년에 이미 FDA에 허가를 신청했지만 아직도 승인을 받지 못한 상태다.

미국에서도 이제야 '프랑켄피시'를 반대하는 목소리가 커지고 있다. 환경 단체들은 그사이 대형 슈퍼마켓 체인 몇 곳에서 유전자 변형 생선을 못 팔도록 만들었다. 요컨대 유전자 변형 연어가 미국에 들어온다 해도 알디(Aldi)는 물론 트레이더 조스(Trader Joe's)와 홀 푸즈(Whole Foods)에서는 팔 수 없다. 그러니 결과가 어떻게 될지는 알 수 없다.

슈퍼패스트푸드와 나노 식품

25세의 미국 애틀랜타 출신 전기 기사이자 소프트웨어 개발자 롭 라인하트(Rob Rhinehart)는 규칙적으로 요리를 만들어 식사하는 것을 좋아하지 않는다. 대신에 그는 사람이 생존하는 데 필요한 모든 영양 성분이 들어 있다고 주장하는 가루를 개발했다. 내용물은 일련의 인공 비타민, 아미노산, 탄수화물, 미량 영양소, 올리브유로 이뤄져 있다. 일부 성분은 약국이나 인터넷에서 주문하기도 했다. 그는 일주일에 딱 두 번 정상적인 식사를 하고, 그 밖에는 패스트푸드 셰이크를 물에 타 마신다. 그는 이 셰이크를 '소일렌트(Soylent)'라고 부른다. 1970년대에 찰톤 헤스톤이 주인공으로 출연한 영화 〈소일렌트 그린(Soylent Green)〉에서 따온 이름이다. 2022년, 뉴욕에서 인구 과잉으로 사람들이 인육(人肉) 비스킷을 먹고 살아간다는 내용이다. 라인하트는 자신이 개발한 슈퍼 가루로 그런 상황을 막고 싶다고 했다. 이 슈퍼 가루로 전 세계의 기아를 해결하고 동시에 많은 돈도 벌겠다는 것이다. 샌프란시스코에 있는 그의 회사 로자 랩스(Rosa Labs)는 이미 200만 달러어치의 예약을 받았다.

더 이상 작을 수는 없다

식품을 갖고 실험하며 이를 변화시키는 것은 점점 더 기이한 형태를 띠고 있다. 가장 최근의 몸부림으로는 나노 물질을 들 수 있다. 사실 지금까지 나노 물질은 화장품 산업에서 이용해왔다. 나노 물질이란 1밀리미터의 100만 분의 1과 같은 정말 작은 구조로 이뤄져 있는 것을 말한다. 그것은 다양한 성분을 침투시킨 '컨테이너'로서 식품의 맛, 색깔, 향기, 심지어 조직까지 바꿀 수 있다. 예를 들면 약간의 지방을 넣었지만 아주 맛있는 아이스크림, 생선 기름을 넣었지만 비린내가 나지 않는 빵, 고기처럼 씹는 맛이 좋은 두부 등이 그것이다. 현재 유럽연합에서는 인공적으로 생산한 물질 가운데 100나노미터보다 더 작은 것을 나노 물질로 간주한다. 이런 나노 물질을 식품에 사용하면 반드시 포장지에 표기해야만 한다. 왜냐하면 이런 물질의 안전 여부를 충분히 검사하지 못했기 때문이다. 유럽연합위원회 중 적어도 절반이 이와 같은 나노 입자로 구성된 첨가물에 표시 의무를 부여할 예정이었다. 그러나 유럽연합 의회는 2014년 3월 이와 같은 규정을 거부했다. 유럽 식품안전청은 적어도 10퍼센트가 나노 입자로 이뤄진 모든 첨가물을 나노 물질로 표기하자고 제안했다.

가축을 죽이지 않고 얻는 고기: 동물이 들어가지 않는 육류 제품

마스트리히트(Maastricht) 대학 전공 건물의 소박한 양식은 입구에서 본 특이한 예술품과는 대조적이었다. 나는 그 특이한 예술 작품이 여러 개의 가지가 뻗어 있는 신경세포를 묘사한 것이라고 추측했다. 중간에 반짝이는 빨간 점이 있었는데, 이 점 주위로 기괴한 그림이 펼쳐져 있었다. 하지만 대학 내에서 나를 기다리고 있는 것은 현재보다는 미래에나 있을 법한 그림이었다. 바로 실험실에서 생산한 인공 고기였다.

그건 1970년대의 과학 영화 〈소일렌트 그린〉을 떠올리기에 충분했다. 이를테면 지구가 완전히 오염되어 사람들이 공장에서 생산하는 인공 식량만 먹는 가상의 현실 말이다.

입구에서 여직원 한 명이 나를 마르크 포스트(Mark Post) 교수에게 안내해주었다. 교수에게서는 프랑켄슈타인 박사 같은 인상을 전혀 느낄 수 없었다.

나는 빠르게 감지할 수 있었다. 이 남자에게는 미션이 있고, 인류의 문제를 해결할 수 있다는 확신을 갖고 있다는 것을 말이다. "이런 아이디어는 원래 아주 오래전부터 있어왔습니다. 이미 1932년에 윈스턴 처칠은 닭 전체를 사육하는 게 아니라, 우리가 즐겨 먹는 닭 가슴만 사육하는 시대를 꿈꾸었지요."

이제는 그게 더 이상 꿈이 아니라고 한다. "오늘날에는 동물 없이 고기를 생산하는 게 기술적으로 가능합니다. 가능할 뿐만 아니라 실제로 만들고 있습니다. 육류 생산은 아주 많은 환경 문제를 일으킵니다. 만일 우리가 아무 조치도 취하지 않는다면, 육류는 그야말로 사치스러운 제품이 될 것입니다. 그러니 두 가지 선택밖에 없어요. 고기를 덜 먹거나, 아니면 고기를 생산하는 새로운 방법을 찾는 것이지요."

그는 우리를 화학 실험실로 안내했다. 흰색 가운을 입은 연구원이 현미경을 보며 핀셋으로 작은 고기 조각을 뜯어내고 있었다. "우리는 진짜 고기에서 줄기세포를 추출합니다. 여기에 있는 이 고기는 도축장에서 가져온 것입니다. 우리는 살아 있는 소에게 주사를 놓은 뒤 조직을 떼어올 수도 있지만, 그것 때문에 동물을 죽여서는 안 되겠지요."

실험실 연구원은 고기 조직을 빨간 액체가 담겨 있는 병 안에 넣었다. "줄기세포를 얻기 위해서는 배아를 키우지 말아야 합니다. 정상적인 근육 조직에도 줄기세포가 있는데, 상처를 치료하기 위해 대기하고 있죠." 빨간색 액체에는 인공으로 만든 배양기(medium, 培養基), 즉 설탕, 아미노산, 비타민, 미네랄뿐 아니라 소의 배아에서 얻은 배아 혈청도 포함되어 있다. "성장을 촉진하기 위해 필요합니다. 하지만 곧 인공적인 성분으로 대체할 수 있을 겁니다. 우리는 이 병을 섭씨 37도의 온도를 유지하는 인큐베이터에 넣어두지요. 그곳에서 세포가 자동 증식합니다. 근육세포가 충분히 자라서 햄버거 하나를 만들어낼 수 있게 되려면 대략 3주가 걸리지요." 그는 24칸으로 이뤄진 플렉시 유리(Plexiglas) 상자를 인큐베이터에서 꺼냈다. "우리는 이 세포 섬유를 겔 주변에 작은 원기둥처럼 빙 둘러가며 놓아둡니다. 그러면 이것들은 도넛 형태로 계속 자라나지요. 그런 뒤 이 세포 섬유들은 서로 연결되고, 자극을 주지 않아도 자체적으로 서로를 끌어당깁니다. 그런 상태로 3주일을 두면, 근육 섬유를 얻을 수 있지요. 이 고리 모양의 섬유는 150만 개의 세포로 이뤄져 있는데, 햄버거 하나를 만들려면 이런 작은 고리가 2만 개 필요합니다." 마르크 포스트 교수는 이와 같은 기적에 완전히 몰입해 있었다. "우리는 어떤 종류의 고기를 갖고도 만들 수 있습니다. 줄기세포가 있는 근육 고기라는 조건이 붙긴 하지만요. 우리가 아는 한 물고기든 새든 포유류든 모든 동물은 그걸 갖고 있습니다. 줄기세포는 스스로 분열하는 능력이 있습니다. 따라서 우리는 하나의 세포에서 수십억 개의 세포를 얻을 수 있고, 거기서 1만 킬로그램의 고기를 만들 수 있습니다. 단 하나의 세포에서 말입니다." 이와 같은 기술로는 제대로 된 고기를 생산할 수 없지 않느냐는 질문에 교수는 이렇게 대답했다. "잘게 썬 고기는 충분합니다."

마르크 포스트는 냉동실에서 약 240개의 근육 섬유가 들어 있는 작은 컵을 꺼냈다. 이것이 바로 햄버거 3개를 만들 수 있는 원료였다. 노란색의 끈적끈적한 작은 섬유는 전혀 고기처럼 보이지 않았다.

"대부분의 사람들은 고기의 빨간 부분이 피라고 믿는데, 그렇지 않아요. 그것은 미오글로빈(Myoglobin) 때문인데, 유감스럽게도 우리 고기에는 없는 단백질입니다. 그래서 우리는 고기를 빨간 사탕무 즙과 사프란으로 물들였어요. 그러면 햄버거 고기와 똑같아 보이거든요. 영양가는 현재 쇠고기와 동일하지 않지만, 계속 향상될 것입니다. 이런 고기를 슈퍼마켓에서 팔기까지 얼마나 걸릴지 말할 수 없습니다. 하지만 어쩌면 5년 혹은 10년쯤 후에 가능할 수 있겠지요. 많은 양을 생산하기 위해 우리는 몇 가지 기술적인 문제를 해결해야 합니다."

마르크 포스트는 소비자들이 실험실에서 만든 고기를 당연히 받아들일 거라고 확신했다. "동일한 2개의 제품을 상상해보십시오. 맛도 같고, 느낌도 같고, 겉보기도 같은데, 하나는 실험실에서, 다른 하나는 소에서 나옵니다. 그리고 모두가 알고 있습니다. 실험실 고기가 훨씬 환경 친화적으로 생산된다는 걸요. 반면 쇠고기는 환경에 좋지 않지만 우리가 먹기 위해 도축한다는 것도요. 당신이라면 어떤 것을 선택하시겠어요? 우리가 설문 조사를 실시한 적이 있는데, 네덜란드와 영국 시민 3분의 2가 한 번 먹어보고 싶다고 대답했습니다. 많은 채식주의자들과도 얘기를 해보았는데, 우리 아이디어가 마음에 든다고 하더군요."

나는 마르크 포스트에게 채식주의자냐고 물어보았다. "아뇨. 나는 고기를 먹습니다. 물론 고기 생산과 관련한 모든 환경 문제를 잘 알고 있지만 말입니다. 이성적인 인식도 고기를 원하는 내 욕구를 잠재우기에는 충분하지 않더군요."

그렇다면 왜 실험실에서 생산한 고기가 환경에 더 좋다는 말인가? "소를 사육하면 메탄가스를 방출하지만, 실험실에서는 그렇지 않다는 것입니다. 우리가 계산을 해보니, 실험실에서 생산하는 고기는 농장에서 기르는 고기에 비해 땅도 90퍼센트 덜 필요하고, 물도 90퍼센트 덜 소비하고, 에너지는 70퍼센트 절약하고, 영양분도 60~70퍼센트 적게 들어갔습니다. 만일 이 수치들이 정확하다면, 우리는 기본적으로 세계 기아 문제를 해결했다는 뜻입니다. 현재 전 세계에서 수확하는 곡물의 70퍼센트가 육류를 얻기 위한 가축의 사료로 쓰이고 있거든요. 이런 곡물 사료 가운데 2분의 1 혹은 3분의 1만 사용해도 지구에 사는 모든 사람에게 손쉽게 식량을 공급할 수 있습니다. 심지어 2050년이 되어 인구가 100억 혹은 그보다 더 늘어난다손 치더라도 말입니다."

그러나 거대한 실험실 형태의 공장에서 육류를 지속적으로 생산할 수 있을까? 운송비를 간과하고 있는 것은 아닐까? 연구원은 이에 대해 상당히 낙관적이었다. "만일 우리가 그 정도로 작업을 진행시킨다면, 사소한 문제는 저절로 해결될 겁니다. 심지어 당신 집에서도 육류를 생산할 수 있어요. 부엌에 있는 작은 인큐베이터에서 말입니다."

마르크 포스트는 나에게 도전적인 미소를 지어 보였다. "이제 실험을 해볼 텐데, 준비되셨나요?" 그러곤 연구실 고기가 담겨 있는 용기를 하나 가져왔다.

그는 프라이팬을 전기레인지 위에 올려놓았다. "고기에 양념은 전혀 하지 않았습니다. 그래야 순수한 맛을 볼 수 있으니까요." 이것을 고기라고 불러도 되는 것일까? "이런 상태에서는 아니지요. 자연산 고기와 구분할 수 없을 때 비로소, 사람들이 눈을 감은 채 맛을 보고 그 차이를 알 수 없을 때 비로소 그렇게 부를 수 있겠지요. 다른 이름이 없잖습니까? 이건 고기이고, 소에서 나오지 않았을 뿐입니다."

고깃덩어리가 프라이팬에 들어갔다. 나는 이 사업에 많은 돈을 투자하느냐고 물어보았다. "그럼요. 현재 엄청 많은 돈이 들어가고 있습니다. 이걸로 햄버거 하나를 만드는 데 들어가는 비용이 25만 유로거든요. 고작 80그램에 말입니다. 하지만 줄기세포를 이용할 수 있는 거대 생산자들의 도움을 받는다면, 그러니까 어마어마한 양을 생산하게 된다면 1킬로그램당 50유로 정도 될 겁니다. 미래에는 기술이 더 발달해서 정말 싼 가격으로 구입할 수 있을 테고요. 우리의 목표는 실험실 고기를 모두가 사 먹을 수 있게 하는 것입니다."

교수는 빵 하나를 자른 뒤 구운 고기를 깔고 그 위에 샐러드와 두 조각의 토마토를 얹어 햄버거를 완성했다. 그러곤 즐거운 듯 햄버거를 들고 나를 잠시 쳐다본 다음 한입 물었다. "맛이 좋아요. 다만 완벽하지 않을 뿐입니다. 아직 이 고기 안에 지방이 하나도 없거든요. 맛을 낼 때는 지방이 매우 중요합니다. 하지만 지방세포 역시 기를 수 있는데, 현재 그 작업을 한창 진행 중입니다."

그로부터 며칠 후 마르크 포스트는 처음으로 햄버거를 대중에게 소개했다. 런던에서 열린 기자 회견에서는 이 프로젝트의 주요 후원자가 누구인지 밝혀졌다. 바로 세르게이 브린(Sergey Brin)이었다. 구글을 창립했던 이 사람은 고기를 어떻게 대량으로 사육하는지를 생각하면 기분이 이상하다고 설명했다. 검색 엔진의 대표 주자인 그는 이렇게 말했다. "2050년까지 육류에 대한 수요는 2배가 될 것이다—우리 모두가 채식주의자가 되거나, 그렇지 않으면 새로운 방법을 찾아야 한다."

여기에서 이 사업가는 분명 미래의 시장을 냄새 맡았을 것이다. '가축을 죽이지 않고 얻는 고기'를 심지어 채식주의자들에게도 팔 수 있다고 말이다. 나는 이런 고기가 굶주린 사람들을 위한 해결책이 될 거라는 주장이 의심스럽다. 왜냐하면 이런 사람들에게 실험실 고기는 너무 비싸기 때문이다. 하지만 이런 고기가 중진국에서 늘어나는 중산층의 육류에 대한 욕구를 채워줄 수 있을지는 모르겠다.

인공 고기가 정말 자원을 절약하는지는 시각에 따라 다를 수 있다. 다시 말해 대량 사육과 비교해보면 그럴 수 있으나 유기농 농사를 짓는 농부들과 비교하면 아닐 수 있다. 이들 농부는 사료를 직접 만든다. 물론 인도의 양치기처럼 소나 염소에게 길가에 있는 풀을 뜯어 먹게 하지는 않지만 말이다.

실험실에서 동물성 제품을 얻고자 하는 시도는 다른 곳에서도 이뤄지고 있다. 예를 들어 뉴 하비스트(New Harvest)라는 단체는 5만 달러 이상의 연구비를 라이언 판드야(Ryan Pandya)와 페르말 간디(Permal Gandhi)에게 투자했다. 아일랜드의 도시 코크(Cork)에 실험실을 두고 있는 이 두 사람은 이곳에서 효모를 갖고 '젖소 없는 우유'를 만들려고 한다. 그렇다면 우리의 젖소들은 곧 아무 소용도 없게 될까? 그렇게 될 것 같지는 않다. 경작지로 이용하기에는 너무 습기가 많고 가파르거나 추운 초지는 풀로 뒤덮일 것이다. 그러면 오랫동안 인간이 경제 활동을 위해 조성했던 경관도 사라진다. 실험실 고기와 인공 우유가 전 세계의 기아를 누그러뜨릴 수 있겠는가라는 의문에 대해서도 사실 딱 부러진 답은 없고 매우 의문스러운 점만 많다. 왜냐하면 이런 제품을 산업 국가에서 수입해야만 하고, 그러면 또 이런 식으로 산업 국가에 더 종속될 뿐이니까 말이다. 오늘날에도 이미 양보다는 분배의 문제가 더 중요하다.

현재 전 세계에서 생산하는 식량은 140억 명이 먹어도 충분하다고 할 수 있다. 그러나 많은 사람들은 음식을 충분히 먹을 능력이 없다. 돈이 없기 때문이다. 단지 더 많이 생산한다고 해서 전 세계의 기아 문제가 해결되는 것은 아니다. 오늘날에도 수확량의 3분의 1이 쓰레기통으로 직행하고 있으니 말이다. 지구 한편에서는 너무 많이 먹어 체중이 과도하게 나가고, 심지어 이런 사람들은 많은 곡물을 자동차 연료로 바꿀 재정적인 여유도 있다. 나는 식량을 더욱 정당하게 분배할 수 있는 새로운 아이디어를 찾고 있다. 이런 아이디어가 시급하게 필요한데, 어디에서 찾을 수 있을까?

8

새로운 사고방식

말라위의 소농들

마을 여자들이 집을 나선 때는 아직 이른 아침이었다. 이 소그룹에서 앞장서 걷는 사람은 패니 난지와(Fanny Nanjiwa)라는 여성으로, 알록달록한 옷과 파티 때나 쓸 듯한 모자로 보건대 결코 들판에 일하러 가는 것 같지 않았지만, 사실은 그러했다.

　"배추부터 시작합시다. 칼을 사용하지 않고, 손으로 하면 훨씬 수확하기 좋아요." 패니는 동행한 여자들에게 설명했다. "흠, 배추를 구우면 훨씬 더 맛이 좋아요." 여자들 중 한 명이 대답했다. "우리 할머니는 배추와 땅콩소스를 넣어 먹는 것을 좋아했어요." 또 다른 여자가 말했다. "오늘 수확한 배추는 시장에 나가 팔 건데, 잘 알고 있죠?" 패니는 자부심 가득한 말투로 이렇게 덧붙였다. "만일 계속하고 싶은 사람이 있으면, 채소를 재배해야 해요." 나는 쉬는 시간을 이용해 예전에는 이 마을이 어땠는지 물어보았다. "아이고, 정말 끔찍했어요. 먹을 게 없는 날이 다반사였고요. 원래 이곳에는 먹을거리가 풍부했죠. 요리할 수 있는 바나나가 특히 많았죠. 그런데 사람들은 늘 옥수수죽만 먹었어요. 다른 걸 먹을 줄 몰랐던 거예요."

전통적인 아프리카 지식은 다 어디로 사라졌다는 말일까? 우리의 통역이 대답해주었다. "식민지 때부터 사람들이 이동을 많이 했고, 특히 이곳 물란제(Mulanje)에는 많은 이민자가 살았어요. 전통적인 사회 구조가 대부분 온전하지 못했죠." 그의 원래 이름은 침벰베 음수크베(Chimwemwe A. P. S. Msukwe) 박사인데 모두가 줄여서 캡스(CAPS)라고 불렀다.

패니가 계속 말을 이었다. "그사이 상황이 상당히 개선되었고, 우리의 식사도 예전보다 훨씬 다양해졌어요. 점심때는 콩과 다른 채소를 섞은 고구마를 먹어요. 그리고 저녁때는 땅콩소스에 전통적인 옥수수죽 은시마(Nsima)를 먹고요. 아이들이 좋아하는 음식이고, 특히 영양가가 풍부하지요."

이런 말을 들으니 그들이 굶주리고 있는 것 같지 않았다. "예전엔 마을에서 10~15명의 아이가 영양실조에 걸리거나 영양이 결핍된 상태였어요. 그런데 요즘은 두세 명 정도밖에 없답니다." 패니는 지속적인 위기 상태에 빠져 있던 마을이 해결책을 찾았다는 사실에 자부심을 느끼고 있었다. "예전에 우린 채소를 전혀 재배하지 않고, 야생에서 자라는 식물을 채집하기만 했거든요. 사람의 손으로 재배하는 채소를 뭔가 이국적인 것으로만 봤죠. 음, 백인들을 위한 것이라고 말이에요."

그렇다면 언제부터 엄청난 변화가 일어났을까? "10년 전쯤이에요. 요즘은 꼭 우리를 위해서만 재배하지 않고, 남은 채소를 시장에 팔기도 해요. 이 모든 일은 GIZ 프로젝트에서 시작되었어요." 독일 국제협력단

(Gesellschaft für Internationale Zusammenarbeit, GIZ)은 1990년대 초에 발생한 기아 이후 이 지역에서 긴급 구조를 실행에 옮겼다. 이로부터 스스로 돕는 자조 프로젝트가 탄생한 것이다.

그리고 10년 만에 이 프로젝트는 성공리에 끝났다. 당시 프로젝트 팀장을 맡았던 크리스토프 메싱거(Christoph Messinger)는 자신의 추진력이 열매를 맺었다는 것을 매우 기뻐했다. "우리는 어떻게 할 것인가라는 목표를 선정하는 데 있어 처음부터 공동체를 고려했습니다. 스스로 결정할 수 있는 마음이 생기도록 말이죠. 가장 위대한 도전은 바로 이런 것이었어요. '지시와 도움을 받는 수혜자에서 어떻게 하면 나 자신이 직접 뭔가를 선택하는 사람이 될 수 있는가?'" 나는 식량을 건전하게 보급한다는 게 도대체 어떤 것인지 알고 싶었다. "마을 사람을 위해서라도 가능한 한 마을에서 직접 생산하는 것이 중요합니다. 왜냐하면 시장은 예측하기가 매우 힘들기 때문이죠. 예비 식량이 이 나라 어딘가에 비축되어 있다 해도, 이 마을에서 사용할 수 있을지는 확실하지 않거든요. 그러니 대안이 필요했습니다. 옥수수가 부족해지면, 마니옥이나 고구마 혹은 기장으로 대신하는 거지요." 저개발국 지원 프로젝트의 팀장을 맡았던 그가 말했다.

기본 식량은 해당 지역에서 나와야 한다는 건가? "맞습니다. 그게 가장 본질적인 것입니다." 크리스토프 메싱거가 말했다. "가령 소금이나 식용유 같은 것은 별도로 구입해야겠지만, 기본적인 식량은 가능한 한 지역에서 직접 생산할 수 있어야 합니다."

패니 난지와가 거들었다. "우리는 기후 변화에 어떻게 대응해야 하는지도 배웠어요. 올해처럼 비가 내리지 않을 때를 대비해 우리에겐 관개 시설을 갖춘 경작지가 필요합니다." 또한 그녀는 아주 작은 땅에 농사를 짓고 있어 윤작도 필요했다. "우리는 수확을 한 뒤 그 땅에 또 다른 작물을 재배하죠."

패니 난지와는 우리에게 안내할 경작지에 대해 자부심이 큰 듯했다. 그녀가 캡스에게 무슨 말을 했지만, 나는 영어로 '간작(intercrop)'이라는 말만 이해했다. 그런데 경작지에 도착했을 때 그게 무슨 뜻인지 금방 알 수 있었다. 밭에서는 사람 키보다 큰 나뭇가지 사이로 녹색의 다년생 풀이 땅에 있는 다른 작물들과 섞여 자라고 있었다. "한 가지 작물이 실패하더라도, 다른 작물을 수확하면 돼요. 나무콩(pigeon pea)은 올해 아무런 수확도 없지만, 마니옥 뿌리는 적당하게 잘 성장했고 기장도 아주 좋아요." 여성 농부가 설명했다.

나는 지금까지 나무콩에 대해 한 번도 들어본 적이 없었다. "그건 여러 가지로 이용할 수 있는 우리 땅에서만 나는 콩이에요. 콩은 우리가 먹고, 줄기는 땔감으로 사용하죠. 잎은 땅에 그대로 두면 거름이 되고요." 크리스토프 메싱거가 보충 설명을 해주었다. "우리가 처음 여기 왔을 때, 나무콩은 재배 작물로 거의 알려져 있지 않았어요. 우리 프로젝트와 관련 없는 외부 지역에서만 알려져 있었지요. 당시 말라위 정부는 전혀 다른 정책을 실행했는데, 이를테면 미네랄 비료와 하이브리드 종자를 나누어주었죠. 이것으로도 몇 년 정도 재배가 가능했겠지만, 곧 시스템이 망가졌어요. 우선 분배가 제대로 이루어지지 않아 농부들은 점점 더 오랫동안 비료와 종자를 공급받기 위해 기다려야 했죠. 이어서 기후 변화가 매우 심한 이곳에서는 그런 재배 방식이 결코 쉽지 않다는 게 드러났습니다." 그러곤 몸을 구부리더니 작은 막대기로 마른 잎이 덮여 있는 땅을 긁었다. "패니는 정부가 시행하는 그런 정책을 신뢰하지 않고 스스로 퇴비를 만들었지요. 이 퇴비는 영양분을 공급할 뿐 아니라 땅을 비옥하게 해줍니다. 바로 올해 미네랄 비료만 뿌린 농부들은 퇴비를 사용한 농부들에 비해 수확량이 훨씬 적다는 걸 깨달았지요."

"이건 이것이냐 저것이냐를 선택하는 문제가 아니에요." 원조를 담당하고 있는 또 다른 여성 크리스타 로트(Christa Roth)가 말했다. "패니는 퇴비를 주고 부수적으로 인공 비료도 뿌렸죠. 그런데 얼마 후 비가 심하게 내리자 인공 비료는 그냥 다 쓸려갔지만 퇴비는 그렇지 않았습니다."

이웃에서 농사를 짓는 한 여자는 매우 큰 피해를 당했다고 얘기했다. "농사짓는 우리 땅 전체가 홍수로 물에 잠겼어요. 식량이 한 톨도 없어 사먹어야 했죠. 하지만 종자를 사느라 돈을 다 써버려서 그럴 수도 없어요."

"이렇듯 독립적이지 못하고 종속되어 있는 게 치명적입니다." 크리스타 로트가 다시 말을 이었다. "하이브리드 종자는 매년 새로 사야 하고, 내가 수확물을 통해 다시 돈을 벌지 어떨지 알기도 전에 대금을 지불해야 합니다. 우리는 이와 같은 종속성을 줄이고 이곳에 사는 농부들이 자신만의 생산 수단을 갖추도록 노력했습니다." GIZ 프로젝트에는 종자 프로그램도 포함되어 있었다. 요컨대 소농들에게 어떻게 하면 자신의 고유한 종자를 증식시킬 수 있는지 보여주는 프로그램이다.

그러나 정부는 종자의 생산과 판매를 금지했고, 그사이 오로지 대기업에서 생산하는 하이브리드 종자만 법적으로 구입할 수 있게 되었다. 어떻게 그런 결정을 내린 것일까? 저개발 국가를 원조하기 위해 나선 사람들은 이에 대해 분명하게 대답할 수 없거나 또는 하려 하지 않았다.

정부가 공공연하게 외국 대기업의 이익에 봉사하면, 나로서는 부패의 냄새를 맡을 수밖에 없다. 패니 난지와는 여기에 매우 실용적으로 대처했다. 번갈아가면서 다른 시스템을 이용한 것이다. 그러나 올해는 하이브리드 종자를 구입할 돈이 전혀 없었다. "우리는 정말 형편없는 수확을 했어요. 대홍수 때 같은 비가 온 후에는 가뭄이 들어서 또 비슷한 재난을 당했기 때문이에요."

여성 농부의 침실 곁에는 거실이 있었다. 그녀가 거실 한쪽에 있는 창고를 우리에게 보여주었다. "이게 우리 전 재산이에요. 이곳이 제일 안전하니까." 그러곤 덮개 하나를 치우자 옥수수가 가득 든 커다란 비닐봉지 더미가 보였다. "수확이 좋은 해에는 이런 자루가 2배는 더 높게 쌓이죠. 창문까지 닿을 정도로요. 30~35자루를 수확하면 그렇게 돼요. 올해는 딱 열한 자루를 수확했는데, 두 자루는 벌써 먹어치웠고 이제 아홉 자루만 남았어요. 옛날 같았으면 정말 걱정이 태산이겠지만, 요즘은 밭에서 또 마니옥을 재배하니까 그렇지는 않아요."

패니는 자신이 이뤄낸 성과에 자부심을 갖고 있었다. "대부분의 가정은 먹을 게 많이 없어 벌써부터 힘들어해요. 그들은 살아남기 위해서 밤낮으로 일하죠. 물론 들판에서 일하는 대신 술만 마시는 남자들도 더러 있기는 해요. 나에겐 남편이 없지만 우리 가족이 충분히 먹을 수 있도록 열심히 일하고 있어요."

집 앞에 있는 커다란 나무 밑에 몇 명의 여자와 10명 넘는 아이들이 모여 있었다. 패니가 우리를 식사에 초대했다. 할머니 둘이 고구마 껍질을 깎기 시작했다. 커다랗고 날카로운 칼을 들고 맨손으로 깎았지만 매우 숙련된 모습이었다.

그중 한 분은 대략 여든 살쯤 된 아마케 아기(Amake Agi)였다. 나는 할머니가 앞으로 마을 사람들이 충분히 먹을 수 있는 식량을 갖게 될 거라고 믿는지 알고 싶었다. "아니. 농사지을 충분한 땅이 없는걸. 벌써 많은 가족한테 땅이 조금밖에 없어. 부모가 죽고 자식들이 상속받으면, 그 땅을 또 나눠가져야 하잖소. 그러니 땅이 점점 작아지는 거지."

우리의 통역 캡스가 이렇게 덧붙였다. "말라위는 인구가 매우 밀집되어 있습니다. 물란제는 이 나라에서도 인구가 가장 밀집한 지역 가운데 한 곳이죠. 여기선 한 가족이 평균 0.3헥타르를 소유하고 있을 뿐입니다. 이 정도면 그런대로 괜찮지만, 더 작아지면 곤란합니다." 패니가 통역의 말을 이어받았다. "이런 상황에서 최상의 선택은 가족계획이라고 생각해요. 아이들이 너무 많이 태어나고 있는데, 많은 여자가 매년 아이를 낳아서 자식이 10명이 되기도 해요. 두세 명이면 족한데 말이죠." 아마케 아기 할머니는 젊은 농부들에게 어떤 충고를 하고 싶을까? "살아가는 데 필요한 것부터 우선 심으라고 말해주고 싶어. 그리고 남으면 시장에 내다 파는 거지. 많은 사람이 시장에 팔 옥수수만 심고, 그걸 팔아서 다른 생필품을 사려 하거든. 그렇게 하면 위험해. 젊은이들은 먹을 식량을 위해 어떻게 하면 많은 농산물을 나란히 심을 수 있는지 배워야 해."

패니가 작은 난로에 불을 지폈다. "땔감으로 쓰는 이 나무는 나무콩에서 나온 거예요. 옛날에는 나무를 하려고 돌아다녔는데, 숲이 점점 줄어드는 바람에 여간 어렵지 않았어요." 패니가 설명했다. "그런데 이 난로는 아주 큰 장점이 있어요. 땔감이 덜 든다는 것이죠. 옛날에 사용한 3면 난로는 3면에서 땔감을 집어넣어야 했어요. 덕분에 땔감을 3배나 절약할 수 있답니다." 이 새로운 물건을 마을에 들여온 사람은 크리스타 로트였다. "그 고마움은 결코 잊지 못할 거예요." 그러곤 패니는 특유의 '에에' 하는 소리를 내며 웃었다.

GIZ 개발 프로젝트는 나무콩으로 농부들이 지속적으로 생산할 수 있는 에너지원을 도입했다. "만일 세계 시장에서 구입해야 하는 에너지원을 신뢰한다면, 위기에 빠질 가능성이 높죠. 그래서 우리가 이곳 사람들에게 자신의 미래를 직접 챙길 수 있고 자선에만 의지할 필요가 없다는 것을 보여주면, 그게 훨씬 낫다고 봅니다." 크리스타 로트가 설명했다. 그런데 이 식물에는 많은 장점이 있었다. "이 나무콩의 뿌리에는 근류 박테리아가 공생하는데, 흙 속에서 공기 중에 있는 질소를 연결하고, 이것이 다른 식물들에게 자연적인 비료가 되죠." 패니가 우리에게 접시를 나눠주었다. "이건 고구마 잎사귀인데, 옛날에는 다 버렸어요. 찌면 얼마나 맛있는지 그때는 아무도 몰랐거든요." 그러면 접시 가운데 있는 이것은? 그건 당연히 맑은 옥수수죽 은시마였다. 패니는 은시마에 네 가지 채소를 곁들였다. 이곳에서 먹을 줄은 몰랐던 잔치 음식이었다. 우리는 식사를 마친 뒤 잠깐 동안만 휴식을 취했다. 패니가 근처 도시에 있는 시장엘 가자고 했기 때문이다.

패니는 마을 여성 2명과 함께 물건을 머리에 이고 길을 나섰다. 바로 오늘 아침 수확한 배추와 여자들이 집 뒤에 있는 작은 구덩이에서 직접 파온 점토로 만든 난로 2개였다. 난로를 머리에 이고 가면 너무 무겁지 않을까? "익숙해서 괜찮아요. 뭐 솔직히 말하면, 자전거를 한 대 사려고 저축을 하고 있기는 해요. 그게 있으면 훨씬 수월할 테니까." 패니가 말했다. 사람들로 북적이는 시장에 들어서자마자 난로를 사겠다는 구매자 한 사람이 나타났다.

패니의 얼굴에 미소가 번졌다. "옛날에는 뭔가를 사려 해도 돈이 없었어요. 하지만 지금은 난로를 판 돈으로 옥수수를 살 수 있죠." 그녀는 상인들에게 옥수수를 살 수 있는지 물어보았다. 하지만 놀랍게도 시장 어디에도 옥수수는 없었다. 전부 다 팔렸다고 했다.

나는 이런 일이 자주 있는지 물어보았다. "옥수수 가격이 점점 더 올라간다는 사실은 우리도 알고 있죠. 하지만 옥수수가 전혀 없다고 말하는 경우는 처음이네요." 농부라면 옥수수 가격이 올라가는 걸 기뻐해야 하지 않을까? "그렇지 않아요. 우리가 옥수수를 수확해서 팔 때는 가격이 형편

없이 낮거든요. 그런데 1년 중 3/4분기가 지날 즈음이면 대부분의 창고가 비고, 그래서 사람들이 옥수수를 사야 할 때가 되면 가격이 2배나 오르죠. 그래서 우리는 가격이 내렸다 올랐다 하는 걸 좋아할 수 없어요." 패니가 말했다.

"올해는 가뭄 때문에 마을 사람 누구도 수확을 충분히 못했고, 그래서 오를 대로 오른 옥수수를 살 돈이 없어요."

나는 항상 채소를 재배했는지 패니에게 물었다. "아뇨. 10년 전에야 시작했어요. 그 전에는 사탕무를 재배했어요. 수확철이 되면 아주 많이 팔 수 있고, 돈도 벌었지요. 그런데 사탕무는 1년에 한 번 수확할 수 있어 그때가 아니면 돈을 만져볼 수 없었어요. 그런데 지금은 채소도 재배하고 난로도 팔고 해서 1년 내내 수익이 생겨 좋답니다."

저녁에 우리는 크리스토프 메싱거, 크리스타 로트와 함께 자리를 했다. 저개발 국가에 대한 원조를 담당하는 두 사람에게는 사탕무 재배를 그만둔 패니가 놀라웠다. "수출 작물을 재배한다는 것은 소농들이 세계 시장에서 형성하는 가격에 좌우될 수밖에 없다는 뜻입니다. 수확을 해도 어느정도 소득을 올릴지 결코 모르는 것이지요. 농부들은 올라가는 가격에 투자할 수도 없고, 그럴 만한 경제적 여유도 없어요. 농산물이 현재 그렇듯 세계 시장의 변동에 따를 수밖에 없기 때문에 농부들은 엄청나게 위험합니다. 기본 식량을 자급자족할 수 있으면 훨씬 낫겠지만요. 그 밖에 자기 땅에서 생산할 수 없는 것, 예를 들어 라디오는 수입하면 됩니다. 만일 라디오 배달이 안 되더라도 그렇게 심각하진 않아요. 하지만 음식의 경우는 다릅니다. 정말 재난이 일어날 테니까요."

그 때문에 패니 같은 소농들에게는 세계 시장의 가격 변동에 종속되지 않는 것이 매우 중요하다. 식량뿐 아니라 에너지도 그렇다. 나무콩으로 자신의 들판에서 에너지를 얻을 수 있기 때문에 가솔린 가격이 2배 올라도 상관이 없다. 패니가 시장에 내다 팔 작물을 생산한다고 해서 생업 경제(subsistence economy)로 회귀한 것은 아니다. 만약 최악의 상황이 닥치더라도 그녀는 기본 식량을 확보할 수 있다. 이것이 아프리카에서 정당한 방법이고 중요함에도 우리는 계속해서 생필품을 세계 이곳저곳에서 들여와야 할까? 우리도 우리 지역에서 생산하는 것을 더 많이 먹어야 하지 않을까? 하지만 이렇듯 많은 사람이 도시에 살고 있는데, 어떻게 그럴 수 있겠는가?

열대 우림에서의 요리 수업

저개발 국가와 협조하는 단체가 내걸고 있는 핵심 슬로건은 '자조를 돕는다'는 것인데, 이런 슬로건은 상위 개념일 뿐 아니라 듣기에도 매우 좋다. 기아와 토지 수탈에 맞서 싸우는 이와 같은 보완성의 원리(principle of subsidiarity)가 실제로 얼마나 효과적인지는 현실에 적용했을 때 나타난다. 댐 건설이나 어획 가공업 같은 메가(mega) 프로젝트에 대한 명예롭지 못한 기술적이고 재정적인 후원—이른바 '흰 코끼리(비용을 많이 들이지만 사회적·생태적 문제를 일으키고 그다지 쓸모도 없는 개발 프로젝트를 일컫는 말—옮긴이)'라고 부르는—은 역사적인 사건이 될 만큼 찾아보기 힘들지만, 첫눈에 의미심장해 보이는 소규모 프로젝트도 항상 목표 지향적이지는 않다. 형편없는 사례로 아프리카 전역에 수천 개를 뿌린 태양열 코펠을 들 수 있다. 기술적으로 간단하고 나무도 아끼는 등 효과적이라고 했지만 소수의 사람들만 이것을 받았고, 결국은 금속 쓰레기로 버려졌다. 전통적인 요리 습관과 음식을 준비하는 시간이 너무나 달랐던 것이다.

기아 퇴치를 정말 도와주고 싶다면, 목표 그룹의 욕구를 겨냥해야 한다. 여기서 목표 그룹이란 해당 지역의 환경 조건에 주의를 기울이고, 장기간 그 지역에 거주하고, 체계적으로 교육을 받고, 진정한 파트너로서 성공을 눈앞에 그려볼 수 있도록 해주는 현지인을 말한다. 이런 사람들과 그들이 몸담은 시민 단체는 부패한 관공서와 토지 수탈에 강력하게 맞서 직접 싸울 수 있어야 한다.

밀레니엄 마을

이처럼 권한 이양(empowerment)에 방향을 맞춰 원조하는 사례는 독일 세계기아원조의 프로젝트를 들 수 있다. 이 단체는 이미 수년 전부터 기아가 가장 심각한 지역에서 일하고 있다. 독일 세계기아원조는 일찌감치 유엔의 개발 목표를 달성하기 위해서는 재정적·기술적 원조 외에 해당 국가의 시민이 직접 참여하는 것이 매우 중요하다는 사실을 깨달았다. 그들은 해당 지방 토박이 전문가들에게 정당한 임금과 사례금을 지불하며 교육 및 일을 시켰다. 이 단체는 지역 주민이 언론에서 "하나의 목소리와 얼굴을" 갖도록 해주려 노력하고, 아울러 "새 천년의 목표를 마을 차원으로 세분화시켜 발전을 측정할 수 있도록" 지원하려 애썼다.[93] 이를 위해 세계기아원조는 해당 지역의 파트너 단체와 함께 2006년 '밀레니엄 마을'을 발족시켰다. 여기에 뽑힌 15군데의 마을 혹은 지역에서 수행하는 프로젝트는 아프리카, 아시아, 라틴아메리카 같은 곳이 어떻게 새로운 개발의 기회를 얻고 이런 기회를 성공적으로 이용하는지 구체적으로 설명해야 한다.[94] 원칙은 어디에서나 동일하다.

즉 마을 공동체는 자신들의 문제를 선택하고, 세계기아원조와 이 단체 파트너들의 지원을 받아 자신들에게 적합한 해결책을 열심히 배운 다음 자신들의 책임 아래 이를 실행에 옮기면 된다. 세계기아원조는 여기에 필요한 기본 기술을 마을 공동체에 제공한다. 이런 작업은 제1단계로 2005~2010년까지 진행되었고, 그에 대한 평가를 거쳐 2014년 말까지 제2단계를 계속 수행했다. 지금까지 거둔 성공은 매우 주목할 만하다. 특히 참여한 여성들과 마을 공동체의 자의식 및 자체 조직력이 강해진 점은 주요한 결실이었다. 또한 영양 섭취 상황도 모든 곳에서 눈에 띄게 향상했다. 그러나 이와 같은 긍정적 발전은 지난 몇 년 동안 이뤄진 토지 수탈, 살던 곳에서의 추방, 아울러 이로 인한 사회적 결과 때문에 점점 의문시되었다. 가령 캄보디아의 경우가 그렇다. 캄보디아는 면적으로 보면 독일의 절반 정도 되는 국토에 고작 1450만 명이 살고 있다. 평균 수명은 59세이고, 세계기아지수 47위, 인간개발지수(HDI) 역시 중간 정도에 불과하다. 이 나라에서 사용 가능한 토지의 절반 이상은 지난 10년 동안 외국인 회사에서 임대하고 있는 실정이다.

밀레니엄 마을, 카나트 토크

세계기아원조가 최초로 지정한 밀레니엄 마을은 바로 카나트 토크(Kanat Toch)다. '토크('작은'이라는 뜻—옮긴이)'라는 단어에 강조점을 둬야 하는데, 왜냐하면 큰 마을 카나트 톰(Kanat Tom)도 있기 때문이다. 카나트 톰에는 프로젝트에 속한 28개의 마을이 더 있다. 이곳은 베트남 국경과 접해 있고 캄보디아 북동쪽 변경에 있는 라타나키리(Ratanakiri) 주에 위치한다. 해발 400미터의 언덕과 숲으로 뒤덮여 있는 이곳은 캄보디아에서도 높은 지역에 속한다. 여기에는 카초크족(Kachok), 크로웅

족(Kreung), 브로프족(Brov) 등 이 지역에서는 일괄해서 '고산 지대-크메르인'이라고 부르는 토착 인종이 주로 살고 있다. 크메르 사회에서 공식적으로 17만 9000명의 토착인은 사라지고 있는 소수에 해당한다. 2001년부터 이들의 권리를 법으로 명시하고 있지만, 흔히 그렇듯 서류상으로만 그럴 뿐이다.

모두를 위한 깨끗한 물

카나트 토크는 아홉 채의 나무집으로 이뤄져 있는데, 이러한 집들이 중앙에 있는 광장을 빙 둘러싸고 있다. 높은 받침대를 세우고 그 위에 집을 짓는 방식은 홍수에 익숙한 캄보디아인들에게서 전형적으로 볼 수 있다. 사다리를 올라가면 위쪽에 탁 트인 거실이 있는데, 이곳에서 가족 전체가 바닥에 매트를 깔고 잠을 잔다. 그 밑에는 부엌이다. 부엌에는 또한 곡괭이처럼 들판에서 일할 때 필요한 도구, 나무 막대기, 냄비, 바구니 등도 있다. 밖에서는 새까만 돼지 새끼 몇 마리가 돌아다니고, 작은 개가 햇볕을 쬐며 졸고 있다. 기둥 하나에는 오토바이가 세워져 있다. 집주인 아들의 것인데, 이 지역 전체의 주요 교통수단이 무엇인지를 잘 보여준다. 마을 광장 중앙에는 물을 기를 수 있는 우물이 있다. 여기서는 커다란 펌프를 사용해 물을 긷는다. 이것은 2005년 프로젝트를 시작할 때 만든 50개의 우물 가운데 하나다. 아이를 등에 업은 젊은 여자가 몇 번 펌프질을 하자 수도꼭지가 2개 달린 시멘트 원통에서 신선한 물이 흘러나왔다. "옛날에는 근처 강까지 가서 항아리로 물을 길어왔죠. 가뭄이 되면 물이 조금밖에 없거나 거의 없는 강에서 말입니다." 사오 쳉(Sao Cheng)이 설명했다. 58세인 그는 이곳에서 자랐다고 한다. 자식 넷을 낳았지만 한 명만 살아남았다. 다른 자식들은 말라리아와 설사로 모두 죽었다고 했다. "우리는 비가 오면 물을 모았지요. 요리하고 마실 수 있을 때까지 물을 보관했어요." 쳉은 이 공동체의 이장 같은 역할을 하고 있다. 마을에서 고장 난 사소한 물건을 수리해주고 우물의 펌프가 잘 작동되도록 신경을 썼다. "잘돼요. 몇 년 전부터 큰 문제라곤 일어나지 않았죠." 그는 자랑스럽게 말했다. 세계기아원조 소속 캄보디아 프로젝트 팀장을 맡고 있는 분리티(Bunrithy)와 소리야(Soriya)—이곳 사람들은 이름을 불렀다—는 마을을 자주 돌아다녔다. 사람들은 1년에 한 번 프로젝트 과정을 살펴보고 다음 단계에 대해서도 얘기를 나눈다고 했다.

여섯 가지 내용물과 많은 육체노동

마을 주민은 그 밖의 새로운 사업들을 우물처럼 신속하게 받아들이지는 않았다. 영양 섭취 및 재배 방법과 관련해서는 조심스럽게 익숙한 패턴을 변경하고 잊어버린 전통 지식을 되살리는 데 목적을 두었다. 세계기아원조의 파트너 단체 CEDAC는 라타나키리 주의 주도 반룽(Banlung)에서 세계기아원조와 사무실을 함께 사용하고 있다. CEDAC는 이곳 여성들에게 요리 수업을 진행한다. 이곳에서 여성들은 양배추와 대나무의 어린 줄기 요리법, 매운 고추를 발효시키는 방법 등을 배운다. 왜냐하면 이 지역에서 요리는 여자들의 몫이기 때문이다. 수업하는 교실에는 두루마리식 플래카드가 걸려 있는데, 여기에 모든 작업 단계를 상세하게 그림으로 설명해놓았다. 그 옆에 있는 커다란 플래카드에는 삼림 개간과 단작의 결과를 오염된 땅, 죽은 동물, 굶주린 아이들로 묘사한 그림이 그려져 있었다.

SRI 농법(2장 참조)에 따른 벼 재배는 또 다른 플래카드에 설명해놓았다. "영양학적으로 볼 때 쌀 섭취는 지나치게 탄수화물에만 의존하게 만듭니다." CEDAC 프로그램 관리자 샘 비토우(Sam Vitou)는 이렇게 설명하며 최소한 여섯 가지 내용물을 넣은 영양가 풍부한 식사를 권장했다. 특히 채소와 숲에서 나는 과일을 포함해서 말이다. 이런 제의는 기꺼이 수용되었고, 마을에서 공동으로 준비한 점심 식사 때 시험을 해보았다. 후식으로는 쌀가루로 만든 달콤한 푸딩을 준비했다.

몇 킬로미터 떨어진 곳에서는 개간용 굴착기에서 나는 엔진 소리가 들려왔다. 이 굴착기는 열대 숲의 깊은 곳까지 파헤쳐 집어삼키는 중이었다. 마을 주변으로 베트남의 고무 농장이 점점 늘어나고 있었다. 이 지역 주민을 위해 농사지을 땅은 거의 남아 있지 않고, 숲을 공동체의 땅으로 등록하는 일은 느림보처럼 천천히 진행되었다. 무료로 이뤄지는 토지 측량과 세계기아원조 단체에서 위임한 변호사들이 없다면, 프로젝트 지역 자체도 더 이상 존재하지 않을지 모른다.

연대하는 농업, 독일

농장에 모인 그들은 매우 유쾌한 사람들이었다. 샌들을 신고, 열대 지방에서 이용할 것 같은 모자를 쓰고, 이마에 선글라스를 걸친 그들은 시골에서 농사짓는 사람처럼 보이지 않았다. 그럼에도 이들은 들판에서 기꺼이 일을 돕겠다고 했다. 농부 마르틴 바움가르트(Martin Baumgart)는 그들을 정말 완전 초보자로 여겼다. "콜로라도감자잎벌레가 많이 보이지 않으면 햇감자 수확이 가까워졌다는 뜻입니다. 여러분은 잎사귀에서 이 벌레들을 털어내야 합니다." 그러곤 주변에 있는 감자보다 훨씬 큰 잡초를 하나 뽑았다. "이걸 사용하면 제일 좋아요. 이 잡초로 작은 감자잎벌레의 애벌레를 잎사귀에서 털어내면 되거든요."

경험이 전혀 없는 농사 초보들은 조심스럽게 이의를 제기했다. "그래도 다시 위로 기어오르지 않을까요?" 마르틴 바움가르트는 물론 그 방법이 아주 효과적이지는 않다고 인정했다. "맞아요. 그래도 며칠은 괜찮습니다. 많은 애벌레들은 기어오르지 못해요. 어쨌거나 햇감자는 2~3주면 다 성장하니까요."

자발적으로 도와주려는 사람들이 없다면 농부는 어떻게 했을까? "분무기로 약 치는 시기를 놓쳐버렸을 겁니다. 유기농 재배에서는 또 다른 방법을 허락하지 않으니까요." 농부 마르틴 바움가르트는 도움의 손길을 매우 반겼다. 만약 데리고 있는 일꾼 3명하고만 일했다면 이 큰 들판을 제대로 돌보지 못했을 것이다.

그는 기다란 밭고랑을 쭉 따라가더니 자발적으로 도움을 제공한 한 여자에게 물었다. "내일도 오는 겁니까?" 힐케 다이네트(Hilke Deinet)는 머리를 흔들었다. "나랑 두세 명은 확실하게 오는데, 다른 사람들한테는 물어보지 않았어요." 그녀는 'SoLaWi Bonn(Solidarische Landwirtschaft Bonn: 본에 본부를 둔 연대 농업 단체. 이하 '연대농업'─옮긴이)'이라는 그룹을 만든 주인공이었다. "우리는 지역의 식량 주권을 원합니다." 그녀는 나에게 연대농업의 원칙에 관해 설명했다. 말투를 들어보니 대학을 졸업한 것 같았다. 그녀는 지리학을 전공했다고 했다. "우리는 이 지역에서 유기농 농사를 짓는 게 좋습니다. 다양한 식물이 자라고 또 인간 친화적이니까요."

이런 설명을 듣자니 매주 소비자들에게 보내주는 채소 봉지 이상의 일을 하고 있는 듯했다. "맞아요. 모든 것을 바꾸려는 정치적 행동이지요. 우리는 자본주의에서 벗어나 작지만 우리만의 시스템을 구축하려 합니다. 누구한테 물어볼 필요도 없어요. 우리는 다만 공동체로서 함께하고, 우리가 원하는 농업에 재정적 지원을 할 뿐입니다. 그리고 수확을 나누죠. 전반적인 시스템은 석유에 종속해 있기 때문에 무너질 것입니다. 그 때문에 바로 이곳에서 식량 생산을 확보하는 게 중요합니다."

힐케 다이네트는 슈퍼마켓에서 제공하는 할인도 속임수라고 확신했다. "빨강, 노랑, 녹색 파프리카를 1년 내내 69센트에 팝니다. 그런데 한 번이라도 밭에서 자란 콩을 먹어본 사람은 더 이상 다른 것을 원하지 않죠."

마르틴 바움가르트는 그녀가 방금 언급한 콩을 한 줌 가져왔다. "라인 지역에서 나는 굵은 콩이에요. 원래 이 지역에서 나오는 전통 식품인데, 슈퍼마켓에서 한 번 찾아보세요. 이걸 어떻게 요리하는지 아는 사람이 아무도 없거든요. 음식 문화가 사라진 것이지요."

연대농업을 전통 요리의 수호자로 만들겠다는 건가? "그 이상입니다. 농부로서 더 이상 자유 시장이라는 예측할 수 없는 가격 변동에 나를 맡기고 싶지 않습니다. 연대농업에서 나는 위험을 떠안는 유일한 사람이 아닙니다. 그리고 내 노동도 공동체가 전혀 다르게 인정해주고 함께합니다. 우리는 올해 시작했는데, 엄청난 도전이라 매우 힘들었습니다. 4월 말까지 추위가 이어지면, 5월에 굵은 이 콩을 수확할 수 없지요. 그건 불가능합니다. 7월 초순에야 굵은 콩을 수확할 수 있죠. 배우는 과정이라고 할 수 있습니다. 우리는 자연과 함께 농사를 지어야 해요. 우리에게 규칙을 부여하는 건 시장이 아니라 바로 자연이거든요."

연대농업은 마르틴 바움가르트와 함께 지식뿐만 아니라 근처에 있는 오스틀러(Ostler) 농장을 제공해준 농부 한 사람을 섭외했다. 이곳에서 힐케는 3명의 다른 자원봉사자와 함께 회원들을 위한 채소를 포장했다. "우리가 조직적이지 않다는 인상을 받는다면, 그건 맞아요. 매주 다른 사람들이 와서 돕고 있거든요. 원래는 핵심적인 인물이 모든 걸 관리해야 하지만, 우리는 자신이 하는 일 말고도 다른 일을 떠맡아야 해요. 잘 조화를 이뤄야 하는 거죠. 우리를 찾아오는 사람들은 힘들게 일만 하려고 여기에 오지 않아요. 서로 얘기를 나누고 싶어 해요. 뭔가 완벽하지 않은 시스템이 그래도 돌아가는 걸 보면 정말 멋져요." 그렇게 많이 수확할 수 없었던 예전에는 어땠을까? "그때는 수확하는 대로 나눠 가졌어요. 처음에는 수확물을 판매하지 말자고 결정했죠. 여기서 생산하는 것만 갖고 일을 하고 싶었거든요. 물론 향상되도록 당연히 노력을 했지만요."

"예를 들어 우리는 과일나무를 심었는데, 벌과 관련한 작업을 하는 그룹이 생겨서 머지않아 연대농업에서 꿀도 나올 것 같습니다." 힐케 다이네트가 개폐식 상자의 뚜껑을 열자 동료 한 사람이 그 안에 채소를 담은 봉지를 넣었다. 노동 시간은? "우리는 누가 얼마만큼 일하는지 기록하지 않아요. 이것이 연대로 일하는 우리의 계산법입니다. 얼마나 기여하는지는 지극히 다르기 때문에 자신이 낼 수 있을 만큼 지불해요." 하지만 마지막에 가면 어떤 정해진 금액을 원하지 않을까? "최소한의 금액은 나와야 하니까 경매 방식을 도입했어요. 한 달에 80명이 평균 110유로씩 지불합니다. 농장이 돌아가려면 그 정도는 돼야 하죠. 회원들은 자신이 금액을 제시할 수 있고, 도와줄 시간이 많지 않은 사람은 돈을 더 많이 내면 돼요. 전체 시스템은 상대에 대한 배려를 기본으로 하고 있습니다." 힐케 다이네트는 눈을 깜빡이더니 이렇게 덧붙였다. "그 밖에 사람들이 이렇게 관여하도록 하는 것 자체가 멋진 경험이죠."

그러면 겨울엔 아주 힘들 것 같은데? "그건 습관의 문제라고 믿어요. 가을에는 소금에 절인 양배추를 직접 만들려고요. 우리는 과거의 능력을 다시 배워야 합니다. 우리가 사는 이 지역에는 무엇이 자라고 있으며, 언제 그것을 수확하는가? 이걸 배워야 해요."

대안적인 재배 문화

1970년대 오스트레일리아에서 데이비드 홀름그렌(David Holmgren)과 빌 몰리슨(Bill Mollison)은 지속적인 농업을 약속하는 퍼머컬처(Permaculture)를 개발했다. 이 개념은 영어 permanent(영속적인)와 agriculture(농업)를 합성한 것으로 '자체적으로 유지하는 순환 경제'라고 부른다. 몰리슨은 이것 덕분에 1981년 대안 노벨상, 곧 바른생활상을 받기도 했다. 퍼머컬처는 산업화한 농업으로부터 의식적으로 전향하는 것을 말한다. 퍼머컬처의 중요한 목표는 비옥한 경작지의 부식을 멈추는 것이다. 동일한 땅에 이중의 식물을 재배하면, 예를 들어 벼를 수확한 다음 잡초를 막기 위해 흰색 토끼풀과 함께 겨울보리를 심으면 땅은 점점 더 비옥해진다. 이런 시작은 생태학적 농업을 훨씬 능가한다. 즉 퍼머컬처의 가장 중요한 원칙은 기존의 생태계에 가능하면 적게 개입하는 데 있다. 비료 및 해충과의 싸움은 오로지 자연에 맡겨둔다. 이런 과정을 자세히 관찰함으로써 자연에 근접한 농업이 발전한다. 이를테면 다양성, 혼작, 다기능이라는 특징을 갖춘다. 예를 들어 식물을 나선형으로 심으면 아주 좁은 공간에 많은 작물을 키울 수 있다. 아울러 이들이 자라는 틈새에도 수많은 생물이 살 수 있다. 이런 나선형 재배의 목표는 "현지에서 주어진 자원을 연결하고 물질대사를 적절하게 활용해 현지에 적합한 농업을 하는 것"[95]이다.

퍼머컬처의 중요한 관점은 도시 농업에 있다. 즉 시민의 자발적 참여를 통해 식량의 자체 공급 능력을 강화하고 공동체의 삶을 지원하는 것이다. 지역적으로 시작하는 이러한 발상은 항상 경제적, 생태적, 사회적 요소를 기반으로 한다. 그런데 여기서 중요한 것은 "지구와 지구의 자원 그리고 인간과 인간의 직접적 결정권을 존중하고 공평하게 다루는 데 있다".[96] 퍼머컬처는 개인적 행동과 미래 세대에 대한 책임을 요구한다. 이와 같은 생각에서 2006년 트랜지션 타운즈(Transition Towns) 운동이 생겨났다. 이는 지역 경제와 사회적 연대감을 무엇보다 공동체의 농장과 지역 통화(通貨)를 통해 후원하는 운동이다. 이런 운동의 선구자는 영국 출신의 대학 강사이자 환경 운동가 로버트 '롭' 홉킨스(Robert 'Rob' Hopkins)다. 영국 남부에 있는 그의 고향 도시 토트네스(Totnes)에서 시작된 '트랜지션 타운즈 이니셔티브(Transition Towns Initiative)'는 국제적인 운동으로 자리 잡아 오늘날 전 세계에서 100개 이상의 도시와 공동체가 여기에 참여하고 있다.[97]

먹을 수 있는 도시: 출입 금지 대신 누구나 수확하는 것을 허락한다

라인 강과 인접한 안데르나흐(Andernach)는 '먹을 수 있는 도시'라고도 부르는데, 이곳은 독일에서 퍼머컬처라는 발상을 잘 보여주는 사례다. 이곳 시청에서는 어디에든 채소와 과일을 재배하도록 한다. 딸기든 상추든 양파든 상관없다. 그리고 누구든 이것을 먹어도 된다. 공공시설인 공원과 녹지대 역시 시민들의 밭이 된다. 잘 알려진 유용 식물은 사람들이 얼마나 건강하게 영양을 섭취하는지 보여주며, 지역 식품에 대한 가치를 높여준다. 이 도시의 한 구역인 아이히(Eich)는 2008년부터 '삶의 세계'라는 프로젝트 아래 13헥타르에 달하는 넓은 퍼머컬처 공원을 조성했다. 여러 종류의 과일과 넓은 밭에 있는 간작 수확물이 제초제와 미네랄 비료를 대체한다. 거의 멸종한 것과 다를 바 없는 유용 동물, 가령 슈바벤할리셰(Schwäben-Hallische) 집돼지나 코부르크(Coburg) 여우, 양 종류 하나를 이곳에서 사육하고 있다. 생태계 다양성의 해로 지정된 2010년에는 적극적인 시민들이 도시 성곽을 따라 101종류의 토마토를 심었고, 시청에서는 이를 멋진 구상으로 받아들여 계속 발전시켰다. 매년 특정한 채소를 중심으로 행사를 펼쳤다. 야생화, 딸기, 포도나무가 과거에는 장식 화단에 불과했던 곳에서 성장하고 있다. 그래서 이 장소는 이제 '나비가 날아다니는 초원'이자 차량이 질주하는 섬 같은 곳이 되었다. 닭들은 폐허가 된 수도원을 통과해 닭장으로 달려가고, 벌들이 성벽 주위를 윙윙거린다. "우리는 이 도시에 야생적인 모습을 복원하고 싶습니다." 이곳의 지리생태학자이자 프로젝트 팀장인 루츠 코자크(Lutz Kosack)가 말했다. 시민들은 이러한 채소와 과일을 필요한 만큼 수확해도 좋다는 얘기를 듣고, 처음에는 의심했으나 지금은 많이 이용한다고 한다. 퍼머컬처에 속한 경작지에서 거둔 수확물과 도시 소유의 밭에서 나는 생산물은 시내의 보행자 구역에 마련한 '공정지역(FairRegio)' 상점에서 아주 저렴한 가격으로 판매한다. 카를 베르프(Karl Werf)는 페르스펙티브(Perspektive) 주식회사의 대표이자 청소년복지국의 팀장인데, 이 회사의 소개로 장기 실업자들이 이런 상점에서 일할 수 있게 되었다. 게다가 이런 장기 실업자들은 회사 식당에서 1유로만 내고 매우 영양가 높은 식사를 할 수 있다. 트레일러에 꾸민 이동 가능한 밭은 학생들에게 식물이 성장할 때 무엇이 중요한지 분명히 보여준다. 학생들이 직접 밭을 가꾸기도 한다. 이 도시는 환경에 대해 계몽하고 생태계에 관해 교육을 시키고 있는 단계다. 하지만 노인들이 가난에 허덕일 위험이 점점 높아지고 생활비가 계속 올라가는 것을 감안하면, 이 프로젝트는 머지않아 그들로 하여금 일정 부분 자급자족할 수 있게끔 해줄 것이다. "우리가 심은 마르멜로나무, 식용밤나무, 무화과나무, 모과나무, 버찌나무, 배나무, 사과나무 덕분에 이 도시가 30년 혹은 40년 후에도 살 만한 곳으로 남게 만들려 합니다. 우리의 목표는 퍼머컬처를 계속 확장하고, 현지 농업으로 협력을 강화해 지역에서 식량을 점점 더 많이 조달할 수 있도록 하는 것입니다." 코자크는 이렇게 강조했다. '먹을 수 있는 도시'는 그사이 하나의 운동으로 변했다. 요컨대 더 많은 지방자치단체에서, 예를 들면 프라이부르크, 할레, 하이델베르크에서도 이미 이런 발상에 동참하는 단체가 만들어져 선구적 도시 안데르나흐의 사례를 따라가고 있다.

종려나무 밑의 멜론

그 밖에도 의미심장한 경작 방식으로는 '농임업' 혹은 '숲들판' 재배가 있다. 이를테면 다년생 나무와 관목을 1년생 유용 식물과 혼합해서 재배하는 방식이다. 이런 형태는 무엇보다 상대적으로 한정된 공간에서 전분을 함유한 뿌리 직물과 콩 종류, 과일과 사료 작물, 특히 카카오와 커피를 생산하는 곳에 적합하다. 농업과 임업을 혼합하는 시스템은 주로 열대 우림 지역에서만 볼 수 있는데, 사실은 온난한 지역에서도 충분히 가능하다. 이 시스템은 장점이 아주 많다. 다시 말해, 종을 풍부하게 만들어주고, 수분 대사를 안정시키고, 땅이 부식되지 않도록 해준다. 작물이 다양해 상대적으로 수확하는 양이 적으므로 시장에 내다 팔기는 어렵다. 그러나 자급하고 남은 수확물을 지역 시장에 공급하기에는 이상적이다. 일례로 아마존 강에 인접한 브라질 파라(Pará) 주의 개발 프로젝트를 들 수 있다. 화전 농업과 수년간 지속된 단작으로 인해 고갈된 땅을 토착민인 카야포족(Kayapo)이 수백 년 된 옛 방식을 적용해 다시 경작할 수 있게끔 변화시킨 것이다. 숲에 7단계로 식림을 하고, 동시에 들판에서 자라는 열매도 심었다. 맨 아래쪽에는 콩과 수박과 호박이 자라고, 그 위에서는 마니옥과 파인애플이 자란다. 또한 그 위에는 바나나와 귤과 캐슈(cashew)가 자라고, 또 그 위로는 그늘을 만들어주는 종려나무와 고무나무 그리고 고급 재질로 쓰이는 나무가 자란다.

눈 덮인 낙원

해발 1100~1500미터인 곳에 45헥타르에 달하는, 홀처(Holzer) 가족의 넓은 농장이 뻗어 있다. 이 농장은 잘츠부르크의 룬가우(Lungau)에 있는데, 이 지역은 길고 혹독한 추위 때문에 '오스트리아의 시베리아'라고도 부르는 곳이다. 크라메터(Krameter) 농장은 얼핏 전형적인 산에 위치한 농장처럼 보인다. 푸릇푸릇한 초원에 있는 시골풍의 나무 건물과 인상적인 산악 경치 때문에 더욱 그렇다. 그러나 다시 한 번 보면 착각했다는 것을 이내 알 수 있다. 도처에 쐐기풀을 비롯한 잡초들이 무성하게 자란다. 산중턱에는—보통 아시아에서 볼 수 있는데—테라스 형태의 밭이 층층이 있고, 닭과 오리들이 자유롭게 돌아다닌다. 빨간색, 검은색, 흰색의 털 많은 산돼지들이 꿀꿀거리며 키위와 복숭아를 심어둔 밭을 열심히 파고 있다. 야생 동물, 물고기, 게, 벌레와 곤충들이 70곳의 서식 공간과 자연적인 먹이사슬이 존재하는 이 농장에서 함께 살고 있는 것이다. 나무 학교, 야생 버섯 농사, 채소 그리고 약초가 이 낙원과도 같은 그림을 완성한다.

작은 수력발전소로 전기를 공급하고, 장작을 넣어 돌리는 보일러와 타일로 만든 난로로 난방을 한다. 폐수는 자연적인 부식토가 생성되도록 구덩이를 통과시켜 깨끗한 물로 걸러낸다. 인공 비료와 제초제는 이 크라메터 농장에서 엄격하게 금지한다. 이 농장의 관리 방법은 지속적인 농업인 퍼머컬처와 '숲들판' 재배 원칙을 따른다. 산악 지대에서 농사를 짓던 다른 농부들은 낙농업을 포기하고 이사를 갔지만, 페로니카 (Veronika)와 제프(Sepp) 홀처는 농장을 지속적으로 확장하고 야외 실험실을 2009년까지 운영했다. 그런 뒤 아들 요제프 안드레아스(Josef Andreas)가 농장을 이어받아 새로운 콘셉트를 개발하는 한편, 퍼머컬처라는 주제를 갖고 세미나도 열었다. 이것이 큰 성공을 거두어 크라메터 농장은 농촌으로서는 최악의 조건에서 자급자족이 가능하고 또 성공적으로 토지를 이용한 유일한 사례로 평가받고 있다.

개발도상국을 위한 모델

지구 남단 사람들은 자신이 먹기 위한 목적으로 농사를 짓는다. 수입한 식량이나 인스턴트에 의존하지 않기 위해서 말이다. 그러려면 간단하면서도 지속적인 발상이 필요한데, 퍼머컬처와 수천 년 동안 토착민들이 해온 '농임업' 혼합 방식이 훌륭한 기회를 제공한다. 하지만 유감스럽게도 많은 농업 전통을 버리고 새롭게 배워야만 한다. 빌 몰리슨은 1987년 아프리카 보츠와나에서 이와 관련한 최초의 과정을 열고, 2009년에는 말라위에서 제9회 국제 퍼머컬처 회의를 개최했다. 그러는 동안 아프리카 6개국에서 200개에 달하는 퍼머컬처 학교가 생겼다. 예를 들어 짐바브웨에 있는 치쿠크와(Chikukwa) 지역에서는 모든 농장을 이와 같은 원칙에 따라 관리하고 있다. 요구 수준은 매우 높은 편이다. 즉 퍼머컬처와 관련한 지식을 바탕으로 가족 시스템은 물론 다른 사회적 시스템을 계획하고 만들어야 한다. 이런 시스템 안에서 "사람들은 지속적인 방식으로 스스로 자신의 식량, 에너지, 주거지, 그 밖의 물질적 욕구와 비물질적 욕구를 충족시켜나간다". 몰리슨은 자신의 퍼머컬처 핸드북에서 이렇게 썼다.[98] 권한 분산과 자조(自助)를 비롯한 퍼머컬처의 많은 방법은 국제 원조 단체의 거의 모든 지속적인 농업 콘셉트에서 발견할 수 있다. 효과적인 벼 재배법인 SRI는 물론 요리 교실과 영양 섭취 관련 학교에서처럼 말이다.

마르틴 바움가르트는 즙이 풍부한 빨간색 버찌가 가득 담긴 바구니들을 차에 싣고 왔다. "식품에 대한 가치 평가가 나에게는 매우 중요합니다. 사람들은 슈퍼마켓에 가서 아주 싼 채소를 구입하기 때문에 버릴 때도 전혀 신경을 쓰지 않아요. 사람들이 이곳에 와서 '계절'이라는 낱말이 무엇을 뜻하는지 다시 배우려 하는 것은 아주 잘된 일입니다. 올해는 시작부터 힘든 시기였습니다. 날씨가 아주 오랫동안 안 좋았거든요. 그래서 4월에도 수확을 전혀 할 수 없었죠. 그럼에도 직원들의 월급은 지불해야 했고요. 게다가 종자, 어린 작물, 새로운 장비에도 비용이 들어갔습니다. 다행스럽게도 연대농업에서 인내심을 갖고 기다려주었습니다."

힐케가 미소를 지었다. "우리가 얻은 수확을 생각해보면 그렇게 나쁘지만은 않았어요. 방금 도축한 돼지고기 말이에요."

"오늘날의 농부는 시장 가격에서 살아남기 위해 적은 상품을 전문화할 필요가 있습니다. 원래 아주 다양한 채소를 재배하기란 거의 불가능하지요. 하지만 연대농업에서는 가능합니다. 왜냐하면 회원들이 바로 이것을 원하거든요. 회원들은 농장에서 수확하는 모든 것을 원하고, 과거에 먹던 품종도 재배하길 원하지요. 요즘 그런 품종을 재배할 수 있어서 나는 정말 좋습니다." 마르틴이 말했다.

힐케는 연대농업은 독일보다 다른 나라에서 더 많이 퍼져 있다고 언급했다. 예를 들어 미국에는 CSA(Community Supported Agriculture)가 있고, 프랑스에는 AMAP(Associations pour le maintien d'une agriculture paysanne), 그리고 일본에는 데이케이(提携)가 있다. 그렇다면 잘사는 산업 국가에만 있다는 말인가? 마르틴은 그렇지 않다고 단호하게 말했다. "나는 몇 년 동안 아프리카에서 농업 고문으로 일한 적이 있는데, 그곳에도 연대농업이 존재합니다. 작년에는 아프리카 베냉의 수도 인근을 방문했습니다. 그런데 그곳에서 생태학적 원칙에 따라 일을 하고, 그걸 프랑스에서처럼 AMAP라고 부르더군요." 빠르게 성장하고 있는 아프리카의 도시들에 식량을 공급하는 데 그것으로 충분한지 나는 물었다. 그러자 마르틴은 이렇게 대답했다. "다른 모든 것보다는 낫습니다. 대부분의 농부는 미네랄 비료와 식물 보호제에 기초한 현대적 농업 방식을 돈이 없어 실행할 수 없거든요."

힐케가 끼어들었다. "정말 간단한 원칙이에요. 사람들은 현지에서 원하는 농업에 돈을 지불하는 것이죠. 이런 방식으로 전 세계에 식량을 공급하지 말라는 법은 없지 않나요? 대량 생산에서는 무엇이 중요하죠? 환경 파괴와 사회적 비용을 가격에 포함시키지 않기 때문에 식량이 그렇게 값싼 거잖아요. 대기업들이 진짜 비용을 지불하지 않기 때문에 이런 시스템이 돌아가는 거예요."

힐케와 다른 사람들이 포장한 상자를 본 시내에 있는 뒤뜰로 옮기면, 회원들이 그곳으로 자신들의 물건을 가지러 온다. 한 달에 110유로를 내고 일주일에 한 번 채소 상자를 가져가면 좀 비싸지 않은가? "유기농 가게에서도 그 정도로 비싸요. 싸지는 않죠. 하지만 이게 바로 식품을 생산하는 진짜 비용이에요. 이런 방식의 농업은 비용이 많이 들 수 있지만, 식물의 다양성을 후원하고 토지의 비옥함을 유지할 수 있죠. 만일 우리가 가게에서 항상 제일 싼 제품만 선택한다면, 우리 아이들의 삶의 기초를 파괴하는 거예요. 나는 우리 세대가 이런 책임을 떠안아야 한다고 믿어요." 힐케가 말했다.

오후에는 나도 샐러드용 채소의 싹을 옮겨 심는 일을 도왔다. 농장으로 다시 돌아왔을 때, 나는 엄청나게 많은 쌀 봉지 더미를 보고 깜짝 놀랐다. 마르틴이 설명해주었다. "이것은 인도 쌀 바스마티(Basmati) 10톤입니다. 공정 무역 회사 GEPA가 우리한테 기부를 했는데, 그들이 미처 판매하지 못한 물량이에요. 유효 기간이 이미 지나버렸거든요." 그러면 이것을 무엇에 쓸까? "우리 돼지들한테 사료로 줍니다."

나는 포장을 자세히 들여다보았다. 유효 기간이 1년 지났다. 쌀은 그렇게 빨리 상하지 않는데 사람들이 먹어도 될 것 같았다. 그런 생각을 하던 나는 깜짝 놀랐다. 쌀 봉지 뒷면에서 반다나 시바가 미소를 짓고 있었기 때문이다. 그것은 바로 오리사의 나브다냐 소농들이 직접 생산한 유기농 쌀이었다. 너무나 놀라웠다! 나는 마르틴에게 쌀은 사람이 먹는 게 더 낫지 않느냐고 물었다. "물론 그렇지요. 나 역시 이 쌀 한 포대를 가져가서 먹을 겁니다. 하지만 이렇게 많은 양을 어떻게 소비하겠습니까?" 나는 그에게 음식을 나눠 먹는 푸드 셰어링과 우리가 '공정-접시'라고 부르는 것에 대해 이야기해주었다. 그러자 그는 내가 자동차에 실을 수 있을 만큼 쌀을 가져가도 좋다고 했다. 나는 쌀 봉지 약 1000개를 쾰른으로 가져갔다. '도시 농장 이니셔티브 노이란트(NeuLand)'에서 열린 '공정-접시' 모임에는 사람들이 넘쳐났다. 그래서 나는 음식을 가득 담은 통을 또 한 번 실어 날라야 했다. 그리고 페이스북에 이에 관한 글을 올렸더니, 이튿날에는 음식이 완전히 소진되었다.

토마토와 물고기를 함께 키우면 성공한다

물고기와 식물을 함께 키우면 정말 천재적이고 이루 말할 수 없이 효과적이다. 이미 아스텍 문명도 농업과 어업을 연결할 줄 알았다. 물이 있는 밭, 얕은 호수와 연못에 그들은 옥수수와 콩과 토마토를 심었다. 중국 사람들 역시 1000년 전에 이미 벼논에 물고기를 키울 수 있는 수조를 마련했다. 오늘날 '아쿠아포닉'이라고 부르는 기술 덕분에 사라졌던 이러한 전통이 새로운 르네상스를 경험하고 있다. 아쿠아포닉은 'aquaculture'와 'hydroponic'의 합성어(흙 없는 식물 재배)이다. 베를린의 뮈겔(Müggel) 호수 인근에 있는, 해양생태학과 내수면 어업(inland fishery)을 연구하는 라이프니츠 연구소 직원들이 이 시스템을 완벽하게 실현하기 위해 일하고 있다. 그들은 토마토와 농어를 폐쇄된 순환 체계에서 키우고 있다. 베르너 클로아스(Werner Kloas) 교수를 비롯한 연구팀은 세계 식량 확보를 위해 노력한다. 이 연구소는 2014년 2월부터 600만 유로를 투입한 유럽연합 프로젝트(물고기와 채소 재배를 혼합해 전 세계에서 활용할 수 있는 방안을 찾기 위한 프로젝트)를 맡고 있다. INAPRO(Innovative Aquaponics for Professional Application)의 계획에 따르면 4년 안에 독일, 에스파냐, 벨기에, 중국에 4개의 거대한 아쿠아포닉-전시 시설(면적 500제곱미터)을 세워 운영할 예정이다.

폐쇄적 순환 체계

아쿠아포닉을 통해 재배하는 식물은 자갈, 팽창 점토 집합체(expanded

clay aggregate) 혹은 암면(mineral wool) 같은 무기 물질에 뿌리를 두고 있다. 식물한테는 오로지 물고기 수조에 들어 있는 영양분 풍부한 물을 비료로 준다. 아울러 이 물은 식물의 뿌리 주위를 씻어준다. 자연 속 하천에서처럼 물질 속에 살아 있는 박테리아가 물고기 똥을 신진대사를 통해 식물의 영양분으로 변환시키는 것이다. 물고기, 박테리아, 식물이 폐쇄된 시스템 안에서 함께 살아가며, 그중 어떤 것도 피해를 입지 않는다. 가령 채소는 화학적 성분이 전혀 없어도 잘 성장할 수 있다. 외부에서 들어오는 것은 농어한테 줄 사료, 빛, 온기 그리고 약간의 신선한 물밖에 없다. 라이프니츠 연구소에서 일하는 연구원들은 기술적 시스템인 ASTAF-PRO(온실가스 없이 토마토와 물고기를 키우는 아쿠아포닉 시스템)를 통해 프로젝트를 수행한다. 이 시스템은 양식을 위한 수조와 수경 재배를 순환시킬 수 있는 시설을 완비한 온실로 이뤄져 있다. 특허를 받은 이 시스템은 두 영역 사이의 서로 다른 수소이온 농도와 유동성을 조정한다. 아울러 물고기가 자라는 수조는 수중 재배 영역으로 물을 내보낼 수 있는 밸브를 통해 서로 연결되어 있다. 이렇듯 두 영역은 각각 적절한 성장 조건을 갖추고 있다. 예를 들어 식물의 순환에서 영양분이 부족해지면, 물고기한테 더 많은 영양분을 공급하지 않고도 식물 재배 영역에만 적당한 조치를 취할 수 있다. 또한 이 시스템을 통해 식물로 인해 증발한 물을 다시금 순환시킴으로써 신선한 물의 소비를 매일 3퍼센트 이하로 줄일 수 있다. 그리고 물고기가 배출하는 이산화탄소를 식물의 성장을 위해 이용하고, 이것을 산소로 바꾼다. 시설 전체를 가동하는 데 필요한 에너지를 재생 에너지로부터 얻을 수 있다면, 이 시설은 그야말로 폐기 가스를 배출하지 않고 돌아갈 것이다. 연구원들은 전 세계 담수 소비의 70퍼센트를 농업용이 차지한다고 추정한다.

따라서 기존 생산 시스템에 수경 재배법을 통합시키는 것은 매우 의미심장하다. 전통적인 농사법을 적용하기엔 너무 건조한 지역에서는 비용이 많이 들어가는 관개 시설 대신 ASTAF-PRO 혹은 이와 비슷한 시스템을 활용하는 것이 훨씬 나을 수 있다. 이런 시스템을 이용하면 부수적으로 물이 더 필요하지 않으니 말이다.

성공적인 경제 모델

전통적인 재배 방식과 비교해 수경 재배의 성과도 한눈에 볼 수 있다. 스위스에서 '도시 농업'을 시작한 젊은 사업가들은 계절마다 식물 한 포기당 10킬로그램 넘는 수확이 가능하다고 말했다. 이들은 취미로 수경 재배 토마토를 파는 게 아니라—그들의 사업 모델 슬로건에 따르면—도시에 공동체 농장을 세울 수 있는 완벽한 시설을 판매한다. 그들의 폐쇄 시스템은 물을 90퍼센트까지 절약할 수 있고, 병원균이 거의 침입할 수 없는 까닭에 항생제도 필요 없다고 한다. 전통적인 수경 재배법과 비교할 때 물고기의 밀집도도 낮아(도시 농부 프로젝트 '드라이스피츠(Dreispitz)'는 물고기 2000마리를 2000리터짜리 수조 세 군데에서 키운다) 물고기의 스트레스를 줄일 수 있다. 한편 스위스 바젤에서는 200만 제곱미터나 되는 면적을 수경 재배로 사용할 예정이다. 이 면적의 5퍼센트만으로도 4만 명에게 식량을 공급할 수 있다. 다양한 규모의 도시 농부 프로젝트를 바젤, 베를린 그리고 취리히에서 찾아볼 수 있다. 2013년 5월 바젤의 도시 농부 프로젝트 드라이스피츠는 옥상에 'LOKDEPOT'를 개장했다. 1000제곱미터에 달하는 넓은 옥상 농장에는 3400킬로그램의 물고기와 2만 킬로그램의 채소가 자라고 있다. 이 시설의 관리자들은 오로지 감자 전분 같은 식물성 단백질만 사료로 주고 있으며, 1킬로그램의 사료로 800그램의 물고기를 생산한다. 뮈겔 호수 인근 연구소에서 일하는 연구원들은 심지어 사료 1킬로그램으로 물고기 1킬로그램을 생산할 수 있다고 말한다. 이들은 물고기가 치어일 때는 동물성 사료를 주고 그 이후에는 식물성 사료를 준다.

취미로 옥상에서 재배하기

취미로 수경 재배를 하는 사람들이 가파르게 증가하는 추세다. 이는 특히 도시 농장 가꾸기 운동에서 볼 수 있다. 도시 농부들은 개인 소비자를 위해 UF-박스라는 것을 제공하는데, 이는 18제곱미터 크기의 이동식 컨테이너 온실을 말한다. 이 박스를 이용하면 계절마다 60킬로그램의 물고기와 120킬로그램의 채소를 생산할 수 있다고 한다. 여기에 들어가는 노동은 매일 한 시간 정도. 물고기한테 사료를 주고 기술적인 부분을 체크하는 시간이 전부. 여기에 일주일에 30분 정도 식물을 가꾸는 시간이 필요하다. 아울러 재료를 직접 구입해 시설을 조립하는지, 아니면 완제품 모델을 구입하는지에 따라 1600~8200유로의 비용이 들어간다. 취리히 응용과학전문대학의 수경 재배 전문 그룹에 따르면, 중부 유럽의 기후 조건을 고려할 때 자급 목적의 소규모 시설로는 적정한 가격이 아니라고 한다. 따라서 참여자들은 가능한 한 좀더 큰 규모의 프로젝트를 모색해야 한다. 도시 농장 가꾸기 이니셔티브를 위해서는 그와 같은 시스템이 한층 적절하다. 요컨대 LED 식물용 전등이나 극초단파 전등 덕분에 생산이 햇빛에 좌우되지 않는 곳, 예를 들면 비어 있는 공장이나 창고에서도 가능하다. 공간의 경제적 이용을 우선시하는 수직 농장을 운영하는 데도 이 수경 재배를 고려해볼 만하다.

과잉 속의 굶주림

"뭐가 좀 눈에 띄나요?" 자동차를 타고 밀워키 외곽 지역을 달리는 동안 윌 앨런(Will Allen)이 우리에게 물었다. "이곳에서 식료품 가게를 보셨나요? 음식을 사려면 최소한 여기서 5킬로미터는 더 가야 해요. 인구가 밀집한 구역인 데도 말입니다. 먹을 것은 없지만요. 우리는 이곳을 푸드 데저트(Food Desert), 그러니까 '먹을 게 없는 사막'이라고 부르지요."

"왜 그런가요?" 내가 물었다. "미국은 세계에서 가장 부유한 나라들 가운데 하나인데요."

윌 앨런은 씁쓸하게 웃었다. "식품 분배가 정당하지 않기 때문입니다. 잘사는 지역에는 음식이 남아돌고, 여기처럼 가난한 지역에서는 식품을 사기 위해 멀리까지 차를 타고 가야 합니다. 자동차가 없으면, 완전히 옴짝달싹도 못하는 거죠. 특히 눈이 많이 오는 겨울에요."

멀리서 보니 동네가 그렇게 가난한 것 같지 않았다. 하지만 조금 더 가까이 다가가니 창문 곳곳에 못이 박혀 있는 것을 볼 수 있었다. 사람들은 집 앞 그늘에 멍하니 앉아 있었다. 하루 종일, 일주일 내내 실직 상태인 것이다. 그들 대부분은 흑인이었다.

"미국에서 이렇게 많은 사람이 굶주린 적은 아마 없을 것입니다. 정부는 늘 미국 농부들이 전 세계를 먹여 살릴 수 있다고 말하지요. 바보 같은 소리! 무지막지하게 많은 식량을 생산하면서도 미국 사람조차 제대로 먹이지 못하면서 말입니다."

윌 앨런은 분노에 차서 말을 계속했다. "제일 끔찍한 것은 미국 젊은이 10명 가운데 3명이 저녁을 먹지 못한 상태로 잠을 잔다는 것입니다. 거대 식품 체인점은 가난한 지역의 점포를 폐쇄했어요. 미국 전역에서 말입니다. 맥도널드만 이곳에 있는데, 무서운 인스턴트 음식이 사람들을 다 죽일 것 같아요. 그 밖에 이곳에서 구입할 수 있는 것이라곤 건강에 좋지 않은 술과 담배밖에 없어요."

월 앨런은 핸들을 돌렸다. "곧 도착합니다. 우리 가게는 동쪽과 서쪽으로 5킬로미터, 남쪽으로 6킬로미터 그리고 북쪽으로 10킬로미터 내에서 유일하게 품질 좋은 식품을 제공하는 곳이지요." 사람들은 벌써부터 그를 기다리고 있었다. 오늘은 가게 바로 뒤에 있는 그의 농장을 견학하는 날이었다. 앨런은 도시 농장 가꾸기 분야에서 미국의 선구자였다. 그의 모델을 수백 개 도시에서 모방할 정도로 말이다. 영부인 미셸 오바마도 백악관에 있는 채소밭에 응용하려고 두 번이나 이곳을 방문했다.

앨런은 여러 개의 온실 가운데 한 곳으로 들어갔다. 온실은 그야말로 열대의 열기가 지배하고 있었다. "미국 최고의 도시 밀워키와 그로잉 파워(Growing Power)에 오신 것을 환영합니다." 방문객들은 전국에서 모여들었다. 젊은 사람도 있고, 늙은 사람도 있고, 아이들을 데려온 가족도 있었다. "우리는 여기에 1993년 처음으로 도시 농장을 열었습니다. 그동안 이 것은 농업의 한 분과가 되었고, 많은 지역에서 매우 빠른 속도로 성장하고 있습니다. 현재 140곳이나 되거든요."

"우리는 이런 농장을 전 세계적으로 운영해야 합니다. 왜냐하면 전 세계가 식량 위기의 위협을 받고 있기 때문입니다. 많은 사람이 매일 좋은 음식을 먹지 못하는 것은 미국뿐만이 아닙니다. 나는 '좋은' 음식이라고 말하지, 그냥 음식이라고 말하지 않습니다." 월 앨런은 높은 곳에 있는 흙을 손으로 움켜쥐었다. "우리가 식물을 어떻게 생산하는지 곧 보게 될 것입니다. 이 좋은 흙으로 말이지요." 그러곤 흙을 손가락 사이로 흘려보냈다.

"오늘날 어떤 지역을 가더라도 땅은 금속으로 중독되어 있습니다. 비소와 납은 미생물을 다 죽여 없애지요. 그 때문에 우리는 직접 퇴비를 만듭니다. 이 퇴비를 여기에 있는 2만 5000개 넘는 화분, 120헥타르에 이르는 들판, 10헥타르의 온실에 줍니다. 우리는 식물을 땅에 묻는 게 아니라, 60센티미터 높이에 있는 화분에 심습니다."

윌 앨런은 사람들을 김이 나는 흙을 채워 황마 자루를 씌워놓은 기다란 상자 근처로 데려갔다.

그가 한 사람을 옆으로 끌어당기며 말했다. "우리는 여기서 벌레들을 키웁니다." 그러곤 빨간색 벌레 몇 마리를 손으로 집었다. 마치 작은 지렁이처럼 보였다. "이 벌레들이 퇴비를 먹어치우려면 넉 달 정도 걸립니다. 우리는 이 벌레들한테 특히 맥주 양조장에서 나오는 찌꺼기를 줍니다. 이 찌꺼기가 흙에 있는 미생물에 의해 분해되면, 퇴비를 20~30도까지 가열하는데, 벌레들이 이것을 매우 좋아하지요. 이 둘이 아주 밀접한 관계를 맺고 있다고 상상하시면 됩니다. 즉 벌레들이 흙을 위(胃) 속에 받아들이면, 미생물 수가 14배 늘어납니다. 이것은 좋은 박테리아고, 대장균 같은 나쁜 박테리아는 벌레의 위 속에서 죽임을 당하지요." 앨런이 산더미같이 쌓아둔 나뭇조각들을 가리켰다. "우리는 이 나뭇조각들을 흙에 넣어두는데, 나뭇조각이 습기를 잘 잡아두기 때문이지요. 나뭇조각이 분해되려면 몇 년 걸립니다. 무엇보다 이 나뭇조각은 영양분을 저장하고, 그래서 버섯이 여기에서 삽니다. 또한 이 나뭇조각은 식물의 뿌리에 영양분을 공급하지요."

들판에서는 한 무리의 젊은 일꾼들이 손수레와 쇠스랑으로 퇴비를 분배하고 있었다. "다양한 인종이 우리를 찾아옵니다. 우리는 사회적으로나 생태적으로 정의를 중요시하는데, 이것이 바로 우리의 강점입니다. 왜

나하면 모든 사람에겐 좋은 음식을 먹을 권리가 있기 때문입니다. 우리는 사람들로 하여금 건강한 음식을 먹지 못하게 만드는 조건을 바꿔야 합니다. 우리는 도시에서 식품을 생산함으로써 이를 실천하고 있습니다."

일꾼 가운데 몇 명은 정식 직원이었다. 그들은 모두 '그로잉 파워'라는 글귀가 새겨진 티셔츠를 입고 있었다. 다른 사람들은 자원봉사자로 몇 주 정도 이곳에서 일한다고 했다. "농업은 실전에서만 배울 수 있습니다. 교실에서 배울 수 없어요. 농업이 하나의 예술이라는 느낌을 가져야 합니다. 지금처럼 젊은 사람들이 와서 정말 좋습니다. 왜냐하면 우리에겐 정말 이런 일을 할 새로운 세대가 필요하거든요. 이들 중 많은 젊은이가 자신은 농사를 지을 수 없다고 확신할 겁니다. 농사일이 그만큼 힘들기 때문이지요. 나는 예전에 프로 운동선수였고, 여러 직업을 가져봤습니다. 그렇지만 가장 어려운 일은 바로 지속적인 농업인 것 같습니다."

월 앨런은 사람들을 끄는 매력적인 권위를 풍기고 있었다. 그는 사람들을 온실의 2번 방으로 안내했다. "그사이 우리는 31개의 온실을 지었는데, 바로 이곳에서 처음 거대한 수경 재배 시스템을 실험했습니다. 수경 재배를 좀더 발전시킨 것으로 식물한테 화학 비료를 주는 방식이 있는데, 우리는 이와 달리 물고기 배설물로 비료를 줍니다. 물고기는 질산염과 아질산염 같은 질소 화합물을 배설하는데, 지속적으로 독성을 뿜어내죠. 하지만 식물한테는 이게 이상적인 비료입니다."

월 앨런은 자신을 도와주는 사람들에게 물고기 수조 위에서 자라는 식물 화분 몇 개를 옆으로 치워달라고 부탁했다. 화분에서 물이 줄줄 흘러내렸다. "이 수조는 3만 8000리터의 물로 채워져 있고, 농어 6000마리가 살기에 충분합니다. 농어는 이제 어획을 해도 좋을 만한 크기로 자랐죠. 미시간 호수에도 살고 있는 바로 그 농어입니다."

그런 다음 앨런은 또 다른 온실로 갔다. 우리는 신발을 깨끗하게 닦고 안으로 들어갔다. "여기에서는 셰리(Sheri)가 일을 하고 있습니다. 그레이트 레이크스(Great Lakes) 연구소의 연구원이지요. 자연에서는 물고기가 1년에 딱 한 번 증식합니다. 하지만 셰리와 그녀의 팀은 1년에 알을 네 번 낳게 하는 법을 알아냈습니다. 중간에 물 온도를 5도로 내려놓기만 하면 됩니다."

"이 물고기는 1킬로그램당 30유로에 팝니다." 이 유기농 선구자는 분명 돈에 대해 생각하는 것 같았다. "나는 오랫동안 장사를 했는데, 그게 여기서 도움이 되었습니다. 공동체에 유익한 프로젝트도 수익을 내야 하니까요. 하지만 조심해야 할 것도 있습니다. 농어가 알을 낳으려면 4~5년이 필요합니다. 그러니 물고기로 조급하게 수익을 올릴 수 있을 거라고 기대해서는 안 됩니다. 다행히 우리는 이 시스템에서 채소를 키우고, 채소는 빨리 자라서 1년에 두 번 수확할 수 있습니다."

월 앨런은 고기잡이 망을 가져오더니 농어 한 마리를 건져 올렸다. "무서워하지 말아요. 농어는 물 밖에서도 몇 시간 동안 살 수 있으니까요. 이 물고기는 정말 키우기 까다롭지 않습니다. 여러분 집에 있는 차고에서도 키울 수 있을 정도죠. 2500리터짜리 수조에서 종류에 따라 300마리 혹은 400마리를 키울 수 있어요. 물 소비는 매우 적은데, 물을 계속 순환해서 쓸 수 있거든요. 장비는 400유로 혹은 그보다 싸고, 1년에 300마리를 생산할 수 있습니다. 대가족이 먹기에도 충분하지요. 틸라피아도 상당히 좋은데, 이 좋은 뭐든 먹습니다. 심지어 채소 찌꺼기도 먹죠."

안내는 계속 이어졌다. 도시 농장이 또 어떤 것을 보여줄지 정말 믿을 수 없을 정도였다. 낡은 트럭에는 표고버섯이 자라고, 커다란 닭장과 많은 염소가 있었다. "우리는 가정에서 버리는 식품을 사료로 주고, 슈퍼마켓에

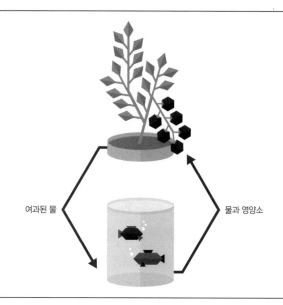

여과된 물

물과 영양소

서 유효 기간이 지난 식품도 가져옵니다. 이런 일은 실습생들이 하지요."

실습생 2명이 이웃 사람들과 만난 이야기를 해주었다. 그들은 상류층에 속하는 백인이었는데, 분명 대부분 하층에 속하는 흑인과는 아무런 접촉도 없었다고 했다. "우리는 공동체를 만들기 위해 이런 식품을 이용합니다. 일자리를 만들고, 이웃 간의 연결망도 형성하죠. 게다가 매우 경제적입니다. 돈이 우리 지역에 머물러 있으니까요." 윌 앨런이 설명했다.

도시 외곽에 있는 땅은 적은 돈으로 구입할 수 있으니 재배 비용도 더 싸지 않을까? "정반대죠. 이 도시에서 소비하는 식품의 99퍼센트는 2000킬로미터도 더 떨어진 곳에서 가져옵니다. 이런 방식은 운송비가 너무 많이 들고, 지속적일 수 없습니다. 대도시에는 충분한 땅이 있죠. 밀워키에는 이용하지 않는 땅이 5000곳, 시카고에는 7만 7000곳, 그리고 디트로이트에는 심지어 도시 면적의 절반 이상을 사용하지 않고 있습니다. 440제곱킬로미터 중에서 230제곱킬로미터나 되지요."

"만일 우리가 온실을 태양 에너지로 난방한다면, 유기농 채소를 지금 같은 산업식 유기농보다 훨씬 싸게 생산할 수 있습니다. 지금 이 방법을 여러 곳에서 사용하고 있지만 가난한 사람들에게는 너무 비싸거든요." 윌 앨런은 우리를 다시 입구로 데려갔다. 길가에 채소를 팔려고 내놓은 곳이었다. 손님들은 유기농 가게에 올 만한 사람들 같지 않아 보였다. 흑인 가족이 막 토마토, 가지, 옥수수를 봉투에 넣고 있었다. 옆에 있는 아이들이 감자튀김을 사달라고 투정을 부렸다. 가게는 다만 또 다른 판매처일 뿐이었다. "올해 우리는 당근 12만 킬로그램을 밀워키에 있는 공립학교에 공급했습니다. 샐러드용 채소를 총 9만 명의 학생에게 제공했지요."

키가 2미터나 되는 큰 남자는 한때 NBA 농구 선수였다. 나는 그에게 어떻게 도시 농장 가꾸기에 참여하게 됐는지 물어보았다. "부모님이 농부였어요. 집에 손님이 30명 넘게 찾아와도 먹을 게 충분했습니다. 어머니는 부엌에서 모두를 위해 요리를 하곤 했죠. 아마 돈은 별로 없었겠지만, 먹을 것은 항상 많았거든요. 그게 사람들을 뭉치게 하고, 또 안정감 같은 걸 주었습니다."

그는 나에게 가장 최근에 시작한 파리 사육 시설을 보여주었다. 농장을 견학하러 온 사람들은 모두 떠나고 난 뒤였다. "물고기 사료로 주기 위해 키웁니다. 공장에서 생산하는 사료는 비싸고, 파리 애벌레만큼 좋지 않거든요. 이 애벌레들은 단백질을 42퍼센트나 포함하고 있습니다."

앨런이 기다란 상자 위에 있는 널빤지를 밀자 애벌레들이 꾸물거리고 있었다. "이 녀석들은 모든 걸 먹어치웁니다. 한 번은 냉동실에 넣어두고 잊어버렸던 칠면조 한 마리를 이 녀석들한테 던져주었는데, 며칠 만에 모두 먹어치우더라고요."

월 앨런은 자리에 풀썩 주저앉았다. 아무래도 오랫동안 안내를 하는 바람에 지친 것 같았다. "이런 식량 시스템을 전 세계에 전파할 필요가 있습니다. 그래야만 기아를 이길 수 있죠. 유럽이나 미국 어딘가에 있는 공장에서 생산하는 수프 같은 것으로는 절대 안 됩니다. 그것은 지속적이지 않거든요. 우린 사람들을 다시 가르쳐야 합니다. 그들이 자기 마을에서, 도시에서 어떻게 하면 식품을 스스로 생산해낼 수 있는지 말입니다."

먹을 수 있는 도시

정원에 있는 작은 담장은 무릎 높이 정도였다. "예전에는 담장 너머를 볼 수 없을 정도로 높았지요." 메리 클리어(Mary Clear)가 말했다. "그래서 나는 담을 좀 허물어버리는 게 더 나을 것 같다고 생각했지요. 그리고 이런 안내판도 붙여놓았습니다. '마음껏 가져가세요.' 모든 게 이렇게 시작되었답니다." 6년 전, 그녀는 여자 친구 몇 명과 함께 '놀라운 먹을거리(Incredible Edible)'를 설립했다.

"우리는 아프리카에서 굶주리는 사람들과 미래의 우리 아이들이 걱정스러웠어요." 60대 중반의 클리어는 이렇게 말했다. "뭔가 새로운 걸 시작하기에 가장 좋은 장소는 자신이 살고 있는 곳이지요. 그래서 모든 걸 이 정원에서 시작했습니다. 그러나 우리는 곧이어 아무도 돌보지 않는 공유지로 시선을 옮겼지요. 도대체 공유지가 뭔가요? 바로 우리의 땅 아닙니까? 우리는 이 땅에서 모든 사람이 먹을 수 있는 식품을 재배하기로 했어요. 물론 그뿐만 아니라 사람들을 서로 연결시키고 싶었죠. 부자와 가난한 사람, 교회에 다니는 사람과 무신론자, 이슬람교도와 기독교인, 경찰과 범죄자를 말이죠." 말을 듣다 보니 메리가 어디 출신인지 분명하게 드러났다. 그녀는 영국 북부에 있는 토드모든(Todmorden)에서 사회복지사로 일했다. 토드모든은 1950년대 직물 공장들이 문을 닫았을 때 엄청난 위기를 겪은 작은 도시였다. "음식은 사람들에게 닿기 위한 수단이었죠. 일종의 트로이 목마처럼요."

메리는 자신의 사명감을 경직된 이데올로기로 연결하지 않았다. 자본주의에 대한 그녀의 비판적 시각은 본능적으로 터득한 것이었다. "우리는 이렇게 말하는 사회에 살고 있습니다. '들어가지 마시오, 만지지 마시오, 이것은 내 소유물입니다.' 그런데 우리는 이렇게 말합니다. '이건 우리 것이다.' 우리는 사람들이 여기서 무엇이 자라는지 알 수 있도록 안내판도 세워둡니다. 나는 이게 내 개인 농장이라고 보지 않아요. 내 땅이기는 하지만, 다른 사람들이 먹을 과일과 채소를 키우는 것이지요. 물론 한창 잘 자라고 있는데 누군가가 그걸 가져가버리면 마음이 무거울 때도 많죠. 그럴 때는 이렇게 생각합니다. '제기랄, 누군가는 아주 맛있게 먹었겠지. 그러면 됐어.'" 메리 클리어는 농부로서 필요한 교육을 전혀 받지 않았다. "나는 원래 순전히 생산만 하는 데는 관심이 없었어요. 사람들은 항상 모든 걸 완벽하게 하려 하지만 나는 많은 사람이 함께하고, 그러는 가운데 배우는 게 더 중요하다고 생각하거든요."

그날 밤 나는 힐러리 왓슨(Hilary Watson)의 집에서 묵었다. 그녀는 '놀라운 먹을거리'의 회원이자 객실 2개에 아침 식사를 제공하는 아주 간소한 숙박업을 운영하고 있었다. 다음 날 나는 지금까지 한 번도 먹어보지 못한 아침을 먹었다. 영국식 아침치고는 정말 푸짐했다. 물론 완전한 채식이었다. 심지어 소시지에도 고기가 전혀 들어 있지 않았다. 놀랍게도 내가 영국에서 먹어본 최고의 아침 식사였다.

메리와 나는 시내에 있는 작은 버스 정류장에서 만나기로 약속했다. 한 무리의 '게릴라' 정원사들을 본 나는 약간 웃음이 나왔다. 여성들은 곡괭이, 식물과 정원용 흙 포대를 둘러멘 채 맞은편에서 씩씩하게 걸어오고 있었다. 메리의 표정을 보니 그렇게 여러 사람이 와서 기뻐하는 눈치였다. 버스 정류장은 그다지 아름다운 장소는 아니었는데, 메리의 목표는 정류장과 작은 대기실 사이에 경계를 설치하고 그 안에 식물을 심어 섬처럼 만드는 것이었다. "정원사들은 이곳에 유용하지도 않은 식물 몇 포기를 심어두죠. 그리고 몇 주 정도 꽃을 피우고 나면 정원사가 다시 와서 겨울용 식물을 심어두고 갑니다. 우리는 사람들이 이곳에서 버스를 기다리느라 시간을 보내는 동안 약초라도 뜯을 수 있도록 만들 거예요. 그래서 러비지(lovage: 미나리과의 식물—옮긴이)와 고수풀을 가져왔죠. 이곳은 얘기를 나누기에 멋진 장소죠. 한 번 보세요, 사람들이 곧장 여기로 올 테니. 보통 아이들이 제일 먼저 다가오죠." 정말 그랬다. 게릴라 정원사들이 식물을 심고 채 10분도 지나지 않아 흑인 소년 2명이 자전거를 타고 다가왔다. 메리는 작업을 도와줄 수 있느냐고 아이들에게 물어보았다. 처음에는 의심쩍은 대답이 나왔다. "아뇨, 싫어요." 하지만 10분 뒤 아이들은 다시 돌아와 이렇게 말했다. "좋아요. 우리도 할게요."

메리에겐 정말 인상적일 만큼 사람들을 낚는 재주가 있었다. "여기에 구덩이를 하나 파." 그러곤 로즈메리를 가져와 구덩이에 넣었다. "이제 식물 주위에 흙을 뿌리고 살짝 밟아줘야 해, 너무 세게 밟으면 안 되고. 이제 이건 네 정원이니까, 누가 망치지 않는지 잘 살펴야 해." 두 소년—일하는 동안 우리는 아이들의 부모가 방글라데시에서 왔다는 사실을 알았다―은 매우 진지하게 작업에 임했다.

"한 가지 예를 보여주는 게 중요해요. 모든 사람이 사과나무나 또 다른 것을 심을 수 있죠. 만일 모두가 그렇게 한다면, 정말 도시 전체에 식량을 공급할 수 있을지도 몰라요. 사람들은 버스 정류장에서 식물을 관찰하며 과일과 채소를 어떻게 재배하는지 배울 수 있어요."

"이 식물들은 이제 누구 것인가요?" 나는 알고 싶었다. "모두의 것이죠. 이 도시가 그런 것처럼 말입니다. 나는 사람들이 희생자처럼 느끼는 걸 싫어해요. 그러면 경찰이나 정치가 혹은 10대 청소년 때문에 일을 망쳤다며 책임을 전가하게 됩니다. 하지만 나는 우리가 사는 도시에 대해서는 우리 모두에게 책임이 있다고 봐요. 그러니 각자가 모든 걸 소유할 수 있는 것이지요." 메리는 이렇게 대답했다.

나도 속으로는 그런 생각을 하고 있었다. '보통 때 같으면 경찰이 벌써 나타났을 텐데'라고 말이다. 왜냐하면 그들은 도시의 녹지대에 식물을 새로 심었기 때문이다. 메리는 미소를 지었다. "그런 질문은 안 하는 게 낫죠. 그냥 함께하면 돼요. 그리고 만일 누군가가 화를 내면, 그냥 미안하다고 말하면 그만이에요. 우리는 버스 회사에 메일을 보낼 수도 있지만, 그러면 내년에 또 보내야겠죠. 그러니 그냥 심어놓는 거예요."

"그런데 아직까지 그만두라고 말하는 사람은 없었나요?" 내 질문에 그녀는 대답했다. "없었어요. 땅을 관리하기 위해 돈을 쓰는 사람들이 더 이상 자신이 신경 쓰지 않아도 되자 기뻐하는 것 같아요."

메리는 나를 역 쪽으로 안내했다. 이곳에는 '놀라운 먹을거리'의 화분이 있었다. "식물들은 니코틴을 좋아하지 않아요"라는 표지판도 세워져 있었다. "이런 말을 해야 하다니, 좀 웃기는 일이죠. 그런데 이런 표지판을 써둔 다음부터 화분이 깨끗해졌어요. 나는 이런 것이 매우 실용적이라고 생각합니다. 사람들이 기차를 타러 왔다가 또는 집으로 가는 길에 신선한 약초를 수확할 수 있다는 게 말입니다. 이곳은 분위기가 아주 좋아요. 로즈메리, 백리향, 박하, 이런 것들을 슈퍼마켓에서 구입하려면 돈을 꽤 줘야 합니다. 날씨가 더워지면 우리는 다른 안내판을 달아놓죠. '출근할 때 물을 약간 가져와 식물한테 주세요.' 그러면 어떤 사람들은 정말 그렇게 해요."

역 주차장에는 더 큰 화분이 더 많이 있었다. 자동차 두세 대가 주차할 수 있는 자리를 차지한 채 말이다. 그래도 아무도 불평하지 않는다고 했다. 그렇다면 이 화분을 망가뜨리는 일은 없을까? "그런 일은 없었어요. 심지어는 노숙자들도 이 아이디어가 좋다며 실천하고 있습니다." 메리는 자랑스럽게 얘기했다. "휴 피언리휘팅스톨(Hugh Fearnley-Whittingstall)이라고 텔레비전에 출연하는 유명한 요리사가 있는데, 그분이 최근 카메라 앞에서 버스 정류장에 있는 로즈메리를 좀 따려 했어요. 그러자 노숙자들이 다가와서 이렇게 말했죠. '그걸 따면 안 돼요. 이 식물은 토드모든 시에 사는 사람들 것이거든요. 그런데 당신은 이곳 사람이 아니잖아요.' 그들이 이런 말을 하다니 정말 대단하다고 생각해요." 메리는 화분에서 잡초를 뽑았다. 보아하니 잡초는 아주 오랫동안 화분에서 자라고 있었던 것 같다. "중요한 것은 교환 경제가 아니라는 거예요. 이것은 우리의 선물입니다. 우리가 하는 일의 기본은 무엇보다 친절입니다. 우리는 식량 위기가 정치에 의해 해결된다고 믿지 않아요. 돈으로도 전 세계에 있는 많은 사람을 먹여 살릴 수 없지요. 과학이 우리를 돕지 않아도, 사람들의 호의만으로 기아를 해결할 수 있다고 믿어요. 우리는 사람들에게 그걸 행동으로 보여주고 싶어요, 미치지 않고서도 다른 사람들과 음식을 나누는 게 가능하다는 것을요." 메리는 나를 유심히 바라보았다. "물론 여기에서 끝나지

는 않아요. 텔레비전이나 신문을 보면 그렇듯 우리는 범죄에 대한 두려움
이 너무나 많아요. 그래서 길을 걸으면서 다른 사람을 쳐다보지도 않고,
미소도 짓지 않고, 다른 공동체와 접촉도 하지 않고 살죠. 그래서 우리는
환경은 물론 사람들도 좀 강하게 만들고 싶어요. 모두가 길을 걷다 딸기
나 사과를 따고, 그렇게 함으로써 사람들과 다른 상황에서도 친절하게 반
응할 수 있도록 말입니다." 메리는 병원 주차장을 나에게 보여주려 했다.
주차장 사이에 있는 녹지가 매우 자랑스러웠기 때문이다. "사람들은 커다
란 나무를 트럭에 싣고 와 여기에 심었어요. 아무짝에도 쓸모없이 푸르기
만 하고, 가시도 있고, 독성도 있고, 먹을 수도 없는 나무를요. 그래서 나
는 병원장님한테 제의했어요. '박사님, 환자들이 사과를 딸 수 있고, 대황
도 집으로 가져갈 수 있게 하면 안 될까요?' 그랬더니 이렇게 말씀하시더
군요. '좋은 생각입니다만, 우리는 거기에 쓸 돈이 없습니다.' 그래서 우
리는 모금을 했고, 공식적인 허가를 기다렸죠. 왜냐하면 이곳은 개인 땅
이라 무턱대고 들어갈 수 없었거든요."

메리는 이야기를 하는 동안 나무줄기를 손으로 만지고, 과일을 직접 따
맛을 보거나 냄새를 맡고 나에게 건네주기도 했다. "마침내 우리는 원래
있던 식물들을 모두 뽑아버렸죠. 그리고 지금 당신이 보는 모든 식물은
식용이 가능합니다. 이 구역은 일주일 내내 개방되어 있어서 누구나 올
수 있다는 게 너무 좋아요." 여기에도 다음과 같은 안내판이 있었다. "먹
을 만큼 가져가세요." 버찌, 딸기(Erdbeeren), 나무딸기(Himbeeren) 등을 심
었는데, 그중 딸기는 주변에 있는 아스팔트에서 올라오는 열기 때문인지
정말 잘 자라고 있었다. "이곳은 건물로 가득 들어차 있어 사람들한테 중
요한 딸기가 아니라, 녹색 나무와 장식용 풀을 심었었죠. 하지만 우리는
모든 슈퍼마켓과 학교 앞에 먹을거리를 심어야 해요. 이런 식으로 하면

도시에서 훨씬 많은 먹을거리를 생산할 수 있을 거예요."

내가 마지막으로 구경한 것은 볼 만한 가치가 있었다. 건축에 대해 아는 게 별로 없는 나에게도 말이다. 지름길처럼 보이는 도로와 보도 옆에 널찍한 앞뜰 같은 게 있었다. 전체가 아스팔트인 이곳에 높은 화단이 3개 보였다. 높이 6미터, 넓이 2미터쯤 되는 화단의 테두리는 나무로 되어 있었다. 그 뒤쪽에 있는 건물에는 거울 같은 원반이 있고, 그 위에는 이런 글씨가 쓰여 있었다. "경찰서."

내가 초인종을 누르자 완벽한 경찰 차림의 라이언 스톡턴(Ryan Stockton)이 나왔다. 이 경찰관은 독일에서 온 영화 제작자가 경찰서 앞에 있는 화단에 관심이 많다는 사실을 놀라워하면서 동시에 매우 기뻐했다. "솔직히 처음에는 나도 좀 의심했어요. 누군가가 화단을 망쳐버릴 거라고 생각했거든요. 하지만 그런 일은 일어나지 않았습니다. 지역의 자원봉사자들이 식물을 보살폈고, 우리는 매일 물을 주는 식으로 그들을 도왔죠." 나는 이게 누구 아이디어인지 물어보았다. "'놀라운 먹을거리' 회원들이죠. 그들은 이곳에 화분을 놓아도 되는지 우리한테 물어보지도 않았어요. 하지만 아주 좋은 생각이었죠. 경찰과 시민 사이에 놓여 있는 장벽이 그 덕분에 무너졌거든요. 사람들은 이제 우리와 거리낌 없이 이야기를 나누죠. 공동체 정신을 더 많이 갖게 되면 범죄도 줄어들 거라고 나는 확신합니다."

나는 다시 메리를 찾아갔다. 그녀는 수확 기념 파티를 준비하기 위해 집에서 과일 샐러드를 만들고 있었다. 메리는 최근 범죄학자들의 회의에 초대받은 적이 있는데, 폭력에 관해 얘기를 나누는 자리였다고 한다. "경찰은 우리가 공동체와 가난에 대해 다른 식으로 바라보는 걸 이해했습니다. 사람들은 자신이 사는 곳을 편안하게 느끼는 게 중요해요. 만일 당신이 가난한 지역에 산다면, 그 사람들을 부자로 만들어줄 수는 없어도 환경을 더욱 아름답게 가꿔줄 수는 있어요. 영국에서는 범죄와 공포에 관해 정말 많이 얘기를 합니다. 그 대신 우리는 사랑과 친절에 관해 얘기해야 해요. 그게 바로 해독제거든요. 우리는 사람들과 물건 나누는 걸 좋아합니다. 내 딸이 얼마 전 아프리카를 다녀왔는데, 그곳에서는 제일 가난한 사람조차 마지막 남은 식량을 아마 당신과 나눠 먹을 겁니다. 인간한테는 옛날부터 그런 성향이 있었죠. 음식을 나눠 먹으면, 다른 사람들과 얘기도 하게 되죠. 그게 중요합니다. 우리는 더 많이 얘기를 나눠야 해요."

거실에서 뻐꾸기시계 우는 소리가 들리자 많은 손님이 한꺼번에 몰려왔다. "곧 매우 큰 어려움이 닥칠 거라고 나는 믿어요. 전 세계에 반드시 식량 위기가 옵니다. 그러면 두 종류의 사람들이 있겠지요. 모든 것을 가진 사람들과 가난한 사람들. 과연 어떤 일이 생길까요? 음식이 필요한 가난한 사람들은 살기 위해 폭력을 동원하겠지요. 우리가 두 그룹을 연결해줄 다리를 세우지 않으면 바로 그런 일이 벌어질 거예요."

메리의 철학은 위대한 것을 작은 것과 연결하는 것이었다. "사실 우리는 지금도 식량 위기를 겪고 있어요. 단지 그걸 잘 인식하지 못할 뿐이죠. 아프리카 같은 먼 대륙에서 일어나는 일이니까요. 그러나 영국도 자국민을 위해 충분한 식품을 생산하지 못하는 섬나라예요. 식량 위기에서 절대 안전하다고 생각해서는 안 됩니다. 5년 전 아일랜드에서 화산이 폭발했는데, 그 재 때문에 비행기 운항도 할 수 없었어요. 마침내 비행기가 다시 뜰 수 있게 되었을 때는 식량 공급 위기가 생기기 4일 전이었지요. 거우 4일요! 그것도 아일랜드에서 일어난 화산 폭발 때문에 말입니다! 우리에겐 언제라도 그런 일이 닥칠 수 있어요!"

수확 기념 파티는 역사적인 상설 시장 건물 뒤편에 있는 풀밭에서 열릴 예정이었다. 주변에는 식탁과 스탠드가 즐비하게 늘어서 있었다. 자전거로 에너지를 얻어 만드는 과일 믹스, 사과 주스와 '놀라운 농장' 스탠드도 있었다. 이 농장은 몇 년 전 도시에서 멀지 않은 곳에 공동체 프로젝트로 시작한 것이었다. 메리는 끊임없이 좌우를 돌아보며 인사를 건넸다. 보아하니 모든 사람을 알고 있는 것 같았다. 수프를 나눠주고 있는 여성 시장(市長)도 알고 있었다. 특히 여기저기 뛰어다니는 아이들도 다 알았다. "나는 어디서든 과일나무와 딸기가 자랐으면 좋겠어요. 그러면 가난한 사람들이 먹을 수 있잖아요. 과일은 슈퍼마켓에서도 제일 비싼 품목이니까요. 내가 여든 살이 되어 길을 다니며 딸기와 사과를 딸 수 있다면, 물론 다른 사람들도 그렇게 한다면 그야말로 행복할 거예요."

이 책의 서두에서 우리는 모든 사람이 미래에 충분히 먹을 수 있을 것인가라는 질문을 던졌다. 그리고 몇 달 동안 조사를 하고 많은 나라에서 관련자들과 토론을 벌인 후 마침내 우리는 그게 가능하다는 사실을 확신하기에 이르렀다. 물론 그렇게 간단하지는 않겠지만 말이다. 농업에는 아직 그럴 만한 여지가 충분히 많다. 기술력을 바탕으로 한 효과적인 해결책부터 유전자 기술 및 단작과 전혀 다르게 유린된 땅을 지속적으로 재생시키는 방법에 이르기까지 말이다. 또한 단편적인 해결책인 것처럼 보이는 많은 아이디어와 자원도 식량 문제를 해결하는 데 포기할 수 없는 부분일 것이다. 하지만 가장 큰 여지는 우리의 식습관 및 소비 습관에 있다. 우리는 이것을 얼마든지 바꿀 수 있고 또 제한할 수 있다. 왜냐하면 '지금과 같은 세계'는 더 이상 좋지 않기 때문이다. 즉 수확물의 절반 이상을 인간의 식량이 아닌 목적으로 이용한다면—접시가 아니라 탱크나 커다란 통에 담겨서—자연 자원은 급속하게 고갈될 것이다. 이와 반대로 우리가 적게 버리고, 육류를 적게 먹고, 자동차에 바이오 연료를 적게 채우기만 해도 오늘날의 수확물로 140억 명이 충분히 먹을 수 있다. 현재 인구의 2배 가까운 사람들이 말이다. 따라서 더 많은 생산이 아니라, 더 적은 손실과 공정한 분배가 훨씬 더 중요한 문제다. 우리가 더 많은 양을 수확한다 해도 그게 굶주린 사람들에게 식량이 주어진다는 의미는 결코 아니기 때문이다. 농업 분야 대기업들은 소비자가 기업이 원하는 가격에 제품을 구입하는 곳에서만 이득을 올릴 수 있다. 이렇듯 식량에 대한 기본 권리는 부 및 가난에 대한 사회적 문제와 밀접한 관련이 있다.

국제단체가 내놓는 기아 및 가난에 대한 통계는 우리에게 중요하지 않다. 한 사람이 하루 1880칼로리 혹은 2100칼로리를 소모하는데, 하루 1.25달러를 갖고 살든 2달러를 갖고 살든 무슨 차이가 있단 말인가. 매우 많은 사람이 이렇듯 부유한 세계에서 굶주리고 영양 부족에 시달린다. 요컨대 8명 중 한 명이 아니라, 적어도 3명 중 한 명이 자신의 '식량에 대한 권리'를 인지하지 못할 만큼 적게 먹고 있다. 모든 고상한 정치적 약속과 유엔의 개발 목표도 지금까지 이런 상황을 바꿀 수 없었다. 그들은 남아도는 식량을 전 세계에 나눠주는 걸 그냥 원치 않을지도 모른다. 기아 위기가 발생해 식량을 무료로 나눠주더라도 장기적으로 보면 이런 행동은 재난을 몰고 올 수 있다. 왜냐하면 우리가 도와주는 식량이 현지 농부들의 경쟁력을 빼앗아 그들을 가난에 빠뜨릴 수 있기 때문이다. 따라서 식량을 공급하는 대신 우리는 현지에서 자급자족할 수 있는 능력을 지원해야 한다. 그렇게 할 때라야 식량 시스템은 미래의 도전을 안정적으로 해결할 수 있다. 식량의 기초는 지역에서 자체적으로 생산하는 것이 중요하다. 이것이야말로 위기를 막을 수 있는 최선의 방법이다.

이런 말이 정신병 환자가 하는 얘기처럼 들릴지도 모르겠다. 우리가 방문한 농산업계의 모든 거물, 이를테면 바이엘사의 사장부터 인도의 닭 판매 분야에서 최고를 자랑하는 회사 대표와 대두 농장을 경영하는 기업가에 이르기까지, 그들 모두는 자신이야말로 전 세계 기아 문제를 해결하기 위해 노력한다고 자화자찬을 했다. 그런데 자세히 살펴보면 실제로 이들은 전 세계의 기아를 초래하고 유지하는 주인공이나 다를 바 없다. 물론 그들이 개인적으로 그렇게 믿을 수는 있다. 하지만 그들은 '점점 더 많이' 생산하는 게 해결책이라는 생산제일주의에 푹 빠져 있다. 통계만 놓고 볼 때, 그들의 주장은 지금까지 잘 맞아떨어졌다. 즉 산업화한 농업이 20세기 중반 이후 1헥타르당 수확량을 놀라울 정도로 증대시켰다는 데는 논쟁의 여지가 없다. 그럼에도 불구하고 우리 아이들과 손주들의 식량을 그런 방식으로 확보할 수 있을지는 불확실하다. 무엇보다 더 많은 수확은 기술적으로 점점 어려워지고 그만큼 에너지를 더 투입해야 하기 때문이다. 또 다른 이유로는 자연 자원인 땅과 물이 점점 사라지고 있기 때문이다. 서유럽과 동아시아처럼 개발된 농업 국가에서는 기술 발전에도 불구하고 10년 전부터 언급할 만한 수확의 증대가 없다. 이런 수확의 '정체'는 중국과 브라질 같은 중진국에서도 점차 나타나고 있다.

조만간 부족한 경작지가 한정된 요소로 점점 중요해질 것이다. 개발도상국에서 비옥한 땅을 약탈 또는 임대하더라도 이는 지속적인 도움을 주지 못한다. 이는 시스템적으로 곤경에 빠질 수 있다. 왜냐하면 전 세계에서 볼 수 있는 농업의 산업화가 한층 생산적이라는 논쟁은 설득력이 없기 때문이다. 다시 말해, 전 세계 어딜 가도 소농이 식량 확보에 결정적 기여를 하고 토양 또한 보호하는 방식으로 재배한다는 것을 알 수 있다. 아울러 그들은 기업농보다 1헥타르당 수확량이 많다. 전 세계에서 활약하고 있는 소수의 농업계 거물들은 세계 시장에 내놓을 수출 상품을 생산하는 걸 좋아한다. 현지 사람들을 위한 식량으로 말이다. 힘든 상황을 초래하는 것은 바로 가격과 주식 시장이다. 부자들이 바이오 연료와 육류에 많은 돈을 지불하면, 가난한 사람들을 위한 식량은 부족해지기 마련이다. 수십 년 동안 유지해온 자유 거래 시스템은 식량 가격을 내려왔다. 하지만 이와 같은 경향은 이미 지나갔다. 2008년과 2011년에 일어난 두 번의 식량 위기는 이런 시스템이 얼마나 위기에 잘 빠질 수 있는지 여실히 보여주었을 뿐이다. 따라서 식량을 갖고 투기를 벌이는 주식 시장은 경멸을 받아야 마땅하다. 그리고 토지 거래를 할 때는 일정한 규칙을 강제하는 국제적 합의가 필요하다. 외국에서 식량을 들여오는 거대 프로젝트는 세계은행과 국가의 보조금을 지속적으로 받아서는 안 된다.

소농과 이들의 협력체는 자급자족을 할 수 있을 뿐만 아니라, 성장하는 도시를 위해서도 생산을 할 수 있다. 소농은 대농과 비교할 때 결정적 단점도 물론 있다. 요컨대 그들은 시장 진입 기회가 부족하다. 저개발 국가를 도울 때는 농산물의 가공 및 저장 그리고 공정한 시장 진출을 염두에 둬야 한다. 이것이 대농의 기록적인 생산보다 중요하며, 가난한 사람들은 어차피 구입할 능력이 없는 새로운 기술보다 중요하다.

산업화한 농업이 지금처럼 에너지를 많이 사용하는 한 식량을 확보하는 데 위협이 된다. 왜냐하면 이런 방식의 농업은 기후 변화로 인한 많은 끔찍한 결과에 책임이 있기 때문이다. 새로운 땅을 얻기 위해 원시림을 개간하고, 습지와 초원을 개조하는 행위를 즉각 멈춰야 한다. 농업은 결코 기후를 자극해서는 안 된다. 땅에서 30센티미터까지는 대기에 비해 탄소가 거의 4배나 많다. 부식토가 풍부한 땅은 더 많은 탄소를 저장할 수 있기 때문에 생태적 농업은 기후를 구할 수 있다. 이런 농업을 하면 부식토가 더 많이 만들어지기 때문이다. 나아가 생태적 농업은 세계에 식량을 공급할 수 있다. 독일의 유기농 농부들이 거두는 1헥타르당 수확량은 인습적 방식의 농부들이 거두는 수확량에 비해 낮지만, 열대 지방에서는 그렇지 않다. 요컨대 개발도상국에서는 생태적 농사를 짓는 농부들이 인습적인 농부들에 비해 훨씬 더 많은 기초 식량을 수확하고 있다. 만약 이들이 기초 식량이 아닌 제품, 예를 들어 커피·차·카카오 등을 재배하고 공정 무역을 통해 시장에 팔면, 훨씬 더 많은 돈을 벌고 가난의 덫에서 빠져나올 수 있다. 따라서 세계 공동체는 산업화한 농업 대신 기후 중립적이고 억센 농부들이 짓는 농업을 지원해줘야 한다. 그러면 식량 확보 외에도 식량에 대한 주권 또한 회복할 수 있다.

우리는 무엇을 할 수 있나

우리가 식량 생산의 일부를 도시로 가져오는 일도 식량 주권에 속한다. 여기서는 생산자와 소비자의 접근성이 중요하다. 이를테면 여름 동안 채소를 키운 사람은 식량에 대해 또 다른 가치를 갖고 기존과 다른 방식으로 소비할 것이다. 품질을 알아보는 능력이 중요하다. 또한 슈퍼마켓에 진열된 게 아니라 자연에서 자라는 형태에 익숙해지는 것도 중요하다. 아울러 우리가 믿을 수 있는 생산지에서 나오는 식품을 찾는 것도 중요하다. 지역 시장을 위해 재배하는 농부들은 도시 바깥에서 이득을 얻을 수 있다. 또한 지역에서 더 많이 생산하면 농산물 시장이 소수의 생산자에게 좌우되는 집중화도 막을 수 있다. 주말에 열리는 시장에서 식품을 구입함으로써 우리는 그런 집중화를 막는 데 기여할 수 있다. 하지만 소비자의 4분의 3이 가격부터 본다면 이런 호소만으로는 충분치 않다. 그 때문에 정부는 위생 규칙을 엄격하게 정하는 대신 직접 시장에 내다 파는 것을 쉽게 해줌으로써 적극적인 역할을 할 수 있다. 정직한 비용과 투명성은 세금을 통해 구축해나가야 한다. 지금은 산업화한 농업이 훼손하는 환경 비용을 일반 대중이 지불하고 있다. 이 비용을 계산해서 인습적인 농업에 부과해야 한다. 그 수익금은 유기농 재배를 지원하는 데 사용할 수 있다. 또한 유럽연합의 지원금 정책도 시험대에 올라야 한다. 매년 500억 유로를 주로 산업화한 유럽의 농업에 투입하고 있기 때문이다. 그러기 위해서는 사회적이고 생태적인 품질에 기준을 두는 지표를 사용하고, 이를 통해 검사를 해야 할 것이다. 반대로 우리에게 전혀 필요 없는 것은 미국과의 새로운 자유무역협정이다. 가령 범대서양무역투자동반자협정(TTIP) 같은 것은 완전히 불투명하며 민주적으로 통제할 수 없다.

우리는 아이들에게 설명하는 것부터 시작해야 한다. 학교에 가서 아이들에게 육류 소비, 대량 사육 그리고 그 결과가 우리의 건강과 환경에 미치는 영향을 설명해줘야 한다. 모든 공공 식당과 회사 식당에서는 채식 메뉴를 적어도 한 가지 이상 제공해야 하고, 초원에서 자란 고기의 구입을 의무로 해야 한다. 여기서는 금지가 중요한 게 아니다. 중요한 것은 소비자를 지원하는 것이다. 그들이 무엇이 건강에 좋고 더 맛있는 것인지, 자신의 아이들에게 식량을 공급할 수 있는 농업에 기여하는 방법은 무엇인지 쉽게 알 수 있도록 돕는 것이 중요하다.

고향을 맛봐: 농부들의 손으로 생산한 지역 식료품

지역의 식품 생산자를 위한 커뮤니케이션 네트워크, 공급자, 소비자

'테이스트 오브 하이마트(Taste of Heimat)'는 지역과 지방의 식품을 지원하고, 지역성을 생태적이고 사회적인 품질과 연계하자는 논쟁에 불을 붙이고자 한다.

동일한 이름의 인터넷 사이트는 지역 상품의 정글을 안내하는 가이드와 같다. 우리는 소비자가 원하는 제품을 근처 어디에서 살 수 있는지 안내하며, 다양한 시장 모델을 설명한다. 지역 식품 생산자를 지원하는 일이 왜 의미 있는지 정보를 제공하고, 소비자가 이런 생산자를 어디에서 찾을 수 있는지 알려주고, 각각의 지역에서 상호 활발한 논쟁을 펼칠 기회를 마련한다. 특히 우리는 농부의 농사를 강력히 지원하며 손으로 가공하는 업종, 예를 들면 빵을 만드는 제빵사나 약초 공장도 지원하려 한다.

테이스트 오브 하이마트: 이들은 누구인가

이 운동은 동일한 이름의 단체에서 출발했다. 이 단체는 지역의 식품 생산자, 식품 제공자 그리고 식품 소비자를 위한 커뮤니케이션 네트워크를 구축하고 있다. 그리고 지속적인 지방의 구조를 지원하고, 자원을 아끼고, 건강한 식량의 공급을 돕는다. 독일 전역에서, 이를테면 지속적인 농업을 발전시키고자 하는 개인, 단체, 기업에서 이런 운동이 일어나고 있다. 우리를 도와주는 곳 중에는 무엇보다 레기오날베르트 주식회사, '나의 농업' 연맹, 작업 단체 농부의 농업, 미제레오르, 세상을 위한 빵, 슬로푸드, 지역운동전국연합회, 연대농업, 푸드 어셈블리(Food Assembly) 같은 단체가 있다.

그 밖에 우리는 '노르트라인베스트팔렌-게누스레기오넨(Genussregionen: '맛'과 '지역'의 합성어─옮긴이)' 같은 프로그램을 포함시키려 한다. 나아가 우리는 노르트라인베스트팔렌 자연공원, 세계 식량을 위한 연구소, 안스티프퉁 & 에르토미스(Anstiftung & Ertomis) 협동재단, 슈바이스푸르트 재단 혹은 쾰른 어린이대학 같은 단체와 함께 일하고 있다.

영화 〈쓰레기를 맛봐〉와 베스트셀러 《왜 음식물의 절반이 버려지는데 누군가는 굶어 죽는가》의 성공을 통해 우리는 사회적 매체의 도움을 빌리면 생각을 행동으로 바꿀 가능성이 있다는 것을 보여주었다. 그렇듯 책과 영화는 유럽 전역에서 식품 낭비에 반대하는 운동을 이끌었으며, 온라인에서 Foodsharing.de라는 사이트를 만들기에 이르렀다. 2014년 12월 이 사이트는 2주년을 맞이했고, 2년 동안 200만 명 이상이 이 사이트를 방문하는 큰 성과를 거두었다.

테이스트 오브 하이마트의 심장: 동일한 이름의 인터넷 사이트

인터넷 사이트는 지역 식품을 직접 판매하는 대신, 지역에서 생산하는 모든 상품의 직거래장과 지역 운동을 무료로 지원한다. 지역 식품은 사이트 한쪽에 이름을 등록하고 글과 사진으로 소개할 수 있다. 이용자들은 올려놓은 프로파일에 대해 의견을 내고 평가하는 것은 물론 직접 제공자와 접촉할 수도 있다.

'상호 지역 찾기'는 무엇보다 선별된 지역에서 가공한 제품과 가공하지 않은 제품을 제공할 수 있는 농부, 레스토랑, 슈퍼마켓을 보여준다. 이른바 '테이스트오마트(Taste-o-Mat)'는 개인적인 선호도와 유저들의 관심에 부응해 선별된 공급과 콘셉트를 추천한다. 여기에 속하는 앱은 검색을 좀 더 수월하게 해주며 주변에 있는 판매처도 알려준다.

지역 제품의 정글을 안내하는 가이드

'자료실'에서는 지역성과 계절성이 왜 서로 다른 게 아니며, 어떻게 하면 이들을 높은 수준의 생태적·사회적 품질을 통해 보충할 수 있는지 설명한다. 우리는 기존의 상거래에서 볼 수 있는 인증과 품질 표시에 대해 그 배경을 묻고, 지구 전역에서 펼쳐지는 식량 주권을 위한 운동, 소비자와 농부를 더욱 가깝게 만들고자 하는 새로운 발상에 대해 정보를 제공한다.

여기에 오늘날 슈퍼마켓 바깥에서 지역 제품을 공급하는 수많은 가능성이 있다.

스스로 수확하는 들판 고객이 직접 농부가 된다.

먹을 수 있는 도시 공원이나 길가에서 채소를 키운다.

도시 농장 도시에서 공동으로 농사짓고 수확한다.

호플라덴(Hofladen) 농부들이 주변 농장에서 수확한 제품을 제공한다.

채소 상자 신선한 채소를 집 앞까지 배달한다.

연대농업 신선한 식품으로 보답하는 농부를 지원한다.

푸드쿱스(Food-Coops) 중간 상인을 거치지 않고 직접 신선한 식품을 주문한다.

주말 시장 도시 한복판에서 유기농 혹은 지역에서 재배한 채소를 판매한다.

유기농 가게 흔히 농부들과 직접 혹은 신뢰할 만한 접촉을 한 후 다양한 식품을
　판매한다.

유기농 슈퍼마켓 지역 생산자들의 제품을 더 많이 판매한다.

더 많은 정보를 원하면 다음 사이트를 참조하라.

www.tasteofheimat.de

우리는 아래의 분들에게 특히 감사의 말을 전하고 싶다.

조사와 책 그리고 영화:

수잔네 블레흐, 안테 헬트, 라우라 파슈, 알바 이플란트, 크리스티안레네 칼, 프레데리크 베크

영화 조사:

말라위: 크리스타 로트, 크리스토프 메싱거, 침벰베 A. P. S. 음수크베

미국: 스티븐 피셔

일본: 수잔네 슈테펜

태국: 세바스티안 뮌히, 루도빅 페토, 위엔 페토

인도: 상게타 라에시

모잠비크: 벨히온 루카스, 요제프 헨론

영화:

감독: 발렌틴 투른

카메라: 하요 쇼메루스

편집: 헨크 드레스

작가: 발렌틴 투른, 세바스티안 슈토베

드라마 작가: 세바스티안 슈토베

음향: 랄프 베버

스틸 사진: 옌스 마트너

부속 카메라: 에릭 시크, 프랑크 크란슈테트

트랜스크립션: 라이크 슈트룬츠

제작자: 티나 레브, 위르겐 클라이니히

공동 제작자: 이라 폰 기난트, 발렌틴 투른

프로듀서: 사스키아 바그너

제작팀: 율리아 루트비히, 이본느 밀케, 도리스 코바체비크, 무리엘 슐테

제작 조수: 크리스티안 호른

WDR 편집: 안드레아 에른스트, 안겔리카 바그너

SWR 편집: 구드룬 한케엘 크홈리

1. 독일 세계기아원조, 2013년 세계기아지수. Herausforderung Hunger: Widerstands-
fähigkeit starken, Ernährung sichern, Bonn/Washington DC/Dublin, 2013.

2. FAO, IFAD 그리고 WFP: The 5tate of Food Insecurity in the World 2013. The
multiple dimensions of food security. FAO, Rom 2013.

3. 마법처럼 수를 헤아리는 방법. Wirklich weniger Hunger in der Welt? Was uns die
globalen Hungerzahlen sagen—und was sie verschweigen. Hintergrundpapier
zur Pressekonferenz von Brot für die Welt und FIAN Deutschland zum
Welternährungstag 2013, Berlin u. Köln 11.10.2013. www.brot-fuer-die-
welt.de/fileadmin/mediapool/2_Downloads/Presse/Welternaehrungstag/
hindergrundpapier_statistik_hunger_2013.pdf, p. 1.

4. FIAN과 '세상을 위한 빵'이 공동 발표한 "Right to Food and Nutrition Watch 2013"
에서 인용. Brot für die Welt, Blogbeitrag "Allianz der Politik mit Konzernen
verschärft Hunger" von Ernährungsreferent Bernhard Walter v. 11.10.2013.
www.brot-fuer-die-welt.de/index. php?id=175&tx_aspresse_pi1[item]=1921&tx_
aspresse_pi1[backLink]=14&cHash=447d71e68330c63c0642f1b8eaa8199f.

5. 유엔 보고서. World Population Prospects. The 2012 Revision. Key Findings
and Advance Tables, New York 2013.

6. Bähr, Renate: Selbstbestimmte Familienplanung, in: Entwicklung und Zusammen-
arbeit (E+Z) Nr. 4/2014, p. 148.

7. 샬리니 란데리아 교수와 우르스 하프너(Urs Hafner)의 인터뷰. Überzählig sind

immer die Anderen, in : Neue Züricher Zeitung 29.04.2013.

8. 같은 곳.

9. Harmsen, Thorsten: Zivilisation ist dem Untergang geweiht, in: Berliner Zeitung 20.03.2014.

10. 2009년 9월 24일 〈네이처〉의 특별 기고. 완전한 제목은 Planetary Boundaries: Exploring the safe operating space for humanity.

11. 다음을 참조하라. Das Nildelta versinkt im Meer, Klimaretter.info, 19.02.2014, www.klimaretter.info/umwelt/hintergrund/15751-das-nildelta-versinkt-im-meer.

12. 옥스팜의 팀 고어가 한 말을 다음의 자료에서 인용. Der Klimawandel blüht und gedeiht, taz.de 31.03.2014, www.taz.de/!135850/.

13. 다음의 자료에서 인용. Schlimmer als vorhergesagt, taz.de 31.03.2014, www.taz.de/!135872/.

14. BMUNR/BMBF/Deutsche IPCC Koordinierungsstelle/Umweltbundesamt: Fünfter Sachstandsbericht des IPCC Teilbericht 3 (Minderung des Klimawandels), Version v. 13.04.2014, p. 2.

15. 다음을 참조하라. wiki.bildungsserver.de/klimawandel/index.php/2-Grad-Ziel. 교양 위키(Bildungswiki)의 '기후 변화'는 독일 교양 관련 서버, 기후 서비스 센터, 인류의 기후 변화와 그 결과에 대한 사전을 만들기 위해 함부르크 교양 서버가 협력한 프로젝트다.

16. Kreutzberger, Stefan/Thurn, Valentin: Die Essensvernichter. Warum die Hälfte aller Lebensmittel im Müll landet und wer dafür verantwortlich ist, Köln 2011 (증보 포켓판 2012).

17. Universität Stuttgart, Institut für Siedlungswasserbau, Wassergüte- und Abfallwirtschaft: Ermittlung der weggeworfenen Lebensmittelmengen und Vorschläge zur Verminderung der Wegwerfrate bei Lebensmitteln in Deutschland, Stuttgart 2012.

18. v. Witzke, Harald u. a.: Fleisch frisst Land. Ernährung, Fleischkonsum, Flächenverbrauch. WWF Deutschland, Berlin, Oktober 2011, p. 10.

19. Nolepa, Steffen/v. Witzke, Harald: Tonnen für die Tonne. WWF Deutschland,

Berlin 2012, p. 31.

20. 같은 책. p. 6 요약.

21. FAO: The State of the World Fisheries and Aquaculture, 2012.

22. Greenpeace: Kurzinfo Überfischung. Die Jagd auf den letzten Fisch. Hamburg 8/2008.

23. Clover, C: Fisch kaputt. Vom Leerfischen der Meere und den Konsequenzen für die ganze Welt. München 2005.

24. BMELV: Aigner: "Der Fischfang wird strenger reguliert und nachhaltiger", Pressemitteilung Nr. 68 v. 27.02.2013, www.bmelv.de/SharedDocs/Pressemitteilungen/2013/068-AI-EU-Fischereipolitik.html.

25. IAASTD: Agriculture at a Crossroads. Global Report + Synthesis Report, Washington DC 2009.

26. www.weltagrarbericht.de.

27. 같은 곳.

28. IAASTD: 앞의 책, Global Report, p. 10.

29. 같은 책.

30. 종자 산업에 관여하는 대기업 자본의 관계는 베른-다큐멘터리의 설명에서 자세히 나온다. Agropoly. Wenige Konzerne beherrschen die weltweite Lebensmittelproduktion, Zürich 2011, p. 9.

31. Arvay, Clemens G.: Hilfe, unser Essen wird normiert! Wie uns EU-Bürokraten und Industrie vorschreiben, was wir anbauen und essen sollen, München 2014, p. 9.

32. 앞의 책, p. 10.

33. Deere, Carolyn: The Implementation Game. The TRIPS Agreement and the Global Politics of Intellectual Property Reform in Developing Countries, Oxford 2009.

34. www.sri.ciifad.cornell.edu. 코넬 대학이 운영하는 사이트는 이 재배법에 관해 가장 포괄적인 자료를 제공한다.

35. John Vidal: Ein Körnchen Wahrheit, in: SZ-Magazin Nr. 20, 17.05.2013, p. 21.

36. www.masipag.org/bit.ly/M-Studie.

37. BMELV, Pressemitteilung Nr. 152 vom 22.05.2013.

38. IAASTD, 앞의 책, Global Report, p. 478.

39. Benbrook, Charles M: Impacts of genetically engineered crops on pesticide in the U.S.—the first sixteen years, Pullman 2012.

40. Rickelmann, Richard: Tödliche Ernte. Wie uns das Agrar- und Lebensmittel-kartell vergiftet, Berlin 2012, p. 80.

41. Wildermuth, Volkart: Europas Gewässer in Gefahr, Deutschlandfunk 17.06. 2014.

42. baydir.de/Unsere_Position_Bayer_CropScience_zur_REACH_Broschuere_des_ Bundesumweltministeriums.cms v. 10.11.2009.

43. 출처 BMU. 다음도 참조하라. Deutscher Bundestag Drucksache 15/4466,15. 선거 기간, 2004년 12월 6일. 개별 의원과 원내 교섭 단체인 자유민주당(FDP)의 소소한 질문—인쇄물 15/4006—에 대한 정부의 답변, 과일과 채소를 보호하기 위해 투입하는 성분이 주는 부담과 소비자 및 건강 보호에 미치는 결과.

44. Greenpeace (Hrsg.)/Wolfgang Reuter: Mehrfachbelastung durch Pestizide auf Mensch und Umwelt. Die kombinierte Wirkung von Pestiziden, 2012, gruppen. greenpeace.de/wuppertal/service_files/infoliste_files/landwirtschaft_ pestizide/studie_mehrfachbelastung_durch_pestizide_august_2012.

45. www.pan-germany.org/download/pan_studie_endokrine_pestizide_1303.pdf.

46. PAN Germany: Pestizide und Gesundheitsgefahren—Daten und Fakten, Hamburg 2012, p. 8. www.pan-germany.org/download/Vergift_DE-110612_ F.pdf.

47. Klawitter, Nils: Offene Tür zum Mißbrauch, in: Spiegel 51/2008, p. 88.

48. www.die-pflanzenschuetzer.de/faktencheck.

49. 같은 곳.

50. 만프레트 크라우터(Manfred Krautter)와 그린피스의 온라인 인터뷰, 2007년 2월 16일.

51. Zukunftsstiftung Landwirtschaft (Hrsg.): Wege aus der Hungerkrise. Die Erkenntnisse und Folgen des Weltagrarberichts: Vorschläge für eine

Landwirtschaft von morgen. AbL Bauernblatt Verlags-GmbH, Hamm 2013, p. 31.

52. '물 생산성'이란 물 1세제곱미터당 몇 칼로리의 식량을 생산할 수 있는지 정의한 것이다.

53. Brauman, Kate A./Siebert, Stefan/Foley, Jonathan A.: Improvements in crop water productivity increase water sustainability and food security. A global analysis, Bristol, Mai 2013.

54. Wege aus der Hungerkrise. 앞의 책, p. 33.

55. Bund Ökologische Lebensmittelwirtschaft, www.boelw.de/biofrage_09.html.

56. Bommert, Wilfried: Bodenrausch. Die globale Jagd nach den Ackern der Welt, Köln 2012, p. 284.

57. Berger, Jens: Land Grabbing—die marktkonforme Wiedergeburt des Kolonialismus, 30.10.2013, www.aussengedanken.de/land-grabbing-die-marktkonforme-wiedergeburt-des-kolonialismus.

58. 영어로 된 최신 통계와 평가 정보를 얻고 싶으면 다음을 참조하라. www.landmatrix.org.

59. Pressemitteilung von FIAN zum "Tag der Landlosen", Köln, 15.04.2014.

60. 모든 인용문은 Bonner Generalanzeiger 2011년 8월 23일자 6쪽에 게재한 내용을 dpa 통신이 보도한 것이다.

61. Bommert, Wilfried, 앞의 책, p. 220.

62. 다음 자료를 참조하라. Marí, Francisco/Buntzel, Rudolf: Das globale Huhn. Hühnerbrust und Chicken Wings—Wer isst den Rest?, Frankfurt 2007, sowie Germanwatch e. V.: Verheerende Fluten—Politisch gemacht. EU-Handelspolitik verletzt Recht auf Nahrung in Ghana—Die Beispiele Hühnchen und Tomaten, Bonn 2008, germanwatch.org/handel/toma huhn.pdf.

63. 같은 곳.

64. Mörderische Subventionen. Wie die Exportbeihilfen für Schweinefleisch den Hunger in Afrika verschlimmern, SWR-Beitrag, Report Mainz, 29.04.2009.

65. 다음을 참조하라. Paasch, A.: Türöffner für Europas Exporte, in: welt-sichten.

Magazin für globale Entwicklung und ökumenische Zusammenarbeit, 3/2011, p. 27.

66. Evangelischer Entwicklungsdienst: Exportwahn ohne Grenzen, Pressemitteilung v. 22.03.2011, www.brot-fuer-die-welt.de/presse/pressemeldung.html?tx_aspresse_pi1[page]=27&tx_aspresse_pi1[item]=1660&tx_asprese_pi1[backLink]=642&cHash=244f568183085abbe43c265e37b8d34a.

67. Marí, Francisco: Schnelles Geld mit Hals und Schenkel, in: welt-sichten. Magazin für globale Entwicklung und ökumenische Zusammenarbeit, 12/2013-01/2014, p. 38.

68. "Anbauverbot für Gen-Pflanzen", Interview mit Bundesagrarminister Christian Schmidt, Bonner Generalanzeiger 10./11.05.2014, p. 3.

69. FAO: The State of the World Fisheries and Aquaculture, 2012.

70. World Bank Report 83177-GLB: Fish to 2030—Prospects for Fisheries and Aquaculture, Washington DC 2013.

71. Brot für die Welt warnt vor Massentierhaltung unter Wasser, Pressemitteilung v. 24.04.2014, www.brot-fuer-die-welt.de/presse/pressemeldung.html?tx_aspresse_pi1[item]=1993&tx_aspresse_pi1[backLink]=3&cHash=7bf45229809f974b4d5771b42bd963ab.

72. www.asc-aqua.org.

73. Bush, Simon R.: Fisch essen mit gutem Gewissen, in: welt-sichten. Magazin für globale Entwicklung und ökumenische Zusammenarbeit, 5/2014, p. 33.

74. Veit, Sven -Michael: Alles für den Fisch. Forscher loben das MSC-Siegel, in: taz, 22.08.2012.

75. Bass, H. H.: Finanzmärkte als Hungerverursacher? Studie für die Deutsche Welthungerhilfe, Bremen 2011.

76. 다음을 참조하라. www.nerdcore.de/wp/2008/05/14/deutsche-bank-wirbt-mit-der-hungerkrise/.

77. Hungerkrisen vermeiden—Schäuble muss Spekulation mit Nahrungsmitteln stoppen. Gemeinsame Pressemitteilung v. 09.04.2012.

78. www.db.com/cr/de/positionen/agrarrohstoffe.htm.

79. 다음에서 인용했다. Zitiert nach: Ralph, Jay: Zu Unrecht am Pranger, in: Handelsblatt, 03.01.2013, p. 48.

80. 다음을 참조하라. G20 wollen Nahrungsmittelspekulationen beenden, Pressemitteilung v. 21.04.2011.

81. 다음을 참조하라. www.weltagrarbericht.de/aktuelles/nachrichten/news/de/28983.html.

82. dpa: Studie zeigt dramatische Entwicklung. Drei Millionen Kinder sterben durch Mangelernährung, Focus online, 06.06.2013, www.focus.de/gesundheit/ernaehrung/news/studie-zeigt-dramatische-entwicklung-drei-millionen-kinder-sterben-durchmangelernaehrung_aid_1006718.html.

83. 세계기아원조와 '인간의 대지'의 연구를 참조하라. Anreicherung von Nahrungsmitteln: "Techno-Fix" oder nachhaltige Lösung für versteckten Hunger?, Bonn, Juli 2014, www.welthungerhilfe.de/fileadmin/user_upload/Mediathek/Fachpapiere/Studie_Anreicherung_Nahrungsmittel_tdh_welthungerhilfe_Zukunft_der_globalen_Beziehungen_2014.pdf.

84. 다음을 참조하라. Expertenmeinung v. Jean-Pierre Papart U. Michel Roulet in NZZ v. 30.09.2010, www.tdh.ch/de/news/expertenmeinung---das-geschaft-mit-dem-hunger.

85. 같은 곳.

86. 1970~1995년. 이에 대해서는 다음을 참조하라. International Center Research on Women: Women Help Solve Hunger. Why Is the World Still Waiting?, 2008.

87. IAASTD: Agriculture at a Crossroads. Global Report+Synthesis Report. Washington DC 2009, Synthese-Report, p. 78.

88. Wege aus der Hungerkrise, 앞의 책. p. 24.

89. www.farmedhere.com.

90. FAO: Edible insects. Future prospects for food and security, 2013, www.fao.org/docrep/018/i3253e/i3253e00.htm.

91. 다음을 참조하라. Drescher, Sebastian: Insekten essen: Die Menschen beißen zurück, in: welt-sichten. Magazin für globale Entwicklung und ökumenische

Zusammenarbeit, 12/13-01/14, pp. 40-42.

92. aquabounty.com/wp-content/uploads/2014/04/Obama_letter_to_Julie_Borlaug.
pdf.

93. 세계기아원조 자체의 설명. www.welthungerhilfe.de.

94. 세계기아원조가 시작한 사례를 살펴보고 싶으면 다음을 참조하라. Positionspapier
Ländliche Entwicklung—Das Zusammenwirken von Landwirtschaft,
Gesellschaft und Wirtschaft für eine nachhaltige Ernährungssicherung stärken,
Bonn, März 2012, www.welthungerhilfe.de/ueber-uns/mediathek/whh-
artikel/positionspapierlaendliche-entwicklung.html.

95. 다음을 참조하라. www.permakultur-institut.de.

96. 같은 곳.

97. www.transitionnetwork.org/initiatives/.

98. 마르가레테 홀처(Margarethe Holzer)의 인용: Afrika macht es vor, in: Magazin
Oya 07/2011.

다음은 이 주제와 관련해 좀더 상세히 찾아보고 싶은 모든 이들을 위해 선별한 참고 자료이다.

Agrarbündnis e. V.: Der kritische Agrarbericht 2014. AbL Bauernblatt Verlags-GmbH, Hamm 2014

Albrecht, Stephan (u.a.): Future of Food—State of the Art, Challenges and Options for Action. oekom, München 2013

Allen, Will : The Good Food Revolution. Growing healthy food, people, and communities. Gotham Books, New York 2012

Arvay, Clemens G.: Friss oder stirb. Wie wir den Machthunger der Lebensmittel-konzerne brechen und uns besser ernähren können. Mit einem Vorwort von Stefan Kreutzberger. Ecowin, Salzburg 2013

Arvay, Clemens G.: Hilfe, unser Essen wird normiert! Wie uns EU-Bürokraten und Industrie vorschreiben, was wir anbauen und essen sollen. Redline, München 2014

Bode, Thilo: Die Essensfälscher. Was uns die Lebensmittelkonzerne auf den Teller lügen. S. Fischer, Frankfurt am Main 2010

Bommert, Wilfried/Jakobs, Sabine: Kein Brot für die Welt. Die Zukunft der Welternährung. Riemann, München 2009

Bommert, Wilfried: Bodenrausch. Die globale Jagd nach den Äckern der Welt.

Eichborn, Köln 2012

Brown, Lester R.: Full Planet, Empty Plates. The New Geopolitics of Food Scarcity. W. W. Norton & Company, New York 2012

Busse, Tanja: Die Ernährungsdiktatur. Warum wir nicht länger essen dürfen, was uns die Industrie auftischt. Blessing, München 2010

Clausing, Peter: Die grüne Matrix. Naturschutz und Welternährung am Scheideweg. Unrast, Münster 2013

Deutsche Welthungerhilfe (Hrsg.)/Weingärtner, Lioba/Trentmann, Claudia: Handbuch Welternährung. Campus, Frankfurt am Main 2011

Deutsche Welthungerhilfe: Welthunger-Index 2013. Herausforderung Hunger: Widerstandsfähigkeit stärken, Ernährung sichern, Bonn/Washington DC/ Dublin 2013

Edition Le Monde diplomatique No. 10: Cola, Reis & Heuschrecken. Welternährung im 21. Jahrhundert. taz Verlags- und Vertriebs GmbH, Berlin 2011

Erklärung von Bern/Forum Umwelt und Entwicklung (Hrsg.): Agropoly. Wenige Konzerne beherrschen die weltweite Lebensmittelproduktion. Dokumentation, Zürich 2012

Erklärung von Bern (Hrsg.): Pestizide. Vom Schaden der Schädlingsbekämpfung. Dokumentation, Zürich 2012

FAO: The State of Food and Agriculture 2013. Food systems for better nutrition, Rom 2013

Forum Umwelt und Entwicklung/Luig, Benjamin: "Business Case" Hungerbekämpfung. Der fragwürdige Beitrag von Agrobusiness und Nahrungsmittelindustrie zur Ernährungssicherheit, Berlin 2013

Grimm, Hans-Ulrich: Die Ernährungslüge. Wie uns die Lebensmittelindustrie um den Verstand bringt. (Taschenbuchneuausgabe) Knaur, München 2011

Heinrich Böll Stiftung/BUND: Fleischatlas. Daten und Fakten über Tiere als Nahrungsmittel, Berlin 2014

Hirn, Wolfgang: Der Kampf ums Brot. Warum die Lebensmittel immer knapper und teurer werden. Fischer, Frankfurt am Main 2009

Hiß, Christian: Regionalwert AG. Mit Bürgeraktien die regionale Ökonomie stärken. Herder, Freiburg 2014

Hopkins, Rob: Einfach. Jetzt. Machen! Wie wir unsere Zukunft selbst in die Hand nehmen. Oekom, München 2014

Kirchenamt der Evangelischen Kirche in Deutschland (EKD) (Hrsg.): Lesebuch zur Vorbereitung auf das Schwerpunktthema "Es ist genug für alle da" — Welternährung und nachhaltige Landwirtschaft. Geschäftsstelle der Synode der EKD, Hannover 2013

Klingholz, Reiner: Sklaven des Wachstums. Die Geschichte einer Befreiung. Campus, Frankfurt am Main 2014

Kreutzberger, Stefan/Thurn, Valentin: Die Essensvernichter. Warum die Hälfte aller Lebensmittel im Müll landet und wer dafür verantwortlich ist. (Erweiterte Taschenbuchausgabe) Kiepenheuer & Witsch, Köln 2012

Kreutzberger, Stefan: Die Ökolüge. Wie Sie den grünen Etikettenschwindel durchschauen. (Erweiterte Taschenbuchausgabe) Ullstein, Berlin 2012

Kruchem, Thomas: Der große Landraub. Bauern des Südens wehren sich gegen Agrarinvestoren. Brandes & Apsel, Frankfurt am Main 2012

Kruchem, Thomas: Land und Wasser. Von der Verantwortung ausländischer Agrarinvestoren im Süden Afrikas. Brandes & Apsel, Frankfurt am Main 2013

Lemke, Harald: Politik des Essens. Wovon die Welt von morgen lebt. Transcript, Bielefeld 2012

Löwenstein, Felix zu: Food Crash. Wir werden uns ökologisch ernähren oder gar nicht mehr. Droemer Knaur, München 2011

Mauser, Wolfram: Wie lange reicht die Ressource Wasser? Vom Umgang mit dem blauen Gold. Fischer, Frankfurt am Main 2007

Montgomery, David R.: Dreck. Wie unsere Zivilisation den Boden unter den Füßen verliert. Oekom, München 2010

Oxfam: Behind the Brands. Food justice and the "Big 10" food and beverage companies, Oxford 2013

Patel, Raj: Stuffed & Starved. From Farm to Fork. The hidden battle for the world food system. Portobello Books, London 2013

Reller, Armin/Holdinghausen, Heike: Wir konsumieren uns zu Tode. Warum wir unseren Lebensstil ändern müssen, wenn wir überleben wollen. Westend, Frankfurt am Main 2011

Rickelmann, Richard: Tödliche Ernte. Wie uns das Agrar- und Lebensmittelkartell vergiftet. Econ, Berlin 2012

Robin, Marie-Monique: Mit Gift und Genen. Wie der Biotech-Konzern Monsanto unsere Welt verändert. DVA, München 2009

Schöninger, Iris/v. Grebmer, Klaus: Unfair Trade. Wie wir für unseren Wohlstand die halbe Welt verhungern lassen. (E-Book mit Unterstützung der Welthungerhilfe) Campus, Frankfurt am Main 2012

Schweisfurth, Karl Ludwig: Tierisch gut. Vom Essen und Gegessenwerden. Westend, Frankfurt am Main 2010

Shiva, Vandana: Jenseits des Wachstums. Warum wir mit der Erde Frieden schließen müssen. Rotpunkt. Zürich 2014

Steiner, Johannes (Hrsg.): Grenzen des Hungers. Ernährungssicherung in Zeiten des globalen Wandels. Verlag noir, Wien 2014

Stierand, Philipp: Speiseräume. Die Ernährungswende beginnt in der Stadt. Oekom, München 2014

Thurn, Valentin/Oertel, Gundula Christiane: Taste the Waste. Rezepte und Ideen für Essensretter. Das Kochbuch zum Bestseller "Die Essensvernichter" Kiepenheuer & Witsch. Köln 2012

Trummer, Paul: Pizza Globale. Ein Lieblingsessen erklärt die Weltwirtschaft. Econ, Berlin 2010

UNEP: Agriculture. Investing in natural capital, 11/2011

VENRO (Hrsg.): Die Weichen richtig stellen. Für eine zukunftsfähige Entwicklungs- und Nachhaltigkeitsagenda nach 2015, Bonn 2013

Vollborn, Marita/Georgescu, Vlad D.: Die Joghurt-Lüge. Die unappetitlichen Geschäfte der Lebensmittelindustrie. Campus, Frankfurt am Main 2006

Wagenhofer, Erwin/Annas, Max: We Feed the World. Was uns das Essen wirklich kostet. Orange-Press, Freiburg 2006

Weber, Karl (Hrsg.): Food, Inc. How industrial food is making us sicker, fatter and poorer—and what you can do about it. Public Affairs, New York 2009

Werner-Lobo, Klaus: Uns gehört die Welt! Macht und Machenschaften der Multis. Hanser, München 2008

Wissenschaftlicher Beirat der Bundesregierung Globale Umweltveränderungen (Hrsg.): Welt im Wandel. Gesellschaftsvertrag für eine Große Transformation. WBGU, Berlin 2011

WWF Deutschland (Hrsg.): Fleisch frisst Land. Ernährung—Fleischkonsum—Flächenverbrauch. WWF, Berlin 2011

WWF Deutschland (Hrsg.): Tonnen für die Tonne. Ernährung—Nahrungsmittelverluste—Flächenverbrauch. WWF, Berlin 2011

WWF Deutschland/Heinrich Böll Stiftung (Hrsg.): How to feed the world's growing billions. World Population—Agriculture—Consumption. WWF, Berlin 2011

Ziegler, Jean: Das Imperium der Schande. Der Kampf gegen Armut und Unterdrückung. Goldmann, München 2008

Ziegler, Jean: Wir lassen sie verhungern. Die Massenvernichtung in der Dritten Welt. C. Bertelsmann, München 2012

Zukunftsstiftung Landwirtschaft (Hrsg.): Wege aus der Hungerkrise. Die Erkenntnisse und Folgen des Weltagrarberichts: Vorschläge für eine Landwirtschaft von morgen. AbL Bauernblatt Verlags-GmbH, Hamm 2013

찾아보기